U0754208

高等院校金融学专业核心教材

金融企业会计

◎高杰英 郝爱文/主编

张小红/副主编

JINRONG QIYE KUAIJI

首都经济贸易大学出版社

·北京·

图书在版编目(CIP)数据

金融企业会计/高杰英,郝爱文主编. —北京:首都经济贸易大学出版社,
2013.4

ISBN 978 - 7 - 5638 - 1617 - 0

Ⅰ.①金⋯　Ⅱ.①高⋯ ②郝⋯　Ⅲ.①金融企业—会计　Ⅳ.①F830.42

中国版本图书馆 CIP 数据核字(2013)第 073170 号

金融企业会计

高杰英　郝爱文　主编　　张小红　副主编

出版发行	首都经济贸易大学出版社	
地　　址	北京市朝阳区红庙(邮编100026)	
电　　话	(010)65976483　65065761　65071505(传真)	
网　　址	http://www.sjmcb.com	
E - mail	publish @ cueb.edu.cn	
经　　销	全国新华书店	
照　　排	首都经济贸易大学出版社激光照排服务部	
印　　刷	北京市泰锐印刷有限责任公司	
开　　本	710 毫米×1000 毫米　1/16	
字　　数	475 千字	
印　　张	27.25	
版　　次	2013 年 4 月第 1 版第 1 次印刷	
印　　数	1 ~ 3 000	
书　　号	ISBN 978 - 7 - 5638 - 1617 - 0/F · 924	
定　　价	39.00 元	

图书印装若有质量问题,本社负责调换

版权所有　侵权必究

前　言

金融企业会计是以会计的基本原理为基础,结合金融企业的业务特点,核算和监督金融企业各项业务活动和财务活动的一门专业会计学。本书以我国新《企业会计准则》、金融企业会计处理的有关规定以及国际通行的结算惯例等为依据,以会计基础知识为主线,以金融会计专业知识、技巧和特性为支撑,以各项业务的操作技能为重点,从实际操作的角度反映了金融企业的会计实务。本书具有如下特点:

首先,本书充分体现了《企业会计准则》和《金融企业财务规则》新要求,在对金融企业会计进行概述的基础上,分三篇十六章对银行业务、非银行金融机构业务、金融企业共同业务的核算进行分篇论述。本书内容全面、详实,文字简洁,重点突出,具有很强的实用性和针对性。

其次,本书为满足高校本、专科金融和会计等专业的教学需要,以及广大金融工作者的需要,结合金融企业业务特点,将会计实务以图文及表格的形式,描述每个专项业务的主脉络,在每一具体业务中均提供了全面的仿真单据、图表,同时配备了与银行、证券、保险、基金、期货、信托、租赁等实际业务相关的例题,详细地说明了会计处理的步骤和方法,增强了本书的实用性,为教学者和自学者提供了便利。

最后,本书非常注重会计理论与会计实践的结合,以"应用、复合、创新"的会计特色元素融合为主线,这是金融行业对会计岗位能力、素质的现实要求。因此这套教材既能为本、专科金融会计人才培养需要服务,也能为金融行业会计人员的继续教育服务,借助此书促进学校教师,企业员工以及高校学生会计能力素质的共同提升。

本教材由高杰英、郝爱文主编,张小红副主编。其中第六章、第七章、第八章、第十二章由高杰英编写;第二章、第三章、第四章、第十三章、第十四章、第十五章、第十六章由郝爱文编写;第一章、第十章、第十一章由张小红编写;第五章由徐晶编写;第九章由向岚编写。本书适合作为高校本、专科金融和会计专业教材,也可供金融系统有关从业人员业务培训用书以及金融系统有关从业人员自学用书。

在编写过程中参阅了大量的相关资料和同类教材,在此对相关作者表示衷心感谢。由于作者水平有限,书中难免存在疏漏和不当之处,敬请读者提出宝贵意见和建议,以便我们修订。

主　编

目　　录

第一篇　银行业务的会计核算

第二篇　非银行金融机构业务核算

第一章　金融企业会计概述

【学习要点与要求】

通过本章的学习,了解金融企业会计的概念和特点;熟悉金融企业会计核算的原则;掌握金融企业会计核算方法;了解金融企业会计工作的会计制度;熟悉金融企业会计机构和人员构成。

金融业作为资金融通、风险管理以及资源配置的行业,在社会经济中起着重要作用。一般我们称由各类金融机构组成及其相互联系的统一整体为金融机构体系。市场经济下各国金融机构体系大多呈现以中央银行为核心,银行业金融机构为主体,各类非银行金融机构并存的状态。银行业金融机构以商业银行为主体,包括政策性银行、专业银行等。非银行金融机构包括证券公司、保险公司、基金公司、信托投资公司、期货公司、金融租赁公司以及小额信贷公司等多种组织形式的金融企业。

第一节　金融企业会计核算

一、金融企业会计

金融企业会计是一种特殊行业的专门会计,是根据会计学的基本原理和基本方法,针对金融行业业务特征而产生的特种行业会计,适用于金融企业的会计核算和经营管理。本书涉及的金融企业包括商业银行、证券公司、保险公司、信托公司、基金公司和租赁公司。

(一)商业银行

现代商业银行是以盈利为目的、以多种金融资产和金融负债为经营对象、具有综合性服务功能的金融企业。按照能否混业经营的监管要求不同,商业银行分为全能型银行和单一式银行。目前我国金融体系处于银行、证券、保险分业经营的状态。按资产规模大小来划分,我国中资大型商业银行(指本外币资产总量大于等于2万亿元的中资银行)有中国工商银行、中国建设银行、中国农业银行、中国银行、交通银行、中国邮政储蓄银行。中资中型银行(指本外币资产总量小于 2 万亿元且大于 3 000 亿元的中资银行)有招商银行、中国农业发展银行、上海浦东发展银行、中信银行、兴业银行、中国民生银行、中国光大银行、华夏银行、中国进出口银行、广东发展银行、深圳发展银行、北京银行、上海银行、江苏银行。

(二)证券公司

狭义的证券公司是指证券经营公司,是经主管机关批准并到有关工商行政管理局领取营业执照后专门经营证券业务的金融企业。它具有证券交易所的会员资格,可以承销发行、自营买卖或自营兼代理买卖证券。在不同的国家,证券公司有着不同的称谓。在美国,证券公司被称作投资银行或者证券经纪商;在英国,证券公司被称作商人银行;在欧洲大陆(以德国为代表),由于一直沿用混业经营制度,投资银行仅是全能银行的一个部门;在东亚(以日本为代表),则被称为证券公司。2012 年,我国注册资金超过 50 亿元的证券公司有中信证券股份有限公司、海通证券股份有限公司、国信证券股份有限公司、申银万国证券股份有限公司、方正证券股份有限公司、国泰君安证券股份有限公司、中信建投证券有限责任公司、中国银河证券股份有限公司、国开证券有限责任公司、华泰证券股份有限公司、齐鲁证券有限公司、中国中投证券有限责任公司等。

(三)保险公司

保险公司是销售保险合约、提供风险保障的金融企业。保险公司分为两大类型——人寿保险公司和财产保险公司。保险公司作为保险关系中的保险人,享有收取保险费、建立保险费基金的权利。同时,当保险事故发生时,有义务赔偿被保险人的经济损失。目前我国保险集团有 10 家,包括中国人民保险集团股份有限公司、华泰保险集团股份有限公司、中国人寿保险(集团)公司、中国太平保险集团公司、中国再保险(集团)股份有限公司、安邦保险集团股份有限公司、中国太平洋保险(集团)股份有份公司、阳光保险集团股份有限公司、中国平安集团股份有限公司、中华联合保险控股股份有限公司。

(四)证券投资基金

证券投资基金是一种利益共享、风险共担的集合证券投资方式,即通过发行基金单位集中投资者的资金,由基金托管人托管、基金管理人管理和运用资金,从事股票、债券等金融工具投资,并将投资收益按投资比例进行分配的一种间接投资方式。投资基金按组织形态分为契约型基金和公司型基金。2012 年,我国有证券基金管理公司 70 余家。1998 年成立的最早一批基金管理公司如中国泰基金管理有限公司、南方基金管理有限公司、华夏基金管理有限公司、华安基金管理有限公司、博时基金管理有限公司、鹏华基金管理有限公司等都在持续运营。

（五）期货公司

期货（经纪）公司是指依法设立的、接受客户委托、按照客户的指令、以自己的名义为客户进行期货交易并收取交易手续费的金融企业，其交易结果由客户承担。期货公司根据客户指令代理买卖期货合约、办理结算和交割手续；对客户账户进行管理，控制客户交易风险；为客户提供期货市场信息，进行期货交易咨询，充当客户的交易顾问等。我国主要期货公司包括中国国际期货有限公司、浙江省永安期货经纪有限公司、中证期货有限公司、中粮期货有限公司、广发期货有限公司、国泰君安期货有限公司、银河期货有限公司、南华期货有限公司、海通期货有限公司、华泰长城期货有限公司等。

（六）信托公司

信托公司是指依照法律设立的主要经营信托业务的金融机构。信托业务，是指信托公司以营业和收取报酬为目的，以受托人身份承诺信托和处理信托事务的经营行为。信托是以信任委托为基础、以货币资金和实物财产的经营管理为形式，融资和融物相结合的多边信用行为。信托业务主要包括委托和代理两个方面的内容。前者是指财产的所有者为自己或其指定人的利益，将其财产委托给他人，要求按照一定的目的，代为妥善地管理和有力地经营；后者是指一方授权另一方，代为办理的一定经济事项。我国主要的信托公司有中信信托有限公司、英大信托有限公司、中海信托有限公司、中融信托有限公司、平安信托有限公司、中诚信托有限公司、广东粤财有限公司等。

（七）金融租赁公司

金融租赁公司是专门经营租赁业务的金融企业。金融租赁公司开展业务的一般过程是：租赁公司根据企业的要求，筹措资金，提供以"融物"代替"融资"的设备租赁；在租期内，作为承租人的企业只有使用租赁物件的权利，没有所有权，并要按租赁合同规定，定期向租赁公司交付租金。租期届满时，承租人向租赁公司交付少量的租赁物件的名义贷价（即象征性的租赁物件残值），双方即可办理租赁物件的产权转移手续。我国的金融租赁公司有国银金融租赁公司、天津渤海租赁有限公司、昆仑金融租赁公司、民生金融租赁有限公司、工银金融租赁有限公司、建银金融租赁有限公司、交银金融租赁有限公司、兴银金融租赁有限公司等。

二、金融企业会计核算的特点

金融企业会计是以货币为主要计量单位，采用会计的专门方法，对金融企业的经营活动过程进行归类、确认、登记、反应和分析,按照国家财经政策、法律法规以及企业的有关规定,连续、全面、综合的核算和监督企业各项业务活动,为金融企业经营者及有关方面提供分析和决策所需的信息。

由于金融企业是一个特殊的行业,其业务经营、社会地位和作用与其他企业有显著的不同,所以,金融企业会计同其他行业会计相比有着不同的特点。主要表现在以下几个方面:

(一)金融企业会计核算对象的综合性

金融企业会计一方面核算自身的经营活动,核算金融企业内部的资金变化,对于金融企业自身的各项财产物资、经营收支以及经营成果进行综合的反映和监督。另一方面,由于金融企业与国民经济各部门都有着密切的联系,金融企业会计反映了全社会资金活动。例如银行业为全社会各企事业单位及个人的各项资金往来办理结算,保险业为全社会各企事业单位及个人提供养老、医疗、财产等保险。这就决定了金融会计核算的对象具有社会性的特征,并且要以各开户单位的往来收支活动为核算主体,以发挥金融企业会计固有的、对整个社会经济活动进行综合反映的特殊功能。

(二)金融企业会计核算与业务处理的一致性

金融企业会计核算的内容包括金融各业经营内容,如银行业的存贷款、保险业的企财险、人寿险完成情况的保费收取与赔付、信托业的信托存款、信托贷款等,这些都通过会计来实现。金融企业会计人员既是会计核算员,也是业务处理员,两者是统一的。例如银行业,前台柜员既是会计人员,也是业务工作人员。其他行业会计不具备这一特征,他们只进行会计核算,如原材料采购、产品生产等都由单独的业务员来完成。

(三)金融企业会计核算的准确性与及时性

由于金融企业会计不仅反映自身的经营状况,而且还反映社会资金运动情况,其会计信息资料的准确性及其及时性尤为重要。为了保证会计信息资料的准确性,金融企业通常采取严密的内部控制与监督方式进行核算,如双线核算、双线核对、账折见面、复核制度、内外对账、当日账务必须账平表符等,以确保会计核算正确无误。一般企业单位的会计核算,基本都是在经济业务完成后进行的事后反映和监督,而金融企业由于众多的信息使用者的要求,必须及时提供准确的信息,日常会计核算往往是与其经营活动结合在一起同时进行的。如每笔存款、贷款业务从发生到完成,即是各项业务处理和审批的过程,同时又是会计核算业务的处理过程,贷业务处理完毕,会计的核算工作也已经基本完成。

(四)金融企业会计服务与监督的双重性

金融企业作为社会资金活动的总枢纽,为各单位办理资金的清算与融通、资财及人身的保障等,属于第三产业中重要的服务性工作。只有做好金融服务工作,才能更好地服务于经济实体,促进商品流通与市场的发展。同时,金融企业会计核算不仅仅涉及企业内部核算,金融企业会计的广泛性与社会性,使得金融会计可以用于国民经济监督与管理,如现金管理监督、票据监督、支付结算监督、外汇收支监督、信贷监督,以保障国家的政策、法规以及金融内部的有关规定的实施。

(五)金融企业会计核算的电子网络化

金融会计核算的业务量大,会计凭证种类繁多,又要求及时处理,当天账务当天必须处理完毕。因此,在金融企业会计核算中广泛采用电子计算机联网操作。例如,在各商业银行内部,不仅在每个基层行处对业务的处理均实现了电算化,而且在整个系统内分支行处之间也均采用了计算机联网方式处理,通过电子联行、电子汇兑、天地对接、卫星传输等先进方式,达到银行会计数据处理、传输的网络化。通过网络化,各分支行处可以在同城和异地间进行联动核算处理,不仅能为客户提供快捷的支付结算服务,同时也实现了会计信息在系统内的快速生成和传递。

三、金融企业会计的基本假设与基础

(一)金融企业会计的基本假设

会计基本假设,又称会计前提,是企业会计确认、计量和报告的前提,是对会计核算所处时间、空间环境等所作的合理设定。会计基本假设是会计准则制度中规定的各种程序和方法适用的前提条件。会计核算对象的确定、会计方法的选择、会计数据的搜集等,都要以会计核算的基本假设为依据。根据《企业会计准则——基本准则》(以下简称基本准则)规定,我国商业银行会计基本假设包括会计主体、持续经营、会计分期和货币计量4项。

1. 会计主体。会计主体,是指企业会计核算应当对其本身发生的交易或者事项进行会计确认、计量和报告。应当以本身发生的各项交易或事项为对象,记录和反映企业本身的各项生产经营活动。明确会计主体,才能划定会计所要处理的各项交易或事项的范围,把握会计处理的立场。例如商业银行作为一个独立核算的集团化金融企业法人,其会计核算从组织层次上看,目前一般采取三级会计主体制度。如全国性的国有控股商业银行一般采取总行、省级一级分行和地市二级分行三级核算的会计主体制度。

2. 持续经营。持续经营,是指会计确认、计量和报告应当以企业持续、正常的生产经营活动为前提。企业是否持续经营,在会计原则、会计方法的选择上有很大差别。一般情况下,应当假定商业银行将会按当前的规模和状态持续经营下去,不会停业,也不会大规模削减业务。明确这个基本前提,会计人员就可以在此基础上选择会计原则和会计方法。

3.会计分期。会计分期,是指会计核算应当划分会计期间,分期结算账目和编制财务会计报告。金融企业的会计期间分为年度和中期。会计中期是指短于一个完整的会计年度的报告期间,会计中期又分为半年度、季度和月度。年度、半年度、季度和月度均按公历起讫日期确定。

4.货币计量。货币计量,是指会计主体在财务会计确认、计量和报告时以货币计量,反映会计主体的各项生产经营活动。金融企业的会计核算应以人民币为记账本位币,而业务收支以人民币以外的货币为主的金融企业,可以选定一种外币作为记账本位币,但在编报财务会计报告时应当折算成人民币。

(二)金融企业会计核算的基础

根据基本准则规定,金融企业应当以权责发生制为基础进行会计确认、计量和报告。

权责发生制,是指属于当期已经实现的收入和已经发生或应当负担的费用,不论款项是否收付都应当作为本期的收入和费用处理;凡是不属于当期的收入和费用,即使款项已经在当期收付都不应当作为当期的收入和费用。

会计需要在持续经营的假定下进行分期核算,有时商业银行发生的货币收支业务与交易或事项本身在期间上并不完全一致,于是便涉及发生的交易或事项应确认为哪一个会计期间的问题。权责发生制的核心是按交易和事项是否影响各个会计期间的经营成果和受益情况,确定其归属期。由于确定本期收入和费用是以应收应付作为标准,而不考虑款项是否已实际收付,所以又称应收应付制。

以权责发生制为基础,可以正确反映特定会计期间所实现的收入和为实现收入所应负担的费用,从而可以把各期的收入与其相关的费用、成本相配比,加以比较,以便正确确定财务状况和经营成果。

与权责发生制相对应的是收付实现制。在收付实现制下,对收入和费用的确认完全按照款项实际收到或支付的日期为基础来确定归属期。

四、金融企业会计的核算内容与会计科目

会计的核算内容也称会计要素。会计要素是对会计核算对象的基本分类,是会计用以反映企业财务状况和确定企业经营成果的基本元素。而会计对象是指会计经过核算所要反映和监督的内容。

(一)金融企业的会计要素

合理划分会计要素,有利于清晰地反映产权关系和其他经济关系。金融企业会计要素分为六大类,即资产、负债、所有者权益、收入、费用和利润。其中,资产、

负债和所有者权益三项会计要素主要反映金融企业的财务状况,收入、费用和利润三项会计要素主要反映金融企业的经营成果。

1.反映金融企业财务状况的会计要素。财务状况是指金融企业某一时点的资产及权益状况,是资金运动相对静止状态时的表现。

(1)资产。资产是指企业过去的交易或者事项形成的、由企业拥有或者控制的、预期会给企业带来经济利益的资源。资产具有以下基本特征:

①资产是由于过去的交易或事项所形成的,是现实资产,而不是预期的资产。

②资产是企业拥有或者控制的资源,企业享有某项资源的所有权,或者虽然不享有某项资源的所有权,但该资源能被企业所控制。

③资产预期会给企业带来经济利益,即会直接或间接地增加流入企业的现金或现金等价物的潜力。预期不能带来经济利益的,就不是商业银行会计要素及其计量能确认为企业的资产。

资产按流动性分为流动资产、中长期贷款、长期投资、固定资产、无形资产和其他资产。商业银行的资产按业务属性分为金融资产和非金融资产。金融资产包括现金、贵金属、存放中央银行款项、存放和拆放同业款项、贷款、应收款项、股权投资、债券投资、形成本行资产的衍生金融工具和其他金融资产;非金融资产包括固定资产、无形资产、在建工程、抵债资产、投资性房地产和库存物资等。

(2)负债。负债是指企业过去的交易或者事项形成的、预期会导致经济利益流出企业的现时义务。负债具有以下基本特征:

①负债是基于过去的交易或事项而产生的,由企业承担的现时义务。

②负债这一现时义务的履行通常关系到企业放弃含有经济利益的资产,以满足对方的要求。

③负债通常是在未来某一时日通过交付资产或提供劳务来清偿。

负债按流动性分为流动负债和长期负债。商业银行的负债按业务属性分为金融负债和非金融负债。金融负债包括吸收存款、向中央银行借款、同业行存放款、拆入资金、应解汇款、汇出汇款、卖出回购金融资产款、交易性金融负债、形成本行负债的衍生金融工具等;非金融负债包括应付职工薪酬、应交税费、应付利息、预提费用、预计负债、递延所得税负债等。

(3)所有者权益。所有者权益是指企业资产扣除负债后由所有者享有的剩余权益。所有者权益的来源包括所有者投入的资本、直接计入所有者权益的利得和损失、留存收益等。所有者权益具有以下特征:

①除非发生减资、清算或分派现金股利,金融企业不需要偿还所有者权益。

②金融企业清算时,只有在清偿了所有的负债后,才能把所有者权益返还给所有者。

③所有者凭借所有者权益能够参与金融企业利润的分配。所有者权益包括实收

资本(或股本)、资本公积、盈余公积、一般风险准备和未分配利润等。其中,资本公积包括金融企业收到的投资者超过其在注册资本或股本中所占份额的部分以及直接计入所有者权益的利得和损失等。盈余公积和未分配利润合称为留存收益。

2. 反映金融企业经营成果的会计要素。经营成果是指金融企业在一定时期内从事生产经营活动所取得的最终成果,是资金运动显著变动状态的主要体现。

(1)收入。收入是指企业在日常活动中形成的、会导致所有者权益增加的、与所有者投入资本无关的经济利益的总流入。金融企业的收入主要包括利息收入、金融机构往来收入、手续费收入、其他营业收入、投资收益、汇兑收益及营业外收入等。

(2)费用。费用是指企业在日常活动中发生的、会导致所有者权益减少的、与向所有者分配利润无关的经济利益的总流出。金融企业费用主要包括利息支出、金融机构往来支出、手续费支出、营业税金及附加、业务及管理费、其他营业支出及营业外支出等。

(3)利润。利润是指金融企业在一定会计期间的经营成果,利润包括收入减去费用后的净额、直接计入当期利润的利得和损失等。

(二)金融企业的会计科目

会计科目是对会计对象的具体内容,按其不同的要素特征和信息项目的披露要求进行系统科学分类的标志。金融企业会计科目是对金融企业各项会计要素的具体核算内容,按会计核算的要求划分为若干类别,规定一定的名称。

1. 金融企业会计科目的作用。会计科目是金融企业进行各项会计记录和提供各项会计信息的基础,在会计核算中具有以下重要作用:

(1)会计科目是金融企业会计核算的基础,是连接核算方法的纽带。它是金融企业设置账户、填制凭证、登记账簿和编制会计报表等一系列核算方法的前提和依据。如果不设置会计科目,会计核算工作就没有一个依据贯穿始终,会计核算工作也就无法有序进行。

(2)会计科目是金融企业统一核算口径的工具。金融企业设置的会计科目,都规定了特定的名称和核算内容,各企业必须按照规定设置和使用统一的会计核算指标和口径。这样,使得在不同时间、不同各分支机构发生的同一经济业务,均可以按统一的科目进行归集核算和反映。

(3)会计科目是提供系统会计核算资料的重要保证。会计科目的合理设置,使得纷繁复杂的经济业务各自归类成为容易识别的会计信息。以会计科目作为概括业务内容、资金性质的标志,起到组织和归类作用,从而把全部核算资料进行条理化、系统化处理,并取得系统的核算资料和信息。这样有利于金融企业、投资者和监管者了解金融企业财务状况,从而展开各项管理、投资决策以及监管活动。

2.金融企业会计科目的设置。

（1）会计科目设置的原则。会计科目作为反映会计要素的构成及其变化情况，为投资者、债权人、金融企业经营管理者提供会计信息的重要手段，在其设置过程中应努力做到科学、合理、使用，并应遵循以下原则。

（2）金融企业会计科目分类。会计制度规定的会计科目是一个有机的整体。为便于熟悉掌握每个会计科目的性质，了解每个会计科目的核算内容和使用范围，正确使用会计科目，就要按照一定的标志和要求，对会计科目进行分类排列。

①按科目与会计报表的关系分类。按科目与会计报表的关系分为表内科目和表外科目。表内科目是反映商业银行会计要素实际增减变化的会计科目。表外科目是不反映商业银行会计要素实际增减变化，用于反映各项登记备查事项的会计科目。

②按其所提供信息的详细程度及其统驭关系分类。按其所提供信息的详细程度及其统驭关系分为总分类科目和明细分类科目。前者是对会计要素具体内容进行总括分类、提供总括信息的会计科目。后者是对总分类科目作进一步分类，提供更详细、更具体的会计信息的科目。对于明细分类科目较多的总分类科目，可在总分类科目与明细分类科目之间设置二级或多级科目。

③表内科目按科目性质分类。表内科目按科目性质分为资产类、负债类、资产负债共同类、所有者权益和损益类科目。

资产类科目，是反映金融企业各项资产要素项目的会计。设置如"库存现金"、"存放中央银行款项"、"存放同业"、"存放系统内款项"、"贷款"、"固定资产"、"无形资产"等科目。

负债类科目，是反映金融企业各项负债要素项目的会计科目。设置如"吸收存款"、"向中央银行借款"、"同业存放"、"系统内存放款项"、"应解汇款"、"汇出汇款"、"应付利息"等科目。

资产负债共同类科目，是反映金融企业各项资产和负债双重性的科目。设置如"清算资金往来"、"同城票据清算"、"货币兑换"等科目。

所有者权益类科目，是反映金融企业所有者权益的科目。设置如"实收资本"、"资本公积"、"盈余公积"、"本年利润"、"利润分配"等科目。

损益类科目，是反映金融企业各项收入和成本费用的科目。反映商业银行收入的科目有："利息收入"、"金融企业往来收入"、"手续费及佣金收入"、"其他营业收入"、"投资收益"、"营业外收入"等；反映成本和费用的科目有"利息支出"、"金融企业往来支出"、"手续费支出"、"管理费用"、"营业税金及附加"、"营业外支出"、"所得税"等。

（3）会计科目代号。科目代号长度为6位。其中一级科目代号为4位，二级科目代号2位。科目代号的编排具有一定的规律；例如，一般一级科目代号的前两位为规则号，后两位为顺序号。科目代号的第一位代表科目所属的大类，如：1代表资产类科目;2 代表负债类科目;3 代表资产负债共同类科目;4 代表所有者权益类科目;5 代表成本类科目;6 代表损益类科目,等等。会计科目通过编号,便于识别和使用,为编制会计分录、汇总凭证、登记账簿、编制报表、查阅会计资料等日常会计事项的处理及为计算机在会计柜台的应用提供了便利的条件。

参照我国《企业会计准则会计制度》会计科目表,金融企业常用会计科目的设置如表 1 -1 所示。

表 1 -1　金融企业常用会计科目表

顺序号	编号	会计科目名称	会计科目适用范围说明
一、资产类			
1	1001	库存现金	
2	1002	银行存款	
3	1003	存放中央银行款项	银行专用
4	1011	存放同业	银行专用
5	1012	其他货币资金	
6	1021	结算备付金	证券专用
7	1031	存出保证金	金融共用
8	1101	交易性金融资产	
9	1111	买入返售金融资产	金融共用
10	1121	应收票据	
11	1122	应收账款	
12	1123	预付账款	
13	1131	应收股利	
14	1132	应收利息	
15	1201	应收代位追偿款	保险专用
16	1211	应收分保账款	保险专用
17	1212	应收分保合同准备金	保险专用
18	1221	其他应收款	
19	1231	坏账准备	
20	1301	贴现资产	银行专用
21	1302	拆出资金	银行和保险共用
22	1303	贷款	银行和保险共用
23	1304	贷款损失准备	银行和证券共用
24	1311	代理兑付证券	
25	1321	代理业务资产	

顺序号	编号	会计科目名称	会计科目适用范围说明
26	1401	材料采购	
27	1402	在途物资	
28	1403	原材料	
29	1404	材料成本差异	
30	1405	库存商品	
31	1406	发出商品	
32	1407	商品进销差价	
33	1408	委托加工物资	
34	1411	周转材料	
35	1421	消耗性生物资产	
36	1431	贵金属	银行专用
37	1441	抵债资产	金融共用
38	1451	损余物资	保险专用
39	1461	融资租赁资产	租赁专用
40	1471	存货跌价准备	
41	1501	持有至到期投资	
42	1502	持有至到期投资减值准备	
43	1503	可供出售金融资产	
44	1511	长期股权投资	
45	1512	长期股权投资减值准备	
46	1521	投资性房地产	
47	1531	长期应收款	
48	1532	未实现融资收益	
49	1541	存出资本保证金	
50	1601	固定资产	
51	1602	累计折旧	
52	1603	固定资产减值准备	
53	1604	在建工程	
54	1605	工程物资	
55	1606	固定资产清理	

顺序号	编号	会计科目名称	会计科目适用范围说明
56	1611	未担保余值	租赁专用
57	1621	生产性生物资产	农业专用
58	1622	生产性生物资产累计折旧	农业专用
59	1623	公益性生物资产	农业专用
60	1631	油气资产	石油天然气开采专用
61	1632	累计折耗	石油天然气开采专用
62	1701	无形资产	
63	1702	累计摊销	
64	1703	无形资产减值准备	
65	1711	商誉	
66	1801	长期待摊费用	
67	1811	递延所得税资产	
68	1821	独立账户资产	
69	1901	待处理财产损溢	
		二、负债	
70	2001	短期借款	
71	2002	存入保证金	金融共用
72	2003	拆入资金	金融共用
73	2004	向中央银行借款	银行专用
74	2011	吸收存款	银行专用
75	2012	同业存放	银行专用
76	2021	贴现负债	银行专用
77	2101	交易性金融负债	
78	2111	卖出回购金融资产款	金融共用
79	2201	应付票据	
80	2202	应付账款	
81	2203	预收账款	
82	2211	应付职工薪酬	
83	2221	应交税费	
84	2231	应付利息	

顺序号	编号	会计科目名称	会计科目适用范围说明
85	2232	应付股利	
86	2241	其他应付款	
87	2251	应付保单红利	保险专用
88	2261	应付分保账款	保险专用
89	2311	代理买卖证券款	证券专用
90	2312	代理承销证券款	证券和银行共用
91	2313	代理兑付证券款	证券和银行共用
92	2314	代理业务负债	证券和银行共用
93	2401	递延收益	
94	2501	长期借款	
95	2502	应付债券	
96	2601	未到期责任准备金	保险专用
97	2602	保险责任准备金	保险专用
98	2611	保户储金	保险专用
99	2621	独立账户负债	保险专用
100	2701	长期应付款	
101	2702	未确认融资费用	
102	2711	专项应付款	
103	2801	预计负债	
104	2901	递延所得税负债	
三、共同类			
105	3001	清算资金往来	银行专用
106	3002	货币兑换	金融共用
107	3101	衍生工具	
108	3201	套期工具	
109	3202	被套期项目	
四、所有者权益类			
110	4001	实收资本	
111	4002	资本公积	
112	4101	盈余公积	

顺序号	编号	会计科目名称	会计科目适用范围说明
113	4102	一般风险准备	金融共用
114	4103	本年利润	
115	4104	利润分配	
116	4201	库存股	
五、成本类			
117	5001	生产成本	
118	5101	制造费用	
119	5201	劳务成本	
120	5301	研发支出	
121	5401	工程施工	建造承包商专用
122	5402	工程结算	
123	5403	机械作业	
六、损益类			
124	6001	主营业务收入	
125	6011	利息收入	金融共用
126	6021	手续费及佣金收入	金融共用
127	6031	保费收入	保险专用
128	6041	租赁收入	租赁专用
129	6051	其他业务收入	
130	6061	汇兑损益	金融专用
131	6101	公允价值变动损益	
132	6111	投资收益	
133	6201	摊回保险责任准备金	保险专用
134	6202	摊回赔付支出	保险专用
135	6203	摊回分保费用	保险专用
136	6301	营业外收入	
137	6401	主营业务成本	
138	6402	其他业务成本	
139	6403	营业税金及附加	
140	6411	利息支出	金融共用

续表

顺序号	编号	会计科目名称	会计科目适用范围说明
141	6421	手续费及佣金支出	金融共用
142	6501	提取未到期责任准备金	保险专用
143	6502	提取保险责任准备金	保险专用
144	6511	赔付支出	保险专用
145	6521	保单红利支出	保险专用
146	6531	退保金	保险专用
147	6541	分出保费	保险专用
148	6542	分保费用	保险专用
149	6601	销售费用	
150	6602	管理费用	
151	6603	财务费用	
152	6604	勘探费用	
153	6701	资产减值损失	
154	6711	营业外支出	
155	6801	所得税费用	
156	6901	以前年度损益调整	

第二节　金融企业会计核算原则和方法

一、金融企业会计核算原则

会计原则又称"会计准则"。它是建立在会计目标、会计假设及会计概念等会计基础理论之上具体确认和计量会计事项所应当依据的概念和规则。会计原则对于选择会计程序和方法具有重要的指导作用。

根据我国《会计法》和《企业会计准则——基本准则》、《金融工具确认和计量》、《金融工具列报》等具体准则的规定,金融会计核算的基本原则有以下内容:

(一)真实性原则

真实性要求企业应当以实际发生的交易或者事项为依据进行确认、计量和报告,如实反映符合确认和计量要求的各项会计要素及其他相关信息,保证会计信息

15

真实可靠、内容完整。企业提供会计信息的目的是为了满足会计信息使用者的决策需要,因此,就应做到内容真实、数字准确、资料可靠。在会计核算工作中坚持这一质量标准,就应当保证会计信息的真实性,在会计核算时如实反映企业的财务状况、经营成果和现金流量;应当正确运用会计原则和方法,准确反映企业的实际情况;会计信息应当能够经受验证,以核实其是否真实。

(二)实质重于形式原则

实质重于形式要求企业应当按照交易或者事项的经济实质进行会计确认、计量和报告,不应仅以交易或者事项的法律形式为依据。在实际工作中,交易或事项的外在法律形式或人为形式并不总能完全真实地反映其实质内容。所以,会计信息要想反映交易或事项,就必须根据交易或事项的经济实质和现实,而不能仅仅根据它们的法律形式进行核算和反映。

(三)相关性原则

相关性要求企业提供的会计信息应当与财务报告使用者的经济决策需要相关,有助于财务报告使用者对企业过去、现在或者未来的情况做出评价或者预测。会计信息的价值在于其与决策相关,能满足会计信息使用者的需要,有助于决策。在会计核算工作中坚持这一质量标准,就要求在收集、加工、处理和提供会计信息过程中,充分考虑会计信息使用者的信息需求。

(四)可比性原则

可比性要求企业提供的会计信息应当相互可比。对于同一会计主体不同时期发生的相同或者相似的交易或者事项,应当采用一致的会计政策,会计核算方法前后各期应当保持一致,不得随意变更;如果企业在不同的会计期间采用不同的会计核算方法,将不利于会计信息使用者对会计信息的理解,不利于会计信息作用的发挥。对于不同会计主体发生的相同或者相似的交易或者事项,也应当采用规定的会计政策,确保会计信息口径一致,以使不同会计主体按照一致的确认、计量和报告要求提供会计信息。不同的会计主体可能处于不同地区,经济业务发生于不同的时间,为了保证会计信息能够满足决策的需要,只要是相同的交易或事项,就应当采用相同的会计处理方法,便于比较不同会计主体的会计信息。

(五)及时性原则

及时性要求企业对于已经发生的交易或者事项,应当及时进行确认、计量和报告,不得提前或者延后,从而可以把相关信息及时传递给财务报告使用者,便于其及时使用和决策。会计核算的意义在于及时为会计信息使用者提供可靠的决策信息。在会计核算过程中坚持这一质量标准,一是要及时收集会计信息;二是要及时处理会计信息;三是要及时传递会计信息。

(六)明晰性原则

明晰性要求企业提供的会计信息应当清晰明了,便于财务报告使用者理解和使用。提供会计信息的目的在于使用,要使用会计信息,首先必须了解会计信息的内涵,弄懂会计信息的内容,这就要求会计核算和财务会计报告必须清晰明了。在会计核算工作中坚持明晰性标准,就要求会计记录应当准确、清晰,填制会计凭证、登记会计账簿必须做到依据合法、账户对应关系清楚、文字摘要完整;在编制会计报表时,项目钩稽关系清楚、项目完整、数字准确。

(七)谨慎性原则

谨慎性要求企业对交易或者事项进行会计确认、计量和报告时应当保持应有的谨慎,不应高估多计资产或者收益、低估少计负债或者费用。在会计核算工作中坚持谨慎原则,要求企业在面临不确定因素的情况下做出职业判断时当保持必要的谨慎,既不高估资产或收益,也不低估负债或费用,但不得设置秘密准备。

(八)重要性原则

重要性要求企业提供的会计信息应当反映与企业财务状况、经营成果和现金流量有关的所有重要交易或者事项。在会计核算过程中对交易或事项应当区别其重要程度,采用不同的核算方式。如果会计信息的省略或者错会影响使用者据此做出经济决策,该信息就具有重要性。对资产、负债、损益等有较大影响,并进而影响财务会计报告使用者据以做出合理判断的重要会计事项,必须按照规定的会计方法和程序进行处理,并在财务会计报告中予以充分、准确地披露;对于次要的会计事项,在不影响会计信息真实性和不误导财务会计报告使用者做出正确判断的前提下,可适当简化处理。

二、金融企业会计核算方法

金融企业会计核算方法,是根据会计的基本方法,针对金融业务活动的特点和经营管理的要求而制定的一套科学的核算方法。

(一)记账方法

记账方法是按一定的记账原理和规则,采用特定的记账符号,记录各项经济业务,登记账簿的一系列专门技术方法的总称。

1.记账方法的种类。记账方法分单式记账法和复式记账法两种。所谓单式记账法是指每一项经济业务的发生只在一个账户中进行登记的一种方法。单式记账法主要应用于表外科目的核算。经济业务发生后,根据记账凭证,只在"收入"或"付出"作单方的记录反映。所谓复式记账法是指对每一项经济业务,都要以相等的金额同时在两个或两个以上相互联系的账户中进行登记的一种记账方法。复式记账法有借贷记账法、增减记账法和收付记账法三种。表内科目的会计核算采用借贷记账法。

2.借贷记账法的基本要点。借贷记账法是以"借"、"贷"为记账符号,以"有借必有贷,借贷必相等"为记账规则,用以记录和反映会计要素增减变化过程及其结果的一种复式记账方法。这一记账方法的基本要点有以下四个方面:

(1)将会计科目按性质分为资产类、负债类、所有者权益类、损益类四大类。借贷记账法将所有使用的会计科目按性质划分为资产类、负债类、所有者权益类和损益类四个大类。在具体应用时,资产类科目的余额反映在借方;负债类和所有者权益类科目的余额反映在贷方;具有资产负债共同性科目,以其最终余额在借方或贷方来判明其是归属到资产类,还是负债类;损益类中的收益科目余额反映在贷方,费用类科目余额反映在借方。

(2)以"借"、"贷"作记账符号,表示记账方向。借贷记账法根据资金运动的方向,将账户结构分为借方、贷方两个基本组成部分。以"借"、"贷"作为记账符号,表示记账方向;在账簿上设置了借方、贷方、余额等栏目,以反映资金的增减变化。但借贷两方,哪一方登记增加数,哪一方登记减少数,是不固定的,它要根据账户的性质和经济业务的内容来确定:凡资产、费用的增加,负债、权益和收益的减少记借方;凡负债、权益和收益的增加,资产、费用的减少记贷方。借贷记账法的记账方向如表1-2所示。

表1-2　借贷记账法的记账方向

借方	贷方
资产的增加	负债的增加
费用的增加	权益的增加
负债的减少	收入的增加
权益的减少	资产的减少
收入的减少	费用的减少

(3)以"有借必有贷,借贷必相等"作为记账规则。借贷记账法是以"资产 = 负债 + 所有者权益"这一恒等式为理论基础来设计的复式记账法,它要求按每项经济业务涉及的资金增减变化的内在联系,确定其应记的科目和记账方向,即一笔经济业务的发生,必须以相等的金额记入一个账户的借方和另一个账户(或几个账户)的贷方;或记入一个账户的贷方和另一个账户(或几个账户)的借方。

每笔业务的会计分录必须是借贷平衡,并且任何情况下也不会破坏借贷相等的平衡关系。

(4)根据复式记账原理,进行试算平衡。由于借贷记账法以"资产=负债+所有者权益"的平衡原理设计,并以"有借必有贷,借贷必相等"为记账规则,从而保证了每项经济业务的借贷两方发生额必然相等,保证了一定时期全部经济业务的借贷两方发生额和余额之和必然相等。因此,可选用下列公式进行试算平衡,检验账务记录的正确性。

①发生额平衡公式:

$$各科目借方发生额合计 = 各科目贷方发生额合计$$

②余额平衡公式:

$$各科目借方余额合计 = 各科目贷方余额合计$$

经过试算平衡,借贷方的发生额和余额之和相等,表明会计分录和账务记载基本正确,反之,则表明会计分录和账务记载有误。商业银行每天均须按总账各科目的借方、贷方的发生额和余额,填制日结表,进行试算平衡。

(二)会计凭证

会计凭证是记录经济业务发生和完成情况,明确经济责任,作为记账依据的具有法律效力的书面证明。以会计凭证为依据办理资金收付、登记账簿是会计核算的基础,正确地填制和严格地审核会计凭证,是会计核算工作的基本环节。金融企业会计每天都要办理大量的核算业务,尤其是商业银行会计业务与其他业务结合紧密,内外制约因素多,会计凭证的处理尤为重要。

会计凭证种类繁多,既有内部编制的凭证,又有外来的凭证,其种类可以从不同的角度和内容进行划分。下面以商业银行为例介绍进行介绍:

1. 会计凭证的种类。

(1)会计凭证按取得的方式不同分为原始凭证和记账凭证。

①原始凭证。原始凭证是指在经济业务发生时直接取得或填制的凭证。它是用来证明经济业务实际发生或完成情况、明确经济责任、据以编制记账凭证的原始根据。各种原始凭证记载的经济业务是多种多样的,所以,每一张原始凭证的具体内容不尽相同,但各种原始凭证一般都应具备以下要素:凭证的名称;填制凭证单位的名称和接受凭证单位的名称及开户行名称和行号;填制凭证的日期;经济业务的内容;数量、单价和金额;经办人员或单位的签名或盖章。

原始凭证按其来源不同,可分为外来原始凭证和自制原始凭证。外来原始凭证是在经济业务发生时从外部取得的凭证,如开户单位签发的各种结算凭证、从其他商业银行收到的划款通知等。自制原始凭证是办理各种业务中,根据业务需要而自行填制的凭证,如商业银行填制的特种转账借方、贷方凭证,利息计算清单等。

②记账凭证。记账凭证是由原始凭证经过业务处理后产生,或根据原始凭证编制的凭证,它是登记账簿的直接依据。记账凭证除具备原始凭证的有关要素外,还必须具备转账日期、会计分录、附件张数、银行记账复核人员盖章等。

记账凭证按其填制方法不同分为单式记账凭证和复式记账凭证。记账凭证按其生成方式不同分为人工填制凭证和计算机打印凭证。其中,人工填制凭证又分为人工制单且不需要计算机认证的凭证和人工制单且需要计算机认证的凭证;计算机打印凭证分为由经办人员录入凭证要素,经复核后由计算机自动输出的凭证和计算机批处理后自动打印的凭证。

(2)商业银行的记账凭证,按其记账的对象不同,可分为明细账记账凭证和总账记账凭证。

①明细账记账凭证。明晰记账凭证是记载明细账的依据。从理论上讲,记账凭证必须根据原始凭证编制,但在商业银行的实际业务核算中,要收到大量的外来原始凭证,且这些原始凭证已经具备了记账凭证的内容,如果再另行编制,也不过是原始凭证的重复摘录。因此,为简化会计核算手续,节省人力、物力,加速凭证编制及避免抄录原始凭证可能发生的错误,商业银行会计核算广泛采用以原始凭证经过业务处理代替明细账记账凭证的办法。原始凭证凡具备转化成记账凭证条件的,经办人员在原始凭证上填入转账日期、应借或应贷科目及账户名称和账号,并加盖业务人员名章和业务公章,原始凭证就具备了记账凭证的效力,可以凭以登记有关科目的明细账。如原始凭证不能代替记账凭证,则应另编记账凭证,并以原始凭证作为记账凭证的附件。

商业银行的明细账记账凭证,按用途可以分为"基本凭证"、"结算凭证"、"专用凭证"和"一般单证"4 类。"基本凭证"是银行根据有关原始凭证及业务事项,自行填制的通用记账凭证;"结算凭证"是由人民银行统一规定的结算类凭证;"专用凭证"是根据某项业务的特殊需要而制定具有特定格式和用途的凭证,如系统内电子划款专用凭证等;"一般单证"是由会计根据核算需要填制使用的凭证,如开户证实书等。

基本凭证又称通用凭证,是指银行根据原始凭证或有关业务事实自行编制的会计凭证。这种凭证格式简单,一般用于银行内部。按格式和内容又分为:现金收入传票、现金付出传票、转账借方凭证、转账贷方凭证、特种转账借方凭证、特种转账贷方凭证、表外科目收入传票、表外科目付出传票、外汇买卖借方凭证、外汇买卖贷方凭证等。现金收入(付出)传票用于银行的现金收入、付出。转账借方(贷方)凭证用于银行在办理有关业务中,对反映资产、费用、权益、负债、收益增减的业务。特种转账借(贷)凭证主要用于与客户有关的款项收付(如扣客户款)及本行内部不同机构之间的资金收付事项(如内部转账等)。表外科目收入(付出)传票是用于银行内部表外科目收入、付出事项的记账凭证。

表1-3 现金收入传票　　　　　　　　总字第　号

对方科目：　　　　　　　　年 月 日　　　　　　　　字第　号

户名或账号	摘要	金额											附件
		亿	千	百	十	万	千	百	十	元	角	分	
合计													

会计：　　　　　复核：　　　　　记账：　　　　　制单：

表1-4 转账借方凭证　　　　　　　　总字第　号

对方科目：　　　　　　　　年 月 日　　　　　　　　字第　号

户名或账号	摘要	金额											附件
		亿	千	百	十	万	千	百	十	元	角	分	
合计													

会计：　　　　　复核：　　　　　记账：　　　　　制单：

表1-5 特种转账借方凭证

特种转账借方传票

××银行 特种转账借方传票

　　　　　　　　　　　　　　　　　　　　　　　　总字第　号

　　　　　　　　　年 月 日　　　　　　　　字第　号

付款人	全　称		收款人	全　称											
	账号或地址			账号或地址											
	开户银行	行号		开户银行		行号									
				亿	千	百	十	万	千	百	十	元	角	分	
金额	人民币(大写)														
原始凭证金额		赔偿金													
原始凭证名称		号码		科目(借)_____											
转账原因	银行盖章			对方科目(贷)_____											
				会计　　　复核　　　记账											

21

表1-6 表外科目收入传票　　　　　　　总字第　号

表外科目(收)：　　　　　　　　年　月　日　　　　　　　字第　号

户名或账号	摘要	金额(位数)										
		亿	千	百	十	万	千	百	十	元	角	分
合计												

会计：　　　　复核：　　　　记账：　　　　制单：　　　　附件

表1-7 外汇买卖借方凭证
年　月　日

外币名称	汇率	人民币金额

会计：　　　　复核：　　　　记账：　　　　制单：

②总账记账凭证。科目日结单是每日每个会计科目借贷方发生额和凭证张数的汇总记录，是登记总账的依据，也是轧平当日发生额的工具。每日营业终了后，将同一会计凭证，按现金借方、现金贷方、转账借方和转账贷方分别加总，填入科目日结单相应的栏目，并按借方、贷方分别加计合计金额。对于现金科目日结单，由于现金凭证是复式凭证，其结计的原理是根据其他科目日结单的现金借方、现金贷方分别合计数的反方向填入。

表1-8 ××银行科目日结单
年　月　日　　　　　币种：

借　方		贷　方		
项目	金额（十亿元位）	项目	金额（十亿元位）	附件
现金　张		现金　张		
转账　张		转账　张		张
合　计		合　计		

会计：　　　　复核：　　　　制单：

为了适应柜员方式下日终结账方式的改变,以科目日结汇总表代替专柜模式下使用的科目日结单,日终结账时,由核算主体行核算中心按当日发生的业务分会计科目汇总编制,每35笔满页。

2. 会计凭证的内容。会计凭证的内容是构成合法正确凭证所具备的基本要素。填制会计凭证必须要素齐全,内容真实,数字正确,字迹清楚。会计凭证的基本要素一般包括:

(1)年、月、日(凭证编制及转账日期);

(2)收付款人的开户行、户名和账号;

(3)人民币或外币符号和大小写金额;

(4)款项来源、用途摘要和附件张数;

(5)会计分录和凭证编号;

(6)客户签章;

(7)银行及有关人员印章。

以特定凭证作为记账凭证时,除填明签发凭证日期外,还需注明记账日期。

3. 会计凭证的传递和保管。

(1)会计凭证的传递。会计凭证的传递是指从受理外来凭证或编制凭证起,经过审核、记账,直到进行整理装订保管的全过程。商业银行的凭证传递过程,必须做到:准确及时,手续严密,先外后内,先急后缓,既要方便客户,又要符合会计核算程序。会计凭证的传递又分为内部传递和外部传递。凭证的内部传递指从受理或自行编制开始,经审核、记账、复核等业务处理,直至装订保管为止的整个过程。在传递中必须按照综合核算程序和收、付款程序办理。除另有规定者外,各种凭证必须由银行内部自行传递。凭证的外部传递指通过业务处理后应由本行发给其他银行、单位的各种凭证的传递。凡当日处理的,原则上必须当日交递邮电部门,其中属于银行之间邮寄的应使用银行专用信封,在封面填明凭证种类编号、件数,并设置登记簿进行登记。对于托收凭证和各种收、支款通知,由经办行同开户单位商定,可以用邮寄方法,也可以用留行待取方法。留行待取的,应进行登记,由单位签收。

编制凭证是会计工作的起点,编制会计凭证要做到:要素齐全、内容完整、反映真实、数字准确。为保证会计凭证的真实完整、符合要求,银行对自编或从外部受理的会计凭证要进行审核,只有审查合格的会计凭证才能作为记账的依据。银行应从凭证的合法性、完整性、真实性和正确性进行审查。通过计算机完成对录入的记账凭证进行审核时,对审核无误的凭证做标记以示审核通过。

(2)会计凭证的装订与保管。会计凭证应按日装订,装订前应先检查科目日结单张数、凭证、附件张数及有关戳记是否完整齐全,发现不符或不全的,必须由有关人员更正补齐。装订的顺序是先表内科目,后表外科目。科目按科目编号顺序,科目内凭证先借方后贷方,先现金后转账,表外科目先收入后付出,原始凭证附于记账凭证后面,并加盖"附件"戳记。装订时要折叠整齐,加上凭证封面和封签,由装订人员在装订线封签处盖章,凭证过多可分册装订,凭证过少可以合订。凭证装订后,记账凭证和附件不得取出,如果有补进凭证附件,应粘贴在有关记账凭证后面,在骑缝处盖个人名章,并加注说明。已装订的凭证要编列凭证顺序号,并应与科目日结单的凭证总张数相符。已装订成册的凭证,应在凭证封面上按日期顺序编写号码。

会计凭证、会计账簿、会计报告和其他应当保存的会计资料构成会计档案,是银行各项业务活动的会计记录,也是银行的重要史料和证据。银行会计档案保管期分为永久保管和定期保管两类,定期保管分为三年、五年、十五年三档。

（三）账务组织

账务组织,又称为会计核算形式,是指会计账簿的设置、记账程序和核对方法的有机结合。

1. 会计账簿。会计账簿是以一定格式账页组成的,用以连续、系统地记录和反映经济业务的各种簿籍的总称。它以记账凭证为依据,登记各种经济业务活动的过程和结果,是会计核算中积累日常核算资料的工具。会计账簿的作用主要有:

①可以系统地归纳、积累和反映会计核算资料;可以把会计凭证反映的业务内容进行归类汇总,使分散的核算资料进一步系统化。

②可以综合系统地反映各项经济指标的完成情况,为编制各种会计报告提供系统而全面的核算资料。

③可以据以发现经营管理中存在的问题,作为检查和分析财务收支情况的依据。

以商业银行为例,账簿一般分别设有分类账、序时账和登记簿三种:

（1）分类账。分类账是以科目为基础,完整、系统地对货币收支和资金循环进行分类记载的账簿。按详细程度不同,分类账分为总分类账和明细分类账。总分类账和明细分类账是分类核算的基本账簿,是进行会计核算必不可少的两个核算系统,二者在核算中既相互联系又相互制约。总账是明细账的综合,明细账是总账的细目,两者记账方向完全一致;每个会计科目总账的余额必须与同科目明细账余额总和相等,总账各科目余额总和与各明细账余额总和必须相等。

①总账。总账是按科目分月设置,是编制各种报表的重要依据。其记载的方法是每日营业终了,根据各科目日结单的借、贷发生额合计金额登记各科目总账,并结出当日余额,月末结出当月余额。每月需更换账页。

表1-9 ××银行总账

科目名称： 科目代号 币种

年　月	借方				贷方
上年底余额					
本年度累计发生额					
上月底余额					
日期	发生额		余额		复核签章
	借方	贷方	借方	贷方	
1 ⋮ 10 天小计					
11 ⋮ 20 天小计 ⋮					
月末合计					
自年初累计					
本期累计计息积数					
本月末累计计息积数					

会计 复核 制表

日计表是银行每日编制的资金平衡表,是反映每日银行业务的财务活动情况及结果和轧平账务的主要工具。其记载的方式是每日营业终了,根据当日各科目总账的发生额和余额填入,并加计合计金额。其借、贷方发生额分别合计和借、贷方余额分别合计数必须各自平衡,表明当日会计核算的正确无误。

②明细账。明细账是明细核算的主要形式,又称分户账,明细账则是在特定会计科目下,按开户单位或个人、物品名称和费用项目等设置的分户账,依据记账凭证逐笔连续登记,用于详细记录和反映各个账户资金增减变化情况的账簿。基本账式根据业务需要主要有4种,具体账式及用途如下:

A.甲种账。主要用于不计息存款、内部往来资金及损益类科目明细账。其格式如表1-11所示。

表 1-10 ××银行日计表

币种   年 月 日   第 页 共 页

科目代号	科目名称	昨日余额		今日发生额				今日余额	
		借方	贷方	借方		贷方		借方	贷方
				笔数	金额	笔数	金额		
	合计								

会计   记账   复核

表 1-11 甲种账

××银行( )明细账   本账户总页数

本户页数

户名: 账号: 领用凭证记录   利率:

日期	交易序号	凭证号码	摘要	发生额		借/贷	余额	记账	复核
				借方	贷方				

会计   记账   复核   打印

B. 乙种账。用于吸收存款、零存整取、存本取息、整存零取及信用卡存款明细账,30 笔满页。信用卡业务为存贷合一明细账,借方余额表示透支额。存本取息存款发生取息业务时在"取息记录"栏登记。系统内往来存款,也用此账式核算,使用时在账户性质中填列清楚即可。其格式如表 1-12 所示。

表 1-12 乙种账

××银行( )明细账   本账户总页数

本户页数

户名: 账号: 领用凭证记录   利率:

日期	交易序号	凭证号码	摘要	发生额		借/贷	余额	记账	复核
				借方	贷方				

会计   记账   复核   打印

C. 丙种账。为销账明细账,主要用于开出本票、汇出汇款、应解汇款、其他应收(应付)款项以及需逐笔记销的一次性账务的核算。其格式如表 1-13 所示。

表1－13　××银行　丙种明细账

××银行( )明细账　　　　　　　　　本账户总页数

本户页数

账别：　　　　科目号：　　　　户名：　　　　账号：　　　第　页

日期	交易序号	单位户名	单位账号	凭证号码	摘要	发生额		销账日期	销账金额天数		借/贷	余额	记账	复核
						借方	贷方		贷方	借方				

会计　　　　　　记账　　　　　　　复核　　　　　　打印

D. 丁种账。为贷款明细账,主要用于记载各种贷款账。其格式如表1－14所示。

表1－14　××银行　丁种明细账

××银行贷款账

本期利率	浮动周期	预期利率

账号：　　　　　　　　　户名：

贷款起止日期：

日期	交易序号	凭证号码	摘要	借方（千万元位）	贷方（千万元位）	余额（亿元位）	天数	积数（千亿元位）	记账	复核

会计　　　　　　记账　　　　　　　复核　　　　　　打印

(2)序时账。序时账分为交易流水和流水账。交易流水是会计事项的交易要素和计算机自动生成的信息所组成的交易记录的集合,是柜员核对交易记录的依据,由柜员打印,核算中心也可根据需要选择打印;流水账则是根据交易流水生成的会计分录信息,是登记明细账、总账的依据。序时账分不同的账别设置并且根据前台、后台交易或单笔录入的流水顺序,按柜员或营业机构分借、贷(收、付)方逐笔登记;在使用凭证、账簿时,柜员栏位填写具体经办人。

序时账分别设有交易流水和流水账两种账式,分别如表1－15和表1－16所示。

表 1-15　××银行　交易流水

账别：　　　　　科目号：　　　　　户名：　　　　　账号：　　　　　第　页

交易序号	交易时间	交易类型	凭证种类	凭证号码	付款账号	收款账号	摘要	金额	记账	复核	授权

交易机构：　　　　　　　交易柜员：　　　　　　　　　　　打印：

使用说明：①用于前、后台交易及单笔录入业务流水的记载；②计算机自动产生信息，30笔满页，柜员、核算中心可根据需要选择打印。

表 1-16　××银行　流水账

账别：　　　　　　　　年　月　日　　　　　　　　第　页　共　页

交易序号	交易时间	凭证种类	凭证号码	借/贷	会计科目	账号	金额	记账	复核	授权

营业机构：　　　　　　　　　　　打印：

使用说明：①用于前、后台交易及单笔录入业务流水的记载；②"会计科目"栏打印会科目名称；③计算机打印账页，30笔满页，营业机构、核算中心可根据需要按会计科目打印。

（3）登记簿。登记簿也叫备查账，它是对个别业务活动所进行的补充记录或监督记录的一种补充账簿：其实质就是根据某项业务需要设置的备忘记录。由于其核算资料并不通过表内科目进行综合反映，只是用来考查业务事项，所以又叫表外核算。登记簿按登记内容分为业务类登记簿和管理类登记簿。根据具体业务和管理信息的相关需要，可进一步细分为几十种。登记簿按登记方法可分为手工登记的登记簿和手工录入相关要素后计算机自动生成的登记簿两种。

2. 账簿登记的基本要求与复核。

（1）账簿登记的一般要求。商业银行各种账簿的登记，必须有明确的分工，专人负责，根据记账凭证按要求进行登记：

①账页账首有关各栏必须记载齐全。

②各种账簿必须根据记账凭证逐笔记载。记账前要逐笔核对名称和账号，防止串户。记账时要立即结计余额，结计积数的要及时结出计息积数。

③总账应按账簿规定每日登记。如当日总账未发生收付事项（包括节假日），则登记余额。

④记载的账目一经启用，不许随意修改。

⑤记载账簿时,文字和数字应该按规定记载。

⑥支付款项不得超过存款余额、贷款指标。

⑦各种账簿所记载的账目,都必须经复核人员进行复核。

⑧计算机打印账页时,均应按总行统一规定的账簿格式打印。

(2)账簿的复核。账簿登妥后,必须经复核员按如下要求进行认真复核:

①核对开立账户、使用账式是否符合规定,账页账首各栏记录是否正确、齐全,账内各栏记载的有关数字是否相符。

②记账凭证所列单位名称、账号和金额与账户记载是否相符,结计余额是否准确。

③记账必须根据业务发生时间顺序登记,不得超前或拖后,以免影响计息。计息账户的"日数"和"积数"必须核对相符。

④复核总账应以账面余额与科目日结汇总表余额进行核对相符。

⑤其他方面有无同规章制度不符事项。

3.记账程序。记账程序又称会计核算程序,它是综合系统使用各种会计核算方法进行会计核算的基本规程。

(1)商业银行应用计算机进行会计核算的基本流程。

①根据发生的会计事项取得或填制原始凭证。

②根据有效的原始凭证编制记账凭证或以经过会计处理的原始凭证代替记账凭证。

③将记账凭证中记账要素输入计算机,单用户系统输入的应打印出流水账复核单,进行逐笔勾对复核;多用户系统输入的要进行双敲复核。

④根据已经复核过的记账凭证进行现金付款或签发回单。

⑤根据流水账自动生成并打印电子汇划报单、同城票据交换清单。

⑥日结时根据流水账自动生成并打印科目日结单,自动登记各种明细账、总账。

⑦按核算软件系统设置要求,做好各种数据备份。

⑧根据明细账、总账生成及打印各种会计报表。

⑨将经过处理的凭证以及计算机打印的流水账复核单、账簿、报表整理装订,连同备份的磁盘一并归档保管。

(2)商业银行办理收、付款业务处理程序。商业银行办理收、付款结算业务,必须按下列处理程序办理:

①付出款项除根据有关规定可由银行代扣的款项外,要有客户签开的付款凭证,以及按结算办法规定由收款单位或银行填制的结算凭证办理付款;对单位提交的付款凭证要按"审核—验印—记账—复核—付款"的程序办理。

②本行开户单位间的转账结算必须先记付款单位账户,后记收款单位账户。

③现金收入必须先收款、后记账;现金付出必须先记账、后付款。

④参加票据交换的行处,受理收款单位交存他行的付款凭证,必须在本行办妥收款手续后方可支用,坚持"他行票据,收妥抵用"的原则。

⑤当日营业开始,有关账户应首先支付前一天到期的定期代收款项,当日对外营业时间内受理的收、付款结算业务,必须当天处理完毕。

4.账务核对。账务核对是指为防止会计核算中出现错误,保证核算质量的核对查实工作。银行的账务核对分为每日核对与定期核对。通过账务核对达到账账相符、账实相符、账款相符、账据相符、账表相符,以及内外账务相符。

(1)每日核对。每日核对是指银行每日营业终了所进行的核对工作。其主要内容有以下几点:

①各科目总账余额应与该科目分户账或余额表的余额合计核对相符。

②现金收付日记簿的合计应与现金科目总账借、贷发生额核对相符;现金库存簿结存与实际现款和现金科目总账余额核对相符。

③内外账务核对。银行为支票存款户记账,采用套写账页,银行会计每记满一页,就将账页的对账联交单位对账;单位以对账联与其银行往来账逐笔进行核对,发现问题,及时到银行查明更正。这种对账形式,适用于逐笔核对发生额,可防止双方账务记载中的错误。

④表外科目的余额应与有关的登记簿核对相符。

⑤使用计算机作业,根据凭证输入后自动生成分户账、科目日结单、总账、日计表的发生额和余额,由于数据共享,为保证账务的准确,应由手工核打凭证与科目日结单的发生额核对相符。配备事后复核的银行应按规定由专人复核。

(2)定期核对。定期核对是指银行对未纳入每日核对的账务定期进行的核对工作。其主要内容有以下几点:

①各贷款科目账户余额与各种借据或借款合同的核对。银行与单位除平时对账外,银行还应于每季度末及每年11月末向开户单位填发一式两联"余额对账单",交给开户单位对账。开户单位核对后,如经核对发现不符,应在对账单回单联注明未达账项及金额,以便双方查找处理。对于双方账务长期不符的开户单位,要采取必要的措施限期查清。银行将开户单位退回的对账回单按科目、账号顺序排列装订保管。

②各种储蓄账户余额与储蓄卡片金额合计的核对。

③各种贵金属与有关登记簿的核对。

④各种固定资产与固定资产账(卡)及财产实物的核对。

⑤银行内外账务,如各种存款、贷款、银行间往来款项等账务的核对。

(3)银行表内科目账务组织及账务核对汇总图(手工)。银行核算的特点是在账务组织上设置了综合核算和明细核算两个系统,共同构成银行完整的账务组织体系。

综合核算是以科目为基础进行的,反映每个科目、每项资金增减变化及其结果的账务组织系统。综合核算由科目日结单、总账和日计表组成。综合核算的处理程序是每日营业终了,将纳入当天核算的会计凭证,按科目汇总凭证填写各科目日结单,根据科目日结单登记各科目总账,然后根据各科目总账编制当天日计表。

明细核算是对科目以下的分户账进行核算,反映具体单位、具体项目资金增减变化及其结果的账务组织系统。明细核算由分户账、登记簿、余额表和现金收入(付出)日记簿组成。两个系统尽管设置的账簿不同,记账程序也不同,但双方都是根据同一张凭证用不同的方法进行记载,它们之间存在相互配合、相互补充、相互核对的关系,其数据完全相等。

图1-1中显示各核算之间的勾稽关系。如分户账、余额表、现金收付日记簿、现金库存簿都可与总账核对。

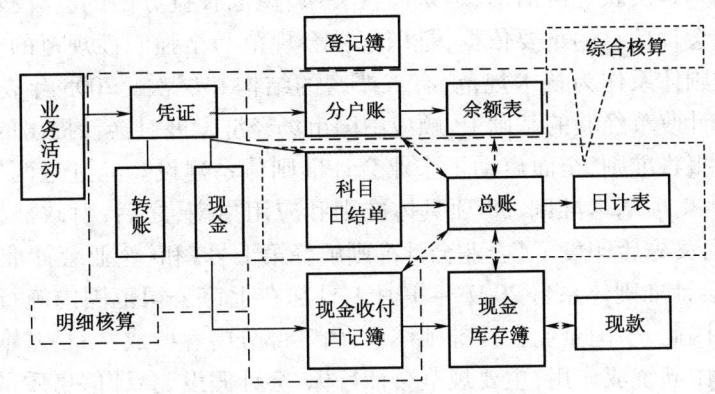

图1-1　银行表内科目账务组织及账务核对汇总图

第三节　金融企业会计工作的组织

金融企业会计的工作组织,就是根据我国《会计法》、财政部的《企业会计准则》和《金融企业财务规则》、中国人民银行的《银行会计基本规范指导意见》的规定要求,在金融系统内部设置负责会计工作的职能机构,建立和健全会计的规章制度,配备必要的会计人员,按照会计管理的客观规律,将会计工作科学地组织起来,使会计工作有条不紊地进行运转,从而保证会计工作任务的顺利完成,发挥会计的职能作用。

一、金融企业会计制度

会计制度是组织和从事会计工作所必须遵循的规范和规则。制定会计制度，是组织会计工作的一项重要内容。金融企业会计制度是指国家权力机关和行政机关制定的各种有关会计工作的规范性文件的总称。通常包括会计法律、金融行业法律法规、会计准则及其应用指南、会计规章与企业内部管理制度等几个层次。

《中华人民共和国会计法》是调整我国经济生活中会计关系的法律总称，是制定其他会计法规的依据，也是指导会计工作的基本准则。

各金融机构也必须在各自机构的法律框架下工作，如《中华人民共和国银行法》、《中华人民共和国商业银行法》、《中华人民共和国保险法》、《中华人民共和国证券法》、《中华人民共和国信托法》等，都是约束各金融机构会计工作的法律规范，会计工作必须严格遵守。

会计准则是反映经济活动、确认产权关系、规范收益分配的会计技术标准，是生成和提供会计信息的重要依据，是国家社会规范乃至强制性规范的重要组成部分。会计准则体系作为技术规范，有着严密的结构和层次。2005 年初开始，财政部在总结会计改革经验的基础上，顺应中国市场经济发展对会计提出的新要求，借鉴国际财务报告准则，全面启动了企业会计准则体系建设。经过近两年的艰苦努力，建成了由 1 项基本准则、38 项具体准则和应用指南，之后，财政部根据准则实施中的问题，又先后印发了《企业会计准则解释第 1 号》和《企业会计准则解释第 2 号》。企业会计准则体系自 2007 年 1 月 1 日起在上市公司范围内施行，鼓励其他企业执行。因此，中国企业会计准则体系，由三部分内容构成：一是基本准则，在整个准则体系中起统驭作用，主要规范会计目标、会计假设、会计信息质量要求、会计要素的确认、计量和报告原则等，基本准则的作用是指导具体准则的制定和为尚未有具体准则规范的会计实务问题提供处理原则；二是 38 项具体准则，主要规范企业发生的具体交易或事项的会计处理；三是会计准则应用指南，主要包括具体准则解释和会计科目、主要账务处理等，为企业执行会计准则提供操作性规范。这三项内容既相对独立，又互为关联，构成统一整体。从 2008 年 1 月 1 日起，企业会计准则扩大了实施范围，包括中央国有企业、城市商业银行等非上市银行业金融机构，非上市保险公司，以及部分地方国有企业等都开始实施。

为了规范金融企业的会计核算，提高会计信息质量，2001 年财政部根据《中华人民共和国会计法》、《企业财务会计报告条例》等有关法律、法规，制定了《金融企业会计制度》，适用于中华人民共和国境内依法成立的各类金融企业，包括银行、保险公司、证券公司、信托投资公司、期货公司、基金管理公司、租赁公司、财务公司等。

内部会计管理制度是对各单位会计工作和会计资料完整性、真实性加以规范的制度,是根据《金融企业会计制度》的规定,结合本单位的具体情况和内部管理的需要而建立的。通常各单位内部会计管理制度包括:内部会计管理体系、会计人员岗位责任制、账务处理程序制度、内部牵制制度、原始记录制度、定额管理制度、计量验收制度和财产清查制度等。

二、金融企业会计机构

金融企业的会计机构是金融企业内部组织领导和直接从事会计工作的职能单位。金融企业设置会计机构要与其管理体制相适应。以商业银行为例,商业银行一般是在总行、一级分行、二级分行等会计主体行均设置专司会计管理和核算的会计部。在基层经办支行、分理处、办事处等非会计主体行也应设置专职的会计机构。各级行处的会计机构,都是独立的业务职能部门,在组织管理会计核算中,具有明确的分工,负责本行各种业务的全部会计核算工作,根据会计制度,建立科学岗位分工体系,严密核算手续,保证会计核算工作有条不紊地进行。商业银行凡属全行性的基本会计制度和核算办法,由总行制定;分行可根据辖内的具体情况和需要,做必要的补充和修订,但不能与总行的规定相抵触;各经办行处在执行制度过程中,对不妥之处,应及时反映,积极建议总行和分行研究解决。在上级行未同意批复之前,不能擅自更改,以保证会计制度的统一性和严肃性。

三、金融企业会计人员及职责

中国人民银行总行会计部管理全国金融企业的会计工作。

(一)金融企业会计人员

金融企业会计人员是指在银行业、证券业、保险业以及其他金融企业中从事会计核算、财务管理、资金管理等活动的人员。一般包括出纳员、记账员、复核人员、会计主管人员、审计、检查、辅导人员和其他从事账务处理工作的人员。

以商业银行为例,商业银行的会计人员,按其工作性质划分,有从事各项现金收付及记录保管业务的出纳人员;有从事登记各种账簿工作的记账人员;也有具体从事有关资产和资金成本管理的核算人员。商业银行按其业务岗位划分,在管辖行一般设有综合管理岗、财务管理岗、业务核算岗、出纳管理岗和核算中心、清算中心、稽核中心等;在经办行一般设有柜员、复核、结算、清算、票据交换、综合、内部稽核、出纳等岗位。按会计人员技术职务序列划分,又分为会计员、助理会计师、会计师和高级会计师。

(二)金融企业会计人员的职责

1.金融企业会计人员的职责与权限。金融企业各级各类会计人员,都要按照法律法规,认真履行自己的职责,正确行使国家赋予的权限。

金融企业会计人员的职责有:

(1)根据《会计法》、《企业财务通则》、《企业会计准则》及有关会计制度和公司章程规定,设置会计科目和会计账簿,记录经济业务活动。遵循会计核算的一般原则,对公司的一切经营活动进行会计核算和会计监督。

(2)严格执行财务制度和公司有关制度,负责对公司的会计凭证、账簿、报表及其他会计资料进行审核。

(3)参与制定公司的发展计划、业务计划、考核、分析、预算财务计划的执行情况。向董事会通报业务经营情况及财务制度执行情况。

(4)加强财务核算,对公司的经营情况、资金运转情况进行全方位的监督和管理,保证公司财产的安全和完整。

(5)保证财务核算的时效性,督促工作人员及时结账、报账,及时进行会计核算、编制会计报表,做好财务分析,保证会计核算的合法性、真实性、正确性。

(6)按照《档案法》,会计档案管理规定及公司档案管理制度对财务会计资料及时整理、归档,保证会计档案的合规性和完整性。

为保障金融企业会计人员履行职责,赋予会计人员的权限包括以下几个方面:

(1)有权要求各开户单位及本企业其他业务部门,认真执行财经纪律和有关规章制度、办法。如有违反,会计人员有权拒绝办理。对违法乱纪的,会计人员有权拒绝受理,并向有关领导报告。

(2)有权越级反映情况。会计人员在行使职权过程中,对违反国家政策、财经纪律和财务制度的收支,单位领导坚持办理的,会计人员可以执行,同时必须向上级主管单位的行政领导提出书面报告,请求处理,并报至财政部门和审计机关。

(3)有权对本企业各职能部门在资金使用、财产管理、财务收支等方面实行会计监督。

(4)有权参加继续教育和会计业务培训。

2.银行业会计人员岗位职责。金融企业会计各岗位因职责权限不同,具体岗位职责细化,体现各岗位要求各不相同。

商业银行业务处理与会计处理的同步性决定了其会计人员岗位职责实质上就是业务岗位职责。不同岗位其职责有所不同。

(1)储蓄岗位。储蓄工作应执行"存款自愿,取款自由,存款有息,为储户保密"的原则。其职责如下:①钱账分管,章证分管,账要复核,钱要复点;②办理业务时坚持当时记账,一笔一清,存款时先收款后记账,取款时先记账后付款;③当日结账,双线核对;④领入现金要先点清后再使用;⑤定期查库,并有记录;⑥遵循完备的移交手续。

（2）会计核算岗位：①双人临柜,钱账分管;②按时记账,及时进行账折见面;③实行账表凭证换人复核;④按日结账,坚持总分核对;⑤定期核对内外账务;⑥正确使用会计科目。

（3）现金出纳岗位。①坚持双人临柜,换人复核;②坚持收入现金先收款后记账,付出现金先记账后付款;③认真执行整币整点和人民币兑换制度;④出纳库房现金、证券等要分类保管。

3.证券业会计人员岗位职责。证券业协会发布的《证券业财务与会计人员执业行为规范》对执业要求作出行业规定,会计人员应取得会计从业资格证书和证券从业资格证书;财务与会计人员应当具备从事证券业财务或会计工作所必需的专业知识和业务能力,不断优化本职工作,快速理解并适应证券业新业务等。职业行为规范特别强调证券业务会计人员禁止从事以下行为：

（1）承担与本职岗位有冲突的工作。

（2）违反内部工作流程和岗位职责管理规定,将本人工作委托他人代为履行。

（3）违规向其他人员提供自己保管的印章、凭证、钥匙等物品或泄露密码信息。

（4）未经授权动用本单位的资金、财产。

（5）擅自修改或危害本单位的财务系统。

（6）损害、侵占、挪用和滥用本单位及其所管理的资金、财产。

（7）损坏、隐匿或丢弃凭证、账簿、印章等财务资料。

（8）法律法规或自律规则规定的其他行为。

4.保险业会计人员岗位职责。保险公司会计人员遵循企业会计制度的一般规定,具体岗位核算具有行业特征的会计岗位如保费会计和核算会计的岗位职责是：

（1）保费会计岗位工作职责：①业务会计凭证制作,业务数据核对;②业务支出项目复核,佣金、银行手续费等;③外部报表报送,保监会、行业协会、统计局等;④与外部合作银行的业务洽谈,条款约定,系统测试;⑤银行转账制盘,转账信息查询,突发事件报告及沟通;⑥每月编制银行账户存款余额调节表,及时清理未达账项;⑦业务系统维护管理,日常操作,业务系统开发配合;⑧资产台账登记管理,定期配合总务盘点资产账实核对。

（2）核算会计岗位工作职责：①SA系统日常操作及系统维护,科目添加及变更;②传票录入,日常账务处理,月末账务结账及关账检查;③会计科目余额检查,往来科目清理核对;④会计报表编制及报送。

复习思考题

1.金融企业会计核算的特点表现在哪些方面?

2. 金融企业会计科目的分类有哪些？

3. 金融企业会计核算的基本原则是什么？

4. 什么是会计凭证？金融企业会计凭证有哪些种？

5. 什么是账务组织？商业银行如何进行账务核对？

6. 什么是金融企业会计制度？金融企业会计人员的职责是什么？

第一篇

银行业务的会计核算

第二章 存款业务的核算

【学习要点与要求】

通过本章的学习,了解银行存款的种类及核算要求;掌握单位活期和定期存款的核算;了解储蓄存款的原则和种类;掌握储蓄存款业务的核算;掌握存款利息计算的基本规定和计算方法。

第一节 存款业务核算概述

存款是企业或个人存放在银行或其他金融机构的暂时闲置的货币资金。存款是商业银行最主要的资金来源,存款业务也是商业银行各项业务开展的基础。商业银行根据存款业务的不同特征展开核算。

一、存款的种类

商业银行比较常见的存款分类方法有:

1.按产生来源的不同,可以分为原始存款和派生存款。原始存款,也称现金存款或直接存款,即企事业单位或个人将现金支票或现金送存银行,增加存款户的货币资金;派生存款,也称转账存款或间接存款,是指银行以贷款方式自己创造的存款。

2.按资金的性质不同,可以分为一般性存款、居民储蓄存款和财政性存款。一般性存款是指银行吸收的各单位的存款;居民个人储蓄存款是银行吸收城乡居民的闲置资金形成的存款;财政性存款是指各行经办的财政预算内存款及集中待缴财政的各种款项形成的存款。

3.按存款的期限不同,可分为活期存款和定期存款。活期存款是存入时不确定存期,可以随时存取的存款,主要包括单位活期存款和个人活期存款;定期存款是在存款时约定存期,到期支取的存款,主要包括单位定期存款和个人定期存款。

4.按存取款方式不同,可以分为支票存款、存单存款、存折存款、通知存款、协定存款等。支票存款是使用支票办理存取手续的存款方式。存单存款是存款人在存入款项时所获得存入款项的单据证明,也可称为定期存单。存折存款是使用存折办理存取款手续的存款方式。通知存款是存款人在存入款项时不约定存期,需要支取存款要提前通知银行,按照通知约定的取款日期和金额支取款项的一种存款方式。协定存款是存款人与开户银行签订协定存款合同,约定结算账户的留存额度,超过约定留存额度部分的存款转为协定存款,单独计算计息积数并按协定存款利率计算利息的一种存款方式。

5. 按存款币种的不同,存款业务可分为人民币存款和外币存款。人民币存款是单位或个人存入人民币款项而形成的存款。外币存款是单位或个人将其外汇资金存入银行,并随时或约期支取的存款。

二、存款业务的核算要求

(一)银行存款账户的开立

为加强对存款及其结算账户的管理,各存款人应按规定在银行开立各种结算账户。

1. 单位银行结算账户。存款账户按管理要求的不同划分为基本存款账户、一般存款账户、专用存款账户和临时存款账户。

(1)基本存款账户。基本存款账户是存款人因办理日常转账结算和现金收付的需要而开立的银行结算账户。按照规定,凡是独立核算的单位,均可自主选择一家商业银行的一个营业机构开立一个基本存款账户。基本存款账户是存款人的主要账户。存款人日常经营活动的资金收付及其工资、奖金等现金的支取,应通过该账户办理。

(2)一般存款账户。一般存款账户是存款人因借款或其他结算需要,在基本存款账户开户行以外的银行营业机构开立的银行结算账户。该账户用于办理存款人借款转存、借款归还和其他结算的资金收付。该账户可以办理现金缴存,但不得办理现金支取。

(3)临时存款账户。临时存款账户是存款人因临时需要并在规定期限内使用而开立的银行结算账户。该账户用于办理临时机构,以及存款人临时经营活动发生的资金收付。

(4)专用存款账户。专用存款账户是存款人按照法律、行政法规和规章,对其特定用途资金进行专项管理和使用而开立的银行结算账户。该账户可以办理现金的缴存,但原则上不能办理现金的支取。对于基本建设资金、更新改造资金、政策性房地产开发资金,以及金融机构存放同业资金等开立的专用账户,需支取现金的应报当地中国人民银行批准,按现金管理的规定办理;粮、棉、油收购资金,社会保障基金,住房公积金等专用账户支取现金时,按现金管理的规定办理,不用中国人民银行批准。

2. 个人银行结算账户。个人银行结算账户是自然人因办理个人转账收付和现金支取而开立的账户。用于办理个人工资、奖金收入、稿费、债券、期货、信托等投资的本金收入,个人贷款转存、证券交易结算资金和期货交易保证金,保险理赔、保费退还等款项,农、副、矿产品销售收入以及其他合法款项。

(二)存款账户的管理

1. 单位基本存款账户的存款人只能在银行开立一个基本存款账户。申请人开立基本存款账户时,应向开户银行出具工商行政管理机关核发的《企业法人执照》或《营业执照》正本;有关部门的证明、批文等证明文件之一。

2. 存款人开立基本存款账户、临时存款账户和预算单位开立专用存款账户实行核准制度,经人民银行核准后,由开户行核发开户登记证。但存款人因注册验资需要开立的临时存款账户除外。

申请开立一般存款账户,应向开户银行出具开立基本存款账户规定的证明文件、基本存款账户登记证和借款合同。申请开立专用存款账户时,存款人应出具开立基本存款账户规定的证明文件、基本存款账户登记证和经有权部门批准立项的文件或有关部门的批文等。申请开立临时存款账户,存款人应向银行出具工商行政管理机关核发的营业执照、临时执照或有权部门同意设立外来临时机构的批文。

3. 存款人可以自主选择银行开立结算账户:开户可以实行双向选择,存款人可以自主选择银行。银行也可以自愿选择存款人开立账户,银行不得违反规定强行拉客户在本行开户,任何单位和个人也不能于预存款人在银行开立和使用账户。

4. 存款人开立和使用银行结算账户应当遵守法律、行政法规,不得利用银行结算账户进行偷逃税款、逃废债务、套取现金及其他违法犯罪活动,也不允许出租和转让他人。

(三)存款账户的销户

存款单位因迁移、合并、停产等原因不再使用原来存款账户时,应及时到银行办理销户手续。银行办理销户时,应首先与销户单位核对存款账户余额,核对相符后,对应计算利息的存款账户,要结清利息。对支票存款户,应收回所有空白支票,对存折存款户,应收回存折注销。然后将原存款账户的余额转入其他存款账户或其他地区金融机构。撤销后的账户应停止使用。

第二节　单位存款业务的核算

一、单位活期存款业务的核算

单位活期存款存取的方式主要有两种:即存取现金和转账存取。其中转账存取存款主要是通过办理各种结算方式和运用信用支付工具而实现的,本节只叙述存取现金的处理方法。

(一)存入现金的核算

单位存入现金时,应填写一式两联现金缴款单,连同现金交银行出纳部门。出纳部门经审查凭证点收现金,登记现金收入日记簿,并复核签章后,将第一联加盖"现金收讫"章后作为回单退交存款人,第二联送会计部门,凭以代现金收入传票登记单位存款分户账,其会计分录为:

借:库存现金

　　贷:吸收存款——活期存款——××单位存款户

表2-1　现金缴款单

分号

对方科目									缴款日期　年　　月　　日								
收款单位名称									开户银行								
									科目账号								
收款来源										金额							
										百	十	万	千	百	十	元	角	分
券别\数额	100元	50元	十元	五元	二元	一元	五角	二角	一角	五分	二分	一分	合计金额	收款银行盖章				
整把券																		
零张券																		

(二)支取现金的核算

支票户向银行支取现金时,应签发现金支票,并在支票上加盖预留印鉴,由收款人背书后送交会计部门。会计部门接到现金支票后,应重点审查支票是否真实;记载事项是否齐全;大小写金额是否相符;是否超过提示付款期限(支票的提示付款期限从出票日起10天);其签章与预留印鉴是否相符;出票人账户是否有足够支付的存款;是否背书等。经审查无误后,以现金支票代现金付出传票登记分户账后,交出纳部门凭以付款,其会计分录为:

借:吸收存款——活期存款——××单位存款户
　　贷:库存现金

会计人员签章、复核,出纳员根据现金支票登记现金付出日记簿,配款复核后,向取款人支付现金。

二、单位定期存款业务的核算

单位如有在一定时期内闲置不用的资金,可在银行办理定期存款。单位定期存款是单位存入款项时约定期限,到期支取本息的一种存款业务。定期存款金额起点为1万元,多存不限,本金一次存入,存入时由银行发给存单,到期一次支取本息。存期分为3个月、半年、1年、2年、3年、5年6个档次。

(一)存入定期存款

单位存入定期存款时,应按存款金额签发活期存款账户转账支票交开户银行。银行按规定审查无误后,以支票作转账借方传票并凭以填制一式三联单位定期存款存单。经复核后,以第一联代定期存款转账贷方传票,第二联加盖业务公章和经办人员名章后交存款人作存款凭据交存款人,第三联作定期存款卡片账,并据此登记"开销户登记簿",按顺序专夹保管,其会计分录为:

借:吸收存款——活期存款——××单位活期存款户
　　贷:吸收存款——定期存款——××单位定期存款户

(二)支取定期存款

单位持存单支取定期存款时,银行会计人员抽出该户卡片进行核对。核对无误后,计算出利息,填制利息清单.并在存单上加盖"结清"戳记。以存单代定期存款转账借方传票,卡片账作附件,另编制三联特种转账传票,一联代利息支出科目转账借方传票,一联代活期存款账户转账贷方传票,另一联代收账通知交存款人。

借:吸收存款——定期存款——××单位定期存款户(本金)
　　应付利息——定期存款利息支出户
　　贷:吸收存款——活期存款——××单位活期存款户(本利和)

定期存款到期后,如果单位要求续存,可以按结清旧户另开新存单办理。

三、单位其他存款的核算

(一)单位通知存款

单位通知存款是存款人在存入款项时不约定存期,需要支取存款时提前通知银行,按照通知约定的取款日期和金额支取款项的一种存款方式:

1.单位通知存款起存金额 50 万元,一次存入。一次或分次支取,支取金额最低 10 万元。

2.单位通知存款分为 1 天和 7 天两个档次,1 天通知存款即提前 1 天通知银行约定取款,7 天通知存款即提前 7 天通知银行约定取款。由存款人在存入时选择存款档次。

(二)协定存款

协定存款是存款人与开户银行签订协定存款合同,约定结算账户的留存额度,超过约定留存额度部分的存款转为协定存款,单独计算计息积数并按协定存款利率计算利息的一种存款方式:

1.协定存款必须由存款人与开户银行签订合同,由银行按照协定存款的规定主动办理并在结算账户中进行核算。

2.协定存款只对结算账户流水 50 万元以上的存款单位办理,结算账户转协定存款后的留存额度最低为人民币 10 万元。

3.单位存款资金往来全部通过结算账户往来,由银行根据结算账户存款变化情况,以及约定留存额度自动在活期存款与协定存款之间进行调整,调整的金额起点为 1 万元。

4.结算账户存款余额超过约定留存额度的,将超过部分自动计入协定存款积数中;存款余额低于约定留存额度或通过结算账户支付款项超过留存额度,由会计核算系统自动从协定存款转入活期存款。结算账户中的活期存款与协定存款分别计算计息积数,结息日根据活期存款与协定存款计息积数分别按照活期存款利率和协定存款利率计算利息。

第三节　储蓄存款业务的核算

一、储蓄存款业务的原则与种类

(一)储蓄原则

银行对个人储蓄存款实行"存款自愿,取款自由,存款有息和为储户保密"的原则。同时,银行办理储蓄存款业务应实行实名制,即以本人有效身份证件的姓名办理存入手续。

1.存款自愿,取款自由。它是指存款存多少,存期长短,存入哪家银行,何时存取,都由储户自己决定。对定期存款,也可按照储蓄章程规定办理提前支取。

2. 存款有息。它是指银行对储户的各种储蓄存款,都应该按照规定付给利息。

3. 为储户保密。它是指银行有责任对储户的存款情况保守秘密。公安、司法机关因审理案件需要查询有关个人储蓄资料时,应按规定提出书面查询公函,经县支行以上的银行核对,在指定的储蓄所提供情况,查询单位不得擅自查阅账册,并对银行提供的情况保密。此外,任何单位和个人不得向银行查询储户存款情况,银行工作人员如有违反上述原则的现象,应视情节轻重追究责任。

(二)储蓄种类

储蓄按期限不同,分为活期储蓄和定期储蓄两大类。其中定期储蓄可分为整存整取、零存整取、整存零取、存本取息、定活两便、协议存款、通知存款、教育储蓄。储蓄按币种不同,可分为人民币储蓄、外币储蓄。

二、活期储蓄存款业务的核算

(一)开户规定

活期储蓄存款的特点是:一元起存,多存不限,随时存取,不定期限。适用于居民生活待用货币的存储。活期储蓄分为支票户和存折户两种。支票户的存取手续,与单位支票户存款的存取手续相同。这里只介绍存折户活期储蓄的核算手续。储户第一次存入活期储蓄存款,应填写"活期储蓄存款凭条"。需填写存款日期、户名、存款金额等。同时,储户必须提供本人身份证,写明身份证号、住址、联系电话等内容。填好凭条后,连同现金一并交存银行。银行记账员审查凭条和清点现金无误后,开立并登记活期储蓄存款分户账,根据凭条登记"开销户登记簿",填写活期储蓄存折,在存款凭条中注明"新开户"字样。若储户要求凭密码支取,应在分户账和存折上加盖"凭密码支取"戳记,以存款凭条代收入传票,其会计分录为:

借:库存现金

贷:吸收存款——××活期储蓄户

记账员复点现金,并同凭条填写金额核对无误后,在复核处盖私章,凭条上盖"现金收讫"章,存折上盖业务公章及经手人章,凭条留存,据以登记分户账,存折交给储户。

(二)续存

储户续存时,首先应填写存款凭条,连同存折和现金一并交记账员,记账员检验存折、审查凭条、点收款项无误后,调出该账户,同存折核对相符,登记入账并结出存款余额。会计分录与开户时相同。

（三）支取

活期储蓄存款支取时,储户应填写"活期储蓄取款凭条"。取款人连同凭条和存折一起交银行,凭密码支取的,应在取款时核对密码。银行记账员根据取款凭条,抽调出账户,同存折核对相符后,以取款凭条代现金付出传票,凭以登记存折、分户账,其会计分录为:

借:吸收存款——××活期储蓄户
　贷:库存现金

经复核无误后,将取款凭条留存,将存折和现金交给取款人。

（四）销户

储户支取全部存款不再续存时,称为销户。储户应按存款余额填写取款凭条,银行凭以记账,并结出利息的最后余额,填写在凭条上,再填制两联储蓄存款利息清单,在存折和分户账上加盖"结清"或"销户"戳记。经复核无误后,以取款凭条代现金付出传票,连同第一联利息清单,凭以支付存款本息,结清的存折作付出传票的附件,其会计分录为:

计算利息时:

借:应付利息
　利息支出
　贷:其他应付款——代扣利息税
　　吸收存款——××活期储蓄户

支付本息时:

借:吸收存款——××活期储蓄户(本利和)
　贷:库存现金

同时登记"开销户登记簿",第二联利息清单连同现金交储户。

三、定期储蓄存款业务的核算

定期储蓄存款是指存入时约定存款期限,一次或分次存入本金,到期一次或分次支取本金和利息的一种储蓄方式。定期储蓄存款按存取方式不同,可分为整存整取、零存整取、整存零取和存本取息等。

（一）整存整取定期储蓄存款的核算

整存整取定期储蓄存款是本金一次存入,约定存期,到期一并支取本息的储蓄存款。此种储蓄50元起存,多存不限,存期分为3个月、半年、1年、2年、3年、5年6个档次。

1. 开户。储户来银行开户时,应填写整存整取定期储蓄存款凭证,连同身份证件和现金交银行。银行审核凭证和身份证件,根据存款凭证的金额清点现金。经点收无误后,填制一式三联整存整取定期储蓄存单,第一联代现金收入传票办理转账,第二联作存单退储户保管,第三联作卡片账由银行留存,其会计分录为:

借:库存现金

　　贷:吸收存款——××整存整取定期储蓄存款户

同时,登记开销户登记簿。如储户要求凭印鉴支取,则除了在第一、第三联上预留印鉴外,各联均应加盖凭印鉴支取戳记和经办人名章。

2. 支取的核算。

(1)到期支取。储户持到期存单取款时,抽出该户卡片账与存单核对,凭印鉴支取的,还应核对印鉴;若大额支取还应出示身份证件。银行审核无误后,按规定计算出应付利息,将利息分别填写在存单和卡片账上,销记开销户登记簿,同时填制两联利息清单,以存单代现金付出传票办理转账,其会计分录如下:

计算利息时:

借:应付利息

　　利息支出

　　贷:其他应付款——代扣利息税

　　　　吸收存款——××整存整取定期储蓄存款户

支付本息时:

借:吸收存款——××整存整取定期储蓄存款户(本利和)

　　贷:库存现金

将现金、利息清单(第二联)、身份证件交于客户。

(2)过期支取。储户持过期存单取款时,其处理手续与到期支取相同,但利息计算应包括到期利息和过期利息。过期利息按活期计算。

(3)提前支取。存款尚未到期,储户如急需用款,可以凭本人身份证件办理全部提前支取或部分提前支取。全部提前支取时,应交验存款人身份证件,经查验无误后,在存单背面摘录证件名称、号码、发证机关,然后在存单和卡片账上加盖"提前支取"戳记,并按提前支取规定计付利息。其余手续与到期支取相同。部分提前支取时,除对支取部分按提前支取办法支付本息并注销原存单外,对未取部分应另开新存单,并在新存单上注明原存入日期、利率和到期日以及"由××号存单部分转存"字样,其会计分录为:

借:吸收存款——定期储蓄存款——整存整取定期储蓄存款××户(全部本金)

　　利息支出——定期储蓄利息支出户(提前支取部分利息)

　　贷:库存现金(提前支取部分应给储户的本息)

　　　　吸收存款——定期储蓄存款——整存整取定期储蓄存款××户(续存本金)

其他应付款——代扣利息税

(二)零存整取定期储蓄存款的核算

零存整取定期储蓄存款是存款时约定期限,每月固定存入一定数额本金,到期一次支取本息的一种储蓄存款。存期分为 1 年、3 年、5 年 3 个档次。5 元起存,多存不限。这种储蓄存款每月存入一次,如中途漏存一次,应在次月补存。未补存者或漏存次数在一次以上的,视同违约,存折上打印违约标志,对违约后存入的部分,支取时按活期利率计息。

1.开户和续存。储户申请开户时,应填写零存整取储蓄存款凭条,连同身份证件和现金交经办人员。银行审核凭证和身份证件,根据存款凭证的金额清点现金。经点收无误后,凭以开立零存整取储蓄存款存折,登记分户账、开销户登记簿。其分户账按所编列账号排列保管,并以存款凭条代现金收入传票,办理转账,其会计分录为:

借:库存现金
　　贷:吸收存款——××零存整取定期储蓄存款户

经复核后,存折和身份证件交予储户。凭印鉴支取的,应预留印鉴,并加盖凭"印鉴支取"的戳记。储户在存期内续存时,应将存折与分户账核对相符后,再按与开户手续相同的程序办理。

2.支取。储户持存折来银行支取款时,账折见面,计算利息,在存折和分户账上填记本金、利息和本息合计数,同时填写利息清单,销记开销户登记簿,其会计分录为:

借:吸收存款——××零存整取定期储蓄存款户
　　利息支出——定期存款利息支出户
　　贷:库存现金
　　　　吸收存款——××零存整取定期储蓄存款户
　　　　其他应付款——代扣利息税

定期储蓄存款业务的过期支取、提前支取,比照整存整取。

(三)整存零取定期储蓄存款的核算

整存零取定期储蓄存款是本金一次存入,约定存期,分次支取本金,到期支取利息的一种储蓄存款。其最低起存金额为 1 000 元人民币,存期分为 1 年、3 年和 5 年 3 个档次。整存零取定期储蓄存款的核算手续与存本取息基本相同,开户时应在存单内填写取本金次数和每次支取数额。

(四)存本取息定期储蓄存款的核算

存本取息定期储蓄存款是指本金一次存入,在约定存期内分次支取利息,到期支取本金的一种储蓄存款。存本取息通常以 50 元起存,多存不限,由银行发给存款凭证,到期一次支取本金,利息凭存单分期支取,由储户与银行商定每月或几个月支取一次。其存期分为 1 年、3 年、5 年。

1. 开户。储户申请开户时,应填写一式三联定期存本取息储蓄存单,连同身份证件和现金交经办人员。存单各联的用途及核算手续与整存整取相同,但签发存单时,银行经办人员应根据存入金额、存期、利率和取息次数,计算出每次应付利息金额,填入存单的有关栏目内,其会计分录为:

借:库存现金
　　贷:吸收存款——××存本取息定期储蓄存款户

2. 支取利息。储户在存期内按约定时间持存单来银行支取利息时,应填写存本取息定期储蓄取息凭条。经办人员审核无误后,将取息日期和取息金额记入存单和卡片账,凭条作"利息支出"科目传票,其会计分录如下:

计算每期利息时:
借:应付利息
　　利息支出
　　贷:其他应付款——代扣利息税
　　　　吸收存款——××存本取息定期储蓄存款户

支付利息时:
借:吸收存款——××存本取息定期储蓄存款户
　　贷:库存现金

如储户到期未取利息,以后可以随时支取,但利息不计复利。在储户支取本金比照整存整取。

(五)定活两便储蓄存款业务的核算

定活两便储蓄是一种本金一次存入,不约定存期,可随时一次支取本息的存款方式。它既有活期之便,又有定期之利。一般以 50 元起存,多存不限。存单分为记名和不记名两种。记名的可以挂失,不记名的不可以挂失。记名式定活两便储蓄存款的会计核算手续基本上与整存整取定期储蓄相同。不记名式存单一般固定面额,分 50 元和 100 元两种,可以在约定范围内通存通兑。定活两便储蓄存款的利息,根据实际存期同档的整存整取定期储蓄利率,按一定的折扣计算。不满规定存期的按活期利率计算。具体规定为:存期不满 3 个月的,按支取日挂牌公告的活期利率计算;存期 3 个月(含 3 个月)以上不满半年的,整个存期按支取日挂牌公告的整存整取 3 个月定期储蓄利率打 6 折计息;存期半年(含半年)以上不满 1 年的,整个存期按支取日挂牌公告的整存整取半年定期储蓄利率打 6 折计息;存期在 1 年(含 1 年)以上的,无论存期多长,整个存期一律按支取日整存整取 1 年期定期储蓄利率打6折计息。

(六)通知储蓄存款业务的核算

个人通知储蓄是一次存入本金,由银行发给存折,不约定存期,支取时需提前通知银行(提前1天或7天),约定支取时间和金额,一次或多次提取存款的储蓄。个人通知储蓄存款的起存金额为5万元。最低支取金额为5万元,存款人需一次存入,一次或分次支取。利率以取款当日中国人民银行公告的利率为准。

(七)教育储蓄存款业务的核算

教育储蓄是储户为了支付正就读于中、小学的子女将来完成非义务教育所需的费用而进行的零存整取的定期储蓄。它是银行为学生量身定做的一个理财品种。凡在校小学四年级(含四年级)至高中的在校学生,都可以参加教育储蓄。

教育储蓄办理开户时,须持储户本人(学生)户口簿或居民身份证开立存款账户。教育储蓄到期后,凭存折及相应证明一次支取本息。教育储蓄为零存整取定期储蓄存款。最低起存金额为50元,每月固定存额,分月存入,中途如有漏存,应在次月补存,未补存者按零存整取定期储蓄存款的有关规定办理。教育储蓄存期分为1年、3年、6年。每一账户本金合计最高限额为2万元。

教育储蓄各档次利率按1年期、3年期在开户日按中国人民银行公告的同期整存整取定期储蓄存款利率计付利息;6年期按开户日中国人民银行公告的5年期整存整取定期储蓄存款利率计付利息(以上为取款时能提供"证明"的储户享受)。取款时能提供"证明"的储户可以享受免收利息税的优惠。

第四节　存款利息的计算

一、利息计算的基本规定

(一)计息范围

商业银行吸收存款人资金,除财政性预算内存款以及有特殊规定的款项不计利息外,应按规定支付利息。会计部门应按结息期和计算方法,准确地计算利息。对于应付而未付的存款利息按权责发生制进行核算。

(二)计息时间

存期是存款的时间,一般说存期"算头不算尾",也就是存入日计算利息,支取日不计算利息,其计算方法是从存入日算至支取的前 1 日为止。具体计算利息时,对定期存款与活期存款的存期计算有所不同。

定期存款计算利息时,按照存期"算头不算尾"的方法,从存入日算至支取的前一日为止。存期一般按对年、对月计算,对年按 360 天,对月按 30 天。单位和个人的定期存款其利息的计算,根据存期的档次,于存款到期日,利随本清。单位存款利息不需要交纳利息税,个人储蓄存款利息需要交纳利息税。

单位活期存款除非清户,一般均连续不间断发生存取款业务,因此,活期存款利息一般采取定期结息的做法,即按季结计利息。具体方法是采用余额表或乙种账计算计息积数,对活期存款的存期也就按照实际天数计算,所谓实际天数就是按照日历天数,大月按 31 天计算,小月按 30 天计算,平月按 28 天(或 29 天)计算。个人储蓄的活期存款按季度计算利息,每季末月 20 日为结息日,从上季末月 21 日至本季末月 20 日。

(三)利息计算公式

$$利息 = 本金(存款金额) \times 存期 \times 利率$$

本金元位起息,元位以下不计息。计算的利息保留到分位,分位以下四舍五入。利率由国务院授权中国人民银行制定与公布,各金融机构执行。

利率表示:年利率%、月利率‰、日利率‱,在运用利率时应注意相互关系。

$$年利率 \div 12 = 月利率$$
$$月利率 \div 30 = 日利率$$

二、存款利息的计算

(一)单位活期存款利息的核算

由于活期存款存取频繁,存款余额经常发生变动,因此,银行在实际工作中通常采用累计日积数法计息。累计日积数是各存款账户每日最后余额的逐日累计数。

1. 余额表计息。采用该方法计息,银行会计部门每日营业终了,将各计息分户账的最后余额按户抄列在积息余额表内(当日余额未变动的,照抄上日余额)。如遇错账冲正,应在余额表的"应加积数"、"应减积数"栏内调整计息积数。结息日,逐户将全季的累计积数乘以日利率,即得出各户应计利息数。其计算公式为:

$$利息 = 累计计息积数 \times (月利率 \div 30)$$

【例 2 - 1】2010 年 6 月 12 日银行审查发现,同年 6 月 1 日光明厂交存销货取得的转账支票一张,金额为 15 000 元,误计入其他单位账户。6 月 18 日审查发现,同年 5 月 24 日银行为光明厂支付商业承兑汇票款一份,金额为 100 000 元,误计入其他单位账户。银行余额表见表 2 - 2,计算相应利息。

表 2 - 2   银行余额表

科目:2011   2010 年 6 月份   利率 2.1%   币种:人民币

日期 \ 账号 户名	20118888 光明厂			
上月底累计积数	9 566 866.83			
1	123 128.55			
2	101 345.30			
3	955 666.44			
⋮	⋮			
10 天小计	8 435 844.24			
11	234 888.26			
⋮	⋮			
20 天小计	2 033 579.56			
⋮	⋮			
月末合计				
应加积数	165 000			
应减积数	①800 000			
	②1 700 000			
计息积数(总)				

第一笔错误不仅使光明厂账户 6 月 2 日少收入 15 000 元,也使其计息积数发生了错误。因此 6 月 12 日发现该错误除冲正错账外,还要调整积数。6 月 1 日至 6 月 12 日共计 11 天的应加积数为 165 000 元。由于银行每月月末日计提应付利息,在计算应加(减)积数时,还要区分出列为应付利息及利息支出的积数,即该错误上月份的应加(减)积数列为应付利息的积数,而结息月份的则列为当期损益。

第二笔错误由于银行没有从光明厂账户中支付款项,使其从 5 月 24 日起至 6 月 18 日,每日余额多 100 000 元,因而要计算应减积数。

列为应付利息的应减积数为 5 月 24 日至 5 月 31 日共计 8 天:

$$100\ 000 \times 8 = 800\ 000(元)$$

列为利息支出的应减积数为 6 月 1 日至 6 月 18 日共计 17 天:

$$100\ 000 \times 17 = 1\ 700\ 000(元)$$

综上所述,银行在结息时,计息积数的计算应分为以下两部分:

列为应付利息的计息积数 = 上月底累计积数 + 应加积数 - 应减积数

列为利息支出的计息积数＝20天小计＋应加积数－应减积数

【例2－1】中：

应付利息＝(9 566 866－800 000)×(2.1%÷360)＝511.40(元)

利息支出＝(2 033 580＋165 000－1 700 000)×(2.1%÷360)＝29.08(元)

根据计算的利息额进行账务处理：

借:应付利息 511.40

 利息支出 29.08

 贷:吸收存款——光明厂活期存款户 540.48

2. 账页计息。采用乙种账结计利息的,存款账户使用带积数的乙种账。当存款人存款账户发生资金收付后,按前一次最后余额乘以该余额的实存天数计算出积数,记入账页的"日数"和"积数"栏内。如更换账页,应将累计积数过入新账页第一行内,待结息日营业终了,加计本结息期内的累计天数和累计积数,以积数乘以日利率,即可得出应付利息数。计算方法与会计分录同上。

【例2－2】某企业分户账如表2－3所示。

表2－3 某企业银行分户账

日期	摘要	发生额		借/贷	余额	天数	积数
		借方	贷方				
3.21	一季利息		2 400	贷	78 643.24	8	629 145.92
3.29	转支	50 000		贷	28 643.24	17	486 935.08
4.25	电汇	15 000		贷	13 643.24	28	382 010.72
5.12	转收		9 800	贷	23 443.24	17	398 535.08
5.28	现支	10 000		贷	13 443.24	3	40 329.72
						8	107 545.92
6.9	转收		18 000	贷	31 443.24	11	345 875.64
						92	
6.21	二季利息			贷	31 582.68		

该企业的利息计算如下：

应付利息的计息积数＝629 145.92＋486 935.08＋382 010.72＋398 535.08＋40 329.72

  ＝1 936 956.52(元)

应付利息金额＝1 936 956×(2.1%÷360)＝112.99(元)

利息支出的计息积数＝107 545.92＋345 875.64＝26.45(元)

根据计算结果编制转账传票办理转账,会计分录为：

借:应付利息 112.99

 利息支出 26.45

贷:吸收存款——某企业活期存款户　　　　　　　　　　　　139.44

(二)单位定期存款利息计算

单位定期存款的利息计算采取利随本清的办法,即在存款到期日支取本金的同时一并计付利息。

【例2-3】某单位存入银行定期存款100 000元定期1年,年利率为1.75%,3月20日到期,该单位于4月6日来行支取,支取日活期存款年利率为0.72%,其利息计算如下:

$$到期利息 = 100\ 000 \times 1 \times 1.75\% = 1\ 750(元)$$
$$逾期利息 = 100\ 000 \times 17 \times (0.72\% \div 360) = 34(元)$$

借:利息支出　　　　　　　　　　　　　　　　　　　　　　1 784
　贷:吸收存款——××单位定期存款户　　　　　　　　　　　　1 784

(三)活期储蓄存款利息的核算

按规定活期储蓄存款按季结息,银行按当日活期储蓄存款挂牌利率结计利息,每季末月20日为结息日,从上季末月21日至本季末月20日。未到结息日清户的,利息按清户日活期储蓄利率计算,算至清户日前一日为止。

活期储蓄存款利息计算方法采用计息积数查算表法,按储户每次存取发生额,随时查出计息积数,结出积数余额。结息日或清户日,以积数余额乘以当日活期储蓄存款利率,即为储户应得利息。

(四)定期储蓄存款利息的核算

1.整存整取定期储蓄存款利息的计算。根据《储蓄管理条例》的规定,整存整取定期储蓄存款在原定存期内的利息,一律按存入日银行挂牌公告的利率计付利息,存期内遇利率调整,不分段计息;整存整取定期储蓄存款未到期,储户全部或部分提前支取的,提前支取部分按支取日活期储蓄存款利率计息,其余部分到期时,按原存入日挂牌公告的定期储蓄存款利率计息;整存整取定期储蓄存款过期支取的,除约定自动转存的以外,其超过原定存期的部分,按支取日活期储蓄存款利率计息。应付利息计算公式如下:

$$应付利息 = 本金 \times 存期 \times 利率$$
$$实付利息 = 应税利息 \times (1 - 税率)$$

整存整取定期储蓄存款计息举例:

【例2-4】储户张某2010年6月10日存入整存整取定期储蓄存款80 000元,定期一年,挂牌公告年利率为2.25%。该档利率2011年2月21日调至1.99%,该储户2011年6月10日到期支取:

$$应付利息 = 80\ 000 \times 2.25\% = 1\ 800(元)$$

借:利息支出 1 800

  贷:吸收存款——定期储蓄存款 1 800

借:吸收存款——定期储蓄存款 81 800

  贷:库存现金 81 800

2. 零存整取定期储蓄存款利息的计算。零存整取定期储蓄存款按约定存期到期支取的计息,根据不同情况,可以采用不同的计算方法。在实际工作中,常用的计算方有固定基数法、月积数法和日积数法三种。

固定基数法是指事先算出每元存款利息基数,到期乘以存款余额的计息方法。这种方法适用于存款逐月全存,到期支取的计息,计算公式为:

$$每元存款利息基数 = (1 + 存款月数) \div 2 \times 月利率$$

【例 2 - 5】储户黄明于 2010 年 9 月 11 日来银行办理零存整取定期储蓄存款,月存 800 元,存期 1 年,利率为 2.75% ,于次年 9 月 11 日支取。

$$每元存款利息基数 = (1 + 12) \div 2 \times 2.75\% \div 30 = 0.006(元)$$
$$应付利息 = 6\,000 \times 0.006 = 57.2(元)$$

有关 3 年、5 年期存款也可以按各档次利率,参照上述公式算出基数,乘以存款余额,计算应付利息。

月积数法是适用于存款已到期,但有漏存月份情况下的计算利息的方法。将零存整取储蓄存款分户账的每月存款余额乘以所存月数,就是月积数。到期支取时,按月积数乘以同档月利率,即为应付利息数。

日积数法,即储户每次来存款时,根据存入发生额乘以业务发生日至存款到期日的天数(算头不算尾),取得计息积数,按"存加取减"的原则,结出积数余额。到期日,以积数余额乘以存入日约定利率即为应付利息数。如储户提前支取,则按"存加取减"的原则,从积数余额中扣除未存满约定存期所产生的积数(即提前支取金额乘以提前支取日算至到期日的天数),结出计息积数,乘以支取日银行挂牌公告的活期储蓄存款利率,即为应付利息数。

过期支取的应付利息为到期息与过期息之和。到期息按正常规定计算,过期息则按最后余额与过期月数及支取日挂牌公告的活期储蓄存款利率计息;提前支取可比照整存整取定期储蓄存款的计息办法计算利息,不满整月的零头天数不计利息。

3. 存本取息定期储蓄存款利息的计算。存本取息每次支取的利息数可按如下公式计算:

$$每次支取利息数 = (本金 \times 存款月数 \times 月利率) \div 支取利息次数$$

【例 2 - 6】储户高全于 2011 年 9 月 10 日存入本金 100 000 元,存期 1 年,月利率为 1.45‰,每 3 个月支取利息一次。

$$每次支取利息数 = (100\,000 \times 12 \times 1.45‰) \div 4 = 435(元)$$

4. 整存零取定期储蓄存款利息的核算。在这种储蓄存款方式下,到期计息可采用本金平均数法和月积数法。本金平均数法计息公式为：

$$到期应付利息 = （全部本金 + 每次支取本金额）\div 2 \times 存期 \times 利率$$

【例2-7】储户刘铭一次存本金100 000元，一年期，每月支取一次3 000元。月利率为1.45‰，最后一次支取日期为到期日，连同利息一并支取。

$$到期应付利息 = （100\ 000 + 3\ 000）\div 2 \times 12 \times 1.45‰ = 896.1（元）$$

储户在存期内若要求部分提前支取，可提前支取1~2次，但必须在以后月份内停取1~2次。剩余款项的支取日按原定日期不变。如果提前支取全部余额，则根据实存金额及实存日期，按规定的活期储蓄利率计息；过期支取，可比照零存整取储蓄存款原则办理。

三、存款的后续计量

（一）实际利率法

所谓实际利率法就是指按照金融资产或金融负债的实际利率计算其摊余成本及各期利息收入或利息费用的方法。

实际利率，是指将金融资产或金融负债在预期存续期间或适用的更短期间内的未来现金流量，折现为该金融资产或金融负债当前账面价值所使用的利率。

根据《企业会计准则第22号——金融工具确认和计量》准则第33条规定，企业应当采用实际利率法，按摊余成本对金融负债进行后续计量。但是，下列情况除外：

1. 以公允价值计量且其变动计入当期损益的金融负债，应当按照公允价值计量，且不扣除将来结清金融负债时可能发生的交易费用。

2. 与在活跃市场中没有报价、公允价值不能可靠计量的权益工具挂钩并须通过交付该权益工具结算的衍生金融负债，应当按照成本计量。

3. 不属于指定为以公允价值计量且其变动计入当期损益的金融负债的财务担保合同，或没有指定为以公允价值计量且其变动计入当期损益并将以低于市场利率贷款的贷款承诺，应当在初始确认后按照下列两项金额之中的较高者进行后续计量：

（1）按照《企业会计准则第13号——或有事项》确定的金额；

（2）初始确认金额扣除按照《企业会计准则第14号——收入》的原则确定的累计摊销额后的余额。

商业银行吸收的客户存款属于金融负债中的其他金融负债，即没有划分为以公允价值计量且其变动计入当期损益的金融负债。对其的后续计量，应当采用实际利率法，按摊余成本进行计量。

(二)存款的摊余成本

商业银行吸收存款的摊余成本,是指该金融负债的初始确认金额,减去已偿还的本金,加上或减去采用实际利率法将该初始确认金额与到期日之间的差额进行摊销形成的累计摊销额。如果有客观证据表明该金融负债的实际利率与名义利率相差很小,也可以采用名义利率摊余成本进行后续计量。

对于定期存款的利息按存款金额和存款利率计算应付利息,贷记"应付利息"科目,按摊余成本和实际利率计算确认利息支出,借记"利息支出"科目,按其差额,借记或贷记"吸收存款——利息调整"等科目。

【例2-8】某商业银行2010年3月10日吸收1年期存款200 000元,公允年利率为3.25%,于2011年3月10日到期,利息总额共计6 500元。

各报告期定期存款摊余成本计算表如表2-4所示。

表2-4　各报告期定期存款摊余成本计算表

日期	期初摊余成本	利息支出	实际利率	应付利息	公允利率	期末摊余成本	折余金额
①	②	③	④	⑤	⑥	⑦	⑧
3.31	200 000.00	397.22	3.25%	397.22	3.25%	200 000	0
4.30	200 000.00	541.67	3.25%	541.67	3.25%	200 000.00	0.00
5.31	200 000.00	541.67	3.25%	541.67	3.25%	200 000.00	0.00
6.30	200 000.00	416.67	2.50%	541.67	3.25%	199 875.00	125.00
7.31	199 875.00	416.41	2.50%	541.67	3.25%	199 749.74	125.26
8.31	199 749.74	416.15	2.50%	541.67	3.25%	199 624.22	125.52
9.30	199 624.22	415.88	2.50%	541.67	3.25%	199 498.44	125.78
10.31	199 498.44	415.62	2.50%	541.67	3.25%	199 372.39	126.04
11.30	199 372.39	415.36	2.50%	541.67	3.25%	199 246.08	126.31
12.31	199 246.08	415.10	2.50%	541.67	3.25%	199 119.51	126.57
1.31	199 119.51	414.83	2.50%	541.67	3.25%	198 992.68	126.83
2.28	198 992.68	414.57	2.50%	541.67	3.25%	198 865.58	127.10
3.10				144.41			

各报告期利息计算如下:

(1)2010年3月31日确认并计算利息为:

应付利息额 = 200 000 × 22 × 3.25%/360 = 397.22(元)

利率相同,因此利息支出额与应付利息的计算金额相同。

会计分录为:

借:利息支出　　　　　　　　　　　　　　　　　　　397.22

　贷:应付利息　　　　　　　　　　　　　　　　　　　　397.22

(2)2010 年 4 月 30 日计算利息为:

$$应付利息 = 200\ 000 \times 3.25\% / 12 = 541.67(元)$$

会计分录为:

借:利息支出　　　　　　　　　　　　　　　　　　　541.67

　贷:应付利息　　　　　　　　　　　　　　　　　　　　541.67

(3)2010 年 5 月确认利息与会计分录同 4 月份。

(4)2010 年 6 月由于实际利率发生变化,其确认及计算方法有所变化。

$$应付利息 = 200\ 000 \times 3.25\% / 12 = 541.67(元)$$

$$利息支出 = 200\ 000 \times 2.25\% / 12 = 416.67(元)$$

$$折余金额 = 541.67 - 416.67 = 125(元)$$

会计分录为:

借:利息支出　　　　　　　　　　　　　　　　　　　416.67

　吸收存款——利息调整　　　　　　　　　　　　　　125

　贷:应付利息　　　　　　　　　　　　　　　　　　　541.67

(5)2010 年 7 月至 2011 年 2 月确认及计算利息与 2010 年 6 月相同。

(6)2011 年 3 月 10 日单位支取存款时,银行做如下处理:

①计算并结转单位利息额:

$$按公允价格计算单位应付利息额合计 = 397.22 + 541.67 \times 11 = 6\ 355.59(元)$$

$$尚欠单位利息 = 6\ 500 - 6\ 355.59 = 144.41(元)$$

会计分录为:

借:应付利息　　　　　　　　　　　　　　　　　　　6 355.59

　利息支出　　　　　　　　　　　　　　　　　　　144.41

　贷:吸收存款——某企业定期存款利息　　　　　　　　6 500

②向客户支付存款本金及利息会计分录为:

借:吸收存款——某企业定期存款　　　　　　　　206 500(本利和)

　贷:吸收存款——某企业活期存款

③结转该存款折余利息,会计分录为:

借:利息支出——某企业定期存款利息　　　　　　　1 134.42

　贷:吸收存款——利息调整　　　　　　　　　　　　　1 134.42

$$折余利息合计 = 125.00 + 125.26 + 125.52 + 125.78 + 126.04 + 126.31 +$$
$$126.57 + 126.83 + 127.10$$
$$= 1\ 134.42(元)$$

复习思考题

1. 银行存款账户的种类有哪些?

2. 如何理解开立银行存款账户的管理要求?

3. 为什么要规定银行存款业务核算的基本要求?

4. 单位存款如何进行核算?

5. 储蓄存款如何进行核算?

6. 怎样计算存款利息?

7. 工商银行某支行百货商场二季度单位余额表上月底累计积数为 977 882.65 元,6 月 1 日至 20 日积数小计为 5 863 286.77 元,6 月 3 日发现漏记 5 月 23 日一笔转账收入 10 000 元,6 月 10 日发现漏记 6 月 5 日一笔支出 3 000 元,计算该单位活期存款的利息。银行年利率为 3%,要求写出计息过程,并写出会计分录。

第三章　贷款业务的核算

【学习要点与要求】

通过本章的学习,了解贷款的种类及核算要求;掌握各类贷款包括信用贷款、抵押贷款、质押和保证贷款发放和收回的核算方法;了解下贷上转贷款的核算与管理;掌握票据贴现业务的核算方法;掌握贷款减值准备的核算方法;掌握贷款利息计算的基本规定和核算方法。

第一节　贷款业务核算概述

一、贷款的种类

贷款是指金融企业对借款人提供的、按约定的利率和期限还本付息的货币资金。贷款业务是商业银行的主要资产业务之一,贷款产生的利息收入是银行主要的收入来源。贷款业务按不同的标准划分,主要可分为以下几类:

(一)按贷款期限划分,可以分为短期贷款、中期贷款和长期贷款

短期贷款是指商业银行根据有关规定发放的、期限在1年以下(含1年)的各种贷款;中期贷款是指金融企业发放的贷款期限在1年以上5年以下(含5年)的各种贷款;长期贷款是指金融企业发放的贷款期限在5年(不含5年)以上的各种贷款。

(二)按还款方式划分,可以分为一次偿还的贷款和分期偿还的贷款

一次偿还的贷款是在贷款到期时一次偿还本金,而利息则根据约定,或在整个贷款期间分期支付,或在贷款到期时一次支付。分期偿还的贷款是按年、按季、按月以相等的金额还本付息。

(三)按贷款对象不同,可以将贷款分为公司贷款和个人贷款

公司贷款具体分为流动资金贷款、固定资金贷款、贸易融资、住房信贷和综

合授信等信贷品种。个人贷款又分为个人消费贷款和个人住房贷款,如个人质押贷款、个人汽车消费贷款、个人综合消费贷款、个人小额短期信用贷款和个人助学贷款(包括国家助学贷款和一般商业性助学贷款)等几大类个人消费贷款业务品种。

(四)按贷款的保障条件分,可以分为信用贷款、担保贷款和票据贴现

信用贷款是指银行完全凭借客户的信誉无须提供抵押物或第三者保证而发放的贷款。担保贷款是指具有一定的财产或信用作为还款保证的贷款。根据还款保证的不同,具体又分为抵押贷款、质押贷款和保证贷款。票据贴现是持票人向银行贴付一定利息所做的票据转让行为。

(五)按照自主程度不同,贷款可以分为自营贷款、委托贷款和特定贷款

自营贷款是指商业银行自主发放的贷款,贷款本息由商业银行收回,贷款的风险由商业银行承担,自营贷款构成商业银行贷款的主要部分;委托贷款是指由委托人提供资金,由受托人根据委托人指定的贷款对象、用途、金额、期限和利率代为发放、监督使用并协助委托人收回的贷款。在办理委托贷款业务的过程中,贷款人只收取手续费,并且不承担贷款的风险;特定贷款是指经国务院批准并对贷款可能造成的损失采取相应补救措施后责成国有独资商业银行发放的贷款。此类贷款具有政策性贷款的性质,但又不属于政策性贷款,如扶贫救灾贷款。

(六)按贷款的质量和风险程度,贷款可分为正常贷款、关注贷款、次级贷款、可疑贷款和损失贷款等五类

正常类贷款指借款人能够履行合同,有充分把握按时、足额偿还本息;关注类贷款指尽管借款人目前有能力偿还本息,但是存在一些可能对偿还产生不利影响的因素;次级类贷款指借款人的还款能力出现了明显问题,依靠其正常经营收入已无法保证足额偿还本息;可疑类贷款是指借款人无法足额偿还本息,即使执行抵押或担保也肯定造成一定损失;损失类贷款是指在采取所有可能的措施和一切必要的法律程序后,本息仍无法收回或只能收回极少部分。

二、贷款业务的核算要求

商业银行发放贷款主要遵循安全性、流动性和盈利性原则。在进行贷款核算时,尤其是中长期贷款核算主要应遵循以下原则:

(一)严格遵守信贷政策和原则

信贷政策确定的投向和规模、贷款支持和限制对象及利率标准等,是商业银行办理信贷业务的重要依据。虽然贷款管理主要由信贷部门执行,但是贷款实际发放与收回由会计部门办理,因此,会计部门必须注意贷款政策和原则。会计部门在办理贷款发放手续时,应根据经信贷部门审查批准的借款凭证办理;对贷款一般都先转入存款账户再行支用;对到期贷款应及时收回,如不能及时收回,应按规定处理并向信贷部门反映催收。

(二)遵守银行会计核算相关管理规定

商业银行发放的中长期贷款,应当按照实际贷出的贷款金额入账。期末,应当按照贷款本金和适用的利率计算应收取的利息,分别对贷款本金和利息进行核算。由于政策性贷款的发放与国家相关政策导向有密切相关性,而且政策性贷款在利率上也通常具有一定的优惠,因此,商业银行应将商业性贷款与政策性贷款分别核算。自营贷款风险由金融企业承担,并由金融企业收取本金和利息。委托贷款风险由委托人承担,银行只收取手续费,不得代垫资金。非应计贷款是指贷款本金或利息逾期90天没有收回的贷款。应计贷款是指非应计贷款以外的贷款。当贷款的本金或利息逾期90天时,应单独核算。当应计贷款转为非应计贷款时,应将已入账的利息收入和应收利息予以冲销。从应计贷款转为非应计贷款后,在收到该笔贷款的还款时,首先应冲减本金;本金全部收回后,再收到的还款则确认为当期利息收入。

第二节　贷款业务的核算与管理

银行发放的贷款,一般采用"贷款"等科目来进行核算。银行根据不同的信贷种类,依据不同的信贷流程进行相应的核算与管理。

一、信用贷款的核算

(一)贷款发放的核算

逐笔核贷是银行发放贷款最常用的核算与管理方式。目前,我国商业银行的信用贷款、担保贷款、抵押贷款多采用逐笔核贷的方式。这种核算方式的特点是:由借款单位向银行提出申请,银行根据批准的贷款计划,逐笔立据,逐笔审查,逐笔发放,约定期限,一次贷放,一次或分次归还贷款,按照规定利率计收利息。

借款人申请贷款时,首先向信贷部门提交借款申请书,经信贷部门审核批准后,双方商定贷款的额度、期限、用途、利率等,并签订借款合同或协议。借款合同必须采取书面形式,必须由当事人双方的法定代表人或凭法定代表人的书面授权证明的经办人签章,并加盖法人公章。如果双方当事人约定合同必须公证或鉴证的,当事人必须办理公证或鉴证手续。借款合同已经签订,具有法律效力,银行和借款人必须共同遵守履行。借款合同格式如表 3 - 1 所示。

表 3 - 1 　借款合同申请书

借款人		账号		已借款金额	
申请贷款金额		还款日期		借款利息(月息)	
借款用途及理由					
借款方 借款单位(章) 负责人(章) 经办人(章)		借款担保方 担保单位(章) 负责人(章)		贷款方 贷款银行(章) 经办人(章)	
银行审核意见					
上列贷款按银行核定金额,双方商定如下合同,共同遵守: 　1.贷款方应按核定的贷款金额用途,保证按计划提供贷款;否则应按规定付给借款方违约金。 　2.借款单位保证按规定的用途使用贷款,未经贷款方的同意,不得挪作他用。如转移贷款用途,贷款方有权进行处罚,收取罚息、提前收回贷款、停止发放新的贷款等信用制裁措施。 　3.上列借款,借款方应保证按期归还。如需延期使用,借款方最迟在贷款到期前 3 天提出延期使用申请,经贷款方同意办理延期手续。贷款方未同意延期或未办理延期手续的逾期贷款,按政策规定加收20% ~ 50% 的罚息。 　4.贷款到期一个月后,如借款方未按期归还贷款本息,由担保单位负责为借款方偿还本息和逾期罚息。 　5.本合同一式三份,借款方、贷款方、担保方各持一份。					

　　借款合同签订以后,借款单位需要用款时,应填制一式五联的借款凭证,送信贷部门审批,其格式如表 3 - 2 所示。第一联为借方凭证,第二联为贷方凭证,第三联为回单,代收账通知,第四联为放款记录,第五联为到期卡。经信贷部门审查同意后,在借款凭证上加注贷款编号、贷款种类、贷款期限、贷款利率、银行核定贷款金额等项目,送会计部门凭以办理放款手续。

表 3 - 2　银行(贷款)借款凭证(申请书代付出凭证)

单位编号　　　　　　　　　　　　年　月　日　　　　　　　　　　银行编号

收款单位	名称		借款单位	名称										
	往来户账号			放款户账号										
	开户银行			开户银行										
借款期限		利率		起息日										
借款申请金额		人民币(大写)		千	百	十	万	千	百	十	元	角	分	
借款原因及用途		银行核定金额		千	百	十	万	千	百	十	元	角	分	
银行审批 负责人　信贷部门主管　信贷员			期限	计划还款日期		计划还款金额								

兹根据你行贷款办法规定,申请办理上述借款,请核定贷给。	会计分录:借 对方科目:贷 会计　　复核　　记账
此致 银行 (借款单位预留往来户印鉴)	

会计部门收到借款凭证后,应认真审查信贷部门的审批意见,审核凭证各项内容填写是否正确、完整,大小写金额是否一致,印鉴是否相符等。审核无误后,以第一、第二联借款凭证分别代替借方凭证和贷方凭证,办理转账。

企业发放贷款时,设立"贷款"科目进行核算,本科目可按贷款类别、客户,分别"本金"、"利息调整"、"已减值"等进行明细核算。应按贷款的合同本金,借记"贷款"科目(本金),按实际支付的金额,贷记"吸收存款"、"存放中央银行款项"等科目,有差额的,借记或贷记本科目(利息调整)。资产负债表日,应按贷款的合同本金和合同利率计算确定的应收未收利息,借记"应收利息"科目,按贷款的摊余成本和实际利率计算确定的利息收入,贷记"利息收入"科目,按其差额,借记或贷记本科目(利息调整)。

借:贷款——借款单位户(合同本金)

贷:吸收存款——借款单位户(实际支付的金额)

按其差额,借记或贷记:贷款——利息调整

将第三联回单加盖转讫章后交借款单位作为贷款入账的收账通知。第四联会计部门加盖转讫章后送信贷部门作为放款记录留存备查,据以监督贷款的发放和收回。第五联由会计部门在贷款转账手续办妥后,按到期日日期顺序排列,专夹妥善保管,据以监督借款单位按期归还贷款。

(二)贷款收回的核算

银行贷款发放后进入贷后管理阶段。银行会计部门应经常查看贷款借据的到期情况,在贷款快要到期时,与信贷部门联系,通常提前3天通知借款单位准备还款资金,以便到期时按期还款。收回贷款的核算主要分以下几种情况:

1. 贷款到期,借款单位主动归还贷款。当借款单位主动归还贷款时,应签发转账支票及填制一式四联的还款凭证办理还款手续。还款凭证格式如表3-3所示。

表3-3　银行(贷款)还款凭证(借方凭证)

年　　月　　日　　　　　　　　　　　合同编号:

借款单位	名称		付款单位	名称	
	放款户账号			往来户账号	
	开户银行			开户银行	
还款日期	年　月　日		还款次序	第　次还款	

偿还金额	人民币(大写)	亿	千	百	十	万	千	百	十	元	角	分

由我单位往来划转归还上述借款	会计分录:借 对方科目:贷 会计　　复核　　记账
(借款单位预留往来账户印鉴) (银行主动收贷时免盖)	

银行会计部门收到借款人提交的还款凭证后,应同贷款账簿进行核对,按照借款单位所填的原借款凭证上的银行贷款编号,抽出留存的原到期卡,核对无误后,于贷款到期日办理收回贷款的转账手续。在到期日转账时,应认真核对支票的印鉴,查看借款单位存款账户是否有足够的余额等,以转账支票作为借方凭证,以还款凭证作为附件,以还款凭证第二联作为贷方凭证办理转账。第三联还款凭证,转账后,由会计部门送信贷部门核销原放款记录。第四联由会计部门在办妥还款转账手续后,在回单上加盖公章,交还借款单位,作为归还贷款的通知。如借款属分

次归还,则应在原借据上做分次还款记录。

（1）未减值贷款的处理。资产负债表日,企业应按贷款的合同本金和合同约定的名义利率计算确定的应收利息的金额:

借:应收利息

　　贷:利息收入(按贷款的摊余成本和实际利率计算确定的利息收入的金额)

按其差额借记或贷记"贷款——利息调整"。

合同利率与实际利率差异较小的,也可以采用合同利率计算确定利息收入。

收回未减值贷款时,应按客户归还的金额。

借:吸收存款——借款单位户

　　贷:应收利息

　　　　贷款——借款单位户

存在利息调整余额的,还应同时结转。

（2）减值贷款的处理。资产负债表日,对于减值贷款按应减计的金额:

借:资产减值损失

　　贷:贷款损失准备

借:贷款(已减值)

　　贷:贷款(本金)

　　　　(利息调整)

同时,应按贷款的摊余成本和实际利率计算确定的利息收入金额:

借:贷款损失准备

　　贷:利息收入

此外还需将按合同本金和合同约定的名义利率计算确定的应收利息金额进行表外登记。收回减值贷款时:

借:吸收存款——借款单位户(实际收到的金额)

　　贷款损失准备(贷款损失准备余额)

　　贷:贷款(已减值)

　　　　资产减值损失(差额)

2. 贷款到期,由银行主动扣收。贷款到期借款人未能主动归还贷款,而其存款账户中的存款余额又足够还款的,会计部门可及时与信贷部门联系,征得同意后,由信贷部门填制"贷款收回通知单",加盖信贷部门业务公章交会计部门。会计部门凭以填制三联特种转账传票,一联代借方传票,一联代贷方传票,一联代收账通知连同注销后的借据第一联一并交借款单位。会计分录同上。

3. 贷款展期。贷款到期由于客观情况发生变化,借款人到期不能还清贷款的,短期贷款必须于到期日 10 日以前,中长期贷款必须于到期日一个月以前,由借款人向银行提出贷款展期的书面申请,写明展期的原因,银行信贷部门视具体情况决定是否展期。对同意展期的贷款,应在展期申请书上签署意见,然后将展期申请书交给会计部门。每一笔贷款只能展期一次,短期贷款展期不得超过原贷款的期限,中长期贷款展期不得超过原贷款期限的一半,最长不得超过 3 年。

会计部门收到贷款展期申请书后,应主要审查以下内容:信贷部门是否批准、有无签章;展期贷款的金额与借款凭证上的金额是否一致;展期时间是否超过规定期限;展期利率的确定是否正确。审核无误后,在贷款分户账及到期卡上批注展期还款利率及还款日期,同时将一联贷款展期申请书加盖业务公章后交借款单位收执,另一联贷款展期申请书附在原借据后,按展期后的还款日期排列。贷款展期无需办理转账手续。

4. 贷款逾期。贷款到期,借款单位事先未向银行申请办理展期手续,或申请展期未获得批准,或者已经办理展期,但展期到期日仍未能归还贷款的,即作为逾期贷款。

银行应将贷款转入该单位的逾期贷款账户。银行会计部门与信贷部门联系后,根据原借据,分别编制特种转账借方传票和特种转账贷方传票各两联,凭特种转账借方和贷方传票各联办理转账,会计分录为:

借:逾期贷款——借款单位逾期贷款户

　贷:贷款——借款单位贷款户

转账后,将另两联特种转账借、贷方传票作收、支款通知,加盖转讫章和经办人员章后交借款单位。同时,在原借据上批注"××××年×月×日转入逾期贷款"的字样后,另行保管。等借款单位存款账户有款支付时,一次或分次扣收,并从逾期之日起至款项还清前一日止,除按规定利率计息外,还应按实际逾期天数和人民银行规定的罚息率计收罚息。

贷款本金或利息逾期 90 天没有收回的贷款通过"非应计客户贷款"科目核算。本科目应按贷款种类设置一级科目,再按借款人设户进行明细核算。期末借方余额,反映银行按规定发放的客户贷款余额。

当应计贷款转为非应计贷款时:

借:非应计客户贷款

　贷:逾期贷款——借款单位户

同时,冲减利息收入:

借:利息收入

　贷:应收利息(同时,将应收利息在表外登记)

期末,按应计提的客户贷款利息,计入表外科目。

到期收回客户贷款本息时,按实际收到的金额:

借:吸收存款——××单位存款户

　贷:非应计客户贷款(按客户贷款本金)

利息收入(按其差额)

同时,注销表外应收利息。

二、抵押贷款的核算

抵押贷款是银行对借款人以一定财产作为抵押而发放的一种贷款。借款人到期不能归还贷款本息时,银行有权依法处置贷款抵押物,并从所得价款收入中优先受偿贷款本息,或以该抵押物折价充抵贷款本息。抵押贷款一般采取逐笔核贷的贷款核算方式。

(一)抵押贷款发放的核算

抵押贷款由借款人向银行提出申请,并向银行提交"抵押贷款申请书",写明借款用途、金额、还款日期、抵押品名称、数量、价值、存放地点等有关事项,同时提交有权处分人的同意抵押(质押)的证明或保证人同意保证的有关证明文件。

商业银行办理抵押贷款,首先应确认抵押物的所有权或经营权,债务人只有拥有对财产的所有权,并具有最终的处分权,才可以作为抵押人向银行申请抵押贷款。商业银行选择的抵押物一般为具有变卖价值和可以转让的物品。没有交换价值,不具有独立性的物品,不能作为抵押物进行抵押。此外,抵押物必须是合法取得的,必须是可以流通,易于变现和处分,抵押物的使用期必须长于借款期,贷款到期后,抵押物的变现价值应大于借款本息。

我国《担保法》第34条规定,下列财产可以作为抵押物申请抵押贷款:抵押人所有的房屋和其他地上附着物;抵押人所有的机器、交通运输工具和其他财产;抵押人依法有权处分的国有土地使用权、房屋和其他地上定着物;抵押人依法有权处分的国有的机器,交通运输工具和其他财产;抵押人依法承包并经发包方同意抵押的荒山、荒沟、荒丘、荒滩等荒地的土地使用权。《担保法》第37条同时规定下列财产不得进行抵押:土地所有权;耕地、宅基地、自留地、自留山;学校、幼儿园、医院等以公益事业为目的的事业单位,社会团体的教育设施、医疗卫生设施和其他社会公益设施;所有权、使用权不明或者有争议的财产;依法被查封扣押监管的财产;依法不得抵押的其他财产。

抵押贷款经银行信贷部门审查同意后,由借款人同银行签订抵押贷款借款合同,并将抵押品或抵押品产权证明移交银行。合同及有关资料,如银行认为有必要公证的,应由公证机关对其真实性、合法性进行公证。对易受灾害侵害的抵押物,借款方应办理财产保险,并将保单交银行保管。如发生损失,银行可以从保险赔偿中收回抵押贷款。

对于有关抵押品,银行应签发"抵(质)押品代保管凭证"一式两联,一联交借款人,另一联由银行留存。同时登记表外科目:

收:代保管有价值品。

抵押贷款通常不是按抵押品价值全额发放,而是按抵押品价值的一定比例。这个比率通常称为抵押率,抵押率的计算公式如下:

$$抵押率 = 1 - \frac{抵押物预计贬值额}{抵押物现值} \times 100\%$$

商业银行在办理抵押贷款时,抵押率一般控制在 80% 以下,对于一些科技含量高、更新速度快的机器设备抵押率还会更低,一般控制在 50% 以下。

借款人使用贷款时,由信贷部门根据确定的贷款额度,填写一式五联的借款凭证,签字后加盖借款人的预留印鉴,经信贷部门有关人员审批后,与抵押贷款有关单证一并送交会计部门。会计部门收到信贷部门转来的有关单证,经审查无误后,根据有关规定及借款人的要求办理转账。

借:贷款——××抵押贷款户

　贷:吸收存款——××存款户

(二)抵押贷款收回的核算

抵押贷款到期,借款人应主动提交还款凭证,连同银行出具的抵押品代保管收据,办理还款手续,其会计分录为:

借:吸收存款——××存款户

　贷:贷款——××抵押贷款户

　　利息收入——抵押贷款利息收入户

同时销记表外科目,原抵押申请书作为表外科目付出传票的附件。

付:代保管有价值品

(三)抵押贷款逾期的核算

抵押贷款到期,借款单位如不能按期归还贷款本息,银行应将其贷款转入逾期贷款科目核算,并按规定计收罚息,会计分录为:

借:贷款——××抵押预期贷款户

　贷:贷款——××抵押贷款户

将应收利息转为其他应收款,同时记入应收未收利息表外科目,会计分录为:

借:其他应收款——抵押逾期贷款利息

　贷:应收利息——××抵押贷款利息

收:应收未收表外科目

同时,登记"应收未收利息"登记簿。

出现下列情况,银行有权依法处理抵押物:借款合同履行期满,借款人未按期偿还贷款本息,又未同银行签订贷款展期协议或申请展期未经批准的;抵押期间,借款人死亡、无继承人或受遗赠人的;借款人的继承人拒绝偿还贷款本息或继承人放弃继承的;借款人被解散、宣布破产或依法撤销的;其他可以依法处分抵押物的情形。银行处理抵押品主要有两种方式:作价入账和出售。以取得的价款,在扣除银行处理抵押物中发生的各种费用后,收回贷款本金和所欠的利息。

《担保法》第53条规定,债务履行期届满抵押权人未受清偿的,可以与抵押人协议以抵押物折价或者以拍卖、变卖该抵押物所得的价款受偿;协议不成的,抵押权人可以向人民法院提起诉讼。银行实现抵押权的形式主要有三种,即拍卖、变卖抵押物或提起诉讼。

1. 取得抵债资产,按抵债资产的公允价值入账:

借:固定资产(或相关科目)——某物品(公允价值)

    贷款损失准备(已计提的减值准备)

    资产减值损失(贷方大于借方)

贷:抵押贷款——××抵押预期贷款

    应交税费

    营业外支出(借方大于贷方)

2. 处置抵债资产。银行按合同规定,经有关部门公证出售抵押物,现将价款计入"其他应付款"科目,会计分录为:

借:银行存款(或有关科目)(实际收到的金额)

贷:其他应付款——待处理抵押物价款

(1)若出售的剩余价款能够收回贷款的本息合计时,会计分录为:

借:其他应付款——待处理抵押物价款

贷:贷款——××抵押逾期贷款户

    其他应收款——抵押逾期贷款利息

(2)若出售的剩余价款不足以偿还贷款本息,但能收回贷款本金,利息经有关部门批准列为坏账,会计分录为:

借:其他应付款——待处理抵押物价款

贷:贷款——××抵押逾期贷款户

借:资产减值损失——××抵押贷款利息

贷:其他应收款——抵押逾期贷款利息

(3)若出售的剩余价款只能偿还部分贷款部分,经有关部门批准,不能收回的贷款本金列为呆账损失,利息列为坏账损失,会计分录为:

借:其他应付款——待处理抵押物价款

    资产减值损失——××抵押逾期贷款

贷:贷款——××抵押逾期贷款户

借:资产减值损失——××抵押贷款利息

贷:其他应收款——抵押逾期贷款利息

三、质押和保证贷款的核算

质押是指债务人或第三人将其动产移交债权人占有或将某项权力出质,以该动产和权力作为债权的担保。债务人不履行债务时,债权人有权依法按照法律规定的程序和方式以该动产或权利,折价或以拍卖、变卖该动产或权利的价款优先受偿的制度。质押分为动产质押和权利质押。

动产质押是指债务人或第三人将其动产移交债权人占有,将其动产作为债权的担保。在质押关系中,债务人或第三人为出质人,债权人为质权人,移交的动产为质物。

可以办理质押的权利主要包括:汇票、支票、本票、债券、存款单、仓单、提单;依法可以转让的股份、股票;依法可以转让的商标权、专利权、著作权中的财产权;依法可以质押的其他权利。

保证贷款指贷款人按《担保法》规定的保证方式以第三人承诺在借款人不能偿还贷款本息时,按约定承担一般保证责任或者连带保证责任而发放的贷款。

关于质押贷款和保证贷款的具体核算,可以比照抵押贷款的核算手续进行。

四、下贷上转贷款的核算与管理

下贷上转贷款是针对县以下非独立核算的农副产品收购点,在收购旺季由基层银行就地直接发放贷款给收购点,然后基层行把贷放的款项定期上划转入其上级主管单位开户行的贷款账户,作为上级单位借款的一种辅助贷款核算方式。

主管单位为基层收购点申请开立下贷上转账户办理贷款时,应向其开户银行填送贷款申请书和收购点支款印鉴卡。经信贷部门审核同意后,会计部门应将借款申请书列入专夹保管,并按照借款申请书的规定,将基层采购点名称、借款用途、限额、上划期限等事项,以书面形式,随同收购点印鉴卡一并通知收购点所在地银行办理贷款。收购点所在地银行接到委托下贷上转限额通知及印鉴卡后,在有关科目下为收购点开立下贷上转辅助账户。

收购点可以在贷款额度内支取款项。用款时,填写三联下贷上转支取凭证,一联代借方传票,一联盖章后退给收购点,一联暂时存放专夹保管。经信贷部门审查批准后,交会计部门办理转账手续,放款的会计分录为:

借:贷款——短期贷款——主管单位下贷上转户
　贷:吸收存款——收购点存款户

收购点在支付采购款时,可以签发支款凭证,由其存款账户中支付。收购地银行应于每日营业终了或定期上划下贷上转贷款。上划时,将辅助账户截至上划日的金额,同留存的一联下贷上转支取凭证核对相符后,根据辅助账户分户账的余额,编制特种转账借、贷方传票各两联。一联特种转账贷方传票记下贷上转辅助账户,另一联作为上划通知交收购点。同时,编制辖内往来借方报单和留存的一联辅

助账户的分户账卡,一并寄借款单位开户行,会计分录为:

借:联行科目

　　贷:贷款——短期贷款——主管单位下贷上转贷款户

主管单位开户行接到下属收购点开户行上划的报单和附件,经审核无误后,以上划的特种转账借方传票记入借款单位贷款账户,另一联特种转账传票连同支取凭证交给借款单位,会计分录为:

借:贷款——短期贷款——主管单位贷款户

　　贷:联行科目

若主管单位开户行和收购点所在地银行不是同一银行系统,则在上划时应通过商业银行之间往来进行核算。

下贷上转贷款在贷款到期时,由主管单位开户行按逐笔核贷的贷款核算方式向主管单位收回。正常还款时,由主管单位填制还款凭证:

借:吸收存款——主管单位存款户

　　贷:贷款——短期贷款——主管单位借款户

　　　　利息收入——贷款利息收入

第三节　票据贴现业务的核算

票据贴现是指票据持有人在票据到期以前,为获得资金而向银行贴付一定的利息所做的票据转让。目前,商业银行办理贴现业务的票据主要是商业汇票。

一、票据贴现的特点

商业汇票按承兑人的不同可以分为商业承兑汇票和银行承兑汇票。商业汇票一律记名,允许背书转让,期限最长不超过 6 个月。

票据贴现业务严格讲属于贷款的一种,但贴现同一般贷款相比,既有共同之处又有不同点。共同点主要是两者都是银行的资产业务,是借款人的融资方式,银行都要计收利息。不同点主要体现在以下几个方面:

(1)资金投放的对象不同。贴现贷款以持票人(债权人)为放款对象;一般贷款以借款人(债务人)为放款对象。

(2)体现的信用关系不同。贴现贷款体现的是银行与持票人、出票人、承兑人及背书人之间的信用关系;一般贷款体现的是银行与借款人、担保人之间的信用关系。

(3)计息的时间不同。贴现贷款在放款时就扣收利息;一般贷款则是在贷款到期时或定期计收利息。

(4)放款期限不同。贴现贷款通常为短期贷款,期限最长不超过 6 个月;一般贷款则分为短期和中长期贷款。

（5）资金的流动性不同。贴现贷款可以通过再贴现和转贴现提前收回资金；一般贷款只有到期才可能收回资金。

二、票据贴现的核算

商业汇票持有者如急需使用资金，可持汇票向开户银行申请贴现。申请时填制一式五联的贴现凭证如表3-4所示，第一联为贴现借方凭证，第二联为持票人账户贷方凭证，第三联为贴现利息收入贷方凭证，第四联为银行给持票人的回单，第五联为贴现到期卡。连同商业承兑汇票或银行承兑汇票一并交开户行。

表3-4 贴现凭证（代申请书）

申请日期　　　　　年　月　日　　　　　　　第　　号

贴现汇票	种类	号码		持票人	名称								
	出票日	年　月　日			账号								
	到票日	年　月　日			开户银行								
汇票承兑人	名称		账号		开户银行								
汇票金额	人民币（大写）				千	百	十	万	千	百	十	元	角	分

贴现率	‰	贴现利息	千	百	十	万	千	百	十	元	角	分	实付贴现金额	千	百	十	万	千	百	十	元	角	分
附送承兑汇票申请贴现，请审核。持票人签字	银行审核												科目：贷 对方科目：借										
	负责人　信贷员												复核　记账										

贴现申请人在第一联凭证上按规定签章后,将凭证及商业汇票一并送交银行信贷部门。信贷部门根据信贷管理办法及结算规定进行贴现审查后,填写《××汇票贴现审批书》,提出审查意见,按照贷款审批权限,报经相关部门审批。贷款决策部门审查同意后,应在《××汇票贴现审批书》上签署决策意见,并在贴现凭证的"银行审核"栏签注"同意"字样并加盖有关人员名章后,送交会计部门。会计部门接到贴现凭证及商业汇票后,按照规定的贴现率,计算出贴现利息并予以扣收。贴现利息的计算方法如下:

$$贴现利息 = 汇票金额 \times 贴现天数 \times (月贴现率 \div 30)$$

$$实付贴现金额 = 汇票金额 - 贴现利息$$

贴现天数为自贴现日起至票据到期日前一天为止的实际期限,对异地的汇票另加 3 天的划款期。

将按规定贴现率计算出来的贴现利息、实付贴现金额填在贴现凭证有关栏内,办理转账手续。商业银行通过"贴现资产"科目核算办理商业票据的贴现、转贴现和再贴现业务的款项。该科目应按贴现种类和贴现申请人进行明细核算,期末为借方余额,反映银行办理的贴现款项。

借:贴现资产——商业承兑汇票或银行承兑汇票(面值)

    贷:吸收存款——贴现申请人户

    利息收入——贴现利息收入

同时按汇票金额登记表外科目:

收:代保管有价值品

【例 3-1】2010 年 4 月 10 日,某企业持面额为 5 000 000 元的银行承兑汇票申请贴现,该汇票于 2010 年 3 月 20 日签发,期限为 6 个月,承兑银行为异地工商银行,贴现利率为年利率 5.8%。则该企业贴现利息及贴现实付金额为:

$$贴现天数 2010 年 4 月 10 日至 2010 年 9 月 20 日共计:163 + 3 = 166(天)$$

$$贴现利息 = 5 000 000 \times 166 \times (5.8\% \div 360) = 133 722.22(元)$$

$$实付贴现金额 = 5 000 000 - 133 722.22 = 4 866 277.78(元)$$

会计分录为:

借:贴现资产——银行承兑汇票   5 000 000

    贷:吸收存款——贴现申请人户   4 866 277.78

    利息收入——贴现利息收入   133 722.22

收:代保管有价值品   5 000 000

三、票据到期收回的核算

贴现银行应经常查看已贴现汇票的到期情况。对于已到期的贴现汇票,应及时收回票款。

（一）商业承兑汇票贴现款到期收回的核算

商业承兑汇票贴现款的收回是通过委托收款方式进行的。贴现银行作为收款人，应于汇票到期前，匡算邮程，以汇票作为收款依据，提前填制委托收款凭证向付款人收取票款。在"委托收款凭证名称栏"注明"商业承兑汇票"或"银行承兑汇票"及其汇票号码连同汇票向付款人办理收款，将第五联贴现凭证作为第二联委托收款凭证的附件存放，并在表外科目"发出委托收款登记簿"中进行登记。其他操作程序比照发出委托收款凭证的操作程序办理。

当贴现银行收到付款人开户行划回票款时，会计分录为：

借：存放中央银行款项

　　贷：贴现资产——商业承兑汇票（面值）

同时销记"发出委托收款登记簿"。

如果贴现银行收到付款人开户行退回委托收款凭证、汇票和拒付理由书或付款人未付票款通知书时，对于贴现申请人在本行开户的，可以从贴现申请人账户收取。填制两联特种转账借方凭证，在"转账原因栏"注明"未收到××号汇票款，贴现款已从你账户收取"。一联凭证作为借方凭证，另外一联特种转账借方凭证加盖转讫章，作为支款通知，随同汇票和拒绝付款理由书或付款人未付票款通知书交给贴现申请人，第五联贴现凭证作为贴现科目贷方凭证，办理转账手续，会计分录为：

借：吸收存款——贴现申请人存款户

　　贷：贴现资产——商业承兑汇票

若贴现申请人账户余额不足时，则不足部分转作逾期贷款，会计分录为：

借：吸收存款——贴现申请人存款户

　　逾期贷款——贴现申请人贷款户

　　贷：贴现资产——商业承兑汇票

（二）银行承兑汇票贴现款到期收回的核算

银行承兑汇票的贴现银行在汇票到期前，以自己为收款人，填制委托收款凭证，向对方银行收取贴现款。等收到对方银行的联行报单及划回的款项时：

借：存放中央银行款项

　　贷：贴现资产——银行承兑汇票

期末，应对贴现进行全面检查，并合理计提贷款损失准备。对于不能收回的贴现应查明原因。确实无法收回的，经批准作为呆账损失的，应冲销提取的贷款损失准备。

借：贷款损失准备

　　贷：贴现资产——商业承兑汇票或银行承兑汇票

第四节　贷款减值与损失准备的核算

一、贷款减值损失的核算

（一）贷款减值损失的条件

企业应当在资产负债表日对以公允价值计量且其变动计入当期损益的金融资产以外的金融资产的账面价值进行检查,有客观证据表明该金融资产发生减值的,应当计提减值准备。表明金融资产发生减值的客观证据,是指金融资产初始确认后实际发生的、对该金融资产的预计未来现金流量有影响,且企业能够对该影响进行可靠计量的事项。金融资产发生减值的客观证据,包括下列各项:

(1)发行方或债务人发生严重财务困难。

(2)债务人违反了合同条款,如偿付利息或本金发生违约或逾期等。

(3)债权人出于经济或法律等方面因素的考虑,对发生财务困难的债务人做出让步。

(4)债务人很可能倒闭或进行其他财务重组。

(5)因发行方发生重大财务困难,该金融资产无法在活跃市场继续交易。

(6)无法辨认一组金融资产中的某项资产的现金流量是否已经减少,但根据公开的数据对其进行总体评价后发现,该组金融资产自初始确认以来的预计未来现金流量确已减少且可计量,如该组金融资产的债务人支付能力逐步恶化,或债务人所在国家或地区失业率提高、担保物在其所在地区的价格明显下降、所处行业不景气等。

(7)债务人经营所处的技术、市场、经济或法律环境等发生重大不利变化,使权益工具投资人可能无法收回投资成本。

(8)权益工具投资的公允价值发生严重或非暂时性下跌。

(9)其他表明金融资产发生减值的客观证据。

对以摊余成本计量的金融资产确认减值损失后,如有客观证据表明该金融资产价值已恢复,且客观上与确认该损失后发生的事项有关(如债务人的信用评级已提高等),

原确认的减值损失应当予以转回,计入当期损益。但是,该转回后的账面价值不应当超过假定不计提减值准备情况下该金融资产在转回日的摊余成本。

（二）贷款减值的测试方法

以摊余成本计量的金融资产发生减值时,应当将该金融资产的账面价值减记至预计未来现金流量(不包括尚未发生的未来信用损失)现值,减记的金额确认为资产减值损失,计入当期损益。

预计未来现金流量现值,应当按照该金融资产的原实际利率折现确定,并考虑相关担保物的价值(取得和出售该担保物发生的费用应当予以扣除)。原实际利率是初始确认该金融资产时计算确定的实际利率。对于浮动利率贷款、应收款项或持有至到期投资,在计算未来现金流量现值时可采用合同规定的现行实际利率作为折现率。

短期应收款项的预计未来现金流量与其现值相差很小的,在确定相关减值损失时,可不对其预计未来现金流量进行折现。

对单项金额重大的金融资产应当单独进行减值测试,如有客观证据表明其已发生减值,应当确认减值损失,计入当期损益。对单项金额不重大的金融资产,可以单独进行减值测试,或包括在具有类似信用风险特征的金融资产组合中进行减值测试。

单独测试未发生减值的金融资产(包括单项金额重大和不重大的金融资产),应当包括在具有类似信用风险特征的金融资产组合中再进行减值测试。已单项确认减值损失的金融资产,不应包括在具有类似信用风险特征的金融资产组合中进行减值测试。

金融资产发生减值后,利息收入应当按照确定减值损失时对未来现金流量进行折现采用的折现率作为利率计算确认。

(三)贷款减值损失的核算

资产负债表日,确定贷款发生减值的,按应减记的金额,借记"资产减值损失"科目,贷记"贷款损失准备"科目。同时,应将本科目(本金、利息调整)余额转入本科目(已减值),借记本科目(已减值),贷记本科目(本金、利息调整)。

资产负债表日,应按贷款的摊余成本和实际利率计算确定的利息收入,借记"贷款损失准备"科目,贷记"利息收入"科目。同时,将按合同本金和合同利率计算确定的应收利息金额进行表外登记。

收回减值贷款时,应按实际收到的金额,借记"吸收存款"、"存放中央银行款项"等科目,按相关贷款损失准备余额,借记"贷款损失准备"科目,按相关贷款余额,贷记本科目(已减值),按其差额,贷记"资产减值损失"科目。

对于确实无法收回的贷款,按管理权限报经批准后作为呆账予以转销,借记"贷款损失准备"科目,贷记本科目(已减值)。按管理权限报经批准后转销表外应收未收利息,减少表外"应收未收利息"科目金额。

已确认并转销的贷款以后又收回的,按原转销的已减值贷款余额,借记本科目(已减值),贷记"贷款损失准备"科目。按实际收到的金额,借记"吸收存款"、"存放中央银行款项"等科目,按原转销的已减值贷款余额,贷记本科目(已减值),按其差额,贷记"资产减值损失"科目。本科目期末借方余额,反映企业按规定发放尚未收回贷款的摊余成本。

二、坏账准备的核算

金融企业通过"坏账准备"科目对发生的坏账进行核算,期末贷方余额反映已计提的坏账准备余额。计提坏账准备的应收款项包括拆放同业、买入返售资产、其他应收款以及除贷款利息以外的应收利息等。金融企业应定期或者于每年年度终了,对应计提坏账准备的应收款项进行全面检查,预计各项应收款项可能发生的坏账,对于没有把握能够收回的应收款项,应计提坏账准备,将未来可收回的现金流量(不包括尚未发生的信用损失)按该资产初始确认计算的实际利率折算成现值,与该项资产账面摊余成本进行比较,两者差额确认为坏账损失,提取坏账准备。

计提坏账准备时的会计分录为:

借:资产减值损失——计提的坏账准备

　　贷:坏账准备

金融企业对于不能收回的应收款项应查明原因,追究责任。对有确凿证据表明确实无法收回的,如债务单位已撤销、破产、资不抵债、现金流量严重不足、发生严重的自然灾害等导致停产而在短时间内无法偿付债务的、因债务人逾期未履行偿债义务超过 3 年仍然无法收回的可能性,以及其他足以证明应收款项可能发生损失的证据等,经股东大会或董事会,或行长会议或类似机构批准确认为坏账损失,冲销计提的坏账准备。

借:坏账准备

　　贷:其他应收款等科目

已确认并转销的应收账款以后又收回的,应按实际收回的金额作会计分录:

借:其他应收款等科目

　　贷:坏账准备

同时,

借:吸收存款

　　贷:其他应收款等科目

对于已确认并转销的应收款项以后又收回的,也可以按照实际收回的金额作会计分录:

借:吸收存款

　　贷:坏账准备

三、贷款损失准备的核算

金融企业通过"贷款损失准备"科目核算按照规定提取的贷款损失减值准备。

本科目应按照单项贷款损失准备和组合贷款损失准备等分别设置明细科目进行核算。贷款损失准备的资产包括客户贷款、拆出资金、贴现资产、银团贷款、贸易融资、协议透支、信用卡透支、转贷款和垫款等,企业(保险)的保户质押贷款计提的减值准备,也在本科目核算。本科目期末为贷方余额,反映银行已计提贷款损失准备金的余额。银行不承担风险的受托贷款等不计提贷款损失准备。资产负债表日,贷款发生减值的,按应减记的金额,借记"资产减值损失"科目,贷记本科目。对于确实无法收回的各项贷款,按管理权限报经批准后转销各项贷款,借记本科目,贷记"贷款"、"贴现资产"、"拆出资金"等科目。已计提贷款损失准备的贷款价值以后又得以恢复,应在原已计提的贷款损失准备金额内,按恢复增加的金额,借记本科目,贷记"资产减值损失"科目。本科目期末贷方余额,反映企业已计提但尚未转销的贷款损失准备。

期末,银行应根据借款人的还款能力、还款意愿、贷款本息的偿还情况、抵押品的市价、担保人的支持力度和银行内部信贷管理等因素,分析其风险程度和回收的可能性,以判断其是否发生减值。如有客观证据表明其发生了减值,应对其计提贷款损失准备。银行计算的当期应计提的贷款损失准备,为期末该贷款的账面价值与其预计未来可收回金额的现值之间的差额。在计算贷款的预计未来现金流量现值时,应遵循以下原则:

(1)对于存在减值客观证据的各项重要贷款,银行应逐项计算预计未来现金流量现值(按各项重要贷款的原始实际利率折现,如某项贷款的利率是变动利率则按依合同确定的当前实际利率折现;下同)。

(2)对于存在减值客观证据的各项非重要贷款,银行可逐项也可对其组合计算预计未来现金流量现值。

(3)对于不存在减值客户证据的各项贷款,无论其是否属于重要贷款,均应按类似信用风险特征进行组合,以判断其是否发生减值。如对该组合存在减值的客观证据,应对其组合计算预计未来现金流量现值。以单项或组合计提贷款损失准备的贷款,不应再包括在此类贷款组合中进行减值测试。

资产负债表日贷款发生减值的,按减记的金额记会计分录为:

借:资产减值损失——计提贷款损失准备

　　贷:贷款损失准备

同时,按贷款本金,记会计分录为:

借:贷款——已减值

　　贷:贷款——本金

对于确实无法收回的各项贷款,按管理权限经批准作为呆账损失时,应冲销提取的贷款损失准备:

借:贷款损失准备——已减值

贷:贷款、贴现资产等科目

已计提贷款损失准备的贷款价值以后又得以恢复,应在原计提的贷款损失准备金额内,按恢复增加的金额:

借:贷款损失准备

贷:资产减值损失

第五节　贷款利息的核算

一、贷款利息计算的基本规定

银行发放的各种贷款,除国家有特殊规定和财政补贴外,均应按规定计收利息。发放贷款时确定的利率应参照中国人民银行规定的利率及浮动幅度。贷款期限在一年以内的,贷款期限内按合同利率计息,遇到利率调整不分段计息;贷款期限在一年以上的,遇到有利率调整的,从新年度按照调整后的利率计算。贷款到期为节假日的,如在节假日前一日归还,应扣除归还日至到期日的天数后,按合同利率计算利息;如在节假日后第一个工作日归还,应加收到期日至归还日的天数后,按合同利率计算利息;如在节假日后第一个工作日未归还,则应从节假日后第一个工作日按照逾期贷款处理。

贷款利息的计算分为定期收息和利随本清两种。

1. 定期收息。对于定期收息的贷款,银行于每季度末月 20 日营业终了时,利用余额表或分户账页计算累计计息积数。计息积数按实际天数计算,算头不算尾。计息计算公式为:

$$应收利息 = 计息日积数 \times (月利率 \div 30)$$

2. 利随本清。利随本清也称为逐笔结息的计息方式。贷款到期,借款人还款时,应计算自放款日起至还款之日前一日止的贷款天数,然后利用下列公式计算。利随本清的起讫时间,算头不算尾,采用对年、对月、对日的方法计算,对年按 360 天,对月按 30 天计算,不满月的零头天数按实际天数计算。

$$应收利息 = 还款金额 \times 日数 \times 月利率 \div 30$$

二、贷款利息的计算

商业银行通过"应收利息"科目核算发放贷款、存放同业、拆出资金等生息资产当期应收的利息。科目应按贷款种类、拆出资金单位等设置明细账。本科目期末为借方余额,反映银行表内核算的已计提尚未收回的贷款利息、存放同业利息、拆出资金利息等。

企业应按照"本金、表内应收利息、表外应收利息"的顺序收回贷款本金及贷款产生的应收利息。

按期计提贷款应收利息时,商业银行编制"计收利息清单"一式三联,其中第一联为借方凭证,第二联为支款通知,第三联为贷方凭证,会计分录如下:

借:应收利息

　　贷:利息收入

收到利息时:

借:吸收存款——借款单位户

　　贷:应收利息

当贷款成为非应计贷款时,应将已入账但尚未收取的利息收入和应收利息予以冲销。其后发生的应计利息,应纳入表外核算。贷款成为非应计贷款后,在收到该笔贷款的还款时,首先应冲减本金;本金全部收回后,再收到的还款则确认为当期利息收入。

已转入表外核算的应收利息以后收到时,应按以下原则处理:

(1)本金未逾期,且有客观证据表明借款人将会履行未来还款义务的,应将收到的该部分利息确认为利息收入。收到该部分利息时会计分录为:

借:吸收存款——存款单位户

　　贷:利息收入

(2)本金未逾期或逾期未超过90天,且无客观证据表明借款人将会履行未来还款义务的,以及本金已逾期的,应将收到的该部分利息确认为贷款本金的收回。收到该部分利息时记会计分录为:

借:吸收存款——存款单位户

　　贷:贷款——借款单位户

当拆出资金到期(含展期,下同)90天后仍未收回的,或者拆出资金尚未到期而已计提应收利息逾期90天后仍未收回的,应将原已计入损益的利息收入转入表外核算,其后发生的应计利息纳入表外核算。

三、贷款的后续计量

根据《企业会计准则第22号——金融工具确认和计量》准则第三十二条规定,企业应当按照公允价值对金融资产进行后续计量,且不扣除将来处置该金融资产时可能发生的交易费用。但是,下列情况除外:

1.持有至到期投资以及贷款和应收款项,应当采用实际利率法,按摊余成本计量。

2.在活跃市场中没有报价且其公允价值不能可靠计量的权益工具投资,以及与该权益工具挂钩并须通过交付该权益工具结算的衍生金融资产,应当按照成本计量。商业银行发放的贷款的后续计量,应当采用实际利率法,按摊余成本进行计量。

商业银行发放的贷款的摊余成本,是指该金融资产的初始确认金额,减去已偿还的本金,加上或减去采用实际利率法将该初始确认金额与到期日之间的差额进行摊销形成的累计摊销额,扣除已发生的减值损失。

如果有客观证据表明该金融资产的实际利率与名义利率相差很小,也可以采用名义利率摊余成本进行后续计量。

【例3-2】某商业银行2010年1月1日向某企业发放1年期100万元贷款。合同利率为12%,实际利率变动见下表所示,按实际利率法进行核算。

表3-5 各报告期贷款摊余成本利息计算表

日期	期初摊余成本	利息收入	实际利率	应收利息	公允利率	期末摊余成本	折余金额
①	②	③	④	⑤	⑥	⑦	⑧
1.31	1 000 000.00	10 000.00	12.00%	10 000	12%	1 000 000.00	0.00
2.28	1 000 000.00	8 750.00	10.50%	10 000	12%	1 001 250.00	1 250.00
3.31	1 001 250.00	9 178.13	11.00%	10 000	12%	1 002 071.88	821.88
4.30	1 002 071.88	10 020.72	12.00%	10 000	12%	1 002 051.16	−20.72
5.31	1 002 051.16	9 586.29	11.48%	10 000	12%	1 002 64.87	413.71
6.30	1 002 464.87	10 024.65	12.00%	10 000	12%	1 002 440.22	−24.65
7.31	1 002 440.22	9 656.84	11.56%	10 000	12%	1 002 783.38	343.16
8.31	1 002 783.38	9 192.18	11.00%	10 000	12%	1 003 591.20	807.82
9.30	1 003 591.20	9 375.21	11.21%	10 000	12%	1 004 215.98	624.79
10.31	1 004 215.98	9 381.05	11.21%	10 000	12%	1 003 597.03	618.95
11.31	1 003 597.03	9 375.27	11.21%	10 000	12%	1 002 972.30	624.73
12.31	1 002 972.30	10 029.72	12.00%	10 000	12%	1 003 002.02	−29.72
合计		114 570.06		120 000			5 429.94

(1)1月31日该笔贷款的利息为:

应收利息 = 1 000 000 × 12% ÷ 12 = 10 000(元)

实际利率和公允利率相同,利息收入即为应收利息,折余金额为零,会计分录为:

借:应收利息 10 000

　贷:利息收入 10 000

(2)2月28日该笔贷款的利息为:

应收利息 = 1 000 000 × 12% ÷ 12 = 10 000(元)

利息收入 = 1 000 000 × 10.5% ÷ 12 = 8 750(元)

$$折余金额 = 10\ 000 - 8\ 750 = 1250(元)$$

会计分录为:

借:应收利息　　　　　　　　　　　　　　　　　　　10 000

　　贷:利息收入　　　　　　　　　　　　　　　　　　　8 750

　　　　贷款——利息调整　　　　　　　　　　　　　　　1 250

(3)3 月 31 日该笔贷款的利息为:

$$应收利息 = 1\ 000\ 000 \times 12\% \div 12 = 10\ 000(元)$$

$$利息收入 = 1\ 001\ 250 \times 11\% \div 12 = 9\ 178.13(元)$$

$$折余金额 = 10\ 000 - 9\ 178.13 = 821.88(元)$$

会计分录为:

借:应收利息　　　　　　　　　　　　　　　　　　　10 000

　　贷:利息收入　　　　　　　　　　　　　　　　　　9 178.13

　　　　贷款——利息调整　　　　　　　　　　　　　　　821.87

(4)4 ~ 12 月贷款核算同以上 3 月份。

(5) 贷款到期收回利息。按公允价格计算 1 ~ 12 月份计算的利息收入为 12 000元。

向客户收回贷款本金和利息的会计分录为:

借:吸收存款——某企业活期存款　　　　　　　　　　1 120 000

　　贷:贷款——某企业贷款　　　　　　　　　　　　1 000 000

　　　　应收利息——某企业贷款利息　　　　　　　　　　12 000

结转折余金额的会计分录为:

借:贷款——利息调整　　　　　　　　　　　　　　5 429.94

　　贷:利息收入——某企业贷款利息　　　　　　　　　5 429.94

复习思考题

1. 商业银行贷款的种类有哪些?

2. 商业银行贷款业务核算的要求有哪些?

3. 商业银行信用贷款、抵押贷款如何核算?

4. 什么是贴现? 贴现业务与贷款业务有何联系与区别?

5. 2010 年 9 月 16 日,光明厂持面额为 1 200 000 元的银行承兑汇票申请贴现,该汇票是 2010 年 7 月 28 日签发,期限为 5 个月,承兑银行为异地某农业银行,贴现利率为 7.5% 。计算该项业务的贴现利息和实付贴现金额并写出会计分录。

6. 商业银行资产减值准备的确认标准如何? 如何测算减值准备?

7. 商业银行贷款如何进行后续计量?

第四章　现金业务的核算

【学习要点与要求】

通过本章的学习,了解现金业务的主要任务和原则;掌握现金收付业务和经费现金的核算;了解库房管理的基本规定和款项运送业务的核算;掌握结账以及错款的处理。

第一节　现金业务概述

一、现金业务的主要内容

现金是指商业银行为办理现金业务而准备的库存现金,是银行流动性最强的资产。现金业务是银行直接用货币现金进行的资金收付行为,包括现金的结算、备用金领取与缴存、现金保管与运送、代理金银收兑保管与交售、外币兑换与保管等,是商业银行开展各项业务的基础,如银行解付个人汇款、收兑个人金银、办理储蓄业务,开户单位支取工资、奖金、个人劳务报酬,以及提取备用金或交存商品销售和劳务供应收入现金等。

根据现金管理规定,我国银行承担着对一切机关、团体和企事业单位进行现金管理的职责,各单位超过备用金限额的现金必须存入银行,而且各单位所需的现金都要到银行支取,因而,银行现金出纳就成为国民经济的总出纳和现金活动中心。现金业务根据国家有关金融政策和现金管理规定,银行应认真做好现金出纳及其核算工作,对于确保国家财产安全、监督资金的合理使用、调节市场货币流通、加速资金周转、更好地为客户服务、促进商品流通和经济发展,都具有重要意义。

银行现金业务的主要任务是:

1. 贯彻执行国家金融法规、政策银行的有关制度,办理现金的收付、整点、调运业务,登记现金收付的有关账簿,正确反映现金收付的来源和用途。

2. 办理人民币的挑残和兑换业务,协助人民银行调剂市场流通中各券别货币的比例,做好现金的投放和回笼工作。

3. 按照国家现金管理规定,进行必要的柜面审查与监督,制止不合理的现金收支。

4. 加强现金管理与核算,减少库存现金占压;保管现金、外币、金银和有价证券及其他贵重物品;做好库房管理、票样管理、现金运送安全保卫工作。

5. 宣传爱护人民币,做好防、反假人民币工作。

二、现金业务的原则

要使现金出纳人员顺利完成其工作任务,必须建立健全严格的责任制度,要求做到"手续严密,责任分明,及时清点,准确收付,确保安全"。为此,在实际工作中必须坚持如下原则:

(一)坚持钱账分管、收付分开、双人经办、当日核对账款的原则

钱账分管原则是银行会计工作的基本原则,即管钱不管账,管账不管钱,从会计制度与人员分工两方面切实做到账款分开,责任分明,一方面确保资金的安全,另一方面提高会计与出纳人员的工作效率和质量。双人经办强调在一切涉及现金、金银等的出纳业务中,必须体现双人相互监督时原则,即要做到双人临柜、双人管库、双人守库、双人押运,一方面避免发生监守自盗等责任事故,另一方面有利于两人互相帮助,共同核实账款,防止或减少差错和意外事故的发生。

随着银行综合柜员制被普遍推广和应用,柜员同时经手账款,精简业务流程,提高了银行业务的办理效率,提升了客户服务水平。与此同时,实施综合柜员制的柜台和网点,必须加强业务流程规范化操作管理,重视账务的事后复核和质量稽核工作,实行岗位轮换,尽可能地降低风险,防范隐患。

(二)坚持按程序办理收付的原则

现金收付是现金出纳业务中最频繁的一项工作,必须按程序办理,坚持收入现金时"先收款后记账",付出现金时"先记账后付款"的原则,这样可以避免在未收妥现金的情况下虚增客户的存款,或客户账面存款不足而取走现金。对收购金银的业务,在未收妥实物前不能付款;配售金银时,没有收妥款项不能把实物交给客户。

(三)坚持现金收付换人复核的原则

出纳制度规定凡现金、金银、外币、有价证券等的收付,必须做到收款换人复点,付款换人复核,当面点清,一笔一清。因此,对外办理业务的各级行、处,必须配备专职或兼职的复点复核人员,业务量较少的行、处,必须配备专职出纳员,实行会

计出纳交叉复核。为实现银行工作效率与安全的统一,出纳业务应实行严格授权制度,涉及大额现金收付业务,须由会计主管复核。

(四)坚持交接手续和查库的原则

在款项交接或出纳人员调换时,必须办理交接手续,由交接双方同时在交接登记簿上签名盖章,以明确责任。对于库房管理,除坚持双人管库、双人守库、双人出入库外,还必须履行定期或不定期查库的制度,以加强对库房工作的督促和检查,防微杜渐,避免意外事故的发生。

第二节　现金收付业务的核算

一、现金收付业务的核算

(一)现金收入的核算

柜员受理客户交来的现金和一式两联"现金缴款单"(表2-1)或其他存款凭证时,清点现金、审查交款凭证要素无误后,在现金缴款单或其他存款凭证上加盖个人名章,登记"现金收付清单",将现金、金缴款单或其他存款凭证交复核员复核。经复核无误记账后,在现金缴款单或其他存款凭证上加盖"现金付讫"章和个人名章,以现金缴款单第二联或其他存款凭证作贷方记账凭证,使用现金缴款单交存现金的,应将计算机打印确认的现金缴款单第一联加盖"现金付讫"章后退客户,会计分录为:

借:库存现金
　贷:吸收科目——××户

(二)现金付出业务的核算

柜员受理客户提交的"现金支票"(表4-1)或其他取款凭证时,按有关规定审查无误后,以现金支票或其他取款凭证作借方记账凭证,会计分录为:

借:吸收存款——××户
　贷:库存现金

同时登记"现金收付清单",按现金支票金额配款,并在现金支票背面登记付款券别,在现金支票正面加盖"现金付讫"章和个人名章。大额现金还须将现金、缴款单交复核员复核,经复核无误后将现金点交给客户。

表 4 - 1　××银行现金支票

××银行现金支票存根 支票号码 附加信息：＿＿＿＿ ＿＿＿＿＿＿＿＿ ＿＿＿＿＿＿＿＿ ＿＿＿＿＿＿＿＿ 出票日期　年　月　日 收款人： 金　额： 用　途： 单位主管　　会计	支票付款期限十天	××银行　现金支票　　　（省别简称）　支票号码： 出票日期（大写）　年　月　日　　付款行名称： 收款人：　　　　　　　　　　　　出票人账号： 人民币 （大写）　　　　千 百 十 万 千 百 十 元 角 分 用途＿＿＿＿ 上列款项请从我账户内支付 出票人签章　　　　　复核　　　　记账

规格：连边 8 cm×22.5 cm，正联第 17 cm（底纹按行别分色，大写金额栏加红水纹）。

二、现金整点

现金整点是指对票币进行清理和整理。现金整点工作有明确的业务规定与操作流程，必须严格遵守，以减少差错与过失。

（一）现金整点工作的业务规定

1. 整点票币时，必须在录像监控下进行。

2. 整点票币必须经过初点和复点两道程序。

3. 票币在整点准确前，不得将原封签、腰条丢失，以便在发现差错时能够证实和区分责任，并坚持一笔一清，一捆一清，一把一清。

4. 经复点整理的票币，应达到"五好钱捆"标准，即点数准确、残币挑净、平铺整齐、把捆扎紧、印章清楚。

（二）现金整点的操作流程

1. 整点票币应贯彻"三先三后"的操作程序，即先点清大数，后点细数，先点主币，后点辅币，先点大额票面，后点小额票面。

2. 整点纸币要按卷别、版别分类，平铺捆扎，100 张为把，再把腰条扎在中央；十把为捆，正面向上，并加以垫纸，用线绳双十字捆扎，结头结于垫纸之上、封签之下的中位。

3. 整点硬币按面额分类，100 枚（或 50 枚）为卷，10 卷（或 20 卷）为捆，依不同方法捆扎。

4. 残损卷应按卷别分开扎把，分开成捆。

5. 整点两截、火烧等损伤票币，必须用纸贴好，严禁用金属物连接。

6. 经复点整理的票币,应逐把(卷)加盖行号的经手人名章,不得打捆后再补章;成捆票币应在绳头结扣处贴封签,注明行号、卷别、金额、封捆日期,并加盖封包员、复核员名章,残损券还应在封签左上角加盖"残钞或损伤"字样戳记。

7. 外币钞票按不同币别、面额分别整点,同方向叠放。

8. 港元钞票要分中银、汇丰和渣打版分别整理捆扎。

(三)损伤票币的挑选原则

1. 票面缺少一块,损及行名、花边、字头、号码、国徽之一者。

2. 票面裂口超过纸幅三分之一或损及花边图案者。

3. 纸质较旧,四周或中间有裂缝或票面断开又贴补者。

4. 票面由于油浸、墨渍造成脏污面积较大或涂写字迹较多,妨碍票面整洁者。

5. 票面变色严重,影响图案清晰者。

6. 硬币破残、穿孔、变形或磨损、氧化、腐蚀部分花纹者。

三、票币兑换

票币兑换是指银行对损伤票币和大小票的兑换。银行在办理票币兑换业务时,必须遵从以下基本规定:

1. 票币兑换业务包括残损人民币兑换、人民币辅币兑换。

2. 办理出纳业务的行、处,必须办理票币兑换业务,并挂牌营业;各营业机构应根据自身实际情况制定专柜办理票币兑换业务。

3. 坚持"先兑入、后兑出"的原则。

4. 兑入现金时,在兑换人离柜前不得与其他款项混淆。

5. 收回的损伤币不得流通使用,应及时整点入库。

6. 兑换残币应严格按照人民银行《残缺人民币兑换办法》的规定办理,残损人民币兑换时应当面在残损币上加盖"全额"或"半额"戳记。

7. 残损外币不予兑换,可为客户办理托收。

四、经费现金的核算

(一)提取现金的核算

提取时,由经费出纳人员签开现金支票,经会计人员审核并加盖预留印鉴,现金提回后登记"现金收付清单",日终填制"经费记账凭证",以现金支票存根联作附件,完成会计分录:

借:库存现金——××机构经费现金户

　　贷:银行存款——××机构银行存款户

(二)现金支付的核算

本行用现金支付工资、奖金等费用或有关人员报销费用时,应由领导和有关人员在原始凭证上签字,经会计人员审核无误后,交出纳人员支付现金。出纳人员支付现金后,应在原始凭证上加盖"现金付讫"章,同时登记"现金收付清单"。日终出纳人员根据收、付款的原始凭证填制"经费记账凭证",原始凭证作附件,经复核后交会计人员,会计分录为:

借:管理费用——××费用户
　　贷:库存现金——××机构经费现金户

(三)预借现金、归还借款的核算

1. 预借现金的处理。本行有关人员因工作需要预借现金时,由借款人填制"借款单"一式三联,经主管人员审核签字后交出纳人员办理借款手续。出纳人员在借款单第三联上加盖"现金付讫"章并办理现金支付手续,同时登记"现金收付清单",第一、二联借款单专夹保管。日终填制"经费记账凭证",第三联借款单作附件,会计分录为:

借:其他应收款——××借款人户
　　贷:库存现金——××机构经费现金户

2. 借款人归还借款的处理。借款人报账时,其报销单等原始凭证应由主管人员签字后交出纳人员,出纳人员按退回现金和补付现金两种情况处理:

(1)退回现金。借款人退回现金的,将原专夹保管的借款单第一联退借款人作交回现金的收据,并按退回金额登记"现金收付清单"。日终根据报销金额、借款单和退回现金数填制"经费记账凭证",原专夹保管的第二联借款单作附件,会计分录为:

借:管理费用——××费用户
　　库存现金——××机构经费现金户
　　贷:其他应收款——××借款人户

(2)补付现金。如需补付借款人现金,手续与"退回现金"相同,会计分录为:

借:管理科目——××费用户
　　贷:库存现金——××机构经费现金户
　　　其他应收款——××借款人户

(四)交回备付现金的核算

经费库存现金超过规定限额时,应及时交存开户银行。交存时,出纳人员填制"现金缴款单"一式两联,连同现金送交开户银行,并登记"现金收付清单"。日终填制"经费记账凭证",现金缴款单第一联作附件,会计分录为:

借:银行存款——××机构银行存款户
　　贷:库存现金——××机构经费现金户

对于库存经费现金,应于每日营业终了进行清点结账,保证账款相符。

第三节　库房管理与款项运送业务的核算

金库是商业银行的要害部门,集中保管人民币和外币现钞、金银、有价证券、票样、真假币鉴别手册、假币等贵重物品。金库管理是实现商业银行本外币现钞、金银等重要资产专人管理的核心工作,也是商业银行与人民银行之间,以及商业银行机构内部现金资产领缴与调拨的重要环节。商业银行的金库管理工作要求相当严格,必须坚固可靠、管理严密、责任明确,确保账款相符、账实相符、账账相符。

一、银行金库的层级管理与基本规定

(一)金库的设置及职责

金库可分为中心库、分金库和尾款箱集中保管库 3 类。同一个城市原则上只能设置一个中心金库。一级分行金库的设置由总行审批、验收,二级分行金库的设置由一级分行审批、验收。

中心库是指在同一城市的分、支行或一个县(市)支行集中设置的、与人民银行有直接现金往来的金库,用以集中保管本外币现钞、有价证和尾款箱。中心库的管辖行应在人民银行统一开立存款账户,而其辖属营业机构不需在人民银行开立存款账户。中心库的库款及收支业务,应由中心库管辖行的会计部门单设账户核算。证和尾款箱的专用库、分金库只与中心库、指定区域内营业网点发生现金、有价单证、尾款箱的存取和代保管关系。

尾款箱集中保管库是指经批准设立的专门负责保管上级指定区域内营业机构尾款箱的专用库。每个县(市)支行至多设立一个中心库。支行以下的营业机构与中心库的运输距离较远,且交通不便,钞币运送安全问题比较突出的,可书面报请一级分行批准后分片设立尾款箱集中保管库。偏远地区和现金业务量小的县支行及以下的营业机构(含降格为分理处或储蓄所的县支行)报经一级分行批准后,也可将现金、有价单证及尾款箱寄存于其他银行金库保管。

(二)各级金库的业务及职责

1.中心库的主要任务。

(1)负责分金库的管库人员、日常业务的管理。

（2）负责向人民银行发行库上缴和提取现金。

（3）保管现金、有价单证，办理现金、有价单证的出入库，登记库存登记簿，保证实物、登记簿、明细账之间三相符。

（4）保管或代保管贵重物品和按规定应入库保管的重要机具，建立登记簿，认真做好交接登记工作，保证账实相符。

（5）受理辖属分金库或营业机构（向其存取现金、寄存尾款箱的支行、办事处、分理处、储蓄所的统称，下同）的现金缴存、领取，以及主、辅币兑换。

（6）办理辖属营业机构尾款箱的寄存保管。

（7）负责辖属分金库或营业机构损伤币的收缴、整理和解缴。

（8）负责伪、变造币的收缴、整理和解缴人民银行。

（9）合理匡算库存现金头寸，灵活调剂现金余缺，最大限度地压缩库存现金。

2. 分金库。分金库的主要任务有保管现金、有价单证，办理现金、有价单证的出入库，登记库存登记簿，保证实物、登记簿、明细账之间三相符；保管或代保管贵重物品和按规定应入库保管的重要机具，建立登记簿，认真做好交接登记工作，保证账实相符；负责向中心库上缴和提取现金；受理辖属营业机构的现金缴存、领取，以及主、辅币兑换；办理辖属营业机构尾款箱的寄存保管；负责辖属营业机构损伤币的收缴、整理和解缴中心库；负责有关机构伪、变造币的收缴、整理和解缴中心库；合理匡算库存现金头寸，灵活调剂辖区内现金余缺，最大限度地压缩库存现金。

3. 尾款箱集中保管库。尾款箱集中保管库的主要任务办理上级指定区域内营业机构尾款箱的寄存保管，建立登记簿，保证尾款箱数与登记簿相一致；保管或代保管贵重物品和按规定应入库保管的重要机具，建立登记簿，认真做好交接登记工作，保证账实相符。

（1）尾款箱出库时应做到：

①金库集中运送尾款箱的行、处，出库时由金库所在行安排好运钞车和押运人员，库管员登记"尾款箱出入库登记簿"。

②经库管员和尾款箱接送人员共同验箱验封、核对无误后签章。

③尾款箱接送人员根据出库的尾款箱登记"尾款箱接送登记簿"后，送各营业机构出纳部门签收。

④由各行、处自行运送尾款箱的，办理尾款箱出库时，尾款箱接送人员、押运人员应出示"接送钞专用证"。

（2）尾款箱入库时应做到：

①为办理现金出纳业务而配置的银行专用收款尾款箱、付款尾款箱要设双锁，两把钥匙由两名出纳员分别掌管，妥善保管。

②金库所辖营业机构的现金尾款箱实行寄库管理，各营业机构必须与金库所在行办理寄库委托手续，按金库管理规定明确双方的职责。

③偏远地区和现金业务量小的县支行及其以下机构报经一级分行批准,也可将尾款箱寄存于其他银行保管。寄存双方应签订协议,明确尾款箱出入库手续及各自的责任。

④各营业机构将尾款箱寄库时,出纳人员应登记"尾款箱接送登记簿",尾款箱接送人员在"尾款箱接送登记簿"上签章后收取尾款箱,接送人员签收时,应出示"接送钞专用证"。

⑤库管员收到接送人员交来的尾款箱,应与接送人员共同验锁验封、清点尾款箱数量,然后登记"尾款箱出入库登记簿",双方核对签章后,将尾款箱入库保管。

二、银行分支机构之间的现金调拨

商业银行分支机构之间的现金调拨是指分金库向中心库、营业机构向中心库或向分金库领缴现金的活动。商业银行机构之间的现金调拨核算,依据现金押送模式的不同而有所区别:分散押运由营业机构自行管理运钞车,配备押运人员、接送款人员,自行负责运送钞币及尾款箱,适用于非集中押运模式的会计核算方法;集中押运是指由金库集中运钞车、押运人员、接送款人员统一运送钞币及尾款箱,适用于集中押运模式的会计核算方法。这两种会计核算方法的凭证传递与记账流程具有显著的差异。

(一)机构间现金调拨的基本规定

1. 分金库、营业机构从中心金库领用现金时,中心金库分组柜员必须在领取现金前进行出库确认,联动记账。分金库、营业机构现金入库后,分金库分组柜员或营业机构现金柜员应立即完成入库确认,联动记账。营业机构向分金库领用现金的规定比照营业机构向中心金库领用现金的规定。

分金库、营业机构向中心金库缴存现金时,分金库分组柜员或营业机构现金柜员应在现金缴存前做出库确认,联动记账。现金入库后,中心金库分组柜员应立即完成入库确认,联动记账。营业机构向分金库缴存现金的规定比照营业机构向中心金库缴存现金的规定。

2. 中心金库、分金库的出入库确认须经金库负责人授权,金库负责人应核对"现金调拨单"与出入库现金、出入库记账电脑界面后,方可确认授权。

3. 营业机构的现金调拨确认须经会计主管授权,会计主管应核对"现金调拨单"与提现、反纳的现金,以及出入库记账电脑界面后,方可确认授权。

4. 对既有金库又有营业柜台的机构,向上级金库领缴现金时,须由金库分组柜员发起调拨申请。

(二)非集中押运模式下的营业机构向中心库或分金库领缴现金的处理

1.非集中押运模式下,营业机构从中心金库或分金库提取现金的处理。营业机构从金库提取现金时,由营业机构现金柜员启动"现金调拨申请"系统界面,经会计主管审核授权后,提款申请被提交;金库分组柜员启动"现金调运审批"系统界面,对当前已提交的提现申请进行审批;营业机构现金柜员经查询,发现所提交的现金调拨申请已获批准,方能打印一式两联的"现金调拨单"。营业机构现金柜员、复核员、会计主管分别在第一联"现金调拨单"上签章确认后,加盖预留的金库印签。其后,两联"现金调拨单"交营业机构具体提款人员。

营业机构提款人员持"现金调拨单"会同押运人员抵达金库。金库库管员审查提款人员交来的"现金调拨单",折角验印无误后,在金库负责人的授权下办理现金出库手续,打印一式三联的"出库票"。第二联"现金调拨单"和一联"出库票"连同现金交营业机构提款人员;一联"出库票"留存;第一联"现金调拨单"和一联"出库票"送金库会计核算部门。会计核算部门以"现金调拨单"和"出库票"作贷方记账凭证的附件,会计分录记为:

借:系统内存放款项——××机构存放××款项户

　贷:库存现金——××金库现金户

营业机构提款人员携现金、第二联"现金调拨单"以及一联"出库票"会同押运人员返回营业机构后,提款人员与营业机构的现金柜员办理现金交接手续,清点现金入箱保管。营业机构现金柜员在会计主管的授权下,完成现金入库确认程序,打印一联"入库票"。营业机构现金柜员、复核员、会计主管分别在第二联"现金调拨单"、"入库票"上签章,并加盖"办讫章"。营业机构现金柜员以"现金调拨单"和"出库票"作借方记账凭证的附件,会计分录记为:

借:库存现金——××金库现金户

　贷:存放系统内款项——存放××机构××款项户

2.非集中押运模式下,营业机构向中心金库或分金库缴存现金的处理。营业机构向金库缴存现金时,由营业机构现金柜员启动"现金调拨申请"系统界面,经会计主管审核授权后,反纳现金申请被提交;金库分组柜员启动"现金调运审批"系统界面,对当前已提交的缴存现金申请进行审批;营业机构现金柜员经查询,发现所提交的现金反纳申请已获批准,方能打印一式两联"现金调拨单"。营业机构现金柜员根据"现金调拨单"在会计主管授权下,办理现金出库手续,打印一式两联的"出库票"。两联"现金调拨单"和一联"出库票"连同反纳现金一起,交营业机构具体解款人员。解款人员核对现金数量与"出库票"上的金额一致后,会同押运人员前往金库。

营业机构解款人员会同押运人员抵达金库后,金库库管员清点现金无误,在金库负责人授权下进入现金入库确认程序,打印一联"入库票",并在"现金调拨单"、"出库票"上签章。其中第一联"现金调拨单"加盖"现金付讫"章退回营业机构解款员,第二联"现金调拨单"、"入库票"和一联"出库票"送金库所在机构会计核算部门。金库会计核算部门以收悉的上述三张单据作借方记账凭证的附件,会计分录记为:

借:库存现金——××金库现金户

贷:存放系统内款项——存放××机构××款项户

营业机构解款人员返回营业机构后,将第一联"现金调拨单"交营业机构现金柜员,现金柜员以"出库票"及第一联"现金调拨单"作贷方记账凭证的附件,会计分录记为:

借:系统内存放款项——××机构存放××款项户

贷:库存现金——××金库现金户

非集中押运模式下,分金库向中心金库领缴现金的业务处理,比照营业机构向金库领缴现金的核算方法进行。

(三)集中押运模式下的营业机构向中心库或分金库领缴现金的处理

1. 集中押运模式下,营业机构从中心金库或分金库提取现金的处理。营业机构从金库提取现金时,营业机构现金柜员启动"现金调拨申请"系统界面,在会计主管的授权下,提款申请被提交;金库分组柜员启动"现金调运审批"系统界面,对当前已提交的提现申请进行审批。提款申请经审批后,金库分组柜员打印一式两联的"现金调拨单",并在金库负责人的授权下,进入现金出库确认程序,打印一式三联的"出库票"。金库库管员核对出库票,清点现金,与金库集中解款人员办理现金交接手续,并将两联"现金调拨单"和一联"出库票"交金库集中解款人员。其余两联"出库票"留存。

金库集中解款人员会同押运人员,将现金、"现金调拨单"以及"出库票"送至营业机构,与营业机构现金柜员办理核对交接手续。营业机构现金柜员清点现金无误后,入箱保管,于第一联"现金调拨单"上加盖"现金付讫"章后退回金库集中解款人员。营业机构现金柜员在会计主管的授权下,进入现金入库程序,打印一联"入库票",并以经过复核员、会计主管签章后的"入库票"、第二联"现金调拨单"作借方记账凭证的附件,会计分录记为:

借:库存现金——××金库现金户

贷:存放系统内款项——存放××机构××款项户

金库集中解款人员返回金库,将第一联"现金调拨单"交金库库管员,金库库管员核对无误后,将第一联"现金调拨单"连同一联"出库票"送金库所在机构会计核算部门。会计核算部门以第一联"现金调拨单"和一联"出库票"作贷方记账凭

证的附件,会计分录记为:

借:系统内存放款项——××机构存放××款项户

贷:库存现金——××金库现金户

2.集中押运模式下,营业机构向中心金库或分金库缴存现金的处理。营业机构向金库缴存现金时,营业机构现金柜员启动"现金调拨申请"系统界面,在会计主管的授权下,反纳申请被提交;金库分组柜员启动"现金调运审批"系统界面,对当前已提交的现金反纳申请进行审批。反纳申请经审批后,金库分组柜员打印一式两联的"现金调拨单",交金库集中解款人员。金库集中解款人员持"现金调拨单"会同押运人员,前往收款的营业机构。

金库集中解款人员抵达营业机构后,营业机构现金柜员在仔细验明集中解款人员的相关证件后,在营业机构会计主管的授权下,进入现金出库程序,打印一式两联的"出库票"。营业机构现金柜员、复核员、会计主管分别在"现金调拨单"和"出库票"上签章,并在两联"出库票"和第二联"现金调拨单"上加盖"现金付讫"章,将其中一联"出库票"及第二联"现金调拨单"连同现金交金库集中解款人员。集中解款人员核对现金无误后,会同押运人员返回金库。营业机构现金柜员以一联"出库票"和第一联"现金调拨单"作贷方记账凭证的附件,会计分录记为:

借:系统内存放款项——××机构存放××款项户

贷:库存现金——××金库现金户

金库集中解款人员会同押运人员抵达金库后,与金库库管员共同核对现金数量无误后办理交接。金库库管员将一联"出库票"及第二联"现金调拨单"交金库分组柜员,后者在金库负责人的授权下,进入现金入库程序,打印一式两联的"入库票"。其中一联"入库票"留存,另外一联"入库票"连同第二联"现金调拨单"和一联"出库票"送金库所在机构的会计核算部门,后者以收悉的上述单据作借方记账凭证的附件,会计分录记为:

借:库存现金——××金库现金户

贷:存放系统内款项——存放××机构××款项户

集中押运模式下,分金库向中心金库领缴现金的业务处理,比照营业机构向金库领缴现金的核算方法进行。

(四)运钞管理

金库管辖行应统一印刷、办理"接送钞专用证",有关人员在办理接送钞业务时应携带"接送钞专用证"、身份证和工作证,以便与营业机构人员交接时进行核对。

运钞车根据当地的运钞线路、需运钞营业机构的数量及其现金业务量等因素合理配置。具体配置数量须报经二级分行审批同意并报一级分行备案。运钞车原则上应实行集中管理。中心库和分金库集中的运钞车由金库管辖行保卫部门会同金库管理部门统一管理,尾款箱保管库集中的运钞车由金库管辖行运钞车管理部门委托所在行(处)统一管理。经批准采取分散运钞的,运钞车由有关营业机构自行确定一个部门管理。负责不同线路运钞任务的运钞车要不定期相互调换,运钞线路须不定期变换并做好对外保密工作。

运钞方式根据不同情况可分为集中运钞和分散运钞两种方式。集中运钞是指由金库集中运钞车、押运人员、接送款人员统一运送钞币及尾款箱;分散运钞是指有关营业机构自行管理运钞车、配备押运人员和接送款人员,自行负责运送钞币及尾款箱。

钞币、有价单证等的运送原则上采取集中运送方式。受客观条件的限制,实行集中运送方式确有困难的,也可报经一级分行保卫、出纳部门批准后采取分散运送方式。实行集中运钞的,库款押运由中心库、分金库守押人员负责;实行分散运钞的,押运任务应视押运人员的配备方法分别由中心金库管辖行派驻各营业机构的押运人员或营业机构自行配备的守押人员负责,并各自对尾款箱的路途安全负责。

三、库房管理

金库库房须建在本行楼内,不得直接接触其他单位和居民住宅,不得裸露于公共场所,库体上下、四周环境应安全可靠。库房一律采用钢筋混凝土六面浇筑结构。库房面积必须能够适应业务开拓和发展的需要,使用面积最小不得小于 $10m^2$。库房必须设置库门和安全门,库门不得面对营业室柜台。库房管理具体可分为库房人员管理、钥匙管理、安全管理与查库规程四个方面。

(一)库房人员管理

中心库和代理人民银行发行基金保管库库房均设主任、副主任各一名,金库主任由管辖行长担任,副主任由主管行长担任。金库主任、副主任的职责是:全面负责对金库管理工作的领导,解决金库管理工作中存在的问题;负责管库人员配备、更换的审批和库存现钞、实物调出业务的审批;按要求查库和参与开库、锁库,妥善保管备用钥匙;做好安全防范工作,防止各类事故、案件的发生。

金库应配备正式库管员两名,预备库管员两名。库管员应保持相对稳定。库管员(预备库管员)须由政治可靠、责任心强、熟悉业务并具有多年出纳(或会计)专业经验的本行正式行员担任。对审查批准任用的库管员(预备库管员)颁发“库管人员证”,实行持证上岗。库管员必须服从领导,忠于职守,遵章守纪,做好金库日常管理工作。

库管员应遵守以下规章:

1.库管员要保持相对稳定。新配备的库管员,要经过培训或在岗带训。经过专业培训合格的,应跟班作业一个月以上才能正式顶岗;在岗带训的,要跟班作业三个月以上,并经考察合格,才能正式顶岗。

2. 两名库管员必须遵守"五同"规定,即同开库、同进库、同在库、同出库、同锁库。

3. 两名库管员要有明确的分工。一名库管员负责出库现金、证券的初点,入库的复点,复核"库存现金(证券)登记簿",另一名库管员负责出库现金、证券的复点,入库的初点,办理现金、证券及尾款箱出入库手续,登记"库存现金(证券)登记簿"。

4. 兼职库管员要严格执行"钱账分管"的原则:柜台上管钱的(收款复核员或付款配款员),库内只管账(现金登记簿);柜台上管账(现金收入、付出日记簿)的(收款初点员或付款复核员),库内只管钱。

5. 库管员调动或因故请假,应与固定的预备库管员办理金库交接手续,由出纳负责人监交,严禁交叉交接。临时顶岗人员只能固定顶某一名库管员的班,不能先后顶两名库管员的班。

6. 非营业时间库管员出入库须经行长批准,并要有出纳负责人在场,守库人员要严格审查其出入库的批准手续。

7. 掌管密码的库管员不得将密码和开启方法告诉另一名库管员或其他人。使用保管密码的人员如有变动,密码应随即更换,不得使用原密码。

8. 日常业务应坚持的相关规定如下:

(1)营业开始后,两名库管员分别从专用保险柜取出库房钥匙,随身携带。

(2)开启库门时,掌管密码的库管员应避开任意第二人,然后两人同时开启库门。

(3)两名库管员同时进入库房内办理业务。

(4)库房业务操作完毕后,两人同时退出库房,锁上门锁,拨乱密码。

(5)营业结束后,金库钥匙放入专用保险柜存放,专用保险柜的两把正钥匙由两名库管员分别妥善保管,随身携带,不得随意放置或委托他人保管。

(二)库房钥匙管理

金库门应安装配有两把不同钥匙的银行专用库门锁,每把锁应配有正钥匙、副钥匙各一套。金库也可安装无钥匙三密码的银行专用锁,任意两组密码正确即可开启金库,第三组密码可作为备用密码使用。

金库正钥匙由两名库管员分别掌管,工作中随身携带,做到自开、自锁、自管,严禁置于他处或交他人代开、代锁、代管。工作结束后,两把钥匙应分别锁放在不同的专用保险柜内。专用保险柜钥匙、金库门钥匙或转字密码锁的密码由两名库管员分别妥善保管。该专用保险柜应放置在守卫人员和报警、监控设备所能控制的范围之内,由守卫人员负责看守。金库正钥匙如需交接,须单线传递,正式库管员与预备库管员双方在"出纳重要物品交接登记簿"上签收。管库过程中不得将库房钥匙交他人代管、代开库、代关库,掌管不同钥匙的库管员不得互换、互借、互用对方钥匙。

金库的两把副钥匙以及钥匙专用保险柜的两把副钥匙,应由库管员会同金库主任和主管行长,在"金库、保险柜副钥匙(密码)保管登记簿"上登记后,当场共同装袋密封,加盖骑缝章,由金库主任和另一名行领导分别妥善保管。在同一城市的金库副钥匙和专用保险柜副钥匙,可统一交管辖行集中管理。金库副钥匙除在正钥匙丢失、损坏等特殊情况下,不得随意启封使用。关于金库副钥匙的保管情况,各行、处须定期检查,每年拆封检查一次,并做好检查记录。

使用三副转字密码锁的库房,两名库管员各掌管一副锁的密码,另一副锁的密码由金库主任主管,使用两把库门锁和一副转字密码锁的金库,应由两名库管员各掌管一把库门锁钥匙,由金库主任掌管转字锁密码。转字密码应严格管理,做到自开自锁,严禁泄密,开启时严禁他人旁观。

库钥匙丢失必须查明原因,追究责任,由地市行负责及时派人更换库锁。掌管转字锁密码的人员变更时,应立即更换转字锁密码,不得沿用旧密码;掌管人员不变的情况下,密码使用期亦不得超过一年。出纳科(股)长负责掌管更换密码锁的钥匙。更换库锁和转字锁密码时,应同时收回备用钥匙,废止旧密码副本,重新封装、上缴新备用钥匙和密码副本,并做好登记工作。

(三)库房安全管理

1.库房实体安全。

(1)各级行设置金库,须征求当地公安部门意见,并报分行出纳管理部门与保卫部门审批。金库竣工后,须经分行出纳管理部门和保卫部门共同验收合格,方可正式启用。

(2)库房内外必须配备报警系统,金库库区应逐步配备闭路电视监控系统、通讯联防设施、防卫器材等。

(3)库内一律安装防爆灯,并保证足够的亮度。库房电源开关应设于库房外,并有开关显示。库房应配备应急灯,应急灯不得在库内充电。库内严禁使用明火。

(4)库内电源线不得裸露,库区应配备消防器材并定期检查更换,保证其有效性。

(5)库房应配备吸湿机,防止库款实物潮湿霉烂。

2.库房开、关库安全。

(1)开、关库时,必须由两名库管员共同进行,严禁一人持两把不同的库房钥匙开、关库。

（2）开库前，要检查库门有无异常现象，若无异常，方可关闭报警装置，接通库内照明电路，打开库门。

（3）关库后，库管员要确定库门已关，开通报警装置，关闭库内照明电路后方可离开。

（4）开密码锁时，应禁止任何人旁观（包括非掌管该锁密码的另一名库管员）。关库后，应随即将密码锁号拨乱。

3.库房检查制度。上级行要对下级行进行定期或不定期的查库，采用出纳部门逐级检查、越级检查，分管行长督促查库、检查查库记录、抽查等方式。一级分行的出纳部门对二级分行每年查库不少于两次，每年越级抽查面不少于10%；二级分行的出纳部门对下级行每季查库不少于一次，每年越级抽查面不少于20%。一级分行、二级行长分管出纳的行长，应定期或不定期地督促、检查出纳部门的查库情况及查库所发现问题的落实情况，必要时应抽查部分金库。

查库时，查库人要亲自动手核点库存，不得监而不查，敷衍马虎。上级行的分管行长、出纳负责人查库时，必须出示查库人身份证、工作证和经金库管辖行分管行长签字的介绍信。中心库、分金库管辖行或尾款箱集中保管库的库址所在行的分管行长、出纳负责人（中心金库主任）查库时，库管员必须始终陪同在场；上级行的分管行长、出纳负责人查库时，金库管辖行的分管行长、金库主任及库管员必须始终陪同在场。每次查库结束后，查库人应填制一式两份"查库登记簿"，将查库情况和发现的问题及整改意见在"查库登记簿"做详细记载，一份由金库留存，一份由查库人留存备查。

中心库管辖行的负责人（中心库主任）每旬对中心库和分金库查库不少于一次，分管行长每月对中心库和分金库查库不少于一次。查库时，除检查金库管理与安全、现金、有价单证外，还要检查代保管的重要空白凭证和物品等。对于集中保管的尾款箱只查个数，不查尾款箱内的库存数。尾款箱集中保管库所在行的出纳负责人每旬对尾款箱集中保管库查库不少于一次，分管行长每月对尾款箱集中保管库查库不少于一次。查库时，要查金库管理与安全、金库保管的尾款箱个数和本机构尾款箱内的库存，不查其他营业机构的尾款箱内的库存。各营业机构的出纳负责人每旬对尾款箱库存查库不少于一次，分管行长（主任）每月对尾款箱库存查库不少于一次。

第四节　结账及错款的处理

每天中午柜员必须进行账实核对。柜员清点尾款箱内的实有现金，经复核无误后，与"现金收付清单"进行核对。营业中柜员交接时，应比照"每天中午柜员进行账实核对"的手续执行,同时登记"会计人员工作交接登记簿"。每日营业终了,柜员应进行结账处理。

一、日终现金结账的处理

(一)柜员现金结账的处理

1. 普通柜员现金结账。结账前,普通柜员应按要求将尾款箱内成捆(把)的现金交综合员,不成捆(把)的现金并入尾款箱,并办理相关的缴存手续。每天下午营业终了,普通柜员清点尾款箱内的实有现金,经复核无误后与"尾款箱现金登记簿"进行核对,核对公式如下:

今日尾款箱应有现金数 = 昨日尾款箱现金余额 + 今日收入现金数 −
今日付出现金数 + 今日调入现金数 − 今日调出现金数

今日尾款箱应有现金数 = 尾款箱现金登记簿期末现金数

核对无误后,由综合员予以确认,同时普通柜员按有关规定办理尾款箱入库手续。

2. 现金柜员结账。结账前应先按规定手续办理现金缴存。结账时,现金柜员按营业机构内柜员调拨和与上级机构之间的现金领缴调拨,分类汇总当天的现金调拨单,分币种结出当日库存应有现金数。根据结计出的现金,核对"现金登记簿",并将汇总的现金实有数与账面余额进行核对。核对无误后,填制除营业机构内柜员调拨外的"现金收付汇总表",以营业机构全部"现金收付清单"、"现金调拨单"作附件。核对公式如下:

营业机构内柜员现金调入合计数 = 营业机构内柜员现金调出合计

今日库存应有现金数 = 昨日现金期末余额数 + 今日柜面收入现金合计数 −
今日柜面付出现金合计数 + 今日调入现金数 − 今日调出现金数

今日库存应有现金数 = 营业机构内所有尾款箱现金期末余额合计数

如现金柜员日终尾款箱内留有现金,则应按上述"普通柜员现金结账"的要求由会计主管核对账实,并对其"尾款箱现金登记簿"予以确认。

(二)金库现金清点和结账的处理

营业日终,库管员根据当日"现金出/入库票"和库存现金数,手工登记"库存现金登记簿",并核对无误后,由会计部门经办会计在其手工"库存现金登记簿"上签章确认。核算主体行(或库址所在行)中心库或分金库以"现金调拨单"、"现金出/入库票"作其手工登记的"现金收付清单"附件。核对公式如下:

今日库存应有现金数 = 昨日库存现金余额 + 今日现金入库数 − 今日现金出库数

今日库存应有现金数 = 库存现金登记簿现金数

(三)汇总结账的处理

核算中心根据各金库和各营业机构现金收付业务(营业机构内现金调拨业务除外)分别汇总后填制的"现金收付汇总表",并据此填制核算主体的"现金收付汇总表",同时逐笔核实运送中的现金。

二、现金错款的处理

(一)现金长款的处理

发生出纳长款应及时退还原主。当日无法退还的,营业终了前,错款人应填制"出纳错款列账报告单"经出纳负责人审核签章、主管人员审批签字后,按暂收款项列账处理,填制借、贷方记账凭证各一联办理转账,登记"现金收付清单",会计分录为:

借:库存现金——××机构业务现金户

　　贷:其他应付款——出纳长款户

同时,还应登记"现金错款登记簿"。

确实无法查清的长款,应按规定处理。经批准作为本行收益的,应填制借、贷方记账凭证,经办人的情况说明及有关批复文件(或通知)作借方记账凭证附件,会计分录为:

借:其他应付款——出纳长款户

　　贷:营业外收入——出纳长款及结算长款收入户

同时,还应登记"现金错款登记簿"。

(二)现金短款的处理

发生出纳短款应及时收回。当日无法收回的,营业终了前,错款人应填制"出纳错款列账报告单"经出纳负责人审核签章、主管人员批准后,按暂付款项列账处理,填制借、贷方记账凭证各一联办理转账,并登记"现金收付清单",会计分录为:

借:其他应收款——出纳短款户

　　贷:库存现金——××机构业务现金户

同时,还应登记"现金错款登记簿"。

经授权列为本行损失的出纳短款,列支时填制借、贷方记账凭证各一联,经办人的情况说明和有关批复文件复印件作借方记账凭证的附件,会计分录为:

借:营业外支出——出纳短款户

　　贷:其他应收款——出纳短款户

同时,还应登记"现金错款登记簿"。

复习思考题

1. 银行现金业务主要内容和作用有哪些?

2. 现金业务坚持哪些原则?

3. 日常办理客户现金收支的核算手续如何?

4. 商业银行金库管理有哪些基本规定和要求?

5. 商业银行分支机构之间调拨现金有几种形式? 在核算上有何异同?

6. 如何向人民银行领取和缴存现金? 现金在行内的调拨手续如何?

7. 商业银行库房如何管理?

8. 如何进行现金日结? 对长、短款应如何处理?

第五章　支付结算业务的核算

【学习要点与要求】

通过本章的学习,了解支付结算的概念、原则和基本种类和要求;掌握支票、银行本票、银行汇票和商业汇票的核算方法;掌握汇兑、托收承付和委托收款业务的核算方法;了解银行卡种类和基本规定;掌握银行卡业务的核算方法。

第一节　支付结算业务概述

一、支付结算的概念

支付结算是指单位、个人在社会经济活动中使用合法有效的票据或有关的结算工具进行货币给付及其资金清算的行为,其主要功能是完成资金从一方当事人向另一方当事人的转移。支付结算按照给付手段的不同,分为现金结算和转账结算。银行是社会经济活动中各项支付结算和资金清算的中介机构。

由于支付结算涉及全社会资金的流动,为了维护支付系统的信心,支付结算活动必须规范。我国与支付结算相关的法律、行政法规以及部门规章和政策性规定主要包括《中华人民共和国票据法》、《票据管理实施办法》、《支付结算办法》、《人民币银行结算账户管理办法》、《中国人民银行卡业务管理办法》、《异地托收承付结算办法》、《电子支付指引》等。这些法律、法规、规章规范了社会支付结算各个环节的行为,明确了支付结算过程中有关各方的权利、义务及支付结算业务的会计核算程序,从而保证了支付结算活动的稳健开展。

二、支付结算原则

支付结算原则是银行和客户在办理结算时应该共同遵守的基本准则。只有认真贯彻结算原则,才能保证资金结算、清算工作顺利进行。

(一)恪守信用,履约付款

办理支付结算业务的单位和个人,必须依照经济合同或事先的承诺履行各自的职责,享受相应的权利,承担相应的义务。结算当事人应严格遵守信用,按照规定的付款金额和付款日期完成款项的支付。

(二)谁的钱进谁的账

为了保护客户对存款的所有权和自主支配权,银行在办理结算业务时,必须按照收款人的账号及户名,及时地为其收账;对客户支取的款项,必须根据付款人的委托办理付款。除国家法律规定和国务院授权中国人民银行的监督项目外,银行必须依法为单位和个人的存款保密,不准接受任何单位和个人委托从事查询、冻结和扣划客户资金的行为。

(三)银行不垫款

银行办理支付结算,只是根据客户的委托,进行账户资金的转移。在支付结算业务处理过程中,必须坚持"先付后收,收妥抵用"的原则。客户委托银行代收款项,在款项尚未收妥入账之前,不得支用;客户委托银行代付款项,必须在账户上有足够的存款余额,银行不垫款。

三、支付结算法律纪律

支付结算业务的参与者都必须严格执行《中华人民共和国票据法》和《支付结算办法》,并遵守支付结算纪律。

(一)单位和个人应当遵守的结算纪律

单位、个人和银行办理支付结算,必须使用按中国人民银行统一规定印制的票据凭证和结算凭证。单位和个人必须按规定在银行开立和使用账户,不准利用多头开户转移资金、逃避债务;不准出租、出借账户;不准签发没有资金保证的票据来套取银行资金;不准签发、取得和转让没有真实的商品交易或债务、债权关系的票据,套取他人和银行的资金;不准无理拒付,任意占用他人资金。

(二)银行应该遵守的结算纪律

各银行不准以任何理由压票、任意退票、截留挪用客户和他行资金;不准无理拒绝支付应由银行支付的票据款项;不准受理无理拒付、不扣少扣滞纳金,影响社会资金的正常周转;不准在结算制度之外规定附加条件,影响汇路畅通;不准违反规定为单位和个人开立账户;不准放弃对单位违反结算纪律的制裁;不准拒绝受理、代理他行正常结算业务;不准违章承兑、贴现商业汇票,套取银行资金;不准签发空头银行本票、银行汇票和办理空头汇款;不准逃避向中国人民银行转汇大额汇划款项。

四、办理支付结算的基本要求和种类

(一)办理支付结算的基本要求

1. 银行是办理支付结算的中介,未经中国人民银行批准的非银行金融机构和其他单位不得办理支付结算业务。

2. 单位、个人和银行办理支付结算,必须使用中国人民银行统一规定的票据凭证和结算凭证,否则银行不予受理。

3. 票据和结算凭证的金额、签发日期、收款人名称不得更改。更改的票据无效;更改的结算凭证,银行不予受理。

4. 票据和结算凭证金额以及文字大写和阿拉伯数码同时记载,两者必须一致。

5. 票据和结算凭证上的签章和其他记载事项应当真实,不得伪造、变造。所谓"伪造"是指无权限人假冒他人或虚构他人名义签章的行为,例如伪造出票签章、背书签章、承兑签章和保证签章等。所谓"变造"是指无权更改票据内容的人,对票据上签章以外的记载事项加以改变的行为。

(二)支付结算种类

我国目前采用的支付结算工具由支付结算方式、票据和信用卡构成,非现金支付工具广泛应用,形成以票据和银行卡为主体,互联网支付、移动支付等电子支付为补充的工具系列。其中,票据包括银行汇票、商业汇票、银行本票和支票等;结算方式包括汇兑、委托收款和托收承付等(如表5-1所示)。

表5-1　支付系统支撑的支付工具

类别	工具名称	使用范围与特点
贷记支付工具	汇兑	异地、同城:资金划拨、支付
	委托收款	异地、同城:划回业务(凭票据委托收款)
	托收承付	异地:划回业务
	定期贷记	异地、同城
	实时贷记	异地、同城
借记支付工具	银行汇票	异地
	华东三省一市银行汇票	用于票据交换区域
	银行本票	用于票据交换区域
	国内信用证	异地
	支票	用于票据交换区域
	旅行支票	异地
	定期借记	异地、同城
	实时借记	异地、同城

续表

类别	工具名称	使用范围与特点
其他支付工具	商业汇票	资金划回
	银行卡	异地、同城
国际结算工具	电汇	
	信用证	
	托收	
	保函	
网银支付	网银支付	

第二节　票据结算业务的核算

票据是由出票人签发的、约定自己或者委托付款人在见票时或指定的日期向收款人或持票人无条件支付一定金额的有价证券。我国《票据法》规定的票据种类有银行汇票、商业汇票、银行本票和支票。

一、支票的核算

(一)支票的概念与种类

支票是指由出票人签发的,委托办理支票存款业务的商业银行或其他金融机构在见票时无条件地支付确定的金额给收款人或持票人的票据。

支票分为现金支票、转账支票和普通支票。现金支票只能用于支取现金,转账支票只能用于转账,普通支票可以用于支取现金,也可以用于转账。普通支票左上角画两条平行线后,成为画线支票。画线支票只能用于转账,不能用于支取现金。单位和个人在全国范围内均可使用支票。

(二)支票的基本规定

1. 支票适用于单位和个人在同一票据交换区域的各种款项的结算。中国人民银行于2007年建成全国支票影像交换系统,实现了支票在全国范围的互通使用。

2. 支票的出票人为在经中国人民银行当地分支行批准办理支票业务的银行机构开立可以使用支票的存款账户的单位和个人。

3. 签发支票必须记载下列事项:①表明"支票"的字样。②无条件支付的委托。③确定的金额。④付款人名称。⑤出票日期。⑥出票人签章。

4.支票的金额、收款人名称,可以由出票人授权补记,未补记前不得背书转让和提示付款;出票人签发支票的金额不得超过付款时在付款人处实有的存款金额,禁止签发空头支票。出票人签发空头支票、签章与预留签章不符的支票、支付密码不符的支票,商业银行应予以退票,并给予按票面金额5%但不低于1 000元的罚款,持票人有权要求出票人赔偿支票金额2%的赔偿金;对屡次签发的,商业银行应停止对其签发支票。支票的提示付款期限为自出票日起10日(到期日遇节假日顺延),但中国人民银行另有规定的除外。

(三)转账支票的核算

由于现金支票业务核算在存款业务章节叙述,这里仅说明转账支票的核算。

1.持票人、出票人在同一银行机构开户的处理。

(1)银行受理持票人送交支票的处理。银行接到持票人送来的支票(样式见图5-1)和二联进账单,审查无误后,支票作借方证,第二联进账单作贷方凭证,第一联进账单加盖转讫章作收账通知交给持票人,会计分录为:

借:吸收存款——出票人存款户

贷:吸收存款——持票人存款户

××银行转帐支票	地名	支票号码:

××银行现金支票存根	本支票付款期限十天	出票日期(大写)　　年月日	付款行名称:
支票号码		收款人	出票入账号:
科　目		人民币(大写)	千 百 十 万 千 百 十 元 角 分
对方科目			
出票日期　年月日		用途	科目(借)
收款人:		上列款项请从我账户内支付	对方科目(贷)_____
金额:		(出票人签章)	转账日期 年　月　日
用途:			复核　　　记账
单位主管　会计		(使用清分机的,此区域供打印磁性字码)	

图5-1　××银行转账支票

(2)银行受理出票人送交支票的处理。银行接到出票人送来的支票和三联进账单时,应认真审查,经审核无误后,支票作借方凭证,第二联进账单作贷方凭证,会计分录为:

借:吸收存款——出票人存款户

贷:吸收存款——收款人存款户

第一联进账单加盖转讫章作回单交给出票人,第三联进账单加盖转讫章作收账通知交给收款人。

2. 持票人、出票人不在同一银行开户的处理。

（1）持票人开户行受理持票人送交支票的处理。

①持票人开户行的处理。持票人开户行接到持票人送交的支票和二联进账单时，应按照有关规定进行认真审查，经审查无误后，在第二联进账单上加盖"收妥后入账"的戳记，与第一联进账单专夹保管。支票按票据交换规定提出交换，会计分录为：

借：清算资金往来

　　贷：其他应付款——同城票据交换户

待退票时间过后，若未收到退票，则转销"其他应付款"科目，并为持票人入账，会计分录为：

借：其他应付款——同城票据交换户

　　贷：吸收存款——持票人存款户

同时，将第一联进账单加盖转讫章交给持票人。

若在退票期内收到退票时，会计分录为：

借：其他应付款——同城票据交换户

　　贷：清算资金往来

②出票人开户行的处理。出票人开户行收到提入的支票后按有关规定认真审查，无误后不予退票的，支票作借方凭证，会计分录为：

借：吸收存款——出票人存款户

　　贷：清算资金往来

按有关规定审查时，发现支票透支、支票签章与其预留银行印鉴不符、支付密码错误等均应退票。需编制特种转账借、贷方传票各一张，以特种转账借方传票将支票款项记如其他应收款，会计分录为：

借：其他应收款——同城票据交换户

　　贷：清算资金往来

下场交换时，提出退票，会计分录为：

借：清算资金往来

　　贷：其他应收款——同城票据交换户

出票人开户行对于因出票人签发空头支票或签章与预留银行印鉴不符的支票，除办理退票外，还应按规定向出票人扣收罚金作为营业外收入，会计分录为：

借：吸收存款——出票人存款户

　　贷：营业外收入——结算罚金收入

（2）出票人开户行受理出票人送交支票的处理。

①出票人开户行的处理。接到出票人交来的支票和三联进账单时，应按规定

进行审查,审查无误后,支票作借方凭证,进账单二、三联按票据交换的规定及时提出交换,会计分录为:

借:吸收存款——出票人存款户
　　贷:清算资金往来

②收款人开户行的处理。收款人开户行收到交换提入的二、三联进账单,经审核无误后,第二联进账单作贷方凭证,第三联进账单加转讫章交收款人,会计分录为:

借:清算资金往来
　　贷:吸收存款——收款人存款户

转账后,第三联进账单加盖转讫章交收款人。

二、银行本票的核算

(一)银行本票的概念

银行本票是银行签发的承诺自己在见票时无条件支付确定的金额给收款人或持票人的票据。

(二)银行本票的基本规定

1. 单位和个人在同一票据交换区域需要支付的各种款项,均可以使用银行本票。

2. 银行本票可分为不定额本票和定额本票两种,均由各商业银行签发和兑付。据中国人民银行的规定,自 2005 年 1 月 1 日起,将定额本票、不定额本票合并为本票(不定额)。(图 5-2)

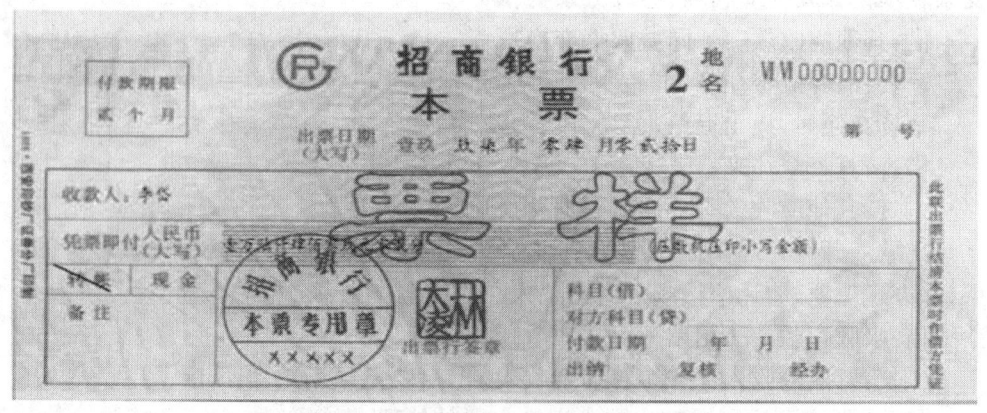

图 5-2　银行本票

3. 银行本票的出票人,为经中国人民银行当地分支行批准办理银行本票业务的银行机构。

4. 签发银行本票必须记载下列事项:表明"银行本票"的字样;无条件支付的承诺;确定的金额;收款人名称;出票日期;出票人签章;欠缺记载上列事项之一的,银行本票无效。

5. 银行本票的提示付款期限自出票日起最长不得超过两个月,否则代理付款人不予受理(代理付款人是指代理出票银行审核支付银行本票款项的银行)。

6. 申请人使用银行本票,应向银行填写"银行本票申请书",填明收款人名称、申请人名称、支付金额、申请日期等事项并签章;申请人和收款人均为个人需要支取现金的,应在"支付金额"栏先填写"现金"字样,后填写支付金额。申请人或收款人为单位的,不得申请签发现金银行本票。

7. 出票银行受理银行本票申请书,收妥款项签发银行本票。用于转账的,在银行本票上划去"现金"字样;申请人和收款人均为个人需要支取现金的,在银行本票上划去"转账"字样。出票银行在银行本票上签章后交给申请人。银行本票未划去"现金"或"转账"字样的,一律按照转账办理。

8. 银行本票无金额起点,注明"转账"字样银行本票可以背书转让。

9. 银行本票见票即付,但注明"现金"字样的银行本票持票人只能到出票银行支取现金。

10. 银行本票丧失,失票人可以凭人民法院出具的其享有票据权利的证明,向出票银行请求付款或退款。

11. 跨系统银行本票的兑付,持票人开户行可根据中国人民银行规定的金融机构同业往来利率向出票银行收取利息。

(三)银行本票的核算

1. 银行本票签发的处理。申请人需要使用银行本票,应向银行填写"银行本票申请书(同银行汇票申请书)",申请书一式三联,第一联存根,第二联借方凭证,第三联贷方凭证。交现金办理本票的,第二联注销。

银行受理申请人提交的第二、三联申请书时,应认真审查其填写的内容是否齐全、清晰;申请书填明"现金"字样的,还要审查申请人和收款人是否为个人;审查无误方可受理。若转账交付,以申请书第二联作借方凭证,第三联作贷方凭证,会计分录为:

借:吸收存款——申请人户

　　贷:存入保证金——××本票户

以现金办理本票的,第二联注销,以第三联申请书作贷方凭证,会计分录为:

借:库存现金

　　贷:存入保证金——××本票户

出票银行在办理转账或收妥现金后,签发银行本票。

2.银行本票付款的处理。

(1)出票行受理收款人交来转账本票的处理。出票行接到在本行开立账户的持票人直接交来的本票和两联进账单时,应认真审查本票是否真实、是否超过提示付款期限、与进账单上的内容是否相符等有关规定内容,审查无误后,第二联进账单作贷方凭证,会计分录为:

　　借:存入保证金——××本票户
　　　贷:吸收存款——持票人存款户

(2)出票行受理收款人交来现金本票的处理。出票行接到收款人交来的注明"现金"字样的本票时,应抽出专夹保管的本票卡片或存根,经核对相符,确属本行签发,同时,还必须认真审查本票上填写的申请人和收款人是否均为个人,查验收款人的身份证件,收款人在本票的背面"持票人向银行提示付款签章"处是否签章和注明身份证件名称、号码及发证机关,并要求提交收款人的身份证件复印件留存备查,会计分录为:

　　借:存入保证金——××本票户
　　　贷:库存现金

(3)代理付款行受理持票人交来转账本票的处理。代理付款行接到在本行开立账户的持票人直接交来的本票和两联进账单时,应认真审查本票是否真实,是否超过提示付款期限,与进账单上的内容是否相符等有关规定内容,审查无误后,第二联进账单作贷方凭证,会计分录为:

　　借:清算资金往来
　　　贷:吸收存款——持票人存款户

第一联进账单加盖转讫章作收账通知交持票人。本票加盖转讫章行提出交换。

3.银行本票结清的处理。当出票行受理存款人交来的转账本票或现金本票时,本票的付款与本票结清同时完成。当出票行收到经票据交换提入的转账本票时,抽出专夹保管的本票卡片或存根,经核对相符,确属本行出票,本票作借方凭证,本票卡片或存根联作附件,会计分录为:

　　借:存入保证金——××本票户
　　　贷:清算资金往来

4.银行本票退款、超过付款期限付款的处理。

(1)银行本票退款的处理。申请人因本票超过付款期限或其他原因要求出票行退款时,应填制一式两联进账单连同本票交出票行,并按照支付结算办法规定提交证明或身份证件。出票行经与原专夹保管的本票卡片或存根联审核无误后,即在本票上注明"未用退回"字样,本票作借方凭证,本票卡片或存根联作附件,第二联进账单作贷方凭证(如系退付现金,本联作借方凭证附件),会计分录为:

借:存入保证金——××本票户

　贷:库存现金

　　或吸收存款——申请人存款户

第一联进账单加盖转讫章作收账通知交给申请人。

(2)超过付款期限付款的处理。持票人超过付款期限不获付款的,但在票据权利时效内请求付款时,应向出票行说明原因,并将本票交给出票行。持票人为个人的,还应交验本人的身份证件。出票行经与原专夹保管的本票卡片或存根联审核无误后,即在本票上注明"逾期付款"字样,办理付款手续。

①持票人在本行开户的转账本票的处理。由持票人填制两联进账单,第二联进账单作贷方凭证,本票作借方凭证,本票卡片或存根联作附件,会计分录为:

借:存入保证金——××本票户

　贷:吸收存款——持票人存款户

转账后第一联进账单加盖转讫章作收账通知交给持票人。

②持票人未在本行开户的转账本票的处理。应根据本票填制一式三联进账单,连同本票交出票行,出票行核对无误后办理付款,以本票作借方凭证,本票卡片或存根联作附件,会计分录为:

借:存入保证金——××本票户

　贷:清算资金往来

转账后第一联进账单加盖转讫章交给持票人,第二、三联进账单按票据交换的规定提出交换。

持票人开户行收到票据交换提入的进账单,第二联进账单作贷方凭证,第三联进账单加盖转讫章交持票人,会计分录为:

借:清算资金往来

　贷:吸收存款——持票人存款户

③持票人提交现金本票的处理;持票人向出票行提交注明"现金"字样本票的,本票作借方凭证,本票卡片或存根联作附件,会计分录为:

借:存入保证金——××本票户

　贷:库存现金

三、银行汇票的核算

银行汇票是出票银行签发的,由其在见票时按照实际结算金额无条件支付给收款人或者持票人的票据。银行汇票适用范围广,票随人走,比较灵活,单位和个人的各种经济活动款项的结算均可使用。银行出票后,持票人可以直接到兑付地的银行取款,也可以持票到指定单位购物结算,还可以在兑付地办理转汇。在汇票金额内,持票人可以根据实际需要使用,多余款项银行代为收回。

（一）银行汇票的基本规定

1. 单位和个人的各种款项结算，均可使用银行汇票；银行汇票可用于转账，填明"现金"字样的银行汇票也可用于支取现金。

2. 签发银行汇票必须记载下列事项：表明"银行汇票"的字样；无条件支付的承诺；出票金额；付款人名称；收款人名称；出票日期；出票人签章：欠缺记载上列事项之一的，银行汇票无效。

3. 银行汇票的提示付款期限白出票日起1个月；超过付款期限提示付款的，代理付款人不予受理。

4. 银行汇票的出票和汇款，全国范围限于中国人民银行和各商业银行参加了全国联行往来的银行机构办理：跨系统银行签发的转账银行汇票的付款，应通过同城票据交换将银行汇票和解讫通知提交同城的有关银行审核支付后抵用；代理付款人不得受理未在本行开立存款账户的持票人为单位直接提交的银行汇票。

5. 申请人使用银行汇票，应向出票银行填写"银行汇票申请书"。申请人和收款人均为个人，需要使用银行汇票向代理付款人支取现金的，申请人须在"银行汇票申请书"上填明代理付款人名称，在"汇票余额"栏先填写"现金"字样，然后填写汇票金额：申请人或者收款人为单位的，不得在"银行汇票申请书"上填明"现金"字样。

6. 出票银行受理银行汇票申请书，收妥款项后签发银行汇票，并用压数机压印出票金额，将银行汇票和解讫通知一并交给申请人。签发转账银行汇票，票面上不得填写代理付款人名称；签发现金银行汇票，须在银行汇票"出票金额"栏先填写"现金"字样，后填写出票金额，并填写代理付款人名称。

7. 收款人必须将实际结算金额填入银行汇票和解讫通知有关栏内。其实际结算金额应在出票金额以内，并不得更改。

8. 持票人向银行提示付款时，必须同时提交银行汇票联和解讫通知联，缺少任何一联，银行不予受理。

9. 银行汇票允许背书转让，但仅限于转账银行汇票。

10. 申请人因银行汇票超过付款提示期限或其他原因要求退款时，应将银行汇票和解讫通知同时提交到出票银行。申请人为单位的，应出具该单位的证明；申请人为个人的，应出具该本人的身份证件。对于代理付款银行查询的该张银行汇票，应在汇票提示付款期满后方能办理退款。出票银行对于转账银行汇票的退款，只能转入原申请人账户；对于符合规定填明出票银行有"现金"字样银行汇票的退款，才能退付现金。申请人缺少解讫通知要求退款的，出票银行应于银行汇票提示付款期满一个月后办理。

11. 银行汇票丧失，失票人可以凭人民法院出具的其享有票据权利的证明，向出票银行请求付款或退款。

(二)银行汇票的核算

1. 银行汇票的出票。申请人需要使用银行汇票,应向银行填写"银行汇票申请书"(式样见图5-3)。申请书一式三联,第一联存根,第二联借方凭证,第三联贷方凭证;交现金办理汇票的,第二联注销。

中国工商银 行银行汇票申请书(借方凭证) 2 第 号

申请日期　　　年　月　日

申 请 人		收款人	
账　　号		账号	
用　　途		代理付款行	
汇票金额	人民币 (大写)	千 百 十 万 千 百 十 元 角 分

上列款项请从我账户内支付

科　目（借）＿＿＿＿＿＿＿＿

对方科目（贷）＿＿＿＿＿＿＿

申请人盖章

转账日期　　　年　月　日

复核　　　　　记账

●此联出票行作借方凭证

图5-3　银行汇票申请书

出票行受理申请人提交的申请书时,应认真审查内容是否填写齐全、清晰,签章是否为预留银行的签章;申请书填明"现金"字样的,申请人和收款人是否均为个人,并交存现金。经审核无误后,才能受理并签发银行汇票。

转账付款的,第二联作借方凭证,第三联作贷方凭证,会计分录为:

借:吸收存款——申请人户

　　贷:存入保证金——××银行汇票款

现金交付的,以第三联作贷方凭证,会计分录为:

借:库存现金

　　贷:存入保证金——××银行汇票款

出票行在办好转账或收妥现金后,签发银行汇票。银行汇票一式四联,第一联卡片,第二联汇票(式样见图5-4),第二联解讫通知,第四联多余款收款通知。

银行汇票的出票日期和出票金额必须大写。如果填写错了应将汇票作废。收款人需向代理付款行支取现金的,必须在四联汇票的"收款金额(大写)"之后填写"现金"字样,再填写收款金额。申请书的备注栏若注明"不得转让"的,出票行应在汇票正面的备注栏内注明。填写的汇票经复核无误后,在第二联上加盖汇票专

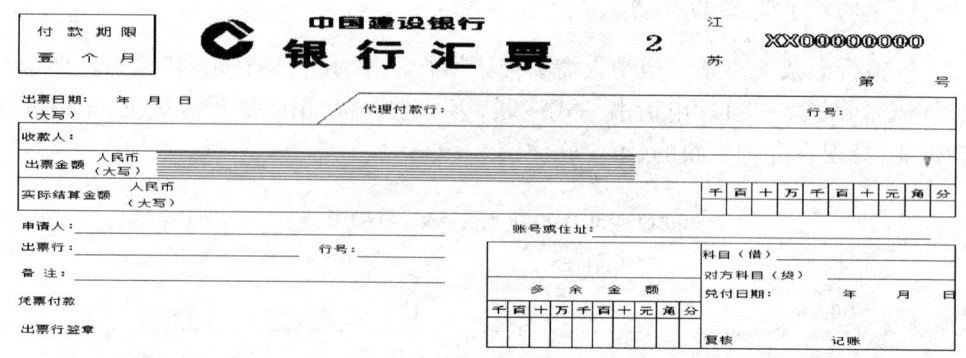

图 5-4　银行汇票

用章并由授权的经办人签名或盖章,签章必须清晰,并在实际结算金额栏小写金额
上端用总行统一制作的压数机压印出票金额,然后连同第三联一并交申请人。第
一联加盖经办复核名章后登记汇出汇款账,连同第四联专夹保管。

在不能签发银行汇票的银行开户的申请人需要使用银行汇票时,应将款项转
交附近能够签发汇票的银行办理,出票行不得拒绝接受。

2. 银行汇票的兑付。代理付款行接到持票人交来的汇票、解讫通知和两联进
账单时,应按有关规定认真进行审查:审查汇票是否真实;是否超过提示付款期限;
汇票与解讫通知是否齐全;汇票号码和记载内容是否一致;汇票填明的持票人是否
在本行开户;持票人的名称是否为该持票人;与进账单上的名称是否一致;出票行
的签章是否符合规定;加盖的汇票专用章是否与印模相符;使用密押的,密押是否
正确;压数机压印的金额是否由总行统一制作的压数机压印;与大小写的出票金额
是否一致等。经审核无误后,按不同情况分别进行账务处理。

(1)直接收账的处理。持票人在代理付款行开立账户的,汇票作借方凭证附
件,第二联进账单作贷方凭证,办理转账,会计分录为:

借:清算资金往来
　贷:吸收存款——持票人存款户

第一联进账单加盖转讫章作收账通知交给持票人,并按电子汇划清算系统规
定发报。

(2)不直接收账的处理。代理付款行接到未在本行开立账户的持票人为个人
交来汇票和解讫通知及二联进账单时,除按上述有关要求进行认真审查外,还须认
真审查持票人的身份证件,在汇票的背面"持票人向银行提示付款签章"处是否签
章和注明身份证件名称、号码及发证机关,并要求提交收款人的身份证件复印件留
存备查。经审查无误后,以持票人姓名开立应解汇款账户,并在该分户账上填明汇
票号码以备查考,第二联进账单作贷方传票,会计分录为:

借:清算资金往来

　　贷:应解汇款——持票人户

3.银行汇票的结清。出票行接到代理付款行的资金汇划数据信息后,应抽出专夹保管的汇票卡片,经核对确属本行出票,资金汇划借方报单与实际结算金额相符,多余金额结计正确无误后,分别作出如下处理:

(1)汇票全额付款的处理。汇票全额付款的,应在汇票卡片的实际结算金额栏填入全部金额,在多余款收账通知的多余金额栏填写"一0一",以汇票卡片作借方凭证,解讫通知和多余款收账通知作附件,同时销记汇出汇款账,会计分录为:

借:存入保证金——××银行汇票款

　　贷:清算资金往来

(2)汇票有多余款的处理。汇票有余款的付款,指汇票卡片签发金额与实际结算金额不符,有余款,汇票结清时余款归还汇票申请人:以汇票卡片作借方凭证,解讫通知作多余款贷方凭证,会计分录为:

借:存入保证金——××银行汇票款(票面金额)

　　贷:清算资金往来(实际结算金额)

　　　　吸收存款——申请人户(多余金额)

同时销记汇出汇款账,多余款收账通知加盖转讫章,通知申请人。

若申请人未在银行开立账户,多余金额应先转入其他应付款,以解讫通知代其他应付款贷方凭证,会计分录为:

借:存入保证金——××银行汇票款

　　贷:清算资金往来

　　　　其他应付款——申请人户

同时销记汇出汇款账,并通知申请人持申请书的存根联及本人身份证件来行办理领取手续。领取时,以多余款收账通知代其他应付款借方凭证,会计分录为:

借:其他应付款——申请人户

　　贷:库存现金

出票行对专夹保管的汇票卡片及多余款收账通知,应当定期检查清理,发现有超过汇票付款期限(加上正常凭证传递期)的,应当主动与申请人联系,查明原因,及时处理。

4.银行汇票退款、超过付款期限付款的处理。

(1)退款的处理。申请人因汇票超过付款期限或其他原因要求出票行退款时,应交回汇票及解讫通知,并按照支付结算办法规定提交证明或身份证件。出票行经与原专夹保管的汇票卡片审核无误后,即在汇票及解讫通知的实际结算金额大写栏上注明"未用退回"字样,汇票卡片作借方凭证,解讫通知作贷方凭证(如系

退付现金,即作借方凭证附件),会计分录为:

借:存入保证金——××银行汇票款

　　贷:吸收存款——申请人存款户

　　　　或库存现金

同时销记汇出汇款账:多余款收账通知的多余金额栏填入原出票金额并加盖转讫章作收账通知,交给申请人。

(2)超过付款期限付款的处理。持票人超过付款期限不获付款的,但在票据权利时效内请求付款时,应向出票行说明原因,并将汇票及解讫通知交给出票行;持票人为个人的,还应交验本人的身份证件。出票行经与原专夹保管的汇票卡片审核无误后,即在汇票及解讫通知的备注栏上注明"逾期付款"字样,办理付款手续,分别作如下处理:

①汇票全额解付。汇票全额付款的,应在汇票卡片的实际结算金额栏填入全部金额,在多余款收账通知的多余金额栏填写"一〇一",汇票卡片作借方凭证,解讫通知作贷方凭证,余款收账通知作贷方凭证附件,会计分录为:

借:存入保证金——××银行汇票款

　　贷:应解汇款——持票人户

同时销记汇出汇款账,由持票人填写信(电)汇凭证,委托银行办理汇款,会计分录为:

借:应解汇款——持票人户

　　贷:清算资金往来

②汇票有多余款的处理。汇票有多余款的,应在汇票卡片和多余款收账通知上填写实际结算金额,汇票卡片作借方凭证,解讫通知作多余款贷方凭证,另填制一联特种转账贷方凭证,会计分录为:

借:存入保证金——××银行汇票款

　　贷:应解汇款——持票人户

　　　　收存款——申请人户

同时销记汇出汇款账。多余款收账通知的多余金额栏填写多余金额并加盖转讫章,通知申请人。向持票人办理付款的手续比照汇票全额解付的有关手续处理。

5.挂失及其后付款或退款的处理。失票人丧失填明"现金"字样的银行汇票,向代理付款行或出票行挂失时,应提交一式三联"挂失止付通知书"。出票行收到挂失止付通知书后应按规定进行审核,并分别处理如下:

(1)代理付款行接到失票人提交的挂失止付通知书,应审查挂失止付通知书填写是否符合要求,是否属本行代理付款的现金汇票,并查明确未付款的,方可受理。第一联"挂失止付通知书"加盖业务公章作为受理回单交给失票人。第二、三联于登记汇票挂失登记簿后专夹保管,凭以掌握止付。

(2)出票行接到失票人的挂失止付通知书,应审查挂失止付通知书填写是否符合要求,并查对汇出汇款账和汇票卡片,确未注销时方可受理。第一联"挂失止付通知书"加盖业务公章作为受理回单交给失票人。第二、三联于登记汇票挂失登记簿后,与原汇票卡片和多余款收账通知一并专夹保管,凭以控制付款或退款。

丧失的银行汇票,失票人凭人民法院出具的其享有该汇票权利及实际结算金额的证明,向出票行请求付款或退款时,出票行经审查确未支付的,分别进行处理:出票行向持票人付款的,应抽出原专夹保管的汇票卡片进行核对,核对无误,比照超过付款期限付款的处理手续处理,并将款项付给失票人。出票行向申请人退款时,应抽出原专夹保管的汇票卡片进行核对,核对无误,比照退款的手续处理,并将款项付给申请人。

四、商业汇票的核算

商业汇票是出票人签发的,委托付款人在指定日期无条件支付确定的金额给收款人或者持票人的票据。在银行开立存款账户的法人以及其他组织之间,必须具有真实的交易关系或债权债务关系,才能使用商业汇票。出票人不得签发无对价的商业汇票用以骗取银行或者其他票据当事人的资金。根据承兑人的不同,商业汇票分为商业承兑汇票(图5-5)和银行承兑汇票(图5-6)。商业承兑汇票由银行以外的付款人承兑,银行承兑汇票由银行承兑。承兑是指汇票付款人承诺在汇票到期日支付汇票金额的票据行为。

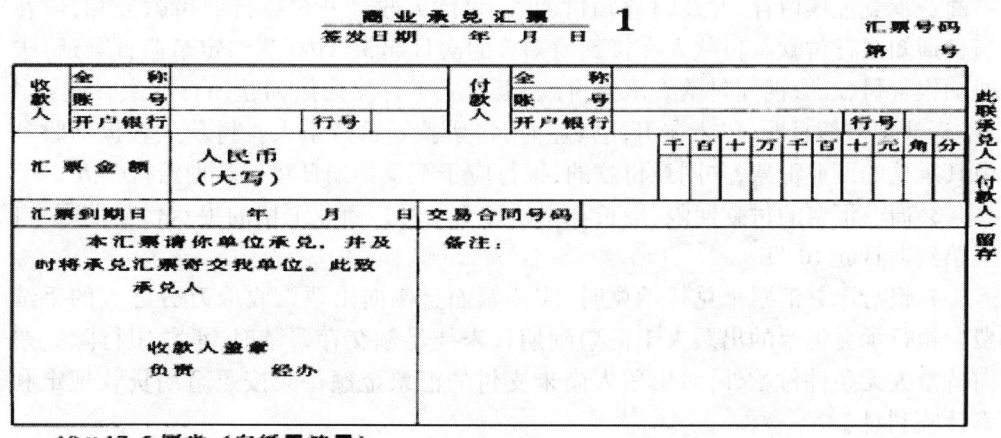

图5-5　商业承兑汇票

<table>
<tr><td colspan="10" align="center">银 行 承 兑 汇 票　2</td></tr>
</table>

银 行 承 兑 汇 票　2

出票日期（大写）　　年　　月　　日　　　　　　　　汇票号码

出票人全称			收款人	全　称											
出票人账号				账　号											
付款行全称				开户银行											
出票金额	人民币（大写）				亿	千	百	十	万	千	百	十	元	角	分
汇票到期日（大写）			付款行	行号											
承兑协议编号				地址											

本汇票请你行承兑，到期无条件付款。	本汇票已做承兑，到期日由本行付款。
出票人签章	承兑日期　　年　月　日　　　承兑行签章
	条件：　　　　　　　　　复核　　　记账

此联收款人开户行随托收凭证寄付款行作借方凭证附件

10×17.5cm（专用水印纸蓝油墨，出票金额栏加红水纹）

图 5-6　银行承兑汇票

（一）商业汇票的基本规定

1. 签发商业汇票必须记载下列事项:表明"商业承兑汇票"或"银行承兑汇票"的字样;无条件支付的委托;确定的金额;付款人名称;收款人名称;出票日期;出票人签章。欠缺记载上列事项之一的,商业汇票无效。

2. 商业承兑汇票的付款人开户银行收到通过委托收款寄来的商业承兑汇票,将商业承兑汇票留存,并及时通知付款人,付款人收到开户银行的付款通知,应在当日通知银行付款。付款人在接到通知日的次日起3日内(遇法定节假日顺延)未通知银行付款的,视同付款人承诺付款,银行应于付款人接到通知日的次日起第4日(遇法定节假日顺延)上午开始营业时,将票款划给持票人。付款人若提前收到由其承兑的商业汇票,并同意付款的,银行应于汇票到期日将票款划给持票人。

3. 商业汇票的付款期限,最长不得超过6个月。商业汇票的提示付款期限,自汇票到期日起10日。

4. 银行承兑汇票承兑行承兑时,应按票面金额向出票人收取万分之五的手续费。银行承兑汇票的出票人于汇票到期日未能足额交存票款时,承兑银行除凭票向持票人无条件付款外,对出票人尚未支付的汇票金额每天按照逾期贷款规定利率计收利息。

（二）商业承兑汇票的核算

1. 持票人开户行受理汇票的处理。持票人凭商业承兑汇票委托开户行收款时,应填制邮划或电划委托收款凭证,并在"委托收款凭据名称"栏注明"商业承兑汇票"及其汇票号码,连同汇票一并送交开户行。开户行受理后,应认真审查下列内容:汇票是否是统一规定印制的凭证;提示付款期限是否超过;汇票上填明的持票人是否在本行开户;出票人、承兑人的签章是否符合规定;汇票必须记载的事项是否齐全,出票金额、出票日期、收款人名称是否更改,其他记载事项的更改是否由原记载人签章证明;是否经过委托收款背书;背书转让的汇票是否按规定的范围转让,其背书是否连续,签章是否符合规定,背书使用粘单的是否按规定在粘接处签章;委托收款凭证的记载事项是否与汇票记载的事项相符。

经审核无误,在委托收款凭证各联上加盖"商业承兑汇票"戳记,其余按照发出委托收款方式的支付手段办理。应注意:在款项未划回之前,不可办理转账,只登记"发出委托收款结算凭证登记簿"。

2. 付款人开户行的处理。付款人开户行接到持票人开户行寄来的委托收款凭证及汇票时,除了应按上述的有关内容认真审核外,还应核对付款人是否确在本行开户,承兑人在汇票上的签章与预留银行的签章是否相符,将委托收款结算凭证第五联及汇票交给付款人,通知付款人付款。

付款人开户行接到付款人的付款通知,或在付款人接到开户行的付款通知的次日起3日内仍未接到付款人的付款通知的,应按照支付结算办法规定的划款日期分别处理。

(1)全额付款。付款人的银行账户有足够的票款可以支付的,银行应办理转账,以第三联委托收款凭证作借方凭证,汇票加盖转讫章作附件,按照委托收款方式办理付款,会计分录为:

借:吸收存款——付款人户
　贷:清算资金往来

(2)无款支付。付款人的银行账户余额不足支付的,银行应填制付款人"未付票款通知书"(用异地结算通知书代),在委托收款结算凭证备注栏注明"付款人无款支付"字样,按照委托收款的无款支付办理,将商业汇票退回。

(3)拒付。银行在付款人接到通知日的次日起3日内,收到付款人的拒绝付款证明时,银行在委托收款凭证上注明"拒绝付款"字样后,留存第一联拒绝付款证明以便备查,将结算凭证、拒付证明以及商业承兑汇票退回。

3. 持票人开户行的处理。

(1)持票人开户行接到付款人开户行通过电子汇划系统汇来款项时,以第二联委托收款结算凭证办理转账,其会计分录为:

借:清算资金往来
　贷:吸收存款——持票人户

(2)持票人开户行接到付款人开户行发来的付款人"未付票款通知书"或付款

人的拒绝付款证明和汇票以及委托收款凭证,按照委托收款方式退票(付款人不足支付或拒绝付款),将委托收款凭证、"未付票款通知书"或拒绝付款证明及汇票退给持票人,并由持票人签收。

(三)银行承兑汇票的核算

1. 承兑银行办理汇票承兑的处理。银行承兑汇票的出票人是付款人,当出票人或持票人持银行承兑汇票一式三联向汇票上记载的付款银行申请或提示承兑时,承兑银行的信贷部门按照有关规定审查同意后,即可与出票人签署银行承兑协议,协议一联留存,另一联及其副本和第一、二联汇票一并交给本行会计部门。

会计部门接到汇票和承兑协议时,应认真审查:汇票必须记载的事项是否齐全;出票人的签章是否符合规定;出票人是否在本行开立存款账户;汇票上记载的出票人名称、账号是否相符;汇票是否是按统一规定印制的凭证。

审核无误后,在第一、二联汇票上注明承兑协议编号,并在第二联汇票"承兑人签章"处加盖汇票专用章,并由授权的经办人签章。由出票人申请承兑的,将第二联汇票连同一联承兑协议交给出票人;由持票人提示承兑的,将第二联汇票交给持票人,一联承兑协议交给出票人,同时,按照规定向出票人收取承兑手续费,会计分录为:

借:吸收存款——申请人户

　　贷:手续费及佣金收入——汇票承兑费

承兑银行会计部门根据第一联汇票卡片联,填制银行承兑汇票表外科目收入凭证,登记表外科目登记簿,会计分录为:

收:银行承兑汇票

将第一联汇票卡片和承兑协议副本专夹保管。银行承兑汇票登记簿的余额要经常与保存的第一联汇票卡片进行核对,以保证金额相符。

此外,银行在办理汇票承兑时,一般要求承兑申请人按规定交纳一定的保证金,会计分录为:

借:吸收存款——申请人户

　　贷:存入保证金——××汇票保证金

2. 持票人开户行受理汇票的处理手续。持票人凭汇票委托开户行向承兑银行收取票款时,应填制异地邮划或电划委托收款凭在"委托收款凭据名称"栏注明"银行承兑汇票"及其汇票号码,连同汇票一并送交开户行。

银行按有关规定审查无误后,在委托收款凭证各联上加盖"银行承兑汇票"戳记。其余按照发出委托收款结算方式办理。登记"发出委托收款结算凭证登记簿",留下第二联委托收款结算凭证,其余第三、四、五联凭证及银行承兑汇票,按规定寄给承兑银行。

3. 承兑银行到期收取汇票款的处理手续。

(1)正常付款。承兑银行应每天察看汇票的到期情况,对到期的汇票,应于到期日(遇法定节假日顺延)向出票人收取票款。填制两联特种转账借方凭证,一联特种转账贷方凭证,并在"转账原因"栏注明"根据××号汇票划转票款",会计分录为:

借:吸收存款——出票人户

　　贷:存入保证金——××银行承兑汇票款

另一联特种转账借方凭证加盖转讫章后作付款通知交给出票人。

(2)非正常付款。汇票到期日,出票人账户无款或不足支付时,应转入垫款科目并按每日万分之五计收罚息,日后催收。填制两联特种转账借方凭证,一联特种转账贷方凭证,在"转账原因"栏注明"根据××号汇票无款支付转入垫款户",会计分录为:

借:贷款——××银行承兑汇票垫款

　　贷:存入保证金——××银行承兑汇票款

另一联特种转账借方传票加盖业务公章交给出票人。

当出票人账户不足支付,但尚能支付一部分时,应办理部分转账和部分垫款。在上述程序的基础上,加填两联特种转账借方传票,在"转账原因"栏注明"××号汇票划转部分票款",会计分录为:

借:吸收存款——出票人户

　　贷款——××银行承兑汇票垫款

　　贷:存入保证金——××银行承兑汇票款

一联特种转账借方传票加盖转讫章后作付款通知交给出票人,另一联特种转账借方传票加盖业务公章后作为垫款通知交给出票人。

4. 承兑银行支付到期票款的处理手续。承兑银行接到持票人开户行寄来的委托收款结算凭证及汇票,与原留存专夹保管的汇票卡片和承兑协议副本进行核对验证。主要核对以下内容:该汇票是否为本行承兑,与汇票卡片的号码和记载事项是否相符,是否按规定经过委托收款背书,背书转让的汇票是否按规定的范围转让,其背书是否连续,签章是行符合规定,背书使用粘单的是否按规定在粘接处签章,委托收款凭证的记载事项是否与汇票记载的事项相符。

经审核无误后,应于汇票到期日或到期日之后的见票当日,按照委托收款方式的付款办理转账、在收到委托收款结算凭证时,应登记"收到委托收款结算凭证登记簿",转账后应及时转销。以银行承兑汇票第一联(卡片联)代借方凭证,第二联(汇票正联)作附件,会计分录为:

借:存入保证金——××银行承兑汇票款

　　贷:清算资金往来

同时,填制表外科目付出传票,销记表外科目登记簿,会计分录为:

付:银行承兑汇票

5.持票人开户行收到汇票款项的处理手续。持票人开户行接到承兑银行发来的资金汇划数据信息和委托收款结算凭证,按照委托收款的款项划回办理,其会计分录为:

借:清算资金往来

　贷:吸收存款——持票人户

以委托收款结算凭证第四联作收账通知交给持票人。销记"发出委托收款结算凭证登记簿"。

第三节　结算方式业务的核算

结算方式业务主要包括汇兑、托收承付和委托收款等不使用票据的核算方式。

一、汇兑业务的核算

汇兑是汇款人委托银行将其款项支付给收款人的一种结算方式。作为一种传统的结算方式,汇兑结算便于汇款人向异地的收款人主动汇款。单位和个人异地的各种款项的结算,均可使用汇兑结算方式。汇兑分为信汇和电汇两种,由汇款人选择使用。汇兑款项可以直接转入收款人账户,也可留行待取、分次支取、转汇,汇款人和收款人为个人且注明"现金"字样的,还可支取现金。汇款人确定不得转汇的,应在汇兑凭证备注栏注明"不得转汇"字样。

汇款人对汇出银行已经汇出的款项可以申请退汇,由汇出银行通知汇入银行,经汇入行核实汇款确未支付,并将款项汇回汇出银行后方可办理退汇。汇入银行对于收款人拒绝接受的汇款,应即办理退汇。汇入行对于向收款人发出取款通知,经过2个月无法交付的汇款,应主动办理退汇。

(一)汇出行的处理

汇款人委托银行办理汇款时,应向银行填写汇兑凭证。汇兑凭证分为信汇凭证和电汇凭证两种。两种凭证格式相同,信汇凭证由一式四联组成,第一联为回单,第二联为借方凭证,第三联为贷方凭证,第四联为收账通知或代取款收据。电汇凭证(式样见图5-7)由一式三联组成,第一联为回单,第二联为借方凭证,第三联为发电依据。

若汇款人、收款人均为个人,需要在汇入行支取现金的,应在汇兑凭证上注明"现金"字样;若汇款人派人到汇入行领取汇款,应在汇兑凭证上注明"留行待取"

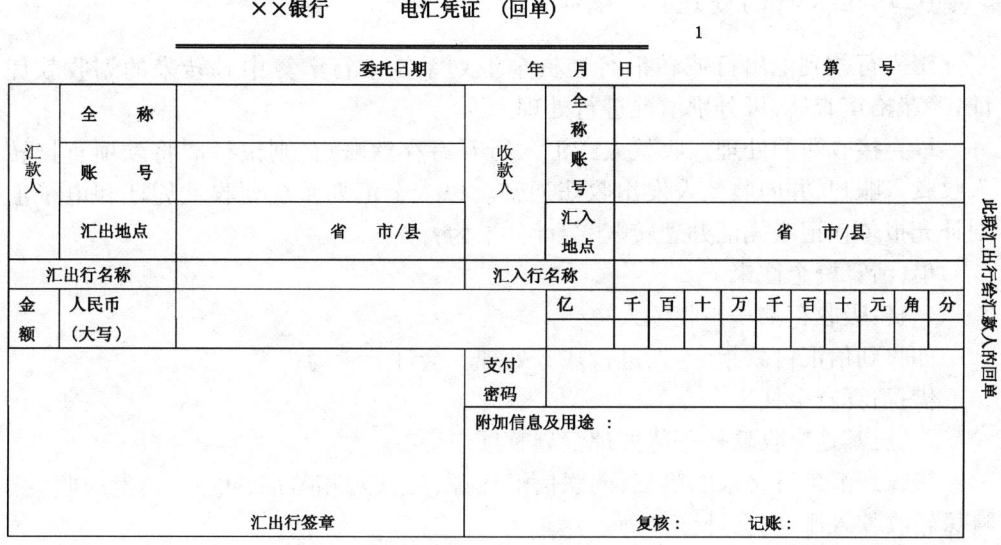

图 5 – 7 电汇凭证

字样;若信汇凭收款人签章取款的,应在信汇凭证上加盖预留印鉴。

汇出银行收到汇兑凭证后,按规定审核:汇兑凭证应记载的内容是否齐全、正确;汇款人账户有无足够的款项支付;汇款人签章与预留银行印章是否相符;对填明"现金"字样的汇兑凭证,还应审核汇款人和收款人是否均为个人。审核无误后,即可办理汇款。

1. 转账汇款的,银行以汇兑凭证第二联作为借方凭证办理转账,会计分录为:

借:吸收存款——汇款人户

贷:清算资金往来

2. 以现金汇款的,款项收妥后,银行另填一联特种转账贷方凭证,以第二联汇兑凭证作为借方凭证记账,会计分录为:

借:库存现金

贷:其他应付款——汇款人户

借:其他应付款——汇款人户

贷:清算资金往来

转账后,汇兑凭证第一联为汇款人回单交汇款人,信汇凭证第三联加盖联行专用章,与第四联随同联行报单一并寄给汇入行;电汇则根据电汇凭证第三联录入数据,通过资金汇划系统向汇入行传输。

（二）汇入行的处理

汇入行收到汇出行或转汇行经资金汇划系统本行清算中心转来的划收款凭证,经严格审查后,可分别情况进行处理。

1.直接收账的处理。收款人在汇入行开有存款账户,则银行应将款项直接转入收款入账户,并向收款人发出收账通知。以资金汇划系统划收款凭证和电子汇划补充报单代记账凭证办理转账,会计分录为:

借:清算资金往来

　贷:吸收存款——收款人户

如收到信汇付款指令,先进行账务处理。会计分录为:

借:清算资金往来

　贷:其他应收款——待处理汇划款项户

待收到汇出行寄来的第三、四联信汇凭证,经核对相符后,再从"其他应收款"科目转收款入账户,会计分录为:

借:其他应收款——待处理汇划款项户

　贷:吸收存款——收款人户

2.不直接收账的处理。如果收款人不在汇入行开户,或汇款人要求将汇款留行待取,银行先将款项转入"应解汇款"科目,会计分录为:

借:清算资金往来

　贷:其他应付款——汇款人户

然后以便条通知收款人来行解付汇款。同时,登记"应解汇款登记簿"。

收款人来行解付汇款时,必须提供个人身份证明,银行按收款人的不同要求分别进行处理:

（1）要求取现金的,汇兑凭证上必须注明"现金"字样,应按规定一次性办理现金支付手续。未注明"现金"字样,需要取现金的,由汇入行按现金管理规定办理。会计分录为:

借:其他应付款——汇款人户

　贷:库存现金

（2）需要分次支取的,应先销记"应解汇款登记簿"中的该笔汇款,并如数转入"应解汇款"科目的分户账内。客户来行取款时,银行审核收款人的身份证件无误后,办理分次支付手续。

（3）需要转汇的,应由收款人重新办理汇款手续。其收款人和款项用途必须是原汇款人和用途,并需在汇兑凭证上加盖"转汇"戳记。如果汇兑凭证上已注明"不得转汇",银行不予办理。

(三)退汇的处理手续

退汇是将汇出的汇款退还原汇款人。退汇的原因主要有:汇款人因故退汇;收款人拒收汇款;超过规定的期限无法支付的汇款。

1.汇款人申请退汇的处理。按规定汇款人要求退汇,只限于不直接收账的汇款。汇款人因故要求退汇时,应备函或将本人身份证连同原汇兑凭证回单联交汇出行办理退汇。汇出行接到退汇函件和原回单后,先以电话或电报通知汇入行,经汇入行证实汇款确未被支付方可受理。

(1)汇出行受理。汇出行受理退汇后,经与原汇款凭证核对无误,填制一式四联"退汇通知书"并在第一联上批注"×年×月×日申请退汇,待款项退回后再办理退款手续"字样,加盖业务公章退交汇款人;第二、三联加盖结算专用章寄汇入行,第四联与申请退汇函件一同保管。如汇款人要求用电报通知退汇时,只需填制两联退汇通知书,一联回单、一联备查,另拍发电报通知汇入行。

(2)汇入行处理。汇入行接到汇出行寄来的退汇通知书第二、三联或通知退汇的电报时,经查明汇款尚未解付,应与收款人联系,索回取款通知,并以第二联退汇通知书作借方凭证办理转账,会计分录为:

借:其他应付款——汇款人户

  贷:清算资金往来

转账后,通过资金汇划系统向汇出行传输数据,并将第三联退汇通知书寄送原汇出行。如系电报通知退汇,应另填一联特种转账借方传票,并编制电划贷方报单,据以拍发电报。

(3)汇出行退汇。汇出行通过资金汇划系统传输来的退汇数据和收到的退汇通知书,与原留存的第四联退汇通知书进行核对,以第三联退汇通知书和汇划补充凭证办理转账,会计分录为:

借:清算资金往来

  贷:吸收存款——原汇款人户

转账后,在原汇款凭证注明"汇款已于×月×日退汇"字样,并在退汇通知书第四联上注明"汇款退回,已代进账"字样,加盖业务公章后,作为收账通知交原汇款人。

2.汇入行主动退汇的处理。汇入行收到收款人拒收或发出通知2个月仍无人办理的汇款时,应主动将汇款退回汇出行。如收款人因故拒收汇款,应在收账通知上注明拒收理由并加盖印章,汇入行据以办理退汇手续。汇入行主动退汇时,应填制一联特种转账借方传票和两联特种转账贷方传票,通过资金汇划系统办理退汇手续,会计分录同上,不再赘述。

二、托收承付结算

托收承付也称异地托收承付,是指收款人根据购销合同发货后,委托银行向异地付款人收取款项,并由付款人向银行承认付款的结算方式。办理托收承付结算的款项,必须是商品交易,以及因商品交易而产生的劳务供应的款项。代销、寄销、赊销商品的款项,不得办理托收承付结算。

使用托收承付结算方式的收款单位和付款单位,必须是国有企业、供销合作社以及经营管理较好,并经开户银行审查同意的城乡集体所有制工业企业。收付双方使用托收承付结算必须签有符合《经济合同法》的购销合同,并在合同上注明使用托收承付结算方式。

托收承付结算每笔余额起点为 10 000 元。新华书店系统每笔余额起点为 1 000 元。款项划回的方式分为邮划和电划两种,由收款人选用。

(一)收款人开户行受理的处理

收款人按照签订的购销合同发货后,即可填制托收承付凭证(式样见图 5-8)一式五联,第一联为回单,第二联为贷方凭证,第三联为借方凭证,第四联为收账通知,第五联为付款通知。托收承付凭证按要求的内容填妥并盖章后,连同发运单证或其他符合托收承付结算的有关证明和交易单证(所附单证的张数应在托收承付凭证上注明)一并送交开户银行。收款人如需取回发运证件,银行应在托收承付凭证上加盖"已验发运单证"戳记。

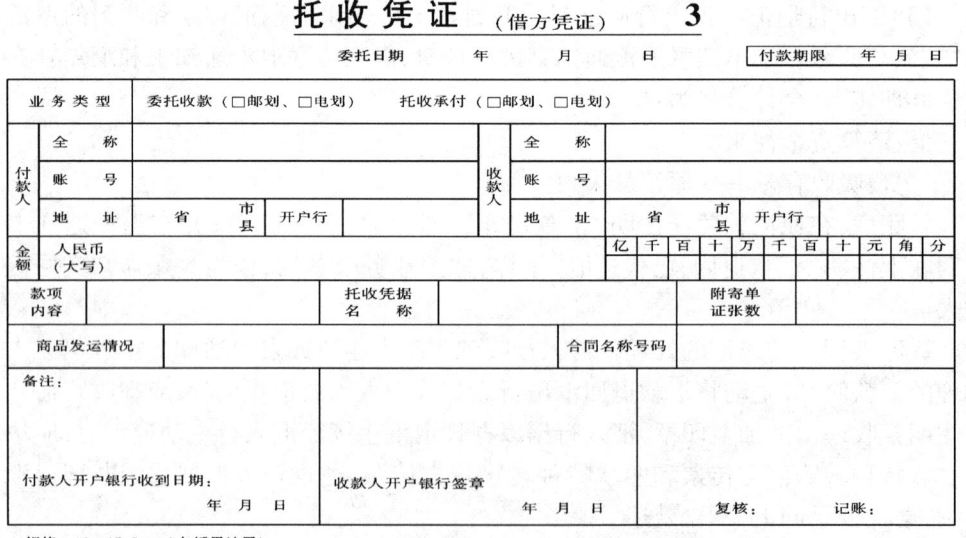

图 5-8 托收承付凭证

开户银行接到托收承付凭证及其附件后,应当按照托收的合同、条件和托收承付凭证填写的要求认真进行审核,必要时,还应查验收付款人签订的购销合同。凡不合要求或违反购销合同发货的,不能予以办理。审查时间最长不得超过次日。

开户银行将托收承付凭证、发运证件和交易单证审核无误后,托收承付凭证第一联加盖业务公章退给收款人,第二联托收承付凭证据以登记"发出托收结算凭证登记簿",并留存保管,托收承付凭证的第三、四、五联连同所附单证一并寄送付款人开户行。如为电划方式,托收承付凭证第四联为发电依据。

(二)付款人开户行的处理

付款人开户行收到托收承付凭证和所附单证,经审查无误后,在各联凭证上批注到期日及承付期限,第三、四联托收承付凭证按承付到期日顺序保管,并登记"定期代收结算凭证登记簿"。托收承付凭证第五联连同所附单证送付款人,通知其准备到期付款。

承付货款分为验单付款和验货付款两种,由收付款双方商量选用,并在合同中明确规定。验单付款的承付期为3天,从付款人开户银行发出承付通知的次日算起(承付期内遇法定节假日顺延);验货付款的承付期为10天,从运输部门向付款人发出提货通知的次日算起。对收付双方在合同中明确规定,并在托收凭证上注明验货付款期限的,银行从其规定。付款人在承付期内,未向银行提出异议。银行即视作同意付款,并在承付期满的次日(遇法定节假日顺延)上午银行开始营业时,主动将款项从付款人账户内划出,按收款人指定的划款方式,划给收款人。

1.全额付款的处理。付款人在承付期内没有提出拒绝付款的要求,其账户内又有足够余额,则视同默认付款。承付期满次日上午,付款人开户行主动将托收款项从付款入账户付出,划往收款人开户行,以第三联托收承付凭证代借方传票办理转账,会计分录为:

借:吸收存款——付款人户

贷:清算资金往来

在第四联托收承付凭证上填注支付日期,并在"定期代收结算凭证登记簿"的销账日期栏登记销账日期,凭证随同资金汇划报单寄送收款人开户行。

2.提前承付的处理。付款人在承付期满前通知银行提前付款,银行划款的手续同上,但应在托收承付凭证和登记簿备注栏分别注明"提前承付"字样。

3.多承付的处理。付款人因商品的价格、数量或金额变动的原因,要求对本笔托收多承付的款项一并划回时,付款人应填制四联"多承付理由书"提交银行,银行审查后,在托收承付凭证和登记簿注栏注明多承付的金额,以第二联多承付理由书代借方凭证,第三联托收承付凭证作附件。然后将第一联多承付理由书加盖转讫章作支款通知交给付款人,第三、第四联多承付理由书寄收款人开户行。银行划款的手续同上。

4.逾期付款的处理。付款人在承付期满日银行营业终了时,如无足够资金支付货款,其不足部分即为逾期付款。付款人开户银行对逾期支付的款项,应当根据逾期付款余额和逾期天数,每天按万分之五计算逾期付款赔偿金给收款人。付款人开户银行对逾期未付的托收凭证,负责进行扣款的期限为3个月(从承付期满日算起)。期满时,付款人仍无足够资余支付尚未付清的欠款,银行应于次日通知付款人将有关交易单证(单证已作账务处理或已部分支付的,可以填制应付款项证明单)在2天内退回银行(遇法定节假日顺延),付款人逾期不退回单证的,银行于发出通知的第3天起,按照尚未付清欠款金额,每天处以万分之五但不低于5元的罚款,并暂停其向外办理结算,直至退回单证时止。

付款人在承付期满日营业终了前账户无款支付的,付款人开户行应在托收承付凭证和登记簿备注栏分别注明"逾期付款"字样。并填制三联"托收承付结算到期未收通知书",将第一、第二联通知书寄收款人开户行,第三联通知书与第三、第四联托收承付凭证一并保管,等到付款人账户有款可以一次或分次扣款时,比照下面"5.部分付款的处理"有关手续办理,将逾期付款的款项和赔偿金一并划给收款人。

赔偿金的计算公式:

$$赔偿金金额 = 逾期付款金额 \times 逾期天数 \times 0.5‰$$

每月单独扣付赔偿金时,付款人开户行应填制特种转账借方传票两联,并注明原托收号码及金额,在转账原因栏注明付款的金额及相应扣付赔偿金的金额。

以一联特种转账借方传票作借方凭证,会计分录为:

借:吸收存款——付款人户

贷:清算资金往来

逾期付款期满(即扣款期满),付款人账户不能全额或部分支付托收款项,开户行应向付款人发出索回单证通知,付款人于银行发出通知的次日起两天内(到期日遇法定节假日顺延,邮寄加邮程)必须将全部单证退回银行,经银行核对无误后,在托收凭证和登记簿备注栏注明单证退回日期和"无法支付"的字样,并填制三联"应付款项证明单",将一联证明单和第三联托收凭证一并留存备查,将两联证明单连同第四、第五联托收凭证及有关单证一并寄收款人开户行。

付款人开户行在退回托收凭证和单证时,需将应付的赔偿余一并划给收款人。付款人逾期不退回单证的,开户行按前述规定予以罚款作为银行营业外收入处理。

5.部分付款的处理。付款人在承付期满日开户行营业终了前,账户只能部分支付的,付款人开户行应在托收凭证上注明当天可以扣收的金额;同时,填制两联特种转账借方凭证,并注明原托收号码及金额,以一联特种转账借方凭证作借方传票,其会计分录为:

借:吸收存款——付款人户(部分支付金额)

　　贷:清算资金往来(部分支付金额)

转账后,另一联特种转账借方凭证加盖转讫章作支款通知交给付款人,并在登记簿备注栏分别注明已承付和未承付金额,并批注"部分付款"字样。第三、第四联托收凭证按付款人及先后日期单独保管。

待付款入账户有款时,再及时将未承付部分款项一次或分次划转收款人开户行,同时逐次扣收逾期付款赔偿金,其处理手续同逾期付款的处理。

6. 全部拒绝付款的处理。付款人在承付期内提出全部拒付的,应填四联全部拒付理由书,连同有关的拒付证明、第五联托收凭证及所附单证送交开户行。银行严格审查,不同意拒付的,实行强制扣款,对无理拒付而增加银行审查时间的,银行应按规定扣收赔偿金。

对符合规定同意拒付的,经银行主管部门审批后。在托收凭证和登记簿备注栏注明"全部拒付"字样,然后将第一联拒付理由书加盖业务公章退给付款人,将第二联拒付理由书连同第三联托收凭证留存备查,其余所有单证一并寄给收款人开户行。

7. 部分拒绝付款的处理手续。付款人在承付期内提出部分拒绝付款,经银行审查同意办理的,依照全部拒付审查手续办理,并在托收凭证和登记簿备注栏注明"部分拒付"字样及部分拒付的金额,对同意承付的部分,以第二联拒付理由书代借方凭证(第三联托收凭证作附件),会计分录为:

借:吸收存款——付款人户(同意承付金额)

　　贷:清算资金往来(同意承付金额)

然后将第一联拒付理由书加盖转讫章交付款人,第三、第四联部分拒付理由书连同拒付部分的商品清单和有关证明邮寄收款人开户行。

(三)收款人开户行收款结账的处理

1. 全额划回的处理。收款人开户行收到付款人开户行通过资金汇划系统汇来款项,应打印资金汇划贷方补充凭证,与留存的第二联托收凭证核对无误后,在第二联托收凭证上注明转账日期,进行转账,其中一联资金汇划贷方补充凭证作贷方凭证,第二联托收凭证作其附件,会计分录为:

借:清算资金往来

　　贷:吸收存款——收款人户

同时,销记"发出托收结算凭证登记簿",并将第四联托收承付凭证代收账通知交收款人。

2. 多承付款划回的处理。收款人开户行收到付款人开户行划来多承付款项及第三、第四联多承付理由书后,在第二联托收凭证和登记簿备注栏注明多承付金额,为收款人及时入账,并将一联多承付理由书交收款人,其余手续与全额划回相同。

3.部分划回的处理。银行收到付款人开户行部分划回的款项,在第二联托收凭证和登记簿上注明部分划回的金额,为收款人及时入账。其余手续与全额划回相同。

4.逾期划回、无款支付退回凭证或单独划回赔偿金的处理。收款人开户行收到第一、第二联到期未收通知书后,应在第二联托收凭证上注明"逾期付款"字样及日期,然后将第二联通知书交收款人,第一联通知书、第二联托收凭证一并保管。待接到一次、分次划款或单独划回的赔偿金时,比照部分划回的有关手续处理。

收款人开户行在逾期付款期满后接到第四、五联托收凭证(部分无款支付是第四联托收凭证)及两联无款支付通知书和有关单证,核对无误后,抽出第二联托收凭证注明"无款支付"字样,销记登记簿,然后将其余托收凭证、无款支付通知书及有关单证退交收款人。

5.拒绝付款的处理。收款人开户行收到付款人开户行寄来的托收凭证、拒付理由书、拒付证明及有关单证后,抽出第二联托收凭证,在备注栏注明"全部拒付"或"部分拒付××元"字样,并销记登记簿,同时将托收凭证、拒付理由书及有关单证退回收款人。部分拒付的,对划回款项还要办理收款人入账。

三、委托收款业务的核算

委托收款是收款人向银行提供收款依据,委托银行向付款人收取款项的结算方式。委托收款结算款项的划回方式,分邮划和电划两种,由收款人选用。委托收款不受金额起点限制,同城、异地均可以使用。在同城范围内,收款人收取公用事业费或根据国务院的规定,可以使用同城特约委托收款。

(一)收款人开户行受理委托收款的处理

单位和个人凭已承兑商业汇票、债券、存单等付款人债务证明办理款项的结算,均可以使用委托收款结算方式。收款人办理委托收款应向银行提交委托收款凭证和有关债务证明。托收凭证为一式五联,第一联为回单,第二联为贷方凭证,第三联为借方凭证,第四联为收账通知(电划的为发电依据),第五联为付款通知。

收款人按规定填写之后,在第二联凭证上签章,然后连同有关债务证明一并交开户行。收款人开户行收到收款人提交的托收凭证和债务证明后,经审核无误,第一联加盖业务公章退给收款人;第二联在凭以登记"发出委托收款凭证登记簿"后专夹保管;第三联托收凭证加盖结算专用章与第四、五联及有关债务证明一并交付款人开户行。

(二)付款人开户行的处理

付款人开户行接到收款人开户行寄来的第三、四、五联托收凭证及有关债务证明时,应审查是否属于本行的凭证。审查无误后,在各联凭证填注收到日期,根据托收凭证第三、四联,将有关内容输入资金汇划系统,登记"收到委托收款凭证登记簿",然后将第三、四联托收凭证专夹保管。

1. 银行作为付款人付款的处理。以银行为付款人的,对托收凭据已到期并在付款期限内的,应在收到寄来托收凭证和有关债务证明的当日将款项支付给收款人,对托收凭据未到期的,待到期日将款项主动支付给收款人,会计分录为:

借:吸收存款——付款人户
　　贷:存入保证金——委托收款
借:存入保证金——委托收款
　　贷:清算资金往来

转账后,销记"收到委托收款凭证登记簿"。

2. 付款人为单位付款的处理。以单位为付款人的,付款人开户行接到托收凭证和有关债务证明时,按照有关办法规定需要将有关债务证明留存或交给付款人的,应将第五联托收凭证加盖业务公章,及时交给付款人。付款人应于接到付款通知的3日内通知银行付款;付款人在3日内没有提出拒绝付款的要求,其账户内又有足够余额,则视同默认付款。银行应于付款人签收日的次日起第四天上午开始营业时,将款项划给收款人,会计分录为:

借:吸收存款——付款人户
　　贷:清算资金往来

转账后,销记"收到委托收款凭证登记簿"。

银行在办理划款时,付款人账户不足支付时,应通过收款人开户行向收款人发出未付款项通知书。债务证明留存付款人开户行的,应将债务证明连同未付款项通知书邮寄收款人开户行转交收款人。

3. 付款人拒绝付款的处理。付款人审查有关债务证明后,对收款人委托收款的款项拒绝付款的,可以办理拒绝付款。付款人需出具拒绝付款证明,开户行将拒绝证明、债务证明和有关托收凭证转收款人开户行交收款人,并销记"收到委托收款凭证登记簿"。

(三)收款人开户行收到划回款项的处理

收款人开户行收到付款人开户行划来的托收有关凭证,经确认后,记入收款人账户,销记"发出委托收款凭证登记簿"及应收托收款项表外科目,其会计分录为:

借:清算资金往来

贷:吸收存款——收款人户

收款人开户银行如果收到付款人开户行寄来的第四联托收凭证和第二、三联"付款人未付款项通知书"及付款人开户行留存的债务证明,抽出第二联托收凭证,与第四联托收凭证核对无误后,在第二联托收凭证的备注栏注明"无款支付"字样,销记"发出委托收款凭证登记簿"和应收托收款项科目分户账,然后将第四联托收凭证及一联未付款项通知书、收到的债务证明退给收款人。收款人在该联未付款项通知书上签收后,开户行将该联未付款项通知书连同第二联托收凭证一并留存。

第四节　银行卡业务的核算

银行卡是指由商业银行向个人和单位发行的具有消费信用、转账结算、存取现金等全部或部分功能的信用支付工具。目前我国已形成以中国银联银行卡跨行支付系统为主干,连接各发卡银行行内银行卡支付系统的银行卡支付网络架构,实现了银行卡的联网通用。中国银联银行卡跨行支付系统,具有借记卡和信用卡、密码方式和签名方式共享系统资源的特点。2004 年 11 月,银行卡跨行支付系统接入大额支付系统,实现了银联卡跨行支付的即时转账结算。

一、银行卡种类

银行卡按使用对象分为单位卡和个人卡;按币种不同分为人民币卡和外币卡;按信息载体不同分为磁条卡和芯片卡;按其是否可以透支划分为借记卡和信用卡。

1. 借记卡。借记卡是持卡人只能在存款额度内办理现金存取、消费和转账的银行卡。借记卡不具备透支功能,只能先存款后消费。借记卡按等级可以分为普通卡、金卡和白金卡;按不同功能可以分为转账卡、专用卡、储值卡;按使用范围可以分为国内卡和国际卡。

2. 信用卡。信用卡是由银行或信用卡公司向资信良好的个人和机构签发的一种信用凭证,持卡人可在指定的特约商户购物或获得服务。信用卡按照授信程度的不同。分为贷记卡和准贷记卡。贷记卡是指发卡银行给予持卡人一定的信用额度,持卡人可在信用额度内先消费、后还款的信用卡。贷记卡非现金交易享有免息还款期或最低还款额待遇。准贷记卡是指持卡人须先按发卡行要求交存一定金额的备用金,当备用金账户余额不足支付时,可在发卡银行规定的信用额度内透支的信用卡。准贷记卡不享受免息还款期。

二、银行卡的基本规定

1. 银行卡的发卡机构必须是经中国人民银行批准的商业银行(包括外资银行、

合资银行)和非银行金融机构。

2.凡在金融机构开立基本存款账户的单位可申领单位卡。单位卡的申领凭中国人民银行核发的开户许可证。单位卡账户的资金一律从其基本存款账户转账存入,不得存取现金,不得将销货收入存入单位卡账户。

3.凡具有完全民事行为能力的个人可申领个人卡,个人卡的申领凭本人有效身份证;个人卡账户的资金(含保证金)以其持有的现金存入或以其工资性款项及属于个人的劳务报酬、投资报酬等收入转账存入。

4.银行卡只限于合法持卡人本人使用,不得出租或转借。

5.发卡银行对贷记卡支取现金设有授权规定;对持卡人在自动柜员机取款也设定交易上限。

6.信用卡的授信额度,按目前《银行卡管理办法》的规定最高不得超过5万元。信用卡的透支期限最长为60天,持卡人不得恶意透支。

7.信用卡的透支利息,自签单日或银行记账日起按规定利率计收,透支计息不分段,按最后透支时间的最高利率计息。

8.发卡银行对贷记卡账户的存款、储值卡(含IC卡的电子钱包)内的币值不计付利息;对准贷记卡及借记卡(不含储值卡)账户内的存款,按照中国人民银行规定的同期同档次存款利率及计算办法计付利息。

三、信用卡业务的核算

(一)信用卡发卡的处理

1.单位卡发卡的处理。单位申请使用信用卡,应按发卡银行规定向发卡银行填写申请表,发卡机构批准申请单位领卡后,应及时通知前来办理领卡手续,并按规定向其收取备用金和手续费。填制一联特种转账贷方凭证,作为收取手续费的贷方凭证。

如申请人在发卡银行开户,发卡银行接到申请人送来的支票和三联账单,经审查无误后,按照支票会计核算手续处理,会计分录为:

借:吸收存款——××单位基本存款账户
　贷:吸收存款——××单位信用卡户
　　手续费及佣金收入——信用卡手续费户

如申请人不在发卡银行开户,支票提出交换。

2.个人卡发卡的处理。按照票据交换的规定进行处理。

个人申请使用信用卡,应按发卡银行规定向发卡银行填写申请表。发卡机构批准申请人领卡后,应及时通知申请人前来办理领卡手续,并按规定向其收取备用金和手续费。填制一联特种转账贷方凭证,作为收取手续费贷方凭证。

如申请人交存现金,银行收妥款项后,发给其信用卡,会计分录为:

借:库存现金

　贷:吸收存款——××个人信用卡户

　　手续费及佣金收入——信用卡手续费户

如申请人转账存入,银行接到申请人交来的支票及进账单,应按照有关个人卡账户资金来源的规定认真审查后,比照单位卡的有关手续处理。

发卡银行在办理信用卡发卡手续时,应登记信用卡账户开销户登记簿和发卡清单,并在发卡清单上记载领卡人身份证件号码,由领卡人签收。

(二)信用卡付款的处理

1.特约商户开户行的处理。特约商户开户行收到特约单位送来的二联进账单和三联汇计单及第二、第三联签约购单时,应认真审查:签购单及其压印的内容是否属本行发行的信用卡;签购单上有无持卡人签名、身份证件号码和特约单位名称和编号;签购单的大小写金额是否相符;签购单上压印的信用卡有效期限是否在有效期内;超过规定交易限额的,有无授权号码;汇计单和签购单的内容是否一致;汇计单、签购单和进账单的结计金额是否正确;手续费计算是否正确。

审核无误后,据第二联签购单上压印的电子汇划往来行号或填注的分辖行号和同城票据交换号,进行处理,会计分录为:

借:清算资金往来

　贷:吸收存款——××特约商户

　　手续费及佣金收入——信用卡手续费收入

2.持卡人开户行的处理。持卡人开户行收到通过同城票据交换或电子汇划信息及第二联签购单时,经审查无误后,在第二联签购单上加盖转讫章作借方凭证,会计分录为:

借:吸收存款——××信用卡户

　贷:清算资金往来

持卡人开户行收到签购单,发现持卡入账户不足支付的,其不足部分转入"其他短期贷款"科目核算。透支利息按规定办理。

(三)信用卡存取现金的处理

信用卡存取现金仅限于个人卡,单位卡一律不得存取现金。

1.存入现金的处理。

(1)代理行的处理。持卡人来行存现金时,银行经办人员点收现金,审查无误后,压制存款单一式四联,在存款单上填写持卡人存入的金额,本行的名称及代号等内容,交由持卡人签名,核对其签名与所持信用卡签名相符后,填制一联特种转

账贷方凭证(存款单第三联为附件),办理收款手续,会计分录为:

借:库存现金

　　贷:其他应付款——持卡人户

记账后,将存款单第一联加盖现金收讫章连同信用卡退交持卡人,第四联留存,第二联通过同城票据交换或资金汇划系统转持卡人开户行,会计分录为:

借:其他应付款——持卡人户

　　贷:清算资金往来

　　　　其他应付款——××手续费户(同城免收)

(2)持卡人开户行的处理。持卡人开户行收到同城交换的第二联存款单或异地发送来的电子汇划信息时,经审查无误后,第二联存款单或电子汇兑凭证作贷方凭证,会计分录为:

借:清算资金往来

　　贷:吸收存款——××个人信用卡户

2.支取现金的处理。

(1)代理行的处理。持卡人用信用卡支取现金时,银行经办人员应审查:信用卡的真伪及有效期;持卡人身份证件的照片是否与其本人相同;该信用卡是否被列入支付名单等。审查无误后,在取现单上办理压(刷)卡,取现单由一式四联组成,第一联回单,第二联借方传票,第三联贷方传票附件,第四联存根。在取款单上注明持卡人支取金额、身份证件号码、代理行名称和代号等内容,由持卡人签名,审验无误后办理(若持卡人取现金额超过限额的,应办理索权手续,并将发卡银行所给的授权号填入取现单有关栏目);填制一联特种转账贷方凭证(第三联取现单作附件)和一联现金借方凭证,办理转账,会计分录为:

借:清算资金往来

　　贷:其他应收款——持卡人户

借:其他应收款——持卡人户

　　贷:库存现金

　　　　其他应付款——××手续费户(同城免收)

记账后,将取现单第一联加盖现金付讫章连同信用卡退交持卡人,第四联留存,第二联通过同城票据交换或资金汇划系统转持卡人开户行。

(2)持卡人开户行的处理。持卡人开户行收到同城交换来的第二联取现单或异地发送来的电子汇划信息时,经审查无误后,第二联取现单或电子汇兑凭证作借方凭证,会计分录为:

借:吸收存款——××个人信用卡户

　　贷:清算资金往来

（四）信用卡注销的处理

发卡机构在确认持卡人具备销户条件时,应通知持卡人办理销户于续,并收回信用卡。有效卡无法收回时,应予以止付。按规定,销户后的单位卡资金应转该单位基本存款户,个人卡资金可支付现金,也可按客户要求办理转账。

1.单位卡销户的处理。单位卡销户时,单位卡持卡人应向发卡银行提交授权单位的销户证明和基本存款账户开户许可证及单位卡,银行核对账务并审查无误后,按规定计付利息,由持卡人签名后结清账户,会计分录为:

借:吸收存款——申请单位信用卡户

利息支出——××信用卡利息支出户

贷:吸收存款——申请单位基本存款户

2.个人卡销户的处理。个人卡持卡人应出具持卡人身份证件及个人卡。发卡银行与持卡人核对账务并审查无误后,按规定计付利息,由持卡人签名后结清账户,会计分录为:

借:吸收存款——××个人信用卡户

利息支出——××信用卡利息支出户

贷:库存现金

或××科目

复习思考题

一、思考题

1.简述支付结算的性质、纪律与原则。

2.什么是票据? 票据的种类有哪些?

3.什么是支票? 转账支票有几种核算方式?

4.商业承兑汇票与银行承兑汇票核算有何异同?

5.银行本票核算有几个阶段? 如何进行核算?

5.简述委托收款与托收承付的异同。

7.简述信用卡核算的处理。

二、业务题

1.红星厂申请签发银行本票30万元,银行审核后出票。

2.经查看,当日有一笔申请人为 F 公司的银行承兑汇票196 000 元,现已到付款期,出票人甲公司账户上有 170 000 元,不足以支付票款。

3.工商银行甲分行收到本行开户公司 A 公司的收款人开户行寄来的委托收款

凭证,系 A 公司的购货款,金额 220 000 元,经审查后作为付款人付款。

4. 红星厂将其信用卡销户,卡内金额为 34 000 元,银行计息 42.35 元。

5. D 公司提交本日到期的商业承兑汇票及同城委托收款结算凭证,金额 330 000元,委托银行向 A 公司收取汇票款,经审查无误办理。A 公司所在银行收到委托行寄来的凭证后,审核无误从 A 公司划款。

第六章　支付体系及其业务的核算

【学习要点与要求】

通过本章的学习,要求了解支付体系的概念,我国支付系统的构成,支付服务组织和支付结算方式;了解联行往来模式的发展历史,联行往来的基本原理和做法,资金汇划清算系统的架构以及基本做法和处理要求;掌握中国现代化支付系统的概念,大额实时支付系统的概念,小额批量支付系统的概念,大额实时支付系统与小额批量支付系统的处理程序及核算;掌握同城票据交换和全国支票影像交换系统的概念,掌握同城票据交换的基本做法和处理程序。

近年来,我国支付体系建设取得显著成就,在促进经济社会发展方面发挥了重要作用。支付体系服务主体多元化发展,形成包括中国人民银行、银行业金融机构和其他机构的组织格局。支付清算结算基础设施不断完善,建成以中国人民银行支付系统为骨干,银行业金融机构行内支付系统为主体,银行卡跨行交易清算系统、外汇结算系统等为重要组成部分的系统架构。

第一节　支付体系概述

一、支付体系的概念和意义

(一)支付体系的概念

支付是社会经济活动引起的资金转移行为。支付体系是实现资金转移的制度和技术安排的有机组合,主要由支付系统、支付工具、支付服务组织及支付体系监督管理等要素组成。

支付系统是支撑各种支付工具应用、实现资金清算并完成资金转移的通道。支付工具是传达收付款人支付指令、实现债权债务清偿和资金转移的载体,分为现金和票据、银行卡等非现金支付工具。支付服务组织是通过账户服务、支付系统、支付工具等手段为社会提供资金清算和结算服务的机构。支付体系监督管理是中央银行为维护支付体系安全、稳定社会公众对支付体系的信心,综合运用经济、法律和行政的手段,对支付系统、支付工具及支付服务组织进行监督管理的行为。

(二)支付体系的重要意义

1.支付体系是经济金融体系的重要组成部分。以货币为媒介的商品交易以及相伴随的资金融通是社会经济活动的基本形式。商品交易和资金融通蕴含着资金的转移,而资金的转移过程便是支付的过程。自银行制度诞生以来,作为支付手段的货币表现为两种主要的形式:实物货币(或称现金)和银行存款。支付过程的每一个环节能否顺利发挥其功能直接决定交易的成败和效率。同时,作为支付过程中服务主体的银行业金融机构,不仅提供账户服务,记录存款货币的存量和流量信息,为交易主体提供支付工具、支付信用、支付信息传递渠道和资金转移通道,而且为还交易主体之间复杂的债权债务提供清算和结算服务。

2.支付体系是货币政策有效传导和金融稳定的前提与基础。在支付体系中,重要支付系统特别是大额实时支付系统是有效传导货币政策的重要渠道。大额实时支付系统与中央银行公开市场操作业务系统相连,完成中央银行买卖有价证券的资金清算,提高公开市场操作效率,直接影响银行业金融机构的差额储备,调节货币供应。

支付系统作为经济金融体系的重要基础设施,是维系金融机构、金融市场之间的纽带,其能否安全稳定运行关系到金融市场中的资金和证券能否在中央银行与金融机构之间以及金融机构之间顺利转移。支付系统中的单个或多个参与者支付能力不足,有可能引发流动性风险、信用风险甚至系统性风险,产生"多米诺骨牌"效应,引发整个金融体系风险和社会震荡。

3.支付体系的发展能有效促进经济增长和金融效率的提高。支付体系通过严谨的法规制度和便利的设施安排,向社会提供资金转移的工具和通道,提供安全高效的资金清算和结算服务,满足日益增长的社会经济活动的需要。其中,支付系统支撑各种支付工具的使用,为社会经济金融运行提供快捷、高效的资金转移通道,是贯穿整个经济金融活动的核心基础设施。

4.支付体系的发展能促进社会公众生活质量的提高。随着经济的快速发展,人们的交易支付习惯也在不断地调整和变化。中国人民银行小额批量支付系统的简称,搭建了提供支付清算服务的公共平台。利用这一平台,银行业金融机构和支付清算组织可以提供个人存款的通存通兑,水、电、煤气灯公用事业费用交纳,工资、养老金发放等服务,极大地便利了公众生活。安全、便捷、个性化的支付服务需求成为一种趋势。密码、"防火墙"、电子签名等技术安全措施在支付领域获得广泛运用,健全的支付体系风险方法机制有效地保障了资金安全。

5.支付体系的发展能有效推动金融创新。安全高效的支付体系是支持和推动金融创新的重要基础。支付系统等金融基础设施的建设及不断完善,提升了银行业金融机构的业务处理能力,为银行业金融机构进行产品和服务创新提供了公共平台,进一步提高了其市场竞争力。

二、支付系统

目前,我国已经建成以中国人民银行现代化支付系统为核心,银行业金融机构行内支付系统为基础,票据支付系统、银行卡支付系统和外币支付系统为重要组成部分的支付清算网络体系。

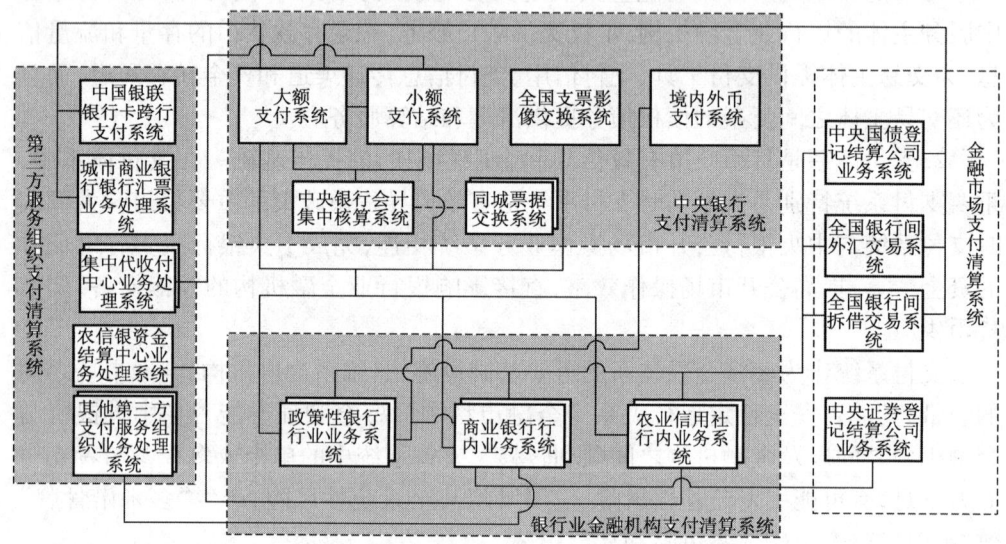

图 6-1　中国支付清算网络体系总体架构图

三、支付服务组织

(一)中国人民银行

中国人民银行肩负"维护支付、清算系统正常运行"、"推进支付工具创新"的法定职责,是我国支付体系建设的组织者、推动者、监督者。作为跨行支付服务的提供者,近年来,中国人民银行建设运行了大、小额支付系统、全国支票影像交换系统、境内外币支付系统、电子商业汇票系统、网上支付跨行清算系统等重要业务系统,对于加速社会资金周转,促进经济金融发展发挥了重要作用。以上各系统均由中国人民银行清算总中心负责运行维护。中国人民银行清算中心 1990 年成立,是中国人民银行直属的、不以营利为目的的、实行企业化管理的事业法人单位。

（二）银行业金融机构

银行业金融机构是中国企业和个人支付服务的主要供给主体。依托遍布城乡的营业网点，面向社会公众提供零售支付服务，其业务种类多，规模大，服务覆盖面广。

（三）清算组织

中国银联股份有限公司（以下简称中国银联）。中国银联已经延伸到境外104个国家和地区，相继与万事达、运通、花旗银行、汇丰银行、PayPal 等国际大机构建立了合作关系。

城市商业银行资金清算中心。城市商业银行银行汇票处理系统是依托中国人民银行大额支付系统，实现城市商业银行签发、兑付银行汇票信息传输和资金清算的业务处理系统。该系统于2004年10月接入大额支付系统，由城市商业银行资金清算中心、各会员行、成员行和代理兑付行组成。

农信银资金清算中心。2010年，农信银资金清算中心顺利实现全国农村合作金融机构核心业务系统的联网运行，农信银支付清算系统业务量和交易成功率持续上升。

（四）证券结算机构

中央国债登记结算有限责任公司（简称"中债登"）。1996年公司在原中国证券交易系统有限公司的基础上改组设立，承担全国债券市场提供国债、金融债券、企业债券和其他固定收益证券的登记、托管、交易结算等工作。

中国证券登记结算有限责任公司（简称"中证登"）。2001年3月30日，按照《证券法》关于证券登记结算集中统一运营的要求，经国务院同意，中国证监会批准，中国证券登记结算有限责任公司组建成立。同年9月，中国证券登记结算有限责任公司在上海、深圳的分公司正式成立。从2001年10月1日起，中国证券登记结算有限责任公司承接了原来隶属于上海和深圳证券交易所的全部登记结算业务，标志着全国集中统一的证券登记结算体制的组织架构基本形成。

银行间市场清算所股份有限公司（以下简称上海清算所）。2009年上海清算所成立，主要业务是为银行间市场提供以中央对手净额清算为主的直接和间接的本外币清算服务，包括清算、结算、交割、保证金管理、抵押品管理、信息服务、咨询业务，以及相关管理部门规定的其他业务。

四、支付结算的方式

支付结算方式详见第五章叙述。现代化支付结算工具体系包括三大类：纸基支付工具、电子支付工具和其他支付工具。纸基支付工具(票据)包括支票、汇票和本票。电子支付工具包括卡基支付、网上支付和移动支付。其中卡基支付工具包括银行卡、储值卡;其他支付工具包括现金支付、汇兑、委托收款、托收承付、定期借记、定期贷记等。

第二节 商业银行行内支付系统

商业银行行内支付系统不仅仅是商业银行系统内即时调拨资金、清算存欠的重要体系,而且是整个支付体系的重要组成部分。随着金融体制改革的不断深化和经营水平的逐步提高,各商业银行相继建设运行了基于计算机网络技术的行内综合业务处理系统,并进行了不同程度的数据集中,实现了行内各项业务与支付清算业务的整合,新一代行内支付系统的业务处理能力不断增强。

一、联行往来的概念与发展历史

(一)联行往来的概念

联行往来是指同一银行系统内各行处之间由于办理结算和资金调拨等业务而发生的资金账务往来。它是办理结算业务和资金划拨的重要工具。

银行承担着为各经济主体之间商品交易、劳务供应、资金调拨进行货币结算的任务。而这些业务除一小部分可在同一行处办理外,绝大部分要在同一区域或同地区的两个行处之间进行,这就引起了银行两个行处之间的资金往来。有资金往来关系的系统内行处之间互称联行,需要通过联行往来完成资金划拨和清算。因此,联行往来是系统内银行机构之间实现资金划拨的重要渠道,是各经济实体间支付结算业务的延伸,是实现银行各项业务活动的工具,也是银行之间往来业务会计核算的基础和重要组成部分。

联行往来,按照信息传递媒介的不同,分为手工联行和电子联行。其发展经历了从手工联行到电子联行的变革。手工联行以邮递纸凭证或拍发电报为媒介传递联行信息,按照"统一领导、分级管理"的原则,按资金往来业务所涉及的范围,划分为全国联行往来、分行辖内往来和支行辖内往来,分别由总行、分行和支行管理和监督。各行根据自身业务特点和需要,建立本系统的联行核算体系和资金清算办法。随着我国市场经济的深入发展,经济活动的范围不断扩大,经济交易日益增多,客观上要求银行为客户提供方便、快捷、准确的支付结算和资金清算服务。随着现代通讯技术的发展及计算机网络在银行业务中的广泛运用,联行往来业务日益电子化和现代化。1991年4月1日,中国人民银行开发建设的以专业卫星通讯网为依托的全国电子联行系统投入试运行,为中央银行及各商业银行提供资金划拨清算服务。随后各商业银行也相继开发建设行内电子汇兑系统,先后以资金汇划与清算系统替代了原有的联行往来体系。

（二）联行往来模式的发展历史

联行往来模式的发展取决于经济金融总体发展水平,以及科学技术特别是计算机网络、电子通讯技术在经济金融领域的应用。与经济发展相适应,我国联行往来模式的发展也经历了几个重要的阶段:

1. 计划经济时期的"全国大联行"。计划经济时期,实行"全国大联行"清算体系。由于单一的国家银行信用统揽支付结算,中国人民银行集清算、结算、监督于一身,建立起高度集中的"全国大联行"清算体系。由于全国只设一家国有银行,按行政区域实行分支行制,实行的又是高度集中的计划经济体制,不实行经济核算,不存在谁占用谁的资金问题,银行之间的往来只办理资金的汇划往来,并不存在实质上的资金清算。

2. 改革开放初期沿袭"全国大联行"。改革开放初期,仍然实行"全国大联行"体制。1979年恢复农业银行、分设中国银行后,我国仍然实行大联行体制。当时,全国联行往来和省辖往来由原人民银行主办,农行和中行参加;县辖往来由农行主办,原中国人民银行和中行参加。此时的联行往来之间,仍然不清算资金,只是根据实际的汇划往来每日轧计汇差,根据相互存欠,互计利息而已。

3. 中央银行独立行使职能后的"五大联行"体系。1983年1月,原中国人民银行开始行使中央银行职能。1984年1月中国工商银行正式成立,原中国人民银行的具体业务由中国工商银行办理。在这个时期,我国形成了以中央银行为核心、各专业银行为主体的银行体系。为此,各专业银行实行"统一计划、划分资金、实贷实存、相互融通"的信贷资金管理体制。为了适应银行信贷资金管理体制的改革,1985年4月1日,我国的联行管理体制实行了重大改革,取消了全国大联行,实行多家专业银行自建联行系统,划分了人民银行和专业银行的联行资金。中央银行和专业银行实行"自成联行系统,跨行直接通汇,相互发报移卡,及时清算资金"的方式,将中国人民银行主办的"大联行"改为各专业银行自成联行系统、跨行直接通汇的清算模式。各行根据自身业务特点和需要,建立起本系统的三级联行核算体系和资金清算办法,由一个大联行系统变成五个联行系统。

各专业银行自成联行系统后,对于各行进行经营核算有积极意义。但由于受当时技术条件的限制,联行往来所依据的载体工具主要以电报、邮递形式为主,周转速度慢,而且易出差错,造成系统内汇划款项与资金清算不同步,汇划在前、清算在后,系统内相互占用汇差资金的问题严重,出现一些行处占用应付汇差发放贷款、系统内汇差资金调度不灵和不能及时解付汇款等问题。这些问题的存在,已影响到宏观管理和金融活动的正常进行。为此,1989年12月,中国人民银行提出了联行清算制度,进一步改革的目标和实施方案并开始组织实施。为便于人民银行的宏观调控,1990年4月1日起实行专业银行跨系统和系统内大额汇划款项通过人民银行转汇、大额银行汇票通过人民银行清算资金。

4.电子联行体系。计算机网络、电子通讯技术在经济金融领域的应用为电子联行的建设提供了技术支撑。随着电子计算机在银行业务中运用的深入,从单纯以代替专柜手工操作为主的应用逐渐延伸到以加速全社会资金运行的信息系统的开发和利用。20世纪90年代以来,中国人民银行开始建立运用卫星通讯网的电子联行系统。1991年中国人民银行的全国电子联行系统投入试运行并逐步覆盖全国各地,同时,中国人民银行各分支行组织建立了同城票据交换系统,为同城资金汇划提供清算服务。

随后各商业银行也相继开发建设行内电子汇兑系统。1999年起,以中国工商银行为首的商业银行相继开发建立了自己的电子汇划清算系统——资金汇划与清算系统,并逐步取代了原有的手工联行,提高了汇划往来的效率。目前,国内各商业银行都建立了以电子汇划为手段的内部清算系统。商业银行行内资金汇划系统是银行机构办理结算资金和银行内部资金往来与清算的渠道,是集汇划业务、清算业务、结算业务等功能为一体的综合性应用系统,在支付清算体系中处于基础地位。

5.新一代联行体系。进入21世纪,中国支付体系建设步入创新发展时期,中国人民银行的全国电子联行系统和各银行的行内支付系统不断升级换代,日趋完善。

二、联行往来的基本原理和做法

(一)联行往来的基本原理

联行往来是与我国境内银行机构采用总分行制相适应的。尽管联行往来业务涉及范围广泛、管理体制不断变革、核算手段日益先进、体系建设日趋完善,但联行往来业务一直以银行体系为载体,其基本原理相同。

1.联行往来涉及同一银行系统内的两家银行网点,双方互为前提。一个发报行,一个收报行,组成了联行往来业务的两个方面,构成了相互依存的对应关系,两者缺一不可。

2.发报行负责办理往账,收报行负责办理来账。每一笔业务的金额,借贷必须相等。当发报行记借方时,收报行记贷方;反之,发报行记贷方时,收报行记借方。发报行记借方时称为借记业务,发报行记贷方时称为贷记业务。在银行实际工作中,大量的是贷记业务。

3.联行往来双方的资金关系是相互代理收付款项。

4.从一个银行网点来看,既要办理往账,又要办理来账,既是收报行,又是发报行。

5. 从一个联行系统来考察,在一定的时期内,往账的总和一定等于来账的总和;但就单个行处来讲,其往账的总和却不等于来账的总和,若相等则纯属偶然。

(二)全国联行往来的基本做法

全国联行往来的基本做法有两种:一种是集中清算制,由各银行的总行负责清算,实行这种做法的银行有人民银行、工商银行、农业银行、中国银行;另一种是分散清算制,由银行的各级行处相互对开账户清算,实行这种做法的银行只有建设银行。分散清算制的原理比较简单,其优点是账务对应明了,缺点是每个行处所开设的账户数量多。集中清算制又分总行集中对账和收报行分散对账两种模式。

1. 划分往账与来账,运用报单贯穿往来账务。当联行往来业务发生时,首先受理资金账务往来的银行称为往账行,对方银行称为来账行。联行间资金账务往来一律以联行报单为依据,规定由首先办理业务、记载联行往账的往账行填发报单,所以,往账行也称发报行(或称甲行);来账行根据收到的报单处理联行来账,所以,来账行也称收报行(或称乙行)。在联行间的日常往来业务中,一家银行可能是某项业务的发报行,也可能是另一项业务的收报行,既要记载往账,也需要记载来账。为了便于对账和结平联行账务,保持联行往来账务的对应平衡关系,要求联行往账和联行来账必须在账务上划分清楚。以报单为依据直接进行业务往来,并通过增加报单的联次,使发报行、收报行、管辖行三方都掌握同一内容的报单,据以监督和核算,使联行往来的各方形成一个有机的整体。

2. 实行严格的对账制度,确保联行账务准确。为督促各行及时、准确地办理联行往来业务,保证联行往来的安全性,必须进行联行对账,对账是为了保证联行账务的准确无误,是联行往来业务的附加,并不是联行清算的必然组成部分,只要能保证账务准确,对账方法可自行选择。传统对账业务有三种操作方式:

(1)收报行分散对账、总行集中监督。此种模式在银行使用时间最长,从原来的人民银行到后来的工商银行、农业银行、中国银行都采用过这种方式,并且人民银行的手工联行往来一直采用这种方法。

具体做法由发报行填制报单,第一联(来账卡)寄送收报行,第二联(报告卡片账)与往账报告表寄送总行电子计算中心,总行电子计算中心根据收到的各发报行寄来的报告卡片账编制对账表,收报行根据发报行寄来的来账卡和总行电子计算中心编制的对账表逐笔勾对。这种核对方法对收报行压力较大。

(2)往来报告,分行录磁,总行对账,逐笔配对。1990年10月,中国工商银行率先改革联行对账方法,随后,农业银行、中国银行也都先后采用这种对账方式。这种对账方式由发报行和收报行分别向总行电子计算中心邮寄往账报告表和来账报告表,并传送往账、来账报告卡片数据,由总行电子计算中心逐笔配对。

（3）对开账户，直接对账。中国建设银行采用对开账户、往来行双方直接对账的分散形式:分为平时核对和定期核对。平时核对采取逐笔核对方法，每当联行业务发生后，由发报行在联行报单上编号，并将本次业务处理后的余额填入划款报单的"我行往账户借、贷方余额"寄发收报行，收报行收到后，应核对本笔报单号码与上一笔报单号码是否衔接，报单上所列余额是否与账户余额相等。定期核对在每年的 6 月、10 月、12 月根据月底止的往账余额编制"联行往来对账签证单"寄发收报行。

3.轧计联行汇差，清算汇差资金。汇差是指资金汇划往来的差额。汇差缘于全国联行往来的系统内资金清算不同步，即汇划在前，清算在后，有的行即使是每日轧计汇差，也只是动账不动钱，联行之间相互存欠资金。联行汇差资金的清算既可以单独清算，也可以与其他资金(如信贷资金)捆绑清算。

4.划分年度，结平账务。联行业务发生后，发报行和收报行由于报单邮程造成的记账时间差，致使联行账务在年度截止日不对称。为了保证联行年度时间的一致性，每年年初的第一季度为上年联行账务的清查期。

为了不混淆本年度的联行账务，在新年度开始，收报行和发报行均按上年度和本年度设立账户，将上年度末全部联行往来各有关科目余额分别反映在各有关科目的上年户内，以便分别处理上年度未清账务和本年新发生账务。待上年度的未达账查清后，逐级反方向结清上年度账户，层层上划上年度的联行各账户余额。

三、全国联行往来核算

（一）全国联行往来的科目设置

联行往来的科目设置没有统一的模式，根据不同的联行模式可以设置几个不同的联行科目:

1.集中清算模式设置以下联行会计科目:联行往账、联行来账、已核对联行来账、未核销报单款项、全国联行汇差、汇差资金划拨。

"联行往账"科目属于资产负债共性科目。发报行签发借方报单，借记本科目，签发贷方报单，贷记本科目。余额可能在借方，也可能在贷方。"联行来账"科目属于资产负债共性科目。收报行收到发报行签发的借方报单，贷记本科目;收到贷方报单，借记本科目。余额可能在借方，也可能在贷方。

借方	联行往账	贷方
发报行代往来银行支付款项	发报行代往来银行收取款项	

借方	联行来账	贷方
收报行收到贷方报单	收报行收到借方报单	

2.对开账户、分散清算模式设置两个联行会计科目:存放联行款项、联行存放款项。

(二)全国联行往来核算工具

1.全国联行报单。全国联行报单是办理全国联行往来业务的凭证,根据不同的联行模式设置不同的联行报单,区别主要是报单的联次,种类基本相同。联行报单是联行重要的空白凭证,每一种模式每一种报单的联次、尺寸、格式及编号都有严格的规定。

(1)集中清算模式的报单设置:邮划报单(包括邮划贷方报单(图6-2)和邮划借方报单)、电划报单(包括电划贷方报单(图6-3)和电划借方报单)、电划补充报单(包括电划补充贷方报单和电划补充借方报单)。

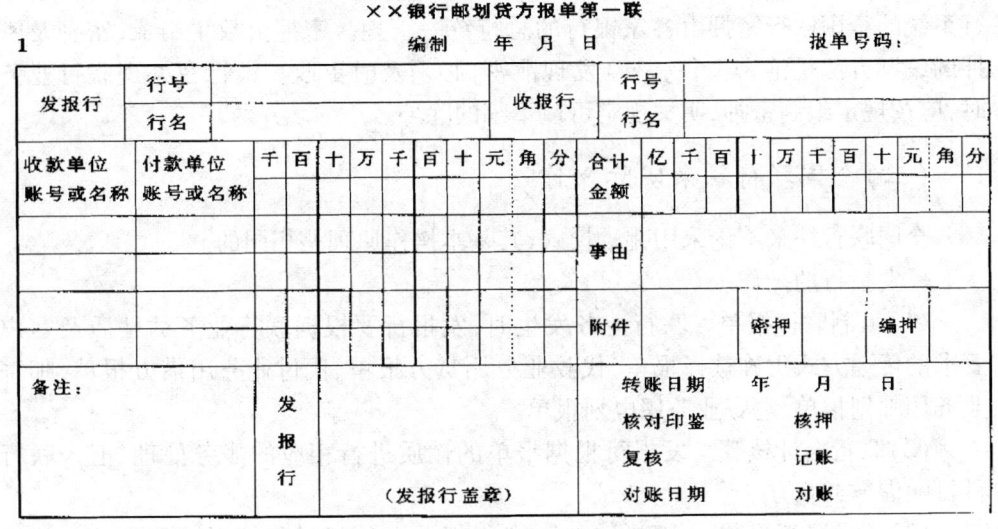

图6-2　邮划报单

图6-3　电划报单

（2）对开账户、分散清算模式的报单设置：邮划联行往来划款报单、电报联行往来划款报单、电报划款补充报单。

2. 全国联行行号。全国联行行号是办理联行业务时使用的行名代号，由各家银行的总行统一颁发，全国不重复。具有全国联行行号的行处才有资格办理全国联行往来业务，否则，应委托他行办理。在填制联行报单时，应同时填写行名和行号，当两者不一致时以行号为准。

3. 联行专用章。联行专用章是办理联行业务的专用印鉴，全国联行专用章由各家银行的总行核发。凡是填发邮划报单，都应加盖联行专用章，联行专用章由专人保管，并有严格的管理规定，联行专用章是收报行鉴别联行报单真伪的措施之一。

4. 联行密押。联行密押是鉴别联行往来凭证及金额真伪的重要手段，各家银行系统的全国联行密押由各家银行的总行统一管理。密押由数字组成，密押及密押的编制方法是绝密文件，一旦发现泄密，必须及时更改。银行在办理联行业务时，应按规定编制密押，明文规定可以不编的除外。

（三）全国联行往来实际操作

全国联行往来不论采用哪种模式，其基本操作原理是相同的。

1. 发报行的操作。

（1）填制联行报单。联行业务发生时，发报行要根据联行业务的性质及客户要求的传递方式正确选择报单，代收业务用贷方报单，代付业务用借方报单，邮寄业务用邮划报单，电寄业务用电划报单。

（2）联行会计核算。发报行根据报单的性质进行相应的账务处理，汇入联行科目的借方或贷方。

（3）寄发联行报单。为防止差错，联行报单必须经过复核后才能寄发。复核时主要审查：联行报单是否套写；发报日期、收报行行名、行号、收付款人户名、账号、金额、事由等内容是否齐全、清晰；是否与附件相符；密押是否齐全正确，第一联报单是否加盖联行专用章。

（4）编制联行业务报告表。

①由收报行分散对账的模式，每天营业终了，发报行根据当天联行往账业务编制往账报告表寄发总行电子计算中心，由总行电子计算中心编制对账表寄发收报行。

②由总行逐笔配对报单的模式，每天营业终了，发报行编制往账报告表寄发总行电子计算中心。

③对开账户、直接对账的模式，在定期核对时，发报行编制并寄发收报行的"联行往来对账签证单"类似于往账报告表。

2.收报行的操作。

(1)核对报单。报单的核对内容主要有:联行信封封面的记录数与实际报单笔数核对;核对报单收报行的行名行号是否正确;报单与附件的收、付款单位的户名账号是否一致;金额与笔数是否一致;联行专用章与联行密押是否正确。

(2)联行会计核算。收报行收到联行报单后,经核对,如果是正确的报单应根据联行报单的性质记入联行科目的借方或贷方;如果是错误的报单应区分可以转账的错误报单和不能转账的错误报单分别处理。只要能够明确行号或附件为该收报行,而其他内容完整、正确即可办理转账;不能办理转账的错误报单有:收、付款单位的户名账号错误、报单与附件的金额不符、密押有误、漏盖联行专用章、电划的电报有误。

(3)对账。如前所述,采取由收报行对账模式的,收报行还需进行对账工作,此处不再赘述。

3.总行电子计算中心的监督。总行对联行往来的监督主要表现在"集中清算"模式,而"对开账户、分散清算"的模式,其往来账由发报行和收报行直接核对,总行通过年终决算来监督。

四、资金汇划清算系统

(一)资金汇划清算系统的架构

目前,各家商业银行都开发了行内电子资金汇划系统,利用先进的计算机网络系统进行资金清算汇划往来账务核算,实现了支付结算电子化和资金清算网路化。

电子资金汇划与清算系统由汇划业务经办行(简称经办行)、清算行、省区分行和总行清算中心组成,各行间通过计算机网络连接,如图6-4所示。

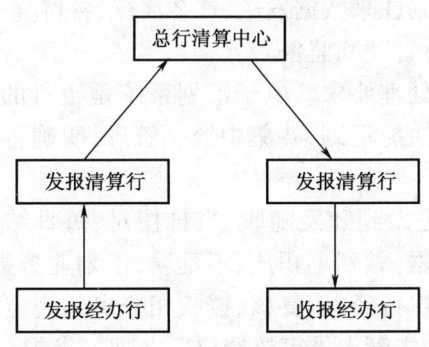

图6-4 资金汇划清算系统结构

经办行就是办理结算和资金汇划的行处。经办行在清算行开立账户,具体办理汇划业务,汇划业务的发生行是发报经办行,汇划业务的接收行是收报经办行。各经办行负责电子汇划业务往来的发报、收报以及办理查询查复业务。

清算行是在总行清算中心开立备付金存款账户的行,又称电子汇划清算分中心,各直辖市分行和二级分行(包括省分行营业部)均为清算行,清算行负责办理辖属行处电子汇划业务往来报文的转发、账务核算管理、资金清算,并对辖属经办行处进行业务指导。省分行也在总行清算中心开立备付金存款账户,但不用于汇划款项的清算,只用于办理系统内资金调拨和内部资金利息的汇划。

总行清算中心主要办理系统内各经办行之间的资金汇划、各清算行之间的资金清算及资金拆借、清算账户对账等账务的核算与管理。

清算行及经办行的设立、撤销,应由主管分行向总行提出书面申请,总行核准同意后颁发或撤销电子汇划联行账号。电子汇划联行账号是参加电子汇划系统的专用标识,经办行依据电子汇划联行账号办理资金汇划清算业务的发报和收报。

(二)资金汇划清算系统的基本做法和处理要求

1. 资金汇划清算的基本做法。资金汇划清算按照"实存资金、同步清算、头寸控制、集中监督"的原则进行。实存资金是指以清算行为单位在总行清算中心开立备付金存款账户,用于汇划款项时的资金清算。同步清算是指经办行汇出汇入资金要同时进行清算,即当发报经办行通过其清算行,经总行清算中心将款项汇划至收报经办行的同时,总行清算中心每天根据各行汇出汇入资金情况,从各该清算行备付金账户付出资金或存入资金,从而实现各清算行之间的资金清算。头寸控制是指各清算行在总行清算中心开立的备付金存款账户,保证足额存款,总行清算中心对各行汇划资金实行集中清算。清算行备付金存款不足,二级分行可向管辖省区分行借款,省区分行和直辖市分行、直属分行头寸不足可向总行借款。集中监督是指总行清算中心对汇划往来数据发送、资金清算、备付金存款账户资信情况和行际间查询、查复情况进行管理和监督。

2. 资金汇划清算的处理要求。电子汇划系统是银行的一项整体工作,为保障系统的正常运行和资金快捷汇划,要集中统一管理,明确各级行的职责,加速资金周转、简化业务手续。

(1)经办行的职责是做到随发随收、当日核对、每日结平、存欠反映。及时处理资金汇划往来报文数据,做到不积压、不延误;汇划业务数据的录入必须换人复核,严格内部控制;严格执行经办、复核、授权相分离的规定:大额资金汇划业务逐笔授权,经各经办行会计主管人员审核授权后办理。发报业务在1亿元(含)以上的,经办行必须将原始凭证送至管辖清算行,由清算行双人办理特大额发报授权;坚持印、押、证分管分用的原则;经办行应每日核对当日业务,结平账务,准确反映资金存欠。

（2）清算分中心的职责是办理资金的借出、借入、归还等手续,计收计付内部资金利息;接受并负责处理总行发送对账差错信息,并对辖属各行的对账业务进行管理。

（3）总行清算中心的职责是根据汇划业务信息,办理资金清算,实时更新备付金账户;根据财务资金部门的调拨通知,及时办理清算资金调度,计收计付内部资金利息、资金的借出和归还等手续;及时核对账务,查清未达款项。

（三）资金汇划与清算的核算

1. 资金汇划清算核算使用的会计科目。为了核算资金汇划清算业务,设置和使用以下会计科目:

（1）"清算资金往来"科目。本科目可以用来核算商业银行系统内和同业资金清算的往来款项。

资金清算划付款时,借记本科目,贷记有关科目;划收款时,借记有关科目,贷记本科目。

本科目按款项性质分存款机构进行明细核算。

本科目属资产负债共同类科目,余额在借方为资产类科目,余额在贷方为负债类科目。

（2）"存放中央银行款项"科目。本科目核算商业银行存放于中央银行的各种款项,包括通过中央银行领缴现金、划拨业务资金、办理同城票据交换、异地跨系统资金汇划和按规定缴存的法定准备金、超额准备金存款和财政性存款等。增加在中央银行的存款时,借记本科目,贷记有关科目;减少在中央银行的存款时,借记有关科目,贷记本科目。本科目按款项性质分存款机构进行明细核算。本科目属资产类科目,余额应反映在借方。

2. 汇划款项业务的核算。收付款人之间的资金往来通过电子汇划系统,要经过发报经办行、清算分中心、总行清算中心、收报清算分中心、收报经办行五个处理环节。实际操作中,应根据资金流向,按照"先收款,后记账"和"先记账,后付款"的要求办理账务核算。

（1）发报经办行的处理。发报经办行是资金汇划业务的发生行,业务发生后,要经过录入、复核和授权三个环节,发报员应做到快速、及时不积压、不延误。

客户委托银行办理汇划业务时填写汇划凭证与有关结算业务凭证提交银行,经办人员按业务种类审核无误后,根据客户填写的汇划凭证用计算机录入;经复核人员全面审查、复核:授权人员根据"事权划分"的权限进行授权。

业务数据经过录入、复核、授权无误后,产生有效汇划数据,由系统进行转账,发送至清算行,并将相关结算凭证作为清算资金往来科目凭证的附件。

如为贷报业务(如:汇出汇款、托收承付、委托收款等),会计分录为:

借:吸收存款——付款人户

  贷:清算资金往来

如为借报业务(如:解付银行汇票,信用卡等)会计分录相反。

(2)发报清算行的处理。发报清算行收到所辖经办行传输来的业务数据后,分别不同情况进行处理。

对于全国汇划业务,系统自动更新备付金后,将汇划数据信息传输给总行清算中心转给收报清算行。

如为贷报业务,会计分录为:

借:清算资金往来——发报行备付金户

  贷:清算资金往来——总行清算中心户

如为借报业务,会计分录相反。

对于属于同一清算行所辖经办行之间的汇划业务,系统直接将汇划信息传输给收报经办行,计算机自动进行划转、分别更新发报行和收报行的备付金账户余额。

如为贷报业务,会计分录为:

借:清算资金往来——发报行备付金户

  贷:清算资金往来——收报行备付金户

如为借报业务,会计分录相反。

日终,将日间登记的汇划信息上传总行,汇划发报业务全部由系统自动完成。发报清算行要严格按时结束当日资金汇划往来业务,在当日切换时间以后发生的业务,作为下一个工作日的业务进行处理。

(3)总行清算中心的处理。总行清算中心收到各发报清算行上传的全国汇划业务信息后,系统自动登记并传至收报清算行。

如为贷报业务,会计分录为:

借:清算资金往来——发报清算行备付金户

  贷:清算资金往来——收报清算行备付金户

如为借报业务,会计分录相反。

日终处理结束后,计算机系统生成总中心"资金汇划往来汇总报单"、"资金汇划日报表"和相应的对账信息,逐级下发清算行及经办行对账。

(4)收报清算行的处理。收报清算行收到总行清算中心传来的汇划业务数据,系统自动检测收报经办行是否为辖属行处,并经核押上误后自动进行账务处理。

如为贷报业务,会计分录为:

借:清算资金往来——总行清算中心户

  贷:清算资金往来——收报行备付金户

如为借报业务,会计分录相反。

日终处理结束后,计算机系统生成清算行及经办行的"资金汇划往来汇总报单"、"资金汇划业务中心日报表"、"总中心——分中心余额对账单"、"分中心——网点余额对账单"、"总中心——分中心发生额对账单"、"分中心——网点发生额对账单"等报表,打印核对无误后结束当日业务。

(5)收报经办行的处理。收报经办行收到收报清算行传来的汇划信息,经确认无误后,打印"资金汇划补充报单",由汇划系统自动记账。

如为贷报业务,会计分录为:

借:清算资金往来

　　贷:吸收存款——收款人户

如为借报业务,会计分录相反。

3.汇差资金清算的核算。汇差资金是指参加资金汇划往来业务的各行处汇划与代收代付款项,在其清算资金往来账户实时结算后的差额。

为保障全行支付业务的畅通,确保各经办行的汇划支付,总、分中心对于清算资金往来账户实施借方汇差额度管理。允许各清算资金往来账户在规定的额度内透支支付。总中心依据总行有关部门对各分中心核定的汇差额度,对各汇划往来账户的汇差实施监督与管理。当清算资金往来账户的借方余额超过核定的额度时,透支行处必须及时通过中央银行或系统内款项划拨资金,补足头寸。

汇差资金管理按照"共同管理、逐级清算、及时划回"的原则,适时监控,既保证支付需要,又不占用过多资金。分中心及经办行调回汇差时,必须保证其调回后在上级中心的清算资金往来账户的余额为贷方余额,并足够支付当日汇划业务。

(1)分行调回汇差。分行资金管理部门根据本行汇差资金的占用情况,向会计部门发出领用汇差指令,业务操作人员依据调款指令,通过电子汇划加押的"申领汇差公文"方式,向总中心申请领用汇差。总中心接到调款申请后,通过存放中央银行款项办理资金汇回清算,会计分录为:

借:清算资金往来——清算行备付金户

　　贷:存放中央银行款项

清算行收到总中心下划款项信息后,办理入账,会计分录为:

借:存放中央银行款项

　　贷:清算资金往来——总行清算中心户

(2)经办行调回汇差。经办行向清算行申请调回汇差,清算行接到调款申请后,通过中央银行或系统内款项办理资金汇回清算,会计分录为:

借:清算资金往来——经办行备付金户

　　贷:存放中央银行款项(或系统内存放款项)

经办行收到清算行下划款项信息后,办理入账,会计分录为:

借:存放中央银行款项(或存放系统内款项)

　　贷:清算资金往来——清算行户

4.汇划往来款项的计息。各级中心应按在本中心开立的汇划分户账的日终余额,分别按借贷方累计计息积数,对于借方余额中超额度占用的部分,单独累计计息积数。计息日按币别、利率档次打印计息清单。汇差资金的利率分为三档:超存利率、额度内占用利率和超额度占用利率。超存汇差按计息日中央银行挂牌的活期利率计息,额度内透支部分按照透支利率执行,超额度占用部分按照超额度利率执行。

$$汇差利息 = 计息积数 \times 相应档次利率(年利率)/360$$

5.资金汇划清算的对账。对账是保证总行、清算行、经办行之间资金汇划及时、准确、安全的主要手段,是会计监督体系的重要组成部分。

各清算行每日营业终了自动将汇划及资金清算明细数据上传进行明细对账;总行清算中心收到传来的明细数据后,与各清算行在总行的有关账户汇划业务明细数据及清算信息配对,并将对账结果下传,发现疑问要发出对账差错信息,并登记"对账差错登记簿";各清算行每日接到总行的对账差错信息后,打印差错清单,在5个工作日内必须查清原因,并按规定处理完毕;如5个工作日后尚未查清,总行重新发出第二次对账差错信息;查询期满仍未查清的,总行予以通报批评。

同一清算行内对账由各省区分行、直辖市分行和总行直属分行负责管理。

6.资金汇划清算的查询查复。查询查复是保证银行资金汇划清算系统安全运行、防范案件事故的重要手段,各级行处必须予以高度重视,严格按照"有疑速查、查必彻底、有查速复、复必详尽"的原则办理。

(1)查询查复的基本规定。查询查复时要根据原始凭证填写和录入查询查复书,经会计主管人员签章和授权方可发出;查询书于当日(最迟次日)发出,收到查询书后于两个工作日内查清并答复查询行;处理完毕的查询查复与有关资料配套专夹装订保管;查询查复事项必须通过资金汇划系统进行;各级行根据管理需要,定期或不定期打印查询查复登记簿,以备查考。

(2)查询的处理。录入查询书必须根据手工填制的查询书,对押不符收报行自动产生查询书的,必须打印出查询书;授权人员按规定就录入内容与查询书及原始资料进行核对,确认后授权发送,如果录入内容有误将查向书交原经办人员修改。

(3)查复的处理。收到发来的查询报文后,打印查询书:根据查询书认真核对有关原始凭证,查清原因后填制和输入查复书;授权人员按规定就查复书有关内容与查询书及原始资料进行核对,确认后授权发送,如果录入内容有误,将查复书交原经办人员修改。

（4）日终处理。营业终了系统统一打印"查询业务清单"、"查复业务清单"以备查考。

第三节　中国现代化支付系统

中国现代化支付系统（China National Advanced Payment System，简称 CNAPS）是中国人民银行在全国电子联行系统（简称 EIS 系统）基础上建立的一套更为先进、适应社会经济发展的跨行支付清算系统。

一、中国现代化支付系统的构成

（一）现代化支付系统的概念及发展历程

现代化支付系统是中国人民银行按照我国支付清算需要，并利用现代计算机技术和通信网络开发建设的能够高效、安全处理各银行办理的异地、同城各种支付业务及其资金清算和货币市场交易的资金清算的应用系统。它是各银行和货币市场的公共支付清算平台，是人民银行发挥其金融服务职能的核心支持系统。

1989 年 5 月 19 日中国人民银行开始着手建设中国金融数据卫星通信专用网络。当时，中国人民银行在北京郊区昌平县沙河镇西租用国防科工委的卫星主站，开始了筹建和开发工作。经过两年时间，中国金融数据卫星网初步建成。

1991 年 4 月 1 日，哈尔滨等七个城市试运行全国电子联行系统，实现异地、跨行资金通过电子化手段进行汇划，同年 7 月，电子联行系统正式运行。

1992 年 10 月，中国人民银行成立清算总中心，由清算总中心开始承担起建设、运行、维护、管理央行支付清算系统的使命。

2000 年 10 月，中国人民银行在原有的全国电子联行系统的基础上建立了一套更为先进、适应社会经济发展需要的中国现代化支付系统，由大额实时支付系统和小额批量系统两个系统组成。

2002 年 10 月 8 日大额实时支付系统首先在北京、武汉投产试运行成功，标志着中国现代化支付系统建设取得了突破性进展。随后，按照"先大后小，边建边用"的原则分批在全国推广运行。截至 2003 年 12 月 1 日，大额支付系统推广到全国所有直辖市、省会（首府）城市和深圳市，覆盖全国 32 个城市的 18 028 个银行机构网点。2005 年 6 月 27 日，大额实时支付系统在全国推广完成，实现了我国异地跨行支付清算从手工联行到电子联行再到现代化支付系统的跨越式发展和历史性飞跃。

2005 年 12 月中国人民银行开始试运行小额支付系统，并在 2006 年 6 月底前在全国推广应用。2006 年 6 月 26 日,小额批量支付系统完成了在全国的推广运行。中央银行会计集中核算系统小额支付业务在全国推广工作的完成,标志着存续了几十年的传统联行方式正式退出历史舞台。

(二)架构

在物理结构上,中国现代化支付系统建有两级处理中心,即国家处理中心(NPC)和全国省会(首府)及深圳城市处理中心(CCPC)。国家处理中心在中国人民银行总行,城市处理中心设在各中心城市人民银行分行,国家处理中心分别与各城市处理中心连接,其通信网络采用专用网络,以地面通信为主,卫星通信备份。

现代化支付系统的两层结构,要求商业银行在中央银行开立的账户进行合并和集中:一是商业银行分支机构在人民银行分支行的账户合并为一个,即在同一城市,一家商业银行只在当地人民银行分支行开设一个统一的清算账户;二是商业银行在人民银行开设的所有清算账户都将物理地集中在全国处理中心,而账户的开立与撤销、备付金管理、账户透支限额的规定等账户管理仍由相关的人民银行分支行负责,采用"物理上集中(处理)、逻辑上分散(管理)"的模式。

(三)组成

中国人民银行通过建设现代化支付系统,已逐步形成一个以中国现代化支付系统为核心,商业银行行内系统为基础,各地同城票据交换所并存,支撑多种支付工具的应用和满足社会各种经济活动支付需要的中国支付清算体系。

为适应各类支付业务处理的需要,中国现代化支付系统主要由以下几个应用系统组成:

1. 大额实时支付系统(HVPS)(简称大额支付系统);
2. 小额批量支付系统(BEPS)(简称小额支付系统);
3. 全国支票影像交换系统(CIS);
4. 境内外币支付系统。

现代化支付系统的全国处理中心将处理在中央银行开设结算账户的系统参与者之间的全部大额支付交易,所以不再区分全国支付和当地支付,也不区分跨行支付和行内支付。这样,现代化支付系统的运行对原有的电子联行系统、同城票据交换系统、行内电子汇划系统都产生了一定的冲击。

二、大额实时支付系统

大额实时支付系统是一个实时全额清算系统,它负责处理同城和异地的金额在规定起点以上的大额贷记支付业务和紧急的小额贷记支付业务,包括汇兑、委托收款划回、托收承付划回、中央银行和国库部门办理的资金汇划以及其他需通过该系统办理支付的业务。大额支付系统实行逐笔实时处理,实时清算资金的运作方式,为银行业金融机构、企事业单位及金融市场提供支付清算服务,成为各银行业金融机构跨行支付的主渠道,是连通各银行业金融机构支付清算渠道的枢纽。

(一)大额支付系统业务处理范围

根据大额支付系统建设的目的、设计的功能特点以及与小额批量支付系统应用范围的划分原则,大额支付系统处理下列支付业务:

1. 规定金额起点以上的跨行贷记支付业务;
2. 规定金额起点以下的紧急跨行贷记支付业务;
3. 各银行行内需要通过大额支付系统处理的贷记支付业务;
4. 特许参与者发起的即时转账业务;
5. 城市商业银行银行汇票资金的移存和兑付资金的汇划业务;
6. 中国人民银行会计营业部门和国库部门发起的贷记业务及内部转账业务;
7. 中国人民银行规定的其他支付清算业务。

因为在同一个城市,同一商业银行分支行只能开立一个清算账户,所以同一清算账户行辖属机构之间的支付业务不得使用支付系统办理;因为大额支付系统需要收费,一般商业银还规定非资金调拨的系统内往来业务,不得使用支付系统处理。

(二)大额支付系统业务参与者

大额支付系统的参与者几乎覆盖了全国所有的银行业金融机构。各政策性银行、中外资商业银行和绝大部分农村信用社都已接入大额支付系统。系统直接连接1 500多个参与者,涉及的分支机构达6万多个;连接货币市场、债券市场和外汇市场,实现了债券交易和央行公开市场业务的DVP(券款对付)结算。同时,为外汇交易中的人民币结算、银行间资金拆借以及债券发行提供资金清算;日均处理业务近80万笔,金额达2.36万亿元。

按照参与者的角色,分为直接参与者、间接参与者和特许参与者。

1. 直接参与者是指直接与支付系统城市处理中心连接并在中国人民银行开设清算账户的银行机构以及人民银行地市级中心支行以上的机构。

2. 间接参与者是指未在人民银行开设清算账户而委托直接参与者办理直接清算的银行和非银行金融机构以及人民银行县支行。

3. 特许参与者是经人民银行批准通过现代化支付系统办理特定业务的机构,如中央国债登记公司等。

(三)大额支付系统业务程序

大额支付系统处理支付业务的程序是:发起行发起业务后,经发起清算行、发报中心、国家处理中心、收报中心、接收清算行,最后至接收行止。

发起行是向发起清算行填交支付业务的参与者;发起清算行是向支付系统提交支付信息并开设清算账户的直接参与者或特许参与者,发起清算行也可以直接向支付系统发起支付业务;发报中心是向国家处理中心发起清算行支付信息的城市处理中心;国家处理中心是接收、转发支付信息,并进行资金清算处理的机构;收报中心是向接收清算行转发国家处理中心支付信息的城市处理中心;接收清算行是向接收行转发信息并开设清算账户的直接参与者;接收行是从接收清算行接收支付信息的参与者,接收清算行也可以作为接收行接收支付信息。

在该程序参与者中,发起行和接收行为间接参与者;发起清算行、发报中心、收报中心、接收清算行均为直接参与者。

(四)大额支付系统业务核算

在大额支付系统的核算中,发起行与清算行之间以及清算行与接收行之间的支付信息传输后的处理,按各行系统内往来的规定处理,这里只介绍发起行、发报中心、国家处理中心、收报中心、接收行的处理方法。

1. 发起大额支付业务的核算。

(1)发起行(发起清算行)。

发起行可以是商业银行(如由支付结算业务引起),也可以为人民银行(由系统内划拨款项引起或划拨国库款项引起)。

发起行业务发生后将支付信息传输给发起清算行(发起清算行本身也会发起清算业务);发起清算行将发起行传输来的支付信息与本身发生的支付信息一并由操作员录入、复核,自动逐笔加编密押后发送发报中心。

发起清算行为商业银行的,其会计分录为:

借:吸收存款或××科目

 贷:存放中央银行款项

发起清算行为人民银行的,其会计分录为:

借:××科目

 贷:清算资金往来——人民银行××行户

(2)发报中心。

发报中心收到发起清算行发来的支付信息,确认无误后,逐笔加编全国密押,实时发送国家处理中心。

(3)国家处理中心。

国家处理中心收到发报中心发来的支付报文,逐笔确认无误后,分别情况进行账务处理。

发起清算行、接收清算行均为商业银行的,其会计分录为:

借：××银行准备金存款——××行户

 贷：清算资金往来——人民银行××行户（对应发起清算行）

借：清算资金往来——人民银行××行户

 贷：××银行准备金存款——××行户（对应接收清算行）

发起清算行为商业银行，接收清算行为人民银行的，其会计分录为：

借：××银行准备金存款——××行户

  贷：清算资金往来——人民银行××行户（对应发起清算行）

借：清算资金往来——人民银行××行户

  贷：汇总平衡——人民银行××行户（对应接收清算行）

发起清算行为人民银行，接收清算行为商业银行的，其会计分录为：

借：汇总平衡——人民银行××行户

 贷：清算资金往来——人民银行××行户（对应发起清算行）

借：清算资金往来——人民银行××行户

  贷：××银行准备金存款——××行户（对应接收清算行）

发起清算行、接收清算行均为人民银行的，其会计分录为：

借：汇总平衡——人民银行××行户

  贷：清算资金往来——人民银行××行户（对应发起清算行）

借：清算资金往来——人民银行××行户

  贷：汇总平衡——人民银行××行户（对应接收清算行）

发起清算行为商业银行的，其清算账户头寸不足时，国家处理中心将该笔业务进行排队处理。

国家处理中心账务处理完成后，将支付信息发往收报中心。

2. 接收支付信息的核算。

（1）收报中心。收报中心接收国家处理中心发来的支付信息确认无误后，逐笔加编密押实时发送接收清算行。

（2）接收清算行（接收行）。接收清算行可以为商业银行，也可以为人民银行。接收清算行接到支付信息后，如果属于本行业务，则本行进业务处理；如果属于辖内接收行的业务，则传输给接收行。

接收清算行为商业银行，且为本行业务，其会计分录为：

借：存放中央银行款项

 贷：吸收存款——××户（或其他科目）

接收清算行为商业银行，属于辖内接收行的业务，需传输给接收行。

接收清算行会计分录为：

借：存放中央银行款项

 贷：清算资金往来

接收行收到信息核对无误后,会计分录为:

借:清算资金往来

 贷:吸收存款——××户(或其他科目)

接收清算行为人民银行,会计分录为:

借:清算资金往来

 贷:××科目

三、小额批量支付系统

小额批量支付系统(BEPS)是中国人民银行运行的中国现代化支付系统的另一个应用系统,实时或批量处理支付指令、净额结算资金,为银行业金融机构提供低成本、大业务量的结算服务,满足社会各种支付的需要。小额批量支付系统实行7×24小时运行,可以不间断地提供支付服务。小额批量支付系统主要处理同城或异地2万元以下的跨行交易,可支持汇兑、委托收款、代发工资、实时缴税、实时扣税、通存通兑、公用事业费收缴、支票截留等多种支付工具和支付方式,为社会提供低成本、大业务量的支付清算服务。

小额支付系统与大额支付系统最大的区别就在于批量处理支付业务,轧差净额清算资金。小额支付系统和大额支付系统在运作原理上基本相同,二者共享清算账户清算资金。

(一)小额支付系统的业务体系

该系统处理同城和异地纸凭证截留的商业银行跨行之间的定期借记和定期贷记支付业务,中央银行会计和国库部门办理的借记支付业务,以及每笔金额在规定起点以下的小额贷记支付业务。其中同城业务是指同一城市处理中心的参与者之间相互发生的支付业务,异地业务是指不同城市处理中心的参与者相互发生的支付业务。

1.同城贷记支付业务,其信息从付款行发起,经付款清算行、城市处理中心、收款清算行,至收款行止。

2.同城借记支付业务,其信息从收款行发起,经收款清算行、城市处理中心、付款清算行、付款行后,付款行按规定时限发出回执信息原路径返回至收款行止。

3.异地贷记支付业务,其信息从付款行发起,经付款清算行、付款行城市处理中心、国家处理中心、收款行城市处理中心、收款清算行,至收款行止。

4.异地借记支付业务,其信息从收款行发起,经收款清算行、收款行城市处理中心、国家处理中心、付款行城市处理中心、付款清算行、付款行后,付款行按规定时限发出回执信息原路径返回至收款行止。

小额支付系统处理的支付业务一经轧差即具有支付最终性,不可撤销。收到已轧差的贷记支付业务信息或已轧差的借记支付业务回执信息时应当贷记指定收款人账户。

（二）小额支付系统业务处理范围

1. 普通贷记业务，主要包括规定金额以下的进账单、电汇、委托收款划回、托收承付划回、行间转账以及国库汇划款项等主动汇款业务。

2. 定期贷记业务，主要包括代付工资、保险金等定期批量付款的业务。

3. 普通借记业务，主要包括双方或三方签订协议的跨行利息汇划、国库汇划款项等业务。

4. 定期借记业务，主要包收取水、电、煤、气等定期批量收款的业务。

5. 信息服务业务，主要包括查询、查复以及支票圈存等非支付类信息业务。

（三）小额支付系统的核算

1. 发起行（发起清算行）。发起行的处理与大额支付基本相同，此处不再赘述。

2. 发报中心。发报中心接收发起行发来的小额支付信息，应当区别本城市处理中心覆盖的业务和非本城市处理中心覆盖的业务。

对于非本城市处理中心覆盖的业务，即时发往国家处理中心。对于本城市处理中心覆盖的业务，应在规定的时点轧差后，将支付信息分发接收清算行，轧差结果即时自动发送给国家处理中心。

3. 国家处理中心。国家处理中心收到发报中心发来的小额支付信息，在规定的时间按接收清算行进行清分，并将小额支付明细信息发送收报中心，同时以直接参与者为单位进行轧差，通过清算账户管理系统进行清算。

4. 收报中心。收报中心接收国家处理中心发来的支付信息，转发接收清算行。

5. 接收清算行。接收清算行收到发报中心发来的支付信息，与大额支付业务的处理基本相同。

6. 定时轧差清算。城市处理中心可定时轧算支付信息差额并通过国家处理中心清算资金。

（1）轧差的计算公式。

应收差额：

借报业务往账金额 + 贷报业务来账金额 > 贷报业务往账金额 + 借报业务来账金额

应付差额：

借报业务往账金额 + 贷报业务来账金额 < 贷报业务往账金额 + 借报业务来账金额

（2）国家处理中心清算资金差额。国家处理中心按清算行清算、轧算资金差额。

①对商业银行清算行轧算结果的处理。商业银行清算行为应付差额，进行清算的会计分录为：

借:××银行准备金存款——××行户

　　贷:清算资金往来——人民银行××行户

对于应收差额进行清算的会计分录相反。

②对于人民银行清算行轧算结果的处理。对于应付差额,进行清算的会计分录为:

借:汇总平衡——人民银行××行户

　　贷:清算资金往来——人民银行××行户

对于应收差额,进行清算的会计分录相反。

第四节　票据交换系统的核算

一、票据交换系统概述

1.票据交换系统的概念。票据交换系统基于同城票据交换,是指同一城市(或区域)范围内,各商业银行之间将相互代收、代付的票据,定时、定点集中相互交换并清算资金存欠的方法。同城清算系统主要处理同城贷记支付业务和定期借记支付业务的清分和轧差。全国县以上城市建立了同城票据交换所,许多城市还建立了同城清算系统。

最初,同城票据交换仅限于同一城市的商业银行之间进行,后来,随着交通和通讯技术的发展,票据交换的范围开始突破"同城"的概念,向区域和全国流通迈进。主要表现在两个方面:一是全国不少省会城市、中心城市都把同城票据交换的范围扩大到 1~2 个小时公路车程半径内的市、县,有的还跨出省界,比如北京、天津、上海、南京、广州、深圳等地都扩大了票据交换区,上海同城票据交换范围已经扩大到邻省苏州的一些市县,湖南省的长沙、株洲、湘潭三市还打破行政界限,组成为同一个票据交换区;二是进行票据二次交换。也就是在不同票据交换区之间再进行一次跨区域交换。一些省区正在研究通过二次交换解决全省票据通用问题,京、津、冀三省市的票据自动清分系统已投入运行。这些标志着我国在推动跨区域票据交换方面取得了实质性进展。

票据交换分为提出行和提入行两个系统,提出行是向他行提交票据的行处,提入行是接受他行提交票据的行处。

2.票据交换的基本做法。我国现行同城票据交换由人民银行集中监督并清算资金,具体办法由中央银行各分支行自行制定,设立统一的交换场所。规定统一的交换时间。参加清算的各行处需向中央银行申请,经批准并发给交换号码后方能参加交换。各行处之间的资金清算一律通过在中央银行开立的准备金账户划转。

同城票据交换的基本做法可概括为：定时定点,集中交换,当场轧平,划转差额。

票据交换分为提出行和提入行两个系统。向他行提出票据的是提出行,提回票据的是提入行,而参加票据交换的银行一般既是提出行又是提入行。各行提出交换的票据可分为代收票据和代付票据两类。凡是由本行开户单位付款,他行开户单位收款的各种结算凭证,称为代收票据(贷方票据);凡是由本行开户单位收款,他行开户单位付款的各种结算凭证,称为代付票据(借方票据)。提出行提出代收票据则表示为本行应付款项,提出代付票据则表示为本行应收款项;提入行提入代收票据则表示为本行应收款项,提入代付票据则表示为本行应付款项。各行在每次交换中当场加计应收和应付款项,最后由票据交换所汇总轧平各行处的应收、应付差额,由中央银行办理转账,清算差额。

二、票据交换的处理程序与资金清算

(一)提出票据

各参加票据交换的行处按规定的交换场次和时间参加票据交换时,应将提出的代收、代付的票据,按提入行分别填制"票据交换贷方汇总表"和"票据交换借方汇总表"一式二联,一联与所提出的票据一并提出交换,另一联留存作传票或传票附件。在票据交换借方、贷方汇总表中,应填明提出交换的票据种类、金额及收、付款人等内容,并应分别按提入行加计代收、代付票据笔数、合计金额。

1. 对提出的代收票据(贷方票据),提出行的会计分录为:

借:吸收存款——付款人户
　　贷:清算资金往来

2. 对提出的代付票据(借方票据),会计分录为:

借:清算资金往来
　　贷:其他应付款——同城票据交换户

退票时间过后,对他行未退回的代付票据为收款人进账,会计分录为:

借:其他应付款——同城票据交换户
　　贷:吸收存款——收款人户

对他行退回的代付票据,应将已退回的票据及其他有关凭证等退收款人,其会计分录为:

借:其他应付款——提出交换专户
　　贷:清算资金往来

(二)交换票据

各个参加票据交换的行处持应提出的票据与汇总表,在规定的时间,到票据交换所交换给各个提入行。

(三)提入票据

在票据交换所,各行在将提出的票据交换给各提入行后,同时也向他行提入票据。应分别加计提入票据的应收、应付款金额合计。

交换结束后,提入行根据提回的借、贷方票据办理转账。

1.对提回的代收票据(贷方票据),可以直接办理转账,会计分录为:

借:清算资金往来

　　贷:吸收存款——收款人户

如果因其他原因不能进账,应办理退票,会计分录为:

借:清算资金往来

　　贷:其他应付款——退票专户

2.对提回的代付票据(借方票据),若付款单位有足够的资金支付,则会计分录为:

借:吸收存款——付款人户

　　贷:清算资金往来

若付款单位账户资金不足支付或因票据要素错误无法办理支付,则应办理退票,会计分录为:

借:其他应收款——退票专户

　　贷:清算资金往来

并将待退的票据专夹保管,以便下场交换时,退交原提出行。

(四)加计应收、应付票据总金额并轧算票据交换差额

由于参加票据交换的行处一般既是提出行又是提入行,因此,各行在提出、提入票据后,应将提出、提入的票据分别应收票据、应付票据加计总金额并在轧算差额时合并计算。

所谓应收款金额是指收款人在本行开户,付款人在他行开户的票据金额,包括提出的借方票据和提入的贷方票据;应付款金额是指付款人在本行开户,收款人在他行开户的票据金额,包括提出的贷方票据和提入的借方票据。

对每一个参加票据交换的行处,有:

$$应收金额 = 提出借方票据金额 + 提入贷方票据金额$$
$$应付金额 = 提出贷方票据金额 + 提入借方票据金额$$

如果应收金额大于应付金额,即为应收差额,反之为应付差额。填制票据交换差额清单交票据交换所。

（五）票据交换所平衡交换差额

票据交换所收齐各参加交换的行处通过局域网送来（或通过软盘交来）的代付、代收票据数据后，通过计算机进行分类汇总，并轧计出各参加交换的行处本场次票据交换中应收金额和应付金额以及应收或应付差额，并与各参加交换的行处进行核对。票据交换所对各行的应收差额、应付差额分别加计合计，应当平衡。如不平衡，各参加交换的行处应当查找，直到平衡为止。

（六）清算票据交换差额

各参加票据交换的银行在票据交换结束后，根据应收差额或应付差额进行资金的清算。各应付差额行须如数开具准备金存款户支款凭证；各应收差额行则须填送存款凭证，人民银行根据各行提交的支款凭证及存款凭证办理转账。

1. 应付差额行转账的会计分录为：

借：清算资金往来

　　贷：存放中央银行款项

2. 应收差额行转账的会计分录为：

借：存放中央银行款项

　　贷：清算资金往来

3. 人民银行为各行清算票据交换差额时，其会计分录为：

借：××银行准备金存款——应付差额行户

　　贷：××银行准备全存款——应收差额行户

三、全国支票影像交换系统

2007 年 6 月 25 日，由中国人民银行主持推广的支票影像交换系统在全国正式上线运行。随着该系统在全国各金融机构的上线运行，传统的支票将实现"一票在手，走遍神州"，一举突破不同银行的边界壁垒和同城区域的空间限制，实现在全国范围的流通使用。

（一）全国支票影像交换系统的概念

全国支票影像交换系统（以下简称影像交换系统）是综合运用影像技术、支付密码等技术，将纸质支票转化为影像和电子信息，实现纸质支票截留，利用信息网络技术将支票影像和电子清算信息传递至出票人开户行进行提示付款，实现支票全国通用的业务处理系统。主要处理银行业金融机构跨行和行内支票影像信息交换，其资金清算通过小额批量支付系统处理。影像交换系统于 2007 年 6 月底在全国范围内建成运行。2008 年全国支票影像交换系统共处理业务 619.23 万笔，金额

2 718.9 亿元。

根据中国人民银行的规定,支票全国通用后出票人签发的支票凭证不变,支票的提示付款期限仍为 10 天;异地使用支票款项最快可在 2~3 小时之内到账,一般在银行受理支票之日起 3 个工作日内均可到账。为防范支付风险,异地使用支票的单笔金额上限为 50 万元。对于超过规定限额的支付,收、付款人可约定采用其他支付方式。办理支票业务,银行向客户的收费暂按现行标准不变。

(二)全国支票影像交换系统的结构

全国支票影像交换系统的结构根据我同幅员辽阔、业务量大、各地业务务量不均衡等实际情况,同时为避免业务处理集中到一个节点带来的巨大压力,影像交换系统采用了三层结构:

第一层是影像交换总中心,负责接收、转发跨分中心的支票影像信息;

第二层是影像交换分中心(包括 31 个省会城市和深圳市),负责接收、转发同一区域内的支票影像信息,并向总中心发送和接收跨分中心的支票影像信息;

第三层是票据交换所,负责采集支票影像信息和录入电子清算信息,按规定格式生成支票、业务报文。

(三)全国支票影像交换系统的功能

全国支票影像交换系统可处理异地的跨行和行内支票影像交换业务,具有影像业务处理、信息管理和运行控制功能。影像、业务处理功能是对支票影像业务的识别、接受、发送和登记:信息管理功能是对影像业务及其信息的存储、备份、统计、查询以及对公共数据的统一管理、维护和分发等。运行控制功能是对影像系统运行流程和状态的自动、手动控制与切换等。

(四)全国支票影像交换系统的业务处理

1. 业务种类。全国支票影像交换系统处理的业务,主要有两类:支票业务和通用业务。

根据支票的提出行和提入行所在地区不同,分为全国业务和区域业务。全国业务指不同分中心覆盖范围内的业务,区域业务指同一分中心覆盖范围内不同城、区(县)间的业务。

通用业务是指支票以外其他支付业务,日前影像交换系统还支持其他类型借记业务,包括银行汇票、商也承兑汇票、银行承兑汇票、银行本票和商业本票的影像传递处理。

2. 系统接入方式。影像交换系统提供了多种接入方式。银行机构可以直接接入影像交换系统,也可以通过票据交换所接入影像交换系统。采用直接接入影像交换系统办理业务的银行机构,应具备影像采集条件,并与影像交换系统连接,通过省级机构集中向影像交换系统提交和接收支票影像信息。采用通过票据交换所接入影像交换系统办理业务的银行机构,由于未与影像交换系统直接连接,可采取传递实物支票或磁介质方式,委托票据交换所向影像交换系统提交和接收支票影像信息;为提高支票清算的效率,中国人民银行鼓励各参与者直接接入影像交换系统。

3. 业务处理流程。全国支票影像交换系统处理的业务是支票影像截留业务,其业务处理分为影像信息交换和业务回执处理两个阶段。首先由持票人(收款人)将支票送交其开户银行,开户银行采集支票影像,并按规定格式制作支票影像信息,在规定时间内提交全国支票影像交换系统,通过影像交换系统,将支票影像信息发送至提入行(付款行)提示付款,然后由提入行(付款行)进行核验,并通过小额支付系统向提出行(收款行)在规定期限(T + 2)内发送付款或退票回执。

4. 账务处理。全国支票影像交换系统的资金清算通过中国人民银行覆盖全国的小额支付系统处理,具体如下:

(1)提入行的处理。提入行已参加小额支付系统的,提入行行内系统根据提入的支票业务报文及核验结果(确认付款或退票),在规定的时间内自动生成小额支付系统支票回执报文,并按同一清算行组成支票回执业务包,包中附带确认付款回执和退票回执的业务明细;然后将回执包发送至小额支付系统总分中心开销记支票业务登记簿;提入行接收小额支付系统总分中心返回的已拒绝、已排队、已轧差、已清算通知,并修改对应业务状态。

提入行对确认付款的支票业务进行扣款,其会计分录为:

借:吸收存款——××户

　　贷:清算资金往来——待清算支付款项

提入行接到小额支付系统发来的已清算通知时进行账务处理,其会计分录为:

借:清算资金往来——待清算支付款项

　　贷:存放中央银行款项

提入行未参加小额支付系统的,提入行接收到支票业务报文后按规定进行核验,并将核验结果(确认付款或退票)告知小额业务代理行,小额业务代理行根据提入的支票业务报文及核验结果(确认付款或退票)自动转换为小额支付系统支票回执报文。小额支付代理行的账务处理同上。

(2)提出行的处理。提出行(或其小额业务代理行)接收总中心发送的支票回执业务包并核验密押,无误后向总中心返回确认信息。如果核押错误,则作拒绝处理。提出行为直联方式的,支票回执业务包直接发送至行内系统进行处理;间联方式的,提出行根据收到的支票回执业务包,使用中央银行规定格式的来账清单和同一印制的来账凭证打印支付信息,送行内系统进行处理。

提出行行内系统对回执确认付款的,匹配并销记"提出支票业务登记簿"后,进行账务处理,其会计分录为:

借:清算资金往来——待清算支付款项

  贷:吸收存款——××户

提出行收到总中心转发的已清算通知后,行内进行账务处理,其会计分录为:

借:存放中央银行款项

  贷:清算资金往来——待清算支付款项

提出行行内系统对回执拒绝付款的,匹配并销记"提出支票业务登记簿"后,打印退票理由书并连同支票实物退还持票人。

(五)全国支票影像交换系统的作用

支票影像交换系统定位于处理银行机构跨行和行内的支票影像信息交换,银行和银行之间通过专门开发的通信系统和计算机网络传递和交换支票影像。由于不需要传递实物支票,所以清算的范围可以涵盖全国金融网络,既降低了支付成本,又加快了资金清算效率,使支票在幅员辽阔的中国实现通用,满足社会经济活动对支票全国使用的需要,大大加快了区域间的账务往来与经济发展。

复习思考题

一、思考题

1. 简述支付体系的构成。

2. 简述联行往来的基本原理和做法。

3. 简述资金汇划清算系统的基本做法和处理要求。

4. 简述大额实时支付体系的处理程序。

3. 简述小额批量支付系统的业务机制和处理范围。

4. 简述全国支票影像交换系统的功能。

第七章　金融机构往来业务的核算

【学习要点与要求】

通过本章的学习,了解金融机构往来的概念以及核算范围;掌握商业银行同业拆借的核算;掌握商业银行与中央银行的往来中,商业银行缴存和支取现金、缴存存款、再贷款、再贴现以及商业银行大额汇划款项的核算。

第一节　金融机构往来概述

一、金融机构往来的概念

金融机构往来,是不同商业银行系统之间以及商业银行与人民银行之间由于办理资金调拨、款项汇划及资金融通等业务引起的资金账务往来。在经济生活中,作为各自独立核算的金融企业,各商业银行不仅有系统内的联行往来,核算本系统内的资金调拨、款项汇划等业务,也有各银行之间的代收代付等资金账务往来。这需要在中央银行的组织下,按一定的方式和程序,对金融企业往来进行核算。同时,中央银行为了发挥宏观调控作用,加强对信贷资金的管理,规定商业银行必须在中央银行开立存款账户,通过这个账户办理存款、向央行借款、再贴现和跨系统资金汇划等业务,这就形成了中央银行与商业银行的资金账务往来。

二、金融机构往来的核算范围

金融机构往来主要包括以下三方面内容:

（一）同业往来和同业拆借

商业银行之间跨系统的结算和汇划业务,通过"跨行汇划款项,相互转汇"核算处理的,即同业往来。各家商业银行在经营过程中,由于资金临时性的短缺发生资金周转困难,向其他商业银行借入短期资金进行调剂的,即为同业拆借。有关跨系统行处理,要在中央银行总的指导原则下,共同制定切实有效的资金汇划和清算办法,做到票据、单证不积压、不拖欠。要定期清理同业往来账户和清算。

(二)商业银行与中央银行往来

商业银行在中央银行开立的存款账户,是商业银行与中央银行进行资金流通的渠道,也是中央银行管理和调控信贷资金的工具。商业银行间跨系统达到一定金额和同一商业银行系统的大额汇划款项和资金调拨,按规定一律通过中央银行办理转汇并清算资金。商业银行与中央银行的往来包括货币发行与回笼、缴存存款、上缴存款准备金、向中央银行再贷款和再贴现、清算本系统联行汇差、调拨业务资金等;商业银行在中央银行的存款账户不得透支,要留足备付金,如果备付金不足,应及时调度资金;商业银行间的同业拆借要通过双方在中央银行的账户划转。

商业银行和中央银行的往来要体现信贷资金自主核算的要求。严格划分商业银行与中央银行信贷资金的界限,不能相互无偿占用。各商业银行间的资金也是如此,不能相互无偿占用,确保中央银行在信贷资金管理方面的宏观调控。

(三)同城票据交换

同一城市或同一票据交换区域的商业银行跨系统各行处之间的款项汇划业务,通过当地中央银行组织的同城票据交换处理。同城票据交换由当地中央银行分支机构组织,各家商业银行经批准后参加,按规定时间和场次提出和提入票据清算。

第二节　商业银行往来的核算

商业银行往来,也称同业往来,是指其他银行或非银行性金融机构与本行之间往来,主要包括跨系统资金往来转汇、同业拆借、代理同城票据交换及清算等业务,根据协商规定的核算内容、利率和资金期限,并通过中央银行账户办理资金清算。需要说明的是,随着中国现代化支付系统不断推广应用,商业银行系统内跨系统的支付清算业务,最终都有可能全部通过人民银行的现代化支付系统完成汇划,同步实时清算资金。

目前,对于商业银行之间小额款项的汇划(即行内50万元以下和跨行10万元以下),仍可采用银行业金融机构行内支付系统和跨行同业往来系统进行汇划清算。

一、跨行小额汇划款项的核算

跨行小额汇划款项的核算方法适用于商业银行跨系统汇划款项金额在10万元以下的同业往来。汇出行通过一定的方式,将款项转入当地跨系统商业银行办理系统内资金划拨,并在处理过程中随时清算资金。这种跨系统核算方法有利于各银行资金清算,防止各行占用他行资金。

跨系统转汇的会计科目主要有两个,即"存放同业"和"同业存放"。"存放同业"是资产类科目,核算银行间为了日常结算往来而存入他行的各项存款。存入他行款项时,借记本科目;清算同业往来差额时,贷记本科目。"同业存放"是负债类科目,核算其他银行为了日常结算存入本行的各项存款。同业存入款项时,贷记本科目;清算同业往来差额时,借记本科目。根据商业银行结构设置,具体可以分为三种转汇方式。

(一)汇出行在双设机构地区

汇出行所在地为双设机构地区,也就是说在汇出行所在地还有汇入行系统的分支机构。办理资金划拨时,按不同系统商业银行逐笔填写转汇清单,汇总"划收"或"划付"凭证,通过"同业存放"或同城票据交换将款项划至汇入行的转汇行,转汇行再通过本系统联行将款项划给汇入行。简单地说,就是以"先横(系统间)后直(系统内)"的方式进行款项的汇划。

【例7-1】中国银行北京分行营业部开户单位(某科技公司)要向工商银行上海分行的开户单位(某进口公司)汇款50 000元。汇划过程是:中行北京分行营业部填写转汇清单和划款专用凭证,将款项划至工行北京分行,再由工行北京分行划至工行上海分行。

中行北京分行将款项划至工行北京分行,会计分录为:

借:吸收存款——活期存款(某科技公司)　　　　　　　　　50 000
　　贷:同业存放——工行　　　　　　　　　　　　　　　　　　50 000

工行北京分行转汇时,会计分录为:

借:存放同业——中行　　　　　　　　　　　　　　　　　　　50 000
　　贷:清算资金往来　　　　　　　　　　　　　　　　　　　　50 000

工行上海分行收到款项,会计分录为:

借:清算资金往来　　　　　　　　　　　　　　　　　　　　　50 000
　　贷:吸收存款——活期存款(某进口公司)　　　　　　　　　50 000

(二)汇出行在单设机构地区,汇入行在双设机构地区

汇出行为单设机构地区。汇入行在双设机构地区,其汇划款项的途径是先由汇出行将款项通过本系统联行转入汇入地联行,再由汇入地联行通过"同业存放"科目或同城票据交换,向跨系统的汇入行办理汇划和资金清算。简单地说,就是以"先直后横"的方式进行款项汇划。

【例7-2】某县只有工商银行,开户单位某土产贸易公司要汇款给中国银行北

京分行营业部的开户单位(某进出口公司),金额 50 000 元。

某县工商银行办理联行划款时,会计分录为:

借:吸收存款——活期存款(某土产贸易公司)　　　　　　　50 000
　　贷:清算资金往来　　　　　　　　　　　　　　　　　　50 000

工商银行北京分行转汇时,会计分录为:

借:清算资金往来　　　　　　　　　　　　　　　　　　　　50 000
　　贷:同业存放——中行　　　　　　　　　　　　　　　　50 000

汇入行中行北京分行,会计分录为:

借:存放同业——工行　　　　　　　　　　　　　　　　　　50 000
　　贷:吸收存款——活期存款(某进出口公司)　　　　　　　50 000

(三)汇出行和汇入行均在单设机构地区

汇出行和汇入行均在单设机构地区,且两行为非同系统银行,发生款项汇划时,汇出行应将款项通过本系统联行划转附近双设机构地区联行;再由联行向同城的跨系统银行转汇及清算资金;然后由该跨系统银行通过本系统联行将转汇款项划入本系统汇入地联行。即以"先直后横再直"的方式进行款项汇划。随着我国经济的发展,各家商业银行已经广泛地建立了营业网点,这种情况已经不太多见。

汇出行会计分录为:

借:吸收存款——活期存款(汇款单位户)
　　贷:清算资金往来

代转行(即汇出行附近双设机构地区联行)转汇,会计分录为:

借:清算资金往来
　　贷:同业存放

转汇行(即双设机构地区的跨系统银行)转汇,会计分录为:

借:存放同业
　　贷:清算资金往来

汇入行会计分录为:

借:清算资金往来
　　贷:吸收存款——活期存款(收款单位户)

二、同业拆借的核算

同业拆借是商业银行之间临时融通资金的一种短期资金借贷行为,主要用于解决清算票据交换差额、系统内调拨资金不及时引起的临时性资金不足。同业拆借的主体是经中央银行批准,并在工商行政管理机关登记注册的具有法人资格的银行和非银行金融机构。同业拆借既可以在中央银行组织的资金市场进行,也可以在同城或异地商业银行间进行,但资金必须经中央银行划拨,不能相互直接拆借。跨地区拆借资金必须报中央银行管辖分行批准,跨省拆借必须报总行审批。

同业拆借的期限一般以日拆为主,最长不得超过1个月,一般不得展期。拆借的利息不得超过央行规定的最高限。拆入和拆出的商业银行双方应商定金额、利率、期限等条件,并签订协议,双方共同履行。

（一）资金拆出的处理

在同业拆借中,拆入行和拆出行以及中央银行有各自不同的处理。

1. 拆出行的处理。拆出行以拆入行的借款借据为依据,向当地中央银行分支结构填交转账支票和进账单,并编制特种转账传票予以转账,会计分录为:

借:拆出资金——拆入行户
　贷:存放中央银行款项

"拆出资金"科目属于资产类科目,核算银行拆借给其他银行的短期资金。拆借资金给他行时,借记本科目;他行归还拆借资金时,贷记本科目;余额应在借方。本科目应按拆放的金融机构进行明细核算。

"存放中央银行款项"科目属于资产类科目,核算各商业银行在中央银行开户而存入的用于支付清算、调拨款、提取和缴存现金、往来资金结算以及其他需要缴存的款项。

2. 中央银行的处理。当地中央银行分支机构在收到拆出行送来的进账单和转账支票后,以此为转账凭证办理转账,转账后将回单转交拆入行,会计分录为:

借:××银行准备金存款——拆出行户
　贷:××银行准备金存款——拆入行户

3. 拆入行的处理。拆入行根据进账回单,编制特种转账借方、贷方传票各一联,办理转账,会计分录为:

借:存放中央银行款项
　贷:拆入资金——拆出行户

"拆入资金"科目属于负债类科目,核算银行向其他银行借入的短期或临时性资金。借入资金时,贷记本科目;归还资金时,借记本科目。

（二）拆借资金归还的处理

拆入行应按规定的利率计算利息,到期将本息一并归还拆出行:

1. 拆入行的处理。在借款到期后,拆入行按事先约定的利率计算利息,填制转账支票和进账单,送交当地中央银行;并按照进账回单联和支票存根联编制特种转账借方传票两联、贷方传票一联办理转账,会计分录为:

借:拆入资金——拆出行户

利息支出——同业拆借利息支出

　　贷:存放中央银行款项

　　2.中央银行的处理。人民银行的分支机构在收到拆入行归还拆借款的进账单和转账支票后。以此为转账传票办理转账,转账后将进账单收账通知转交拆出行,会计分录为:

借:××银行准备金存款——拆入行户

　　贷:××银行准备金存款——拆出行户

　　3.拆出行的处理。拆出行根据进账单收账通知联编制特种转账借方传票一联、贷方传票两联,办理转账,会计分录为:

借:存放中央银行款项

　　贷:拆出资金——拆入行户

　　　利息收入——同业拆借利息收入

第三节　商业银行与中央银行往来的核算

　　商业银行与中央银行的往来包括货币发行与回笼、缴存存款、上缴存款准备金、向央行再贷款和再贴现、清算本系统联行汇差、调拨业务资金等。本节主要介绍商业银行缴存和支取现金、缴存存款、再贷款、再贴现以及商业银行大额汇划款项的核算。

一、商业银行领缴现金的核算

　　商业银行需在中央银行开立基本存款账户,通过这个账户进行资金流通,与中央银行开展往来业务。开立基本存款户后,就可以办理现金的缴存或支取。根据货币发行制度的规定,商业银行需核定各行处业务库必须保留的现金限额,并报开户中央银行发行库备案。当现金超过规定的库存现金限额时,需缴存中央银行发行库;当需用现金时,需签发现金支票到开户中央银行发行库提取。

(一)商业银行向人民银行领取现金的处理

　　商业银行中心库从人民银行发行库领取现金时,由库管员根据库存现金情况及用款计划,填制"现金调拨单"一式两联,签章后报金库主任审核批准,第二联由库管员留存,第一联交库址所在行或核算主体行会计部门,凭以签开人民银行现金支票,并加盖预留的人民银行印鉴,提款人员在现金支票存根联上签章后,持现金支票随同押运人员从人民银行提取现金。取款时,应当场验看券别逐捆卡把,点清总数。

现金到达商业银行中心库后,解款人员应立即与库管员办理交接手续,库管员随即办理入库手续。库管员清点无误后,填制"现金出/入库票"一式两联,由两名库管员签章,并加盖"现金付讫"章后,一联现金入库票留存,中心库凭"现金调拨单"第二联和留存的现金入库票手工登记"现金收付清单",日终据以手工登记"库存现金登记簿",另一联现金入库票由解款人员交库址所在行或核算主体行会计部门。会计部门根据现金支票存根联和入库票登记"现金收付清单",以"现金调拨单"第一联和一联现金入库票作借方记账凭证的附件,以现金支票存根联作贷方记账凭证,完成会计分录:

借:库存现金——××中心库现金户

　贷:存放中央银行款项——存××人行存款户

(二)商业银行向人民银行缴存现金的处理

商业银行中心库向人民银行发行库缴存现金时,由库管员填制"现金出/入库票"一式两联和人民银行"现金缴款单",经出纳负责人审核签章后办理现金出库手续,手工登记现金收付清单,两联出库票由两名库管员签章,并加盖"现金付讫"章后,一联现金出库票留存,日终据以手工登记"库存现金登记簿",另一联转库址所在行或核算主体行会计部门。库管员与解款人员办理现金交接手续后,由解款人员将现金缴款单连同现金交人民银行。

现金交存后,解款人员将人行退回的现金缴款单回单交会计部门,会计部门根据现金缴款单回单和出库票登记"现金收付清单",以现金缴款单回单作借方记账凭证,现金出库票作贷方记账凭证的附件,完成会计分录:

借:存放中央银行款项——存××人行存款户

　贷:库存现金——××中心库现金户

二、商业银行缴存存款的核算

根据存款准备金制度的规定,商业银行和其他金融机构应按规定的比例向中央银行缴存存款准备金,包括法定存款准备金和超额存款准备金。存款准备金制度是在中央银行体制下逐步形成的,其主要作用是通过控制存款准备率,限制或扩张银行的派生性存款,调节银行的信用规模和货币供应量。对于商业银行来说,可以增强支付能力和资金后备力量。因此,商业银行缴存存款准备金既是中央银行实施宏观调控的货币政策工具之一,也是对金融机构进行监管的有效管理手段。

(一)缴存存款的内容

缴存存款可分为财政性存款和一般性存款。财政性存款主要包括:金融企业的分支机构代办的国库业务所吸收的中央预算收入,地方财政预算内、外存款,待结算财政款项,地方金库款,代理发行国债等。

一般性存款主要包括金融企业纳入法定存款准备金范围的存款,例如吸收的机关团体存款、财政预算外存款、个人储蓄存款、单位存款等。

(二)缴存存款的规定

1. 缴存比例。对于上述财政性存款和一般性存款,缴存比例是不同的。财政性存款属于中央银行集中掌握的信贷资金,商业银行不能占用,必须全部缴存中央银行,即缴存比例为100%;一般性存款属于商业银行掌握和使用的资金,但中央银行为了控制信贷规模和派生存款,规定直接按存款总额的一定比例缴存法定存款准备金,央行可以根据宏观调控调节此比例。

2. 缴存时间。商业银行向中央银行缴存存款的时间,除第一次按规定时间缴存外,城市分支行每旬调整一次,于旬后5日内办理;县支行及所属行处,每月调整一次,于月后8日内办理。最后一天遇节假日顺延。

3. 缴存方法。首先根据一般性存款、财政性存款的有关科目余额加计总数至角、分;再按缴存比例分别计算出应缴的存款额,缴存金额以千元为单位,千元以下四舍五入;然后查清已缴的存款额,将应缴的存款额与已缴的存款额进行比较,如应缴大于已缴,则为调增的数额,反之则调减。调整缴存存款的金额起点为10万元。对财政性存款,应按每旬(月)增加或减少的实际数计算应缴存的数额;对于一般性存款,按增加或减少的总额,达10万元(含10万元)以上的进行调整,不足10万元的不作调整,但在"缴存款各科目余额表"或"旬(月)末日计表"中进行说明。

(三)缴存存款的核算

由于财政性存款和一般性存款存在区别,相应的缴存存款核算也不同。

1. 缴存财政性存款。

(1)调增或补缴。商业银行应缴存的财政性存款,由各级分支行直接向开户的中央银行缴存。各级分支行根据财政性存款科目的金额,填制"缴存(调整)财政性存款划拨凭证"一式四联。第一联作为贷方的记账凭证;第二联作为借方的记账凭证;第三、第四联和一份应缴存财政性存款科目余额表送交人民银行,另一份应缴存财政性科目余额表作为"存放中央银行财政性存款"科目的记账凭证。

补缴财政性存款的会计分录为:

借:代理业务占款——划缴财政性存款

　　贷:存放中央银行款项——存放中央银行存款

"代理业务占款"科目属于资产类科目,核算各商业银行代理业务中所运用、占用或垫付的款项,划缴中央银行的财政性存款也通过此科目核算。

退缴则作相反的分录。

（2）存款不足，发生欠缴。当商业银行调整应缴存存款时，如果遇到中央银行存款不足的情况，必须在规定的时间内及时筹集资金，办理调整缴存存款手续。若在规定的时间内不能调入资金，其不足支付的部分则构成欠缴存款。商业银行发生欠缴存款时，对本次实缴的部分按上述缴款的手续办理，但应将"缴存（调整）财政性存款划拨凭证"中的"本次应补缴金额"栏改为"本次能实缴金额"栏，并在备注栏中注明本次应缴金额和欠缴金额。实缴部分会计分录与调整补缴相同。欠缴部分存款另编制财政性存款欠缴凭证和表外科目存入传票，逐笔记入"待清算凭证"登记簿。欠缴凭证一式四联.各联用途与缴存凭证相同。表外分录如下：

收：待清算凭证——中央银行

然后将各科目余额表第三、第四联划拨凭证和第三、第四联欠缴凭证一并交中央银行；第一、第二联欠缴凭证留存保管。

中央银行收到商业银行送来的本次实缴存款的划拨凭证和各科目余额表时，按正常的缴存手续办理，会计分录与补缴时相同。对收到的欠缴凭证，应通过"待清算凭证"表外科目核算，记载于登记簿，对欠缴凭证第三、第四联妥善保管。

（3）扣收欠缴款和利息。当商业银行在中央银行存款有余额时，中央银行可以主动扣缴欠缴款。同时，中央银行对商业银行的欠缴存款，应按规定处以0.4%的罚款，罚款的计算自旬后第5天或月后第8天起至欠款收回日的实际天数，算头不算尾。

商业银行在收到中央银行转来的有关扣收欠缴款的特种转账借贷方传票后，与原保存的欠缴凭证第一、第二联一起办理转账，会计分录为：

借：××存款

　　贷：存放中央银行款项

借：营业外支出——罚款支出

　　贷：存放中央银行款项

转账后，填制"待清算凭证"表外科目付出传票，会计分录为：

付：待清算凭证——中央银行

2.缴存一般性存款。商业银行按规定的时间缴存一般性存款时，首先按有关账户余额填制"缴存（调整）一般性存款科目余额表"一式两份；再按规定比例计算应缴存的金额，填写"缴存（调整）一般性存款划拨凭证"一式四联，以第一联为贷方传票，第二联为借方传票。

调增或补缴的会计分录为：

借：存放中央银行特种存款

　　贷：存放中央银行款项——准备金存款

"存放中央银行特种存款"科目属于资产类科目，核算各商业银行按规定存入中央银行的金融机构特种存款,如军队企业的各项资金等。本科目按存款期限进行明细核算。

调减或退缴时的会计分录相反。转账后,商业银行将缴存款划拨凭证第三、第四联连同缴存款科目余额表一份一并交中央银行。

三、商业银行再贷款和再贴现的核算

向中央银行再贷款和再贴现是商业银行重要的资金来源渠道,是商业银行与中央银行往来核算的重要内容。

(一)再贷款的核算

再贷款是商业银行在资金不足时向中央银行的借款。根据贷款的期限不同,再贷款分为:

(1)年度性贷款。贷款期限一般为 1 年,最长不得超过 2 年。年度性贷款主要是中央银行为解决商业银行因经济合理增长引起的信贷资金不是而发放的。

(2)季节性贷款。贷款期限一般为 1~2 个月,最长不超过 3 个月。季节性贷款主要是中央银行为解决商业银行因信贷资金的季节性升降因素引起的暂时资金不足而发放的。

(3)日拆性贷款。这类贷款一般为 7~10 天,最长不超过 20 天。商业银行申请日拆性贷款主要是由于汇划款项未达或清算资金时发生临时性资金短缺。

核算商业银行向中央银行再贷款主要通过"向中央银行借款"科目。

1. 再贷款的发放。商业银行向中央银行申请再贷款,填写再贷款申请书。中央银行批准后,商业银行会计部门按照批准的再贷款申请书内容和资金调拨通知单填写借款凭证,提交中央银行。中央银行的会计部门作如下分录:

借:××银行贷款——某行贷款户
　　贷:××银行准备金存款

商业银行转账后,会计分录为:

借:存放中央银行款项
　　贷:向中央银行借款——××借款户

2. 贷款到期收回。再贷款到期,商业银行办理贷款归还手续,填制还款凭证。中央银行办理转账后,会计分录为:

借:××银行准备金存款
　　贷:××银行贷款——某行贷款户
　　　　利息收入——金融机构利息收入户

如果贷款到期,商业银行未主动办理还款手续,但只要其账户上有足够资金,中央银行会计部门在征得商业银行同意后,主动填制特种转账借、贷方传票,办理

转账,收回贷款。商业银行的会计分录为:

借:向中央银行借款——××借款户

　　利息支出——中央银行往来支出户

　　贷:存放中央银行款项

(二)再贴现的核算

再贴现是商业银行将已经贴现但尚未到期的商业汇票向中央银行贴付一定的利息所作的转让,目的是为了提前取得票款,以解决商业银行资金周转的不足。它也是中央银行向商业银行发放贷款的一种形式。再贴现的期限一般不超过 6 个月。

再贴现贷款要先扣除利息,将余额贷给商业银行。再贴现的金额为再贴现汇票金额减去再贴现利息。再贴现利息的计算公式如下:

$$再贴现利息 = 再贴现汇票金额 × 再贴现天数 × 再贴现日利率$$

1.再贴现贷款的发放。商业银行申请再贴现时,填制再贴现凭证。中央银行会计部门审查再贴现凭证与所附汇票的面额、到期日等有关内容是否一致。审核无误后,按规定的再贴现利率计算出再贴现利息和实付再贴现金额,办理转账。中央银行的会计分录为:

借:贴现资产——××银行再贴现

　　贷:××银行准备金存款

　　　　利息收入——再贴现利息收入户

商业银行收到中央银行的再贴现凭证,即填制特种转账借、贷方传票,办理转账,会计分录为:

借:存放中央银行款项

　　利息支出——中央银行往来支出户

　　贷:贴现负债——再贴现

2.再贴现贷款的收回。再贴现汇票到期,中央银行填制特种转账借、贷方传票,从申请再贴现的商业银行存款账户内收取票款,会计分录为:

借:××银行准备金存款

　　贷:贴现资产——××银行再贴现

商业银行的会计分录为:

借:贴现负债——再贴现

　　贷:存放中央银行款项

四、商业银行大额汇划款项的核算

商业银行系统内 50 万元及以上或者商业银行跨系统 10 万元及以上的款项划

拨属于大额款项,要通过中央银行转汇和清算资金。小额划拨则可通过系统内往来和同业往来核算。

与金融企业往来非常类似,商业银行通过中央银行转汇和清算的大额款项划拨也有"先横后直"、"先直后横"和"先直后横再直"三种方式。

(一)汇入行和汇出行都是双设机构地区

这里的双设机构是指同一地区有商业银行和中央银行机构。当甲地商业银行汇往乙地商业银行大额款项时,采用"先横后直"的方式,通过当地中央银行转汇。

以汇出行发出贷记业务为例,

甲地商业银行会计分录为:

借:吸收存款——付款人户

　　贷:存放中央银行款项

甲地中央银行会计分录为:

借:××银行准备金存款(汇出行)

　　贷:清算资金往来

乙地中央银行会计分录为:

借:清算资金往来

　　贷:××银行准备金存款(汇入行)

乙地商业银行会计分录为:

借:存放中央银行款项

　　贷:吸收存款——收款人户

汇出行发出借记业务,会计分录相反。

(二)汇出行为单设机构,汇入行为双设机构地区

汇出行为单设机构,即汇出地甲地只有商业银行,汇往乙地商业银行大额款项时,采用"先直后横"的方式,通过乙地商业银行和中央银行转汇。

以汇出行发出贷记业务为例,甲地 A 商业银行(汇出行)的会计分录为:

借:吸收存款——付款人户

　　贷:清算资金往来

乙地 A 商业银行(系统内转汇行)会计分录为:

借:清算资金往来

　　贷:存放中央银行款项

乙地中央银行会计分录为:

借:××银行准备金存款(乙地 A 商业银行)

　　贷:××银行准备金存款(汇入行)

乙地 B 商业银行(汇入行)的会计分录为:

借:存放中央银行款项

　　贷:吸收存款——收款人户

汇出行发出借记业务,会计分录相反。

(三)汇出行和汇入行都在单设机构地区

汇出行和汇入行都是单设地区,可在第三地双设机构划转,采用"先直后横再直"的方式。

以汇出行发出贷记业务为例,甲地 A 商业银行(汇出行)会计分录为:

借:吸收存款——付款人户

　　贷:清算资金往来

乙地 A 商业银行(转汇行)会计分录为:

借:清算资金往来

　　贷:存放中央银行款项

乙地 B 商业银行会计分录为:

借:存放中央银行款项

　　贷:清算资金往来

丙地单设机构 B 商业银行(汇入行)会计分录为:

借:清算资金往来

　　贷:吸收存款——收款人户

汇出行发出借记业务,会计分录相反。

复习与思考

1. 简述同业拆借的概念和流程。

2. 简述商业银行领取现金的流程。

3. 商业银行再贷款、再贴现如何核算?

4. 商业银行跨行小额汇款和大额汇款的区别何在?

第八章　外汇业务的核算

【学习要点与要求】

通过本章的学习,了解外汇业务的核算对象和任务;掌握外汇买卖业务的核算方法;了解外汇存款和外汇贷款的种类;掌握外汇存款和各种外汇贷款的核算方法;掌握国际贸易结算方式的核算方法。

第一节　外汇业务概述

在贸易、金融全球化的背景下,外汇业务成为商业银行业务的重要组成部分。商业银行通过外汇业务支持其客户从事国际贸易,增强自身的国际竞争力,同时商业银行也可以通过外汇业务进行资金融通并管理其汇率风险。

一、外汇与汇率

(一)外汇

外汇是指可以用作国际清偿的支付手段和资产。作为外汇需要有两个条件:以外国货币表示和可自由兑换。《中华人民共和国外汇管理条例》所称的外汇包括下列以外币表示的可以用作国际清偿的支付手段和资产:

1. 可以自由兑换的外国货币,包括纸币和铸币;

2. 外币支付凭证,包括票据、银行存款凭证、邮政储蓄凭证等;

3. 外币有价证券,包括政府债券、公司债券、股票等;

4. 特别提款权、欧元;

5. 其他外汇资产。

(二)汇率

汇率又称汇价,指一个国家的货币折算成另一个国家货币的比率。它反映一国货币的对外价值。折算两种货币的比率,首先要确定以哪一国货币作为标准,这称为汇率的标价方法。通常有两种标价方法:直接标价法和间接标价法。

直接标价法又称应付标价法,是指以一定单位的外国货币为标准,折算为若干单位本国货币的表示方法。间接标价法又称应收标价法,是指以一定单位的本国货币为标准,折算为若干单位外国货币的表示方法。

此外,从不同的角度,汇率还可以划分为其他不同的种类。按外汇买卖的交割期限来划分,汇率可分为即期汇率与远期汇率;按照汇率的载体可以分为现钞价和现汇价;按照交易方向分为买入价、卖出价、中间价等。

人民币外汇牌价有钞买价、汇买价、中间价、汇卖价、钞卖价五种。钞买价是银行买入现钞的价格,低于汇买价。钞买价之所以低于汇买价,是因为银行买入的现钞需要运往国际市场出售才能使用,在此期间,银行要承担汇率风险,支付运费、保险费以及垫付资金的利息,钞买价低于汇买价正是为了弥补这部分支出。汇买价是银行买进外汇的价格,汇卖价是银行卖出外汇的价格,钞卖价同汇卖价。买入价与卖出价之间的差额作为银行的收入。中间价是买入价与卖出价的平均价,银行内部结算时使用。通常银行挂牌的有汇买价、汇卖价和钞买价3种。一般情况下,汇卖价和钞卖价一样,银行不再分别公布。

(三)银行外汇会计的对象

银行外汇会计的核算对象是银行办理外汇业务过程中引起的外汇资金和人民币资金的增减变动。银行经营的外汇业务有:外汇存款、外汇贷款、外币兑换、外汇同业拆借、外汇借款、发行或代理发行股票以外的外币有价证券、买卖或代理买卖股票以外的外币有价证券、贸易、非贸易结算、外汇担保、自营及代客外汇买卖、外汇信用卡的发行和代理国外信用卡的发行及付款、资信调查、咨询和见证业务以及国家外汇管理局批准的其他外汇业务。

二、外汇业务核算的方式

外汇业务涉及人民币和多种货币,为了记录和反映人民币资金和外汇资金的收付,使人民币和外币之间、外币和外币之间的核算更科学合理,必须采用专门的核算方法。外汇业务的专门核算方法有外汇分账制和外汇统账制两种。

(一)外汇分账制

外汇分账制,又称原币记账法。是经营外汇业务的银行,对外汇与本币实行分账核算的一种记账方法,也就是直接以各种原币为记账单位,而不折成本币进行记账的方法。目前我国经办外汇业务的银行,都采用外汇分账制。

采用外汇分账制核算的商业银行,要按业务发生时的各种原币分别填制凭证、登记账簿和编制报表。银行发生结售汇、外汇买卖以及各种货币之间的兑换及账务间的联系均通过"货币兑换"科目,并按业务发生时的汇率记账。"货币兑换"应采用多栏式账簿,同时记录外币金额、汇率等。

期末,银行应将以原币编制的财务会计报告,折算为人民币。具体折算方法如下:资产负债表,除损益类项目外,其他项目按照期末汇率折合为人民币;权益类项目按照历史汇率折合为人民币。不同汇率之间形成的差额,作为外币折算差额单列项目反映。利润表,按期末汇率折合为人民币。

(二)外汇统账制

外汇统账制,又称本位币记账法或本币统账制,是经营外汇业务的银行,对外汇的买卖、收付等都折合成本币,统一用本币进行核算的一种方法。

采用外汇统账制核算的商业银行,应分别记账本位币和各种外币进行明细核算。商业银行发生外币业务时,应当将有关外币金额折合为本位币记账,并登记外币金额和折合率。除另有规定外,所有与外币业务有关的账户,应当采用业务发生时的汇率,或业务发生当期期初的汇率折合。

近年来,银行业务处理普遍使用了计算机系统,由于外汇统账制相对外汇分账制处理比较简单,用计算机折算方便又同时能保留各原币交易信息,国外银行实行分账制的已逐渐增多,有些实行外汇分账制的银行也在考虑采用外汇统账制。

第二节　外汇买卖业务的核算

外汇买卖是指按一定的汇率买入一种货币或卖出一种货币的业务,是外汇业务中的一项基础性业务,是实现结汇、售汇的手段,是不同货币之间兑换的桥梁。

一、外汇买卖业务核算要求

"货币兑换"科目是外汇分账制下为平衡人民币与外币这两种不同单位、不同价值的货币的实际收付而设置的特定桥梁性科目。该科目属资产负债共同类科目,外币和人民币的余额均轧差反映。从余额看,如果外币为贷方余额,人民币为借方余额,则表示买入外汇大于卖出外汇;如果外币为借方余额,人民币为贷方余额,则表示卖出外汇大于买入外汇。

银行发生外汇买卖业务时,均应填制外汇买卖传票。外汇买卖传票分为:外汇买卖借方传票、外汇买卖贷方传票和外汇买卖套汇传票三种。外汇买卖借方传票和贷方传票一般各由三联组成:一联是外币的外汇买卖传票,一联是人民币的外汇买卖传票,一联是外汇买卖统计卡。外汇买卖套汇传票一般由五联组成:两联是外汇的外汇买卖传票,两联是人民币的外汇买卖传票,一联是两种外汇套汇的统计卡。传票内容包括货币名称、外币、人民币金额和外汇牌价等。

外汇买卖科目设置总账和分户账两类账簿。外汇买卖科目分户账是一种特定格式的账簿,以一种货币设置一个分户账。记账时,只需凭外汇买卖外币传票记账,人民币传票不记账,只凭以编制科目日结单。当银行结汇或买入外币时,记买入栏外币的贷方和人民币的借方;当银行售汇或卖出外币时,记卖出栏外币的借方和人民币的贷方;最后将外币和人民币金额分别结出余额,同时反映,记入结余栏中(见表8-1)。

表8-1 外汇买卖分户账

××银行

外汇买卖科目分户账

货币 账户:

年		摘要	买入			卖出			结余			
月	日		外币(贷)金额	牌价	人民币(借)金额	外币(贷)金额	牌价	人民币(借)金额	借或贷	外币金额	借或贷	人民币金额

每日营业终了,根据各种货币的外汇买卖科目日结单借贷方发生额填制外币科目总账。人民币的外汇买卖科目总账则根据人民币的外汇买卖科目日结单借贷方发生额填记,然后根据上日余额分别求出本日外币和人民币的余额,记入余额栏。

二、外汇买卖业务的账务处理

(一)买汇的处理

当买入外汇时,银行借记有关科目(外币),贷记本科目(外币),再借记本科目(人民币),贷记有关科目(人民币)。其账务处理为:

借:库存现金或相应科目   (外币)

  贷:货币兑换   (外币)

借:货币兑换   (人民币)

  贷:库存现金或相应科目   (人民币)

【例8-1】李明向银行出售1 000美元现钞,当日美元现钞价为6.255 7:1,银行兑付人民币给该客户。

借:库存现金   USD 1 000.00
　贷:货币兑换   USD 1 000.00
借:货币兑换   ￥6 255.70
　贷:库存现金   ￥6 255.70

(二)卖汇的处理

当卖出外汇时,银行借货币兑换科目(外币),贷记有关科目(外币),相应借记有关科目(人民币),贷记货币兑换科目(人民币)。当客户用人民币现金兑换外币现金时,其会计分录为:

借:库存现金或其他科目   (人民币)
　贷:货币兑换   (人民币)
借:货币兑换   (外币)
　贷:库存现金或其他科目   (外币)

【例8-2】某外贸公司汇往纽约支付外商货款10万美元,按规定从人民币存款账户支付,美元汇卖价为624.21∶100。

借:吸收存款——××外贸公司户   ￥624 210
　贷:货币兑换   ￥624 210
借:货币兑换   USD 100 000
　贷:汇出汇款   USD 100 000

(三)套汇业务的处理

所谓套汇是指经营外汇业务的银行按挂牌人民币汇率,以一种外汇通过人民币折算,兑换成另一种外汇的业务活动。它包括两种情况:一是两种外币之间的套算,即一种外币兑换为另一种外币,通过人民币进行套汇,也就是先买入一种外币,按买入价折成人民币数额,再卖出另一种外币,把人民币数额按卖价折算为另一种外币;二是同种货币之间的套算,包括钞兑汇或汇兑钞,因为同一种外币体现在汇率上现钞和现汇价值有所差异,所以也按套汇处理。套汇时会计分录为:

借:吸收存款或其他科目   (买入外币)
　贷:货币兑换   (买入外币)
借:货币兑换   (人民币)
　贷:货币兑换   (人民币)
借:货币兑换   (卖出外币)
　贷:吸收存款或其他科目   (卖出外币)

【例8-3】某进出口公司要求将其收到的汇款4 000美元存入其在银行开立的英镑存款账户中,设当日美元汇买价为613.46∶100 英镑汇卖价为1 022.25∶100,

该业务中银行买入美元,卖出英镑,其会计分录为:

借:汇入汇款	USD 4 000.00
贷:货币兑换	USD 4 000.00
借:货币兑换	¥24 538.40
贷:货币兑换	¥24 538.40
借:货币兑换	GBP 2 400.43
贷:吸收存款——××公司户	GBP 2 400.43

【例8-4】某外宾以美元现钞3 000元要求汇往纽约。当日外汇牌价为USD100 = ¥628.58/¥631.06,钞买价为609.07:100(汇费略)。该业务中,银行买入美元现钞,卖出美元现汇,其会计分录为:

借:库存现金	USD 3 000.00
贷:货币兑换	USD 3 000.00
借:货币兑换	¥18 272.10
贷:货币兑换	¥18 272.10
借:货币兑换	USD 2 895.46
贷:汇出汇款	USD 2 895.46

第三节　外汇存款业务的核算

一、外汇存款的种类

外汇存款是商业银行以信用方式吸收的国内外单位和个人在经济活动中暂时闲置或结余的并能自由兑换的外币资金。

(一)按存款对象可分为单位外汇存款和个人外汇存款

1. 个人外汇存款。即外汇储蓄存款。凡居住在国内外或港澳台地区的外国人、港澳台同胞、侨民以及国内居民,均可凭实名制认可的有效身份证件,将外汇资金存入银行,立个人外币存款账户。中国公民,凭居民身份证、户口簿、军人证、武警身份证明,可以开立活期存款100元人民币的等值外币、定期存款100元人民币的等值外币以上的外汇存款账户。港澳台同胞,港澳居民往来内地通行证、台湾居民来往大陆通行证或其他有效旅行证件,可以开立活期存款100元人民币的等值外币、定期存款100元人民币的等值外币以上的外汇存款账户。外国人、外籍华人和华侨,持护照,可以开立活期存款100元人民币的等值外币,定期存款100元人民币的等值外币以上的外汇存款账户。

2. 单位外汇存款。单位外汇存款是国家外汇管理局规定允许开立现汇户的国内外机构办理的外币存款。凡境内企事业单位、机关、社会团体和外国驻华使领馆、国际组织、民间机构及其他境外法人驻华机构,可持国家外汇管理局核发的《外汇账户使用证》或《开户通知书》,或持有效凭证如《外商投资企业外汇登记证》、《外债登记证》等开户资料到开户银行,开立可自由兑换货币的外汇存款账户。从不同的角度,单位外汇存款可以分为不同的种类:

按账户性质,可分为经常项目外汇存款和资本项目外汇存款。

按存款期限,可分为外汇活期存款和外汇定期存款。其中,外汇定期存款按照存款金额的大小分为外汇小额存款和外汇大额存款。目前,外汇小额存款是指存款金额在等值300万美元以下的外汇定期存款;外汇大额存款是指存款金额在等值300万美元以上(含300万美元)的外汇定期存款。

(二)外汇存款按期限可分为活期外汇存款和定期外汇存款

活期外汇存款是指不确定存款期限,客户可以随时存取的存款。定期外汇存款是由客户在存款时,约定存款期限,一次存入,到期提取本息的存款。定期存款存期为1个月、3个月、6个月、1年、2年五个档次。

(三)按照管理要求不同可分为现钞户和现汇户

现汇户是指由境外汇入的外汇或携入的外币票据转存存款的账户;现钞户是指存款人从境外携入或持有可自由兑换的外币现钞存款的账户。个人外汇存款的币种包括:美元、港币、日元、英镑、欧元、澳大利亚元、加拿大元、瑞士法郎和新加坡元等。

二、个人外汇存款的核算

1. 存入的核算。个人向外汇储蓄账户存入外币现钞,当日累计等值5 000美元以下(含)的,可以在银行直接办理;超过上述金额的,凭本人有效身份证件、经海关签章的《中华人民共和国海关进境旅客行李物品申报单》或本人原存款银行外币现钞提取单据在银行办理。

开户时,存款人填写外币存款申请书,写清户名地址、存款种类、金额等,连同外汇或现钞交存银行。银行审核无误后办理存折户或支票户的开户手续。通过"活期外汇存款"科目核算,登记存折和开销户登记簿,出售支票。以外币现金或汇入汇款存入时,其会计分录为:

借:库存现金
　或汇入汇款　　　　　　　　　　　　　　　　　　　　(外币)
　贷:吸收存款——××外汇户　　　　　　　　　　　　(外币)

当活期外汇存款续存时,存款人须填存款凭条,连同存折、外币票据交银行,银行审核认可后办理续存,会计分录与开户相同。

2. 支取的核算。个人提取外币现钞当日累计等值 1 万美元以下(含)的,可以在银行直接办理;超过上述金额的,凭本人有效身份证件、提钞用途证明等材料向银行所在地外汇局事前报备。银行凭本人有效身份证件和经外汇局签章的《提取外币现钞备案表》,为个人办理提取外币现钞手续。从汇户支取现汇或从钞户支取现钞时,其会计分录为:

借:吸收存款——××外汇户　　　　　　　　　　　　　(外币)

　　贷:库存现金　　　　　　　　　　　　　　　　　　　(外币)

　　　或汇出汇款　　　　　　　　　　　　　　　　　　(外币)

存款人从现汇户支取款项汇往国外时,还需填制汇款凭证,并计收手续费、汇费和邮费。

三、单位外汇存款的核算

1. 开户及存入的核算。各单位在银行办理存款时,必须开立外汇存款账户,由单位填写申请书,并凭盖有公章、财务专用章及主管人员名章的印鉴卡及"外汇账户使用证"、"外债登记证"、"外汇(转)贷款登记证"等开立外汇存款账户,按规定的收支范围办理外汇收支。目前,单位外汇存款主要有:美元、日元、港币、英镑、欧元等多种货币,其他自由外币可以按存入日的外汇牌价折算成上述币种之一开立存款账户。商业银行对单位外汇存款通过"单位外汇活期存款"、"外侨合资企业存款"、"外事企业存款"、"驻华机构活期存款"、"外债专户存款"和"单位定期存款"等科目核算。

(1)若以结算专用凭证转账存入外币时,其会计分录为:

借:汇入汇款或有关科目　　　　　　　　　　　　　　(外币)

　　贷:吸收存款——××单位外汇户　　　　　　　　　　(外币)

(2)若以外币现钞存入,或以不同于开户货币的币种存入时,需要通过套汇处理,其会计分录为:

借:库存现金　　　　　　　　　　　　　　　　　　　(外币)

　　贷:货币兑换　　　　　　　　　　　　　　　　　　(外币)

借:货币兑换　　　　　　　　　　　　　　　　　　　(人民币)

　　贷:货币兑换　　　　　　　　　　　　　　　　　　(人民币)

借:货币兑换　　　　　　　　　　　　　　　　　　　(外币)

　　贷:吸收存款——××单位外汇户　　　　　　　　　　(外币)

2. 支取存款的核算。支取存款时,存折户填写取款凭条,支票户填写支票,并加盖预留印鉴,经银行审查后,办理取款手续。

(1)支取原币汇出时,其会计分录为:

借:吸收存款——××单位外汇户 　　　　　　　　　　　(外币)

　　贷:其他应付款——汇出汇款 　　　　　　　　　　　　(外币)

(2)支取外币现钞或支取不同于开户货币的外币币种时,其会计分录为:

借:吸收存款——××单位外汇户 　　　　　　　　　　　(外币)

　　贷:货币兑换 　　　　　　　　　　　　　　　　　　(外币)

借:货币兑换 　　　　　　　　　　　　　　　　　　　(人民币)

　　贷:货币兑换 　　　　　　　　　　　　　　　　　　(人民币)

借:货币兑换 　　　　　　　　　　　　　　　　　　　(外币)

　　贷:库存现金 　　　　　　　　　　　　　　　　　　(外币)

(3)定期到期支取时,其会计分录为:

借:吸收存款——定期存款——××单位外汇户 　　　　　(外币)

　　利息支出 　　　　　　　　　　　　　　　　　　　　(外币)

　　贷:吸收存款——活期存款——××单位外汇户 　　　(外币)

第四节　外汇贷款业务的核算

一、外汇贷款的种类

外汇贷款是以外币为计算单位的放款业务,是银行外汇资金的重要运用途径。商业银行的外汇贷款按照不同标准划分,可以分为不同的种类:

1.按照贷款期限划分,可分为短期外汇贷款、中长期外汇贷款。短期外汇贷款的期限为1年以内,贸易融资是短期外汇贷款的特殊形式,主要包括打包贷款、进出口押汇和票据融资。中长期外汇贷款的期限一般为1年以上。

2.按资金来源划分,可分为现汇贷款、三贷贷款(买方信贷、政府贷款和混合贷款)、银团贷款、转贷款等。

3.按利率特点划分,又可分为浮动利率贷款、固定利率贷款、优惠利率贷款、贴息贷款等。

二、现汇贷款的核算

现汇贷款又称自由外汇贷款。它是商业银行按国家核定的外汇信贷计划,以自行筹集的外汇资金向借款人发放的贷款。目前我国办理现汇贷款的种类主要有:短期外汇浮动利率贷款、短期外汇优惠利率贷款、特优利率贷款、贴息贷款、外商投资企业贷款等。外汇贷款的原则是借什么货币还什么货币,以原币偿还并计收原币利息。货币种类由借款人选择,汇率风险由借款人承担。贷款的币种有美元、英镑、港币、欧元和日元等多种货币。

(一)贷款发放的核算

发放贷款时,借款单位填写外汇贷款申请书,银行审查同意后,发出批准贷款文件,与借款单位签订贷款合同,写明贷款的金额、期限、利率,明确借贷双方各自的经济责任等,银行据以开立贷款账户。银行放款时,使用"短期外汇贷款"科目核算,按借款单位不同分设账户,并应区别不同情况办理发放手续。

1. 直接转入借款单位的外汇存款账户,其会计分录为:

借:贷款——短期贷款——××单位外汇户 　　　　　　　　　　(外币)

　　贷:吸收存款——××单位外汇活期存款户 　　　　　　　　　(外币)

当借款单位对外付汇时,其会计分录为:

借:吸收存款——××单位外汇活期存款户 　　　　　　　　　　(外币)

　　贷:存放港澳及国外同业或其他科目 　　　　　　　　　　　(外币)

2. 直接使用贷款对外付汇,其会计分录为:

借:贷款——短期贷款——××单位外汇户 　　　　　　　　　　(外币)

　　贷:存放港澳及国外同业 　　　　　　　　　　　　　　　　(外币)

(二)利息的计算

短期外汇贷款一般实行浮动利率,利率由总行制定,结息日为每季末月20日。

1. 借款企业按时归还利息时,会计分录为:

借:吸收存款——××单位外汇活期存款户 　　　　　　　　　　(外币)

　　贷:利息收入 　　　　　　　　　　　　　　　　　　　　　(外币)

2. 借款单位按契约规定将利息转入贷款本金时,会计分录为:

借:贷款——短期贷款——××单位外汇户 　　　　　　　　　　(外币)

　　贷:利息收入——××户 　　　　　　　　　　　　　　　　(外币)

3. 借款单位若不能按季归还利息时,会计分录为:

借:应收利息 　　　　　　　　　　　　　　　　　　　　　　　(外币)

　　贷:利息收入——外汇贷款利息收入 　　　　　　　　　　　(外币)

等借款单位付息时,会计分录为:

借:吸收存款——××单位外汇活期存款户 　　　　　　　　　　(外币)

　　贷:应收利息 　　　　　　　　　　　　　　　　　　　　　(外币)

(三)贷款收回的核算

贷款期满,借款企业归还贷款时,填写一式两联的进账单和转账支票,也可填制还款凭证,办理还款手续。

1. 借款单位用外汇存款偿还本息时,其会计分录为:

借:吸收存款——××单位外汇活期存款户　　　　　　　　　　　（外币）

　　贷:贷款——短期贷款——××单位外汇户　　　　　　　　　（外币）

　　　　利息收入——外汇贷款利息收入户　　　　　　　　　　　（外币）

2. 借款单位经批准用人民币买汇偿还贷款本息,其会计分录为:

借:吸收存款——××单位活期存款户　　　　　　　　　　　　　（人民币）

　　贷:货币兑换——汇卖价　　　　　　　　　　　　　　　　　（人民币）

借:货币兑换——汇卖价　　　　　　　　　　　　　　　　　　　（外币）

　　贷:贷款——短期贷款——××单位外汇户　　　　　　　　　（外币）

　　　　利息收入——外汇贷款利息收入　　　　　　　　　　　　（外币）

3. 借款单位用非原贷款外币存款归还时,会计分录为:

借:吸收存款——××单位外汇活期存款户　　　　　　　　　　　（还款外币）

　　贷:货币兑换——汇卖价　　　　　　　　　　　　　　　　　（还款外币）

借:货币兑换——汇卖价　　　　　　　　　　　　　　　　　　　（人民币）

　　贷:货币兑换——汇卖价　　　　　　　　　　　　　　　　　（人民币）

借:货币兑换——汇卖价　　　　　　　　　　　　　　　　　　　（贷款外币）

　　贷:贷款——短期贷款——××单位外汇户　　　　　　　　　（贷款外币）

　　　　利息收入——外汇贷款利息收入　　　　　　　　　　　　（贷款外币）

【例8-5】某合资企业向某工行借款100万美元,期限半年,利率按三个月浮动,该笔贷款于2008年1月4日发放,放款日美元三个月浮动利率为9%,当年4月2日变为9.5%,4月6日为10%,借款人于当年7月4日如期偿还本息,计息日应收利息转入本金计复利,按实际天数计息。(注:2月为29天)

具体账务处理如下:

(1)1月4日发放贷款时,会计分录为:

借:短期外汇贷款　　　　　　　　　　　　　　　　USD 1 000 000. 00

　　贷:存放港澳及国外同业　　　　　　　　　　　　USD 1 000 000. 00

(2)3月20日计息时,会计分录为:

借:短期外汇贷款　　　　　　　　　　　　　　　　USD 19 250. 00

　　贷:利息收入　　　　　　　　　　　　　　　　　USD 19 250. 00

计算过程:应收利息从1月4日至3月20日,共77天,按9%计息。

$$利息 = 1\,000\,000 \times 9\% \div 360 \times 77 = 19\,250.00(美元)$$

(3)6月20日计息时,会计分录为:

借:短期外汇贷款　　　　　　　　　　　　　　　　USD 24 540. 00

　　贷:利息收入　　　　　　　　　　　　　　　　　USD 24 540. 00

结算过程：

　　　6月20日计息日本金为 = 1 000 000 + 19 250.00 = 1 019 250.00(美元)

计息时分两段计算：

第一段：3月21日~4月3日共14天,利率为9%

第二段：4月4日~6月20日,共78天,利息为9.5%

应收利息为：

　　　1 019 250.00 × (9% ÷ 360 × 14 + 9.5% ÷ 360 × 78) = 24 540.00(美元)

(4)7月4日贷款归还时,会计分录为：

借：外商投资企业活期存款　　　　　　　　　　　　USD 1 047 370.00

　贷：短期外汇贷款　　　　　　　　　　　　　　　USD 1 043 790.00

　　　利息收入　　　　　　　　　　　　　　　　　USD 3 580.00

计算过程：

　　　7月4日偿还本息日计息本金 = 1 019 250 + 24 540 = 1 043 790.00(美元)

计息日为6月21日至7月3日,共13天,利率为9.5%。

　　　应收利息 = 1 043 790 × 9.5% ÷ 360 × 13 = 3 580.00(美元)

三、进口押汇和出口押汇的核算

(一)进口押汇的核算

进口押汇是指进口商以进口货物物权为抵押,向商业银行申请的短期资金融通。银行收到有关单据,根据进口商的押汇申请,先行垫款对外支付,转而向进口商办理付款赎单手续,收回贷款,释放交单的过程。

1. 承做进口押汇的核算：

借：进口押汇——××户　　　　　　　　　　　　　　　(外币)

　贷：存放国外同业或有关科目　　　　　　　　　　　　(外币)

2. 偿还押汇本息的计算：

借：吸收存款——××外汇活期存款户　　　　　　　　　(外币)

　贷：进口押汇　　　　　　　　　　　　　　　　　　　(外币)

　　　利息收入——押汇利息收入　　　　　　　　　　　(外币)

　　　　　　进口押汇利息 = 押汇金额 × 押汇天数 × 日利率

(二)出口押汇的核算

出口押汇是指出口商将全套出口单据提交议付行,由银行买入单据并按票面金额扣除自议付日到预计收汇日止的利息及有关手续费,将净款预先付给出口商的一种出口融资方式。

1. 承做出口押汇的核算：

借:出口押汇——××户　　　　　　　　　　　　　　　　（外币）

　　贷:利息收入——押汇利息收入　　　　　　　　　　　　（外币）

　　　手续费及佣金收入——本国银行费用收入　　　　　　（外币）

　　　吸收存款——××外汇活期存款户　　　　　　　　　（外币）

出口押汇的利息＝票面金额×估计收到票款所需天数×日利率

出口押汇贷款的实际入账金额＝票面金额－押汇利息－预扣国外银行费用－本行费用

2.收款偿还押汇的核算:

押汇行收到国外联行或代理行寄来贷方报单时,要考核押汇时间是否合理,然后收回出口押汇款项。会计分录为:

借:存放国外同业或有关科目　　　　　　　　　　　　　（外币）

　　贷:手续费及佣金收入——国外银行费用收入　　　　　（外币）

　　　出口押汇——××户　　　　　　　　　　　　　　　（外币）

四、买方信贷的核算

买方信贷是出口国银行向进口国银行提供的信贷,再由进口国银行转贷给进口商,用以购买提供贷款国家的技术和设备,以及支付有关费用。买方信贷外汇贷款期限较长,利率较低,是利用外资的一种重要形式。买方信贷分为出口买方信贷和进口买方信贷。目前,我国银行办理的主要是进口买方信贷。

(一)对外签订协议

进口买方信贷需事先与国外签订协议,我国银行总协议由总行统一对外谈判签订,通知各分行或有关部门执行。总协议项下各个项目的具体分协议可由总行对外签订,也可以由总行授权分行谈判签订。不论是总行或是分行签订,均由总行按协议商定的金额,集中使用"买方信贷用款限额"表外科目进行控制。总行会计分录为:

收:买方信贷用款限额　　　　　　　　　　　　　　　　（外币）

(二)支付定金

根据买方信贷运作的惯例,使用买方信贷外汇贷款前,一般要先付一定比例的定金。其会计分录为:

借:吸收存款——××外汇活期存款户　　　　　　　　　（外币）

　　贷:存放国外同业或有关科目　　　　　　　　　　　　（外币）

(三)贷款的使用

买方信贷项下的支付方式,一般使用信用证,各地分行接到国外银行寄来信用证项下有关单据,经审核无误,对外办理支付时,通过现代化支付系统划收总行。

其分录如下：

借：买方信贷外汇贷款——进口单位户　　　　　　　　　　（外币）

　　贷：清算资金往来　　　　　　　　　　　　　　　　　　（外币）

总行收到汇划款项后，其分录如下：

借：清算资金往来　　　　　　　　　　　　　　　　　　　（外币）

　　贷：借入买方信贷款　　　　　　　　　　　　　　　　　（外币）

付出：买方信贷用款限额　　　　　　　　　　　　　　　　　（外币）

如果由总行营业部直接贷出，则不必通过现代化支付系统划转。

（四）贷款本息的偿还

买方信贷项下借入款的本息，由总行统一偿还，总行按照协议规定计算利息。对国外贷款行寄来的计息清单，应认真进行核对，及时偿还。其分录如下：

借：借入买方信贷款　　　　　　　　　　　　　　　　　　（外币）

　　利息支出——借入款利息支出　　　　　　　　　　　　　（外币）

　　贷：存放国外同业或有关科目　　　　　　　　　　　　　（外币）

对国内借款单位，应按照借款契约规定计算利息并按期收回。各口岸分行收回贷款本息，如借款单位有外汇额度或交来外贸还汇凭证以人民币办理结汇，其会计分录为：

借：吸收存款

　　或其他科目　　　　　　　　　　　　　　　　　　　　（人民币）

　　贷：货币兑换　　　　　　　　　　　　　　　　　　　　（人民币）

借：货币兑换　　　　　　　　　　　　　　　　　　　　　（外币）

　　贷：买方信贷外汇贷款——进口单位户　　　　　　　　　（外币）

　　　　利息收入——买方信贷外汇利息收入　　　　　　　　（外币）

借款单位如以自有外汇偿还贷款本息，则不通过外汇买卖，直接以现汇偿还。

如借款单位不能按期归还，按规定于到期日将本息转入"短期外汇贷款"科目核算，并采取有效措施催收。

五、银团贷款的核算

国际银团贷款是一种由一家或几家银行牵头，多家国际商业银行或商人银行作为贷款人，向某个企业或政府提供一笔金额较大的中期贷款，期限一般为 7～10 年，这是一种结构较为复杂的，并具有一定规模的商业贷款业务。这种融资方式的优点是使借款人在相对较快的时间内筹到金额较大的、单位成本较低的资金，使贷款人在每笔业务中共享权益，分担风险。

参加银团贷款的银行，按其在银团中发挥的作用，可分为牵头行、副牵头行、代理行、参加行。参加行的账务处理比较简单,可比照一般贷款核算手续处理。本部分则主要介绍银行作为牵头行或代理行的银团贷款会计核算账务处理方法。

1. 银行作为成员行或非代理行性质的牵头行。银行作为银团贷款成员行或非代理行性质的牵头行,需按照银团贷款协议,在规定的划款时间将承诺的贷款金额划拨到代理行指定账户,并在规定的时间内向代理行划回贷款本息。此类银团贷款按照期限长短,分别在"外汇短期贷款"和"外汇长期贷款"核算。

(1)收取有关费用的核算。成员行或牵头行如果收到代理行划来的银团贷款项下有关费用后,填制转账借贷方凭证各一联,以收账通知或清算报文作为借方凭证附件办理转账,会计分录为:

借:清算资金往来

　贷:手续费及佣金收入

(2)划款时的核算。成员行或牵头行在规定时间,将规定金额贷款资金划入代理行账户。同时根据贷款合同开立外汇贷款账户,并填制转账借方凭证一联,以划款凭证作为贷方记账凭证,会计分录为:

借:贷款——短期外汇贷款——借款人户

　或贷款——长期外汇贷款——借款人户

　贷:清算资金往来

(3)划收利息的核算。成员行或牵头行在规定结息日对贷款户进行结息,以利息计算清单第一联寄给代理行作为催收利息通知,二、三联分别作为借贷方记账凭证,会计分录为:

借:应收利息——借款人户

　贷:利息收入——外汇贷款利息收入户

成员行或牵头行收到代理行转来的贷款利息后,填制转账借贷方凭证各一联,以收账通知或清算报文作为借方凭证附件,会计分录为:

借:清算资金往来

　贷:应收利息——借款人户

(4)归还贷款本金的核算。成员行或牵头行收到代理行划转来的贷款本金后,填制转账借贷方凭证三联(一借两贷),以收账通知或总行、境内外清算报文作借方凭证附件。

借:清算资金往来

　贷:贷款——短期外汇贷款——借款人户

　　或贷款——长期外汇贷款——借款人户

如果贷款发生逾期或转为催收贷款,其本金和利息的核算方法与一般现汇贷款的逾期相同。

2. 银行作为代理行的核算。银行作为银团贷款代理行,既有自身参与银团贷款协议发放的贷款,又有作为代理行集中其他成员行贷款资金发放的代理银团贷款。前者本行承担贷款风险,并作为现汇贷款管理;或者本行不承担贷款风险,但要建立专户进行管理,并按协议规定发放贷款和收回协议下的全部本息,账务处理如下。

(1)收取有关费用并按比例分配给各成员行。代理行根据银团贷款协议中规定的费用收取比率向借款人收取银团贷款下有关费用,并按比例分配给各行。收费时填制收费凭证一式二联,第一联加盖业务用章后交客户作为扣款通知,第二联作为借方记账凭证,另填制转账贷方传票两联,会计分录为:

借:吸收存款——活期外汇存款——借款人户

　贷:手续费及佣金收入(本行应收取部分)

　　　其他应付款——参加行户(其他成员行应收取部分)

代理行根据银团贷款协议中约定的费用分配比例,将代收的银团贷款有关费用划给有关成员行指定账户,并填制转账借贷方凭证各一联,会计分录为:

借:其他应付款

　贷:其他应付款——参加行户汇出汇款

代理行收到同业扣款通知或总行、境外行清算报文后,填制借贷方凭证各一联,扣账通知或清算报文作贷方凭证附件,会计分录为:

借:其他应付款——参加行户汇出汇款

　贷:清算资金往来

(2)提款。代理行在收到各成员行贷款资金后,填制转账借贷方凭证各一联,会计分录为:

借:清算资金往来

　贷:银团贷款资金——××行户

同时,根据贷款协议和用款计划,将到期应发放的贷款转入借款人账户。填制特种转账凭证两联,第一联盖章后交客户,第二联作贷方记账凭证。另外填制转账借方凭证两联,会计分录为:

借:银团贷款——借款人户(其他成员行参加的份额)

　短期外汇贷款

　或长期外汇贷款(本行参加的份额)

　贷:活期外汇存款——借款人户

(3)利息的核算。在规定结息日,代理行首先按照贷款合同的规定,对本行发放的贷款部分计收利息,其会计核算与"现汇贷款利息的核算"相同。

同时,代理行对本行代理发放的银团贷款计算出应收利息,在与各成员行利息清单通知核对一致后,扣收客户存款,并按行别划转到各成员行指定账户,同时填制利息清单一式两联和转账贷方凭证一联,一联利息单加盖业务用章后给借款人,

另一联作借方记账凭证,另外填制转账贷方凭证一联,以划款凭证和成员行催款通知一并作为贷方凭证附件,会计分录为:

借:吸收存款——活期外汇存款户

贷:其他应付款——参加行户汇出汇款

代理行收到同业扣账通知或总行、境外行报单后,填制借贷方凭证各一联,扣账通知或报单作贷方凭证附件,会计分录为:

借:其他应付款——参加行户汇出汇款

贷:清算资金往来

(4)归还贷款的核算。借款人按合同规定归还贷款本金时,填制外汇支付凭证一式两联,代理行审核无误后,在第一联加盖业务用章后交客户,另一联作借方记账凭证;或者在规定还款日,代理行主动扣款时,填制特种转账借方凭证一式两联,一联加盖业务用章后交客户作扣款通知,另一联记账。另外填制特种转账贷方凭证两联,以成员行发送的催款通知作为贷方记账凭证附件。会计分录为:

借:吸收存款——借款人活期外汇存款户

贷:贷款——短期外汇贷款——借款人户

或贷款——长期外汇贷款——借款人户

银团贷款——借款人户

同时,代理行将各成员行的贷款本金划拨到各成员行指定账户,并填制转账借贷方传票三联(两借一贷),以划款凭证或电文作为贷方凭证附件,会计分录为:

借:银团贷款资金——参加行户

贷:其他应付款——参加行户汇出汇款

代理行收到同业扣账通知或总行、境外行清算报文后,填制借贷方凭证各一联,扣账通知或清算报文作贷方凭证附件,会计分录为:

借:其他应付款——参加行户汇出汇款

贷:清算资金往来

借款人如因特殊情况只能归还部分银团贷款,则代理行应按照协议规定,根据成员行的贷款份额按比例分别划归各成员行。对于借款人未能按期归还的贷款,代理行只需按规定将本行参与的部分转入逾期贷款和催收贷款(包括呆滞贷款和呆账贷款),对代理的银团贷款不必转入逾期贷款和催收贷款。

对于借款人不能按期归还的贷款利息,代理行应按规定将本行应收的利息转入应收贷款利息或逾期贷款利息,并按规定计收罚息。对于其他成员行应收的利息不做处理,成员行发送的借款通知在核对确认后做专夹保管,待借款人实际归还利息时,再划给各成员行,并以成员行发送的催款通知作贷方凭证附件。

第五节 国际结算业务的核算

国际结算是指由于贸易往来,债权、债务的清偿,外事外交活动款项和私人款项的转移等,而发生的国际间的货币收支及资金清算的行为。按照引起的原因可分为国际贸易结算业务和国际非贸易结算业务。国际贸易结算业务是指两国间的商品交易所产生的债权、债务,以货币的收支形式来清偿的结算方式。该业务一般采用信用证、托收和汇款等方式完成。国际非贸易结算业务是指由于国际间政治、文化交流和其他经济活动所引起的货币收支和债权、债务的清偿。该业务一般采用外币兑换、买入外币票据、信用卡和外币票据托收业务等方式完成。本部分主要讲述国际贸易结算方式。

一、信用证结算方式的核算

信用证(Letter of Credit),简称 L/C,是一种银行有条件保证付款的凭证,是由开证行根据进口商的申请,向受益人(出口商)开立的具有一定金额,并在一定期限内凭规定的符合要求的单据付款或作付款承诺的书面保证文件。

信用证的一般业务流程为申请开立信用证→开证行开立信用证→出口商受证出运→议付单据→开证行偿付→赎单提货。

(一)进口项下信用证结算

信用证项下进口业务的核算是银行根据经批准的进口公司的申请,向国外出口商开立信用证或信用保证书,凭信用证项下的全套单据,审单付款的一种结算方式。其会计核算程序分为开立信用证、审单付汇两个环节。

1. 开立信用证。国内进口公司根据合同条款向进口方银行申请信用证,填具开证申请书。开证申请书内容包括两部分:一是开立信用证的具体内容;二是进口公司向开证行应负责的声明。银行审核开证申请书,进口批示和用汇批文后,开立信用证,其会计分录为:

借:其他应收款——应收开出信用证款项　　　　　　　　　　　　(外币)
　　贷:其他应付款——应付开出信用证款项　　　　　　　　　　　(外币)

开证行应办理信用证卡片账的立卡、销卡及整卡手续,向进口企业收取开证手续费,其会计分录为:

借:吸收存款——开证企业活期存款户　　　　　　　　　　　　　(人民币)
　　贷:手续费及佣金收入——信用证开证费　　　　　　　　　　　(人民币)

开证行为保障开出信用证后有效可付,根据进口单位的资信情况确定是否收取保证金。

若预收保证金时,其会计分录为:

借:吸收存款——开证企业外汇活期存款户　　　　　　　　　　　(外币)

　　贷:存入保证金——××信用证户　　　　　　　　　　　　　　(外币)

信用证开出后,需修改信用证条款或金额时,应由进口公司提交信用证修改申请书,经开证行同意后,缮制信用证修改书通知国外银行,并在信用证留底联批注。其会计分录为:

增加 L/C 金额时:

借:其他应收款——应收开出信用证款项　　　　　　　　　　　(外币)

　　贷:其他应付款——应付开出信用证款项　　　　　　　　　　(外币)

减少金额时,会计分录相反。

2. 审单与付汇的核算。国外出口商收到进口商银行开立的信用证,备货出运,并向其议付行交单。议付行议付后,将单据寄进口商开证行,进口商开证行审单后,若单证一致,单单一致时,应编号,按约定的支付方式办理进口单据通知和付款手续。对外付款时,若为即期信用证项下进口付款,可采取国内审单付款、国外审单主动借记、国外审单后电报向我方索汇、授权国外议付行向我国账户行索汇等付款方式。其会计分录为:

借:吸收存款——开证企业活期存款户　　　　　　　　　　　(人民币)

　　贷:货币兑换　　　　　　　　　　　　　　　　　　　　　(人民币)

借:货币兑换　　　　　　　　　　　　　　　　　　　　　　　(外币)

　　贷:存放同业——国外账户行户　　　　　　　　　　　　　　(外币)

同时,转销或有资产、或有负债科目,其会计分录为:

借:其他应付款——应付开出信用证款项　　　　　　　　　　　(外币)

　　贷:其他应收款——应收开出信用证款项　　　　　　　　　　(外币)

若为远期信用证下进口付汇,因不是见票即付,而是约定一定期限,到期付款,故分为承兑和付汇两个阶段。承兑时,其会计分录为:

借:应收承兑汇票款　　　　　　　　　　　　　　　　　　　　(外币)

　　贷:承兑汇票　　　　　　　　　　　　　　　　　　　　　　(外币)

转销或有资产或有负债科目,其会计分录为:

借:其他应付款——应付开出信用证款项　　　　　　　　　　　(外币)

　　贷:其他应收款——应收开出信用证款项　　　　　　　　　　(外币)

到期付汇,转销承兑时,其会计分录为:

借:承兑汇票　　　　　　　　　　　　　　　　　　　　　　　(外币)

　　贷:应收承兑汇票款　　　　　　　　　　　　　　　　　　　(外币)

同时:

借:吸收存款——开证企业活期存款户　　　　　　　　　　（外币）

　　贷:存放同业——国外账户行户　　　　　　　　　　　　　（外币）

　　根据规定,进口单位在付汇前应向当地外汇管理局申请办理进口付汇备案表,对外付汇时,填写"贸易进口付汇核销单"交银行审核。银行每月5日前应向外管局报送"贸易进口付汇"统计报表。

二、出口项下信用证业务的核算

1.受证与通知的处理。(1)收到信用证。在出口业务中,出口商银行充当受证行、通知行角色。收到国外进口方银行开来的信用证时,首先应严格审核信用证内容、开证行经营作风、资信状况及货币金额、支付方式等,审核无误后编流水号,输入电脑打印出通知书,及时通知受益人(出口商),缮打国外来证记录卡,匡算待收外汇资金数。同时记表外科目,其会计分录为:

　　收:国外开来保证凭信　　　　　　　　　　　　　　　　（外币）

　　如果因修改信用证或转让、退证、注销等原因而使信用证金额增减时,需登记表外科目。当信用证金额增加时,其会计分录为:

　　收:国外开来保证凭信　　　　　　　　　　　　　　　　（外币）

　　(2)发放出口打包贷款。出口商接到信用证后,按信用证要求备货出运时,若资金有困难,可申请人民币出口打包放款。发放出口打包贷款时,其会计分录为:

借:贷款——出口打包贷款　　　　　　　　　　　　　　（人民币）

　　贷:吸收存款——进出口企业活期存款　　　　　　　　　（人民币）

　　备货出运后,必须及时清偿打包放款的全部本息,无本币资金偿还时,在单证相符的条件下,转做出口押汇,从结汇款中扣还。

2.审单议付,寄单索汇的处理。审单、寄单。出口商银行接到出口公司交来的全套出口单据议付时,应严格按信用证要求审单,达到单单一致,单证一致的要求,促使开证行承担第一性付款责任。审单相符后,寄单索汇,编制"出口寄单议付通知书"随单据寄发,并向开证行计收通知费、议付费、修改费、邮费等从属费用。其会计分录为:

借:其他应收款——应收信用证出口款项　　　　　　　　（外币）

　　贷:其他应付款——代收信用证出口款项　　　　　　　　（外币）

付:国外开来保证凭信　　　　　　　　　　　　　　　　（外币）

3.收妥出口款的处理。其会计分录为:

借:存放同业——国外账户行户　　　　　　　　　　　　（外币）

　　贷:手续费及佣金收入——国外银行费用收入　　　　　　（外币）

　　　　吸收存款——单位外汇活期存款户　　　　　　　　　（外币）

借:其他应付款——代收信用证出口款项　　　　　　　　（外币）

贷:其他应收款——应收信用证出口款项　　　　　　　　　　　（外币）

三、托收结算方式的核算

托收是国际贸易中常用的收款方式之一,是由债权人或收款人开立汇票或提供索汇凭据,委托银行向债务人或付款人收取款项的一种结算方式。银行不承担保证付款的责任,出口单位能否收到货款,全凭进口方的信誉,属商业信用。托收按业务种类可分为进口托收和出口托收两种情况。托收还可以根据汇票是否附有成套货运单据分为光票托收和跟单托收两种方式,进出口业务托收一般都采用跟单托收方式。

(一)出口托收业务核算

出口托收是国内出口单位根据买卖双方签订的贸易合约,在规定期限内备货出运后,将货运单据连同以进口买方为付款人的汇票一并送交银行,由银行委托境外代理行向进口买方代为交单和收款的一种出口贸易结算方式。

1. 托收交单。出口商根据贸易合同备妥单据填具“托收申请书”,交银行要求办理托收。在托收申请书上应由申请人注明收款方式、交单条件和其他有关收款事项。银行审单后,填制“出口托收寄托书”,注明货款收妥后的处理办法,连同有关单据寄交国外代收行委托收款。

银行在寄出托收委托书及有关单据时,为表示代表物权的单据已经寄出,而货款尚未收妥形成的对进出口各方的权责关系,应通过“出口托收款项”表外科目核算。发出托收时,会计分录为:

借:其他应收款——应收出口托收款项　　　　　　　　　　　（外币）
　　贷:其他应付款——代收出口托收款项　　　　　　　　　　（外币）
发出托收时,按规定向出口单位计收托收手续费和邮费。

2. 收妥入账。托收行收到国外银行的划收报单或授权通知书后,对出口单位办理结汇。核销“出口托收款项”表外科目,同时记会计分录为:

借:其他应付款——代收出口托收款项　　　　　　　　　　　（外币）
　　贷:其他应收款——应收出口托收款项　　　　　　　　　　（外币）
若以原币入账时,会计分录为:

借:存放同业——国外账户行
　　贷:吸收存款——出口单位外汇活期存款户
若以人民币办理结汇时,通过“货币兑换”科目,会计分录为:

借:存放同业——国外账户行　　　　　　　　　　　　　　　（外币）
　　贷:货币兑换　　　　　　　　　　　　　　　　　　　　　（外币）
借:货币兑换　　　　　　　　　　　　　　　　　　　　　　（人民币）

贷:吸收存款——出口单位活期存款户　　　　　　　　　　（人民币）

出口托收若超过了正常托收期限仍未收妥款项,应及时联系催收。

(二)进口代收业务核算

进口代收是指国外出口商根据贸易合同规定,于装运货物后,通过国外托收银行寄来单据,委托我银行向进口单位收取款项的一种结算方式。若进口业务通过代收方式进行,则银行一般在收到国外银行寄来的单据时,代进口单位办理对外付款业务。进口代收结算的处理主要包括收到进口代收单据和对外付款两个环节。

1.收到国外寄来代收单据。国内银行收到国外委托行寄来的进口代收单据,代收行编排顺序号后登记进口代收登记簿,核对无误后,填制"进口代收单据通知书"送交进口单位通知其备款赎单。同时,通过或有资产、或有负债科目反映权责关系,会计分录为:

借:其他应收款——应收进口代收款项　　　　　　　　　（外币）
　　贷:其他应付款——应付进口代收款项　　　　　　　　　（外币）

2.进口单位确认付款。进口单位经审核进口单据同意承付,向银行提交承付确认书,办理对外付款。如远期汇票经进口单位承兑后,将以承兑汇票于到期日通知国外委托行,待到期日即付款,代收行即按有关规定办理付汇,会计分录为:

借:吸收存款——进口单位活期户　　　　　　　　　　　（人民币）
　　贷:货币兑换　　　　　　　　　　　　　　　　　　　（人民币）
借:货币兑换　　　　　　　　　　　　　　　　　　　　（外币）
　　贷:存放同业——国外账户行　　　　　　　　　　　　（外币）

同时,核销表外或有资产、或有负债科目,会计分录为:

借:其他应付款——应付进口代收款项　　　　　　　　　（外币）
　　贷:其他应收款——应收进口代收款项　　　　　　　　　（外币）

四、汇款结算方式的核算

汇款是债务人或付款人委托银行运用某种信用工具,将款项汇给境外或异地债权人或收款人的一种结算方式。汇款结算方式,在国际贸易中主要用于支付贸易从属费用或某些先款后货的贸易结算,单位、个人均可委托银行办理。按汇款通知方式和使用结算工具的不同,可以分为电汇、信汇、票汇三种方式,由汇款人根据需要选用。

(一)汇出汇款的处理

汇出汇款是指商业银行接受汇款人的委托,签发信用工具,委托境外代理行或异地银行解付汇款的一种结算方式。

1.汇出时。汇款人填交汇款申请书一式两联,一联盖章退交汇款人,另一联汇出行留作传票。汇出国外汇款业务的会计分录为:

借:吸收存款——汇款人单位外汇活期存款户

　　贷:其他应付款——汇出汇款

如果从人民币账户汇出,应通过"货币兑换"科目处理。

2.解付时。收到汇入行解付通知书,销记汇出汇款账。其会计分录为:

借:其他应付款——汇出汇款

　　贷:存放同业——国外账户行户

(二)汇入汇款的处理

汇入汇款是指汇入行根据境外代理行和国内联行的电汇、信汇委托,以及受益人(收款人)提示的汇票,把汇入的汇款解付给收款人的过程。解付汇入汇款时,要遵循"收妥头寸解付"的原则,认真审核汇款的密押及信汇和票汇的印鉴。

1.收到汇款时。汇入行接到汇出行的电报、电传、信汇委托书或票汇通知书,审核无误后,转入"汇入汇款"科目,其会计分录为:

借:存放同业——国外账户行户

　　贷:其他应付款——汇入汇款

2.解付时。解付汇款时,以原币入账或结汇入账。原币入账的会计分录为:

借:其他应付款——汇入汇款　　　　　　　　　　　　　　　　　　(外币)

　　贷:吸收存款——收款单位外汇活期存款户　　　　　　　　　　(外币)

结汇入账的会计分录为:

借:其他应付款——汇入汇款　　　　　　　　　　　　　　　　　　(外币)

　　贷:货币兑换　　　　　　　　　　　　　　　　　　　　　　　(外币)

借:货币兑换　　　　　　　　　　　　　　　　　　　　　　　　(人民币)

　　贷:吸收存款——收款人户　　　　　　　　　　　　　　　　　(人民币)

复习思考题

一、思考题

1.什么是外汇分账制? 主要内容是什么?

2.比较外汇分账制与外汇统账制的异同。

3.外汇存款有哪些? 如何进行核算?

4.什么是信用证结算方式? 在进出口业务中主要有哪些核算环节?

5.外汇贷款有哪些形式? 如何进行核算?

二、业务题

以下外汇业务中,假定美元买入价汇率为1:6.422,港币买入价汇率为1:0.880 3,英镑买入价汇率为1:10.367 1,美钞买入价汇率为1:6.382 6,港币现钞买入价汇率为1:0.876 8,英镑现钞买入价汇率为1:10.360 0,美元卖出价汇率为1:6.468,港币卖出价汇率为1:0.882 5,英镑卖出价汇率为1:10.371 4。

1. 出国人员王明在银行用人民币购买1 000英镑。

2. 某外宾持美钞300元,来本行兑换人民币现金。

3. 张红要求从其美元现钞户提取价值800美元的港币现钞。

4. 王明要求从其美元户中向香港银行汇出港币20 000元。(汇费、邮费从略)。

5. 红星厂持开证资料向工商银行甲分行开立信用证美元1 000 000元,银行向客户收取等值人民币保证金,为企业开立信用证,按万分之五收手续费。

6. 根据贷款合同,4月1日向景洪进出口企业发放短期外汇贷款EUR3 000,期限半年,利率8%,利率按3个月浮动一次,当天从美元现汇账户汇出国外,支付进口商品货款。6月3日市场利率变为8.5%,6月22日市场利率变为9%,请列出贷款发放至收回过程中所有的会计分录。

第二篇

非银行金融机构业务核算

第九章 证券公司主要业务的核算

【学习要点与要求】

通过本章的学习,了解证券公司基本业务种类;掌握代理认购、买卖、配股和兑付以及资金账户周转等证券经纪业务的核算;掌握全额包销、余额包销和代销方式下证券承销业务的核算;掌握证券自营业务的核算;了解证券其他业务的核算。

第一节 证券公司及其业务

证券公司是专门从事有价证券买卖的法人企业,通常可简称为券商。根据《中华人民共和国证券法》的规定,证券公司是依照《中华人民共和国公司法》的规定,经国务院证券监督管理机关审查批准设立的从事证券经营业务的有限责任公司或者股份有限公司。1999 年财政部专门制定印发了《证券公司会计制度——会计科目和会计报表》,并要求证券公司于 2000 年起实施。在执行过程中,随着证券公司业务的不断创新和统一会计制度的条件逐渐成熟,从 2003 年开始,证券公司开始执行统一的《金融企业会计制度》。近年来,在我国资本市场与金融市场进一步融合、共同发展的进程中,我国会计准则也加快了与国际会计准则的趋同化建设。财政部于 2006 年正式颁布了新的企业会计准则体系,要求包括证券公司在内的各类企业都要分步执行统一的《企业会计准则》。证券公司承担着证券代理发行、证券代理买卖、资产管理以及证券咨询等重要职能,始终是证券市场上最重要的中介机构,同时也是证券市场的主要参与者。

一、证券经纪业务

证券经纪业务又称代理买卖证券业务,是指证券公司接受客户委托代客买卖有价证券的行为。证券经纪业务是证券公司最基本的一项业务。证券公司作为中介人,代为办理证券买卖,根据委托人对证券品种、价格和交易数量的明确委托来承办证券交易。这个委托办理的过程包括办理股东账户、开户、委托和交割四个环节。在经纪业务中,证券公司应恪守代理性、效率性,并遵循公开、公平、公正原则。代理性强调证券公司必须严格遵守法律法规的禁止性规定,不能受理法律法规所禁止的证券交易参与者的委托,也不能受理全权选择证券种类、数量、价格、方向等的交易委托,始终恪守职能承担代理责任,无权参与买卖盈亏分成。

二、证券承销业务

证券承销业务是指证券公司代理证券发行人面向投资人发行证券的行为。它是综合类证券公司的一项主要业务。在证券承销与发行过程中,证券公司需要就证券发行的种类、时间、条件等对发行公司提出建议。承销的关键环节是签订承销协议或合同,确定承销方式。承销方式主要有两种:包销和代销。包销是指证券公司将发行人的证券按照协议全部按承销价付款买进,然后再按发行价卖出,或在承销期结束时,将售后剩余证券全部自行购入的承销方式;代销是指证券公司代发行人发售证券,在发行期结束后,将未售出的证券全部退还给发行人或包销人的承销方式。

三、证券自营业务

证券自营业务是指证券公司从事自身投资的行为,即为本公司买卖证券谋取差价并承担相应风险的行为。证券公司的业务中,一方面是证券买入者,以自有资金和自身账户参与证券市场交易;另一方面又充当卖出者,卖出属于自己所有的证券,并赚取收益。由于证券市场的高收益性和高风险性,证券公司的自营业务具有一定的投机性、风险较大。证券公司的自营业务有利于维护证券市场交易的连续性,但是由于公司在交易成本、资金实力和获取信息的便利条件等方面都比投资大众占有优势,因此在自营活动中容易存在操纵市场和内幕交易等不正当行为。

四、其他证券业务

其他证券业务是指证券公司经批准在国家允许的范围内,进行的除承销业务、自营业务和经纪业务以外的证券相关业务,如受托资产管理业务、买入返售证券业务、卖出回购证券业务和投资顾问业务等。

1.受托投资管理业务。证券公司根据相关法律法规和投资委托人的投资意愿,作为受托投资管理人,与委托人签订受托投资管理合同,用委托人委托的资产在证券市场上购买股票、债券等金融工具的投资组合,以实现委托资产收益最大化。在受托资产管理业务中,委托人委托管理的资产必须是货币资金或是在合法的证券交易托管登记系统中的证券。受托人应将货币资金形式的受托投资按照客户交易结算资金存管方式进行管理。另外,证券公司从事受托资产管理业务,应当取得监管机关批准的受托投资管理业务资格。

2.买入返售证券业务。买入返售证券业务是指证券公司与全国银行同同业市场其他成员以合同或协议的方式,按一定的价格买入证券,到期日再按合同或协议规定的价格卖出该批证券,以获取买入价与卖出价差价收入的业务。

3.卖出回购证券业务。卖出回购证券业务是指证券公司根据与客户的协议或合同规定,先向客户卖出证券,在协议的期限到期后,再以协议规定的买入价将证券从客户处买回,证券公司以卖出价与买入价的价差支出获得资金的使用。

4.投资顾问业务。证券公司作为股权市场、产权市场上进行公司并购活动的专业顾问,可以辅助客户物色适合的兼并与收购目标公司,设计并购方案,代表客户接洽目标公司,也可以帮助目标公司设计防卫措施,抵御敌意收购。这项投资顾问业务已经成为许多证券公司的重要经营项目,能够全方位地扩展证券公司的经营领域。

为强化对证券市场中作为重要中介机构力量的证券公司业务活动的监管,国家规定了不同的证券公司,设立条件不同,其经营业务的范围也不同。根据《中华人民共和国证券法》的规定,我国对证券公司实行分类管理,即分为综合类证券公司和经纪类证券公司。综合类证券公司的证券业务,可以覆盖证券经纪业务、证券自营业务、证券承销业务和经国务院证券监督管理机构核定的其他证券业务;而经纪类证券公司只允许专门从事证券经纪业务,即只能从事代理客户买卖股票、基金、可转换企业证券、认股权证等业务。

第二节　证券经纪业务的核算

证券公司办理经纪业务,必须为客户分别开立证券和资金账户,并对客户交付的证券和资金按户分账管理,如实进行交易记录,不得作虚假记载。证券经纪业务主要有代理买卖证券、代理兑付证券、代保管证券等。

一、代理买卖证券业务的核算

代理买卖证券业务是指证券公司代理客户进行证券买卖的业务。证券公司代理客户买卖证券收到的代理买卖证券款,必须全额存入指定的商业银行的资金专户,不能与证券公司自身的存款混淆。证券公司在收到代理客户买卖证券款项的同时,还应当确认一项负债,与客户进行对应结算。

1.当收到客户交来的代买卖证券款时,公司为客户开设资金专户,会计分录为:

借:银行存款
　贷:代理买卖证券款

客户可以在其资金专户增加资金或支取款项,公司按季付存款利息。同时公司为客户在证券交易所开设清算资金专户,会计分录为:

借:结算备付金——客户
　　贷:银行存款
　　证券公司接受客户委托,通过证券交易所代理买卖证券,如果买入证券成交总额大于卖出证券成交总额,应按清算日买卖证券成交价的差额,加代扣代缴的印花税,以及向客户收取的佣金等手续费,记入"代理买卖证券款"科目;按公司负担的交易费用,记入"手续费及佣金支出"科目;按买卖证券成交价的差额,加代扣代收的印花税和公司应负担的交易费用,冲减"结算备付金"科目;按应向客户收取的佣金等手续费,记入"手续费及佣金收入"科目,会计分录为:
借:代理买卖证券款
　　手续费及佣金支出——代理买卖证券手续费支出
　　贷:结算备付金——客户
　　　手续费及佣金收入——代理买卖证券手续费收入
　　证券公司接受客户委托,通过证券交易所代理买卖证券,与客户清算时,如果卖出证券成交总额大于买入证券成交总额的,会计分录为:
借:结算备付金——客户
　　手续费及佣金支出——代理买卖证券手续费支出
　　贷:代理买卖证券款
　　　手续费及佣金收入——代理买卖证券手续费收入
　　【例9-1】证券公司接受客户委托,通过证券交易所代理买卖证券,2010年1月与客户清算时,买入证券成交总额大于卖出证券成交总额5 000 000元。代扣代交的交易税费为20 000元,向客户收取的佣金等手续费为10 000元,证券公司负担手续费支出10 000元。根据证券交易所传来的证券交易一级清算表、营业部出具的证券交易二级清算表、清算银行出具的资金清算账单等凭证作如下会计分录:
借:代理买卖证券款　　　　　　　　　　　　　　　　5 030 000
　　手续费及佣金支出——代理买卖证券手续费支出　　　　10 000
　　贷:结算备付金——客户　　　　　　　　　　　　　5 030 000
　　　手续费及佣金收入——代理买卖证券手续费收入　　　10 000
　　【例9-2】承【例9-1】,证券公司10月28日清算后,发现证券交易所买卖成交金额差额为10 000 000元,手续费为5 000元,监管费为1 500元,印花税为60 000元,收取佣金70 000元,过户费为20 000元。
证券公司的会计分录为:
借:结算备付金——证券公司　　　　　　　　　　　　9 923 500
　　手续费及佣金支出　　　　　　　　　　　　　　　　6 500
　　贷:手续费及佣金收入　　　　　　　　　　　　　　80 000
　　　代理买卖证券款　　　　　　　　　　　　　　9 850 000

结算备付金 = 10 000 000 - 60 000 - 5 000 - 1 500 - 20 000/2 = 9 923 500(元)

代理买卖证券款 = 10 000 000 - 60 000 - 70 000 - 20 000 = 9 850 000(元)

二、代理兑付证券业务的核算

代理兑付证券是证券公司接受国家或企业客户的委托,对其发行的证券在到期时进行兑付,即向持有证券人还本付息并清收相关债权凭证,结束客户与证券持有人之间债权债务关系的活动。在代理兑付证券完成时,证券公司从客户收取代理兑付证券的手续费,实现自身收益。

1. 收到委托单位的兑付资金,会计分录为:

借:银行存款

　　贷:代理兑付证券款

2. 收到客户交来的实物债券,按兑付金额作如下会计分录:

借:代理兑付证券

　　贷:银行存款

3. 向委托单位交回已兑付的实物证券,会计分录为:

借:代理兑付证券款

　　贷:代理兑付证券

4. 如果委托单位尚未拨付兑付资金,并由证券公司垫付的,收到兑付债券时,按兑付金额作如下会计分录:

借:代理兑付证券

　　贷:银行存款

5. 向委托单位交回已兑付的证券并收回垫付的资金,会计分录为:

借:银行存款

　　贷:代理兑付证券

6. 收到代兑付手续费收入,会计分录为:

借:银行存款

　　贷:手续费及佣金收入——代理兑付债券手续费收入

【例9-3】证券公司接受委托,代某企业兑付到期的无记名债券。该企业拨来兑付资金5 000万元。证券公司的会计分录为:

借:银行存款　　　　　　　　　　　　　　　　　　　50 000 000

　　贷:代理兑付证券款　　　　　　　　　　　　　　　　　50 000 000

兑付期收到客户交来的债券,按兑付金额支付款项,并已兑付完毕,其会计分录为:

借:代理兑付证券　　　　　　　　　　　　　　　　　50 000 000

　　贷:银行存款　　　　　　　　　　　　　　　　　　　50 000 000

客户交来兑付债券手续费3万元,作会计分录为:

借:银行存款　　　　　　　　　　　　　　　　　　　　　　　　50 000
　　贷:手续费及佣金收入——代兑付债券手续费收入　　　　　　　50 000

【例9-4】证券公司接受委托,代某企业兑付到期的无记名债券6 000万元,兑付资金由证券公司垫付,手续费在兑付业务完毕后收取。客户交来实物证券时,按兑付金额支付款项。

兑付期的会计分录为:

借:代理兑付证券　　　　　　　　　　　　　　　　　　　　60 000 000
　　贷:银行存款　　　　　　　　　　　　　　　　　　　　　60 000 000

兑付期结束后,向委托单位交回已兑付的证券并收回垫付的资金6 000万元,收取手续费3万元,会计分录为:

借:银行存款　　　　　　　　　　　　　　　　　　　　　　60 030 000
　　贷:代理兑付证券　　　　　　　　　　　　　　　　　　　60 000 000
　　　　手续费及佣金收入——代兑付债券手续费收入　　　　　　30 000

三、代理认购新股业务的核算

1. 当证券公司发生代客户认购新股业务,在收到客户认购款时,会计分录为:
借:银行存款
　　贷:代理买卖证券款——客户

2. 当证券公司将款项划付清算代理机构时,会计分录为:
借:结算备付金——××清算代理机构——客户
　　贷:银行存款

3. 客户办理申购手续,在证券公司与清算代理机构清算时,会计分录为:
借:代理买卖证券款——客户
　　贷:结算备付金——××清算代理机构——客户

4. 清算代理机构完成中签认定工作,将未中签的资金退给客户账户时,会计分录为:
借:结算备付金——××清算代理机构——客户
　　贷:代理买卖证券款——客户

5. 证券公司将未中签的款项划回时,会计分录为:
借:银行存款
　　贷:结算备付金——××清算代理机构——客户

6. 证券公司将未中签的款项退给客户时,会计分录为:
借:代理买卖证券款——客户
　　贷:银行存款

四、代理配股派息业务的核算

1. 代理客户办理配股业务。代理客户办理配股业务,有以下两种情况:

(1)当日向证券交易所解交配股款的,客户提出配股要求,会计分录为:

借:代理买卖证券款

　　贷:结算备付金——客户

(2)定期向证券交易所解交配股款的,客户提出配股要求时,会计分录为:

借:代理买卖证券款

　　贷:其他应付款——应付客户配股款

与证券交易所清算配股款时,按配股金额所作会计分录为:

借:其他应付款——应付客户配股款

　　贷:结算备付金——客户

2. 代理客户领取现金股利和证券利息。代理客户领取现金股利和证券利息会计分录为:

借:结算备付金——客户

　　贷:代理买卖证券款

3. 证券公司按规定向客户统一结息。证券公司按规定向客户统一结息会计分录为:

借:利息支出

　　贷:代理买卖证券款

第三节　证券承销业务的核算

按照证券公司承销业务的具体实质性条款划分,可分为全额包销、余额包销和代销三种。

一、全额包销方式的核算

全额包销是指证券公司与证券发行单位签订合同或协议,由证券公司按合同或协议确定的价格将证券从发行单位购进,并当即与发行单位结清全部款项,然后再按市场条件转售给投资者。采用此种方式,证券公司要承担全部发行风险,但可确保发行单位及时获得所需的资金。证券公司将证券转售给投资者时,按发行价格确认为证券发行收入,按已发行证券的承购价格结转待发行证券的成本。发行期结束后,如有未售出的证券,应按承购价格转为证券公司自己投资的金融资产管理。

（一）认购证券环节

先将证券全部认购,并向发行单位支付全部证券款项,按承购价作如下会计分录:

借:代理承销证券

　　贷:银行存款

（二）发售证券环节

按承销价将证券转售给投资者,承销价与承购价之间的差额记作手续费及佣金收入,其会计分录为:

借:银行存款

　　贷:代理承销证券

　　　　手续费及佣金收入——代理承销手续费收入

（三）剩余归己

发行期结束,将未售出的证券转为证券公司的金融资产管理,证券公司需要根据金融资产的性质及本公司管理部门的持有意图与管理策略,将其分别归类为"交易性金融资产"、"可供出售金融资产"等进行记账和管理。未售出的证券按承购价记入证券公司的金融资产,会计分录为:

借:交易性金融资产或可供出售金融资产

　　贷:代理承销证券

二、余额包销方式的核算

余额包销方式是指证券公司与委托发行单位签订合同或协议,由证券公司代委托单位发行证券,证券发行期内未售出的证券,一般由证券公司购入作为长期投资或自营证券。

（1）收到委托单位委托发行的证券时,应在备查账簿中记录承销证券的情况,不必编制会计分录。

（2）在约定的期限内售出证券时,按承销价格作如下会计分录:

借:银行存款

　　贷:代理承销证券款

（3）承销期结束,将募集资金付给委托单位并收取手续费,作如下会计分录:

借:代理承销证券款

　　贷:银行存款

　　　　手续费及佣金收入——代理承销证券手续费收入

(4)冲销备查簿中登记的承销证券。

(5)承销期结束时如有未售出的证券,采用余额包销方式承销证券的证券公司,要依据合同规定按照承销价格进行认购,把未售出的证券转为公司的金融资产管理。证券公司需要根据金融资产的性质及在本公司的用途,将其归类为"交易性金融资产"、"可供出售金融资产"等进行记账和管理。其会计分录为:

借:交易性金融资产或可供出售金融资产

　　贷:代理承销证券款

三、代销方式的核算

代销方式是指证券公司接受发行单位委托,按照规定的条件,在约定的期限内,代为向社会销售证券,发行期结束,如果证券未按原定计划发行出售,未售部分仍退回发行单位,代销证券的证券公司向委托人收取手续费,不承担任何发行风险。采用代销方式代理发行证券(记名证券),主要有网上代销和柜台代销两种。

(一)网上代销

具体账务处理如下:

1.通过证券交易所网上发行的,在证券上网发行日根据承销合同确认的证券发行总额,按承销价格,在备查簿中记录承销证券的情况。

2.网上发行结束后,与证券交易所交割清算,按网上发行数量和发行价格计算的发行款项扣除上网费用,作会计分录为:

借:结算备付金

　　其他应收款——应收代垫委托单位上网费

　　贷:代理发行证券款

3.将发行证券款交给委托单位,并收取发行手续费和代垫的上网费用,会计分录为:

借:代理承销证券款

　　贷:其他应收款——应收代垫委托单位上网费

　　　　手续费及佣金收入——代理承销证券手续费收入

同时,冲销备查簿中登记的承销证券。

4.承销期结束如有未售出的证券,则将未售出的证券退还委托单位。

(二)柜台代理具体账务处理

1.通过柜台代理发行证券的,收到委托单位委托发行的证券时,按约定的承销价格,在备查账簿中记录承销证券的情况。

2.证券售出,按承销价格作如下会计分录:

借:银行存款

　贷:代理承销证券款

3.将发行证券款交给委托单位,收取发行手续费,会计分录为:

借:代理承销证券款

　贷:银行存款

　　手续费及佣金收入——代理承销证券手续费收入

4.发行期结束,将未售出的代理承销证券退还委托单位,冲销备查簿中登记的承销证券。

第四节　证券自营业务的核算

证券公司取得自营业务和承销业务的资格后,就可以依法开展自营业务或承销业务,以获取相应的差价收入和手续费收入,这是综合类证券公司的特有业务。证券公司如果只有经纪类许可证,则不得从事自营和承销等业务,只能从事证券经纪业务。证券公司从事自营业务,必须用证券公司自有资金和依法筹集的资金,以自己的名义和账户在证券交易所或场外交易市场买卖各种证券。自营业务的会计核算包括自营股票、自营债券、自营基金、可转换债券、认股权证等的买入、卖出和期末计价。

一、自营证券买入与持有期间业务的核算

(一)自营非新股证券

1.证券公司在证券交易所办理自营证券业务时,应该在证券交易所开设清算资金账户。当划出资金时,会计分录为:

借:结算备付金

　贷:银行存款

2.证券公司买入证券时,按照清算日买入证券的公允成交价格即公允价值入账,会计分录为:

借:交易性金融资产——成本

　贷:结算备付金

3.如果证券公司购进证券支付的价款中,包含已到付息期但尚未领取的利息或已宣告但尚未发放的现金股利,则会计分录为:

借:交易性金融资产——成本

　　应收利息

贷:结算备付金

4. 证券公司因持有股票而分得的股票股利(也称为送股),应于股权登记日,根据本公司持有股数和送股比例,计算确定本公司分得的股票股利数量,在交易性金融资产"数量"栏中登记。

5. 证券公司自营股票持有期间取得现金股利的会计分录为:

借:结算备付金

贷:投资收益

6. 证券公司自营买入的分期付息、到期还本的债券,持有期间分期取得的利息,应按实际利率计算的金额计入当期损益,会计分录为:

借:结算备付金(或银行存款)

贷:投资收益

(二)自营认购新股

1. 网上认购新股。证券公司通过网上认购新股,申购款被证券交易所从账户中划出并冻结时,会计分录为:

借:其他应收款——应收认购新股占用款

贷:结算备付金

认购新股中签,与证券交易所结算中签款项时,按中签的股票的公允价值入账,会计分录为:

借:交易性金融资产——成本

贷:其他应收款——应收认购新股占用款

同时,退回的未中签款项的会计分录为:

借:结算备付金

贷:其他应收款——应收认购新股占用款

2. 网下认购新股,其会计分录与网上认购有所不同:

借:其他应收款——应收认购新股占用款

贷:银行存款

认购新股中签,与证券交易所结算中签款项时,按中签的股票的公允价值入账,会计分录为:

借:交易性金融资产——成本

贷:其他应收款——应收认购新股占用款

退回的未中签款项,会计分录为:

借:银行存款

贷:其他应收款——应收认购新股占用款

二、自营证券的期末核算

证券公司自营证券的期末核算是指期末自营证券在资产负债表上反映的价值处理,是期末自营证券的账面价值核算。资产负债表日,证券公司按持有的自营证券的公允价值与其账面余额的差额,直接计入当期损益。证券公司自营证券的期末账面余额的计算,可以采用加权平均法、先进先出法等方法。自营证券的计价方法一经确定,不得随意改变。在实际工作中,证券公司购入证券是分批进行的,各批购入的自营证券的实际成本并不相同,必须按专门的方法计算各种证券的期末账面余额。

期末,证券公司持有的自营证券,公允价值大于账面余额的,会计分录为:

借:交易性金融资产——公允价值变动

　　贷:公允价值变动损益

期末,证券公司持有的自营证券,公允价值小于账面余额的,会计分录为:

借:公允价值变动损益

　　贷:交易性金融资产——公允价值变动

【例9-5】证券公司2011年11月25日,以2.30元/股的价格购入了某上市公司股份10万股,合计23万元,交易费用1万元。2011年12月31日,该上市公司股票交易的市场价格为1.30元/股。2012年2月18日,证券公司以1.50元/股抛售了该上市公司股票。编制证券公司在买入该上市公司股票时,持有期间和对外出售时的会计分录:

(1)2011年11月25日购入股票时,交易费用记入当期投资收益处理:

借:交易性金融资产——××上市公司股票成本　　　　　　　　　230 000

　　投资收益　　　　　　　　　　　　　　　　　　　　　　　　　 10 000

　　贷:银行存款　　　　　　　　　　　　　　　　　　　　　　　 240 000

(2)2011年12月31日,该股票的公允价值已远低于公司买入时的价值,按照《企业会计准则》的要求,应该在期末对该项交易性金融资产按照公允价值进行重新计量,将账面价值与公允价值的差额直接计入当期损益。

期末该项交易性金融资产账面价值与公允价值的差额:

$$(2.30-1.30)元/股×100 000 股 = 100 000 元$$

借:公允价值变动损益　　　　　　　　　　　　　　　　　　　　　100 000

　　贷:交易性金融资产——××上市公司股票公允价值变动　　　　　100 000

(3)2012年2月18日,出售上市公司全部股票,收到银行存款15万元。

借:银行存款　　　　　　　　　　　　　　　　　　　　　　　　　150 000

　　易性金融资产——Q公司股票——公允价值变动　　　　　　　　100 000

　　贷:交易性金融资产——××上市公司股票成本　　　　　　　　 230 000

投资收益　　　　　　　　　　　　　　　　　　　　20 000

三、自营卖出证券的核算

证券公司卖出证券,按清算日实际收到的金额作如下会计分录:

借:结算备付金(或银行存款)
　贷:交易性金融资产——成本
　　　投资收益

同时,证券公司出售的该笔证券在持有期间存在公允价值变动损益,结转会计分录为:

借:结算备付金(或银行存款)
　交易性金融资产——公允价值变动(持有期间发生公允价值变动损失)
　贷:交易性金融资产——成本
　　　　　　——公允价值变动(持有期间发生公允价值变动利得)
　　　投资收益

【例9-6】2011年1月1日,证券公司从证券市场以银行存款204万元购入A公司发行的债券(含已到期但尚未领取的利息4万元),另发生交易费用475元。该债券面值为2 007元,剩余期限为2年,票面年利率为4%,每半年付息一次。证券公司取得该项金融资产是以赚取债券差价为目的,故将其划分为交易性金融资产。

(1)2011年1月1日,购入债券时的会计分录为:

借:交易性金融资产——成本　　　　　　　　　　　2 000 000
　应收利息　　　　　　　　　　　　　　　　　　　40 000
　投资收益　　　　　　　　　　　　　　　　　　　40 000
　贷:银行存款　　　　　　　　　　　　　　　　　2 080 000

(2)2011年1月5日,收到该债券2011年下半年利息4万元,其会计分录:

借:银行存款　　　　　　　　　　　　　　　　　　40 000
　贷:应收利息　　　　　　　　　　　　　　　　　40 000

(3)2011年6月30日,该债券的公允价值为230万元(不含利息),其会计分录为:

借:交易性金融资产——公允价值变动　　　　　　　300 000
　贷:公允价值变动损益　　　　　　　　　　　　　300 000
借:应收利息　　　　　　　　　　　　　　　　　　40 000
　贷:投资收益　　　　　　　　　　　　　　　　　40 000

(4)2011年12月31日,将该债券售出,取得236万元(含下半年利息4万元),其会计分录为:

借:银行存款　　　　　　　　　　　　　　　　　2 360 000
　贷:交易性金融资产——成本　　　　　　　　　　　　2 000 000
　　　投资收益　　　　　　　　　　　　　　　　　　　360 000

第五节　证券其他业务的核算

证券公司其他业务主要是指证券公司经批准在国家许可的范围内进行的除经纪、自营和承销业务以外的与证券业务有关的业务,如受托资产管理业务、买入返售证券业务、卖出回购证券业务以及资金拆借业务等。从会计视角来分析,其他业务的开展主要是基于资源的整合与资金的通融需要而衍生的创新业务。

一、受托资产管理业务的核算

受托资产管理是指证券公司接受委托,负责经营管理某项特定资产(包括单项资产或资产组合)的业务。证券公司受托经营管理的资产,应按实际受托资产的款项,同时确认为一项资产和一项负债;证券公司对受托管理的资产进行证券买卖,按代买卖证券业务的会计核算进行处理;合同到期,与委托单位结算收益或损失时,按合同规定的比例计算应由证券公司享有的收益或承担的损失,将其确认为当期的收益或损失。为了核算证券公司的受托资产管理业务,会计上需要设置"代理业务资产"科目和"代理业务负债"科目等。

1.证券公司收到委托单位汇入款项,会计分录为:

借:银行存款——受托资产管理业务客户
　贷:代理业务负债

2.证券公司用受托资金购买证券,按实际成本:

借:代理业务资产——成本
　贷:结算备付金——客户

3.将购买的证券卖出,按实际收到的价款,做如下会计分录:

借:结算备付金——客户
　贷:代理业务资产——成本(按卖出证券的成本结转)
　　　代理业务资产——已实现未结算损益(按卖出证券收到的款项与成本之间的差额计价入账,已实现未结算收益记入贷方,已实现未结算损失记入借方)

4.定期或在委托合同到期与委托客户进行结算时,按合同约定比例计算代理业务资产收益并结转已实现未结算损益。证券公司的会计分录为:

借:代理业务资产——已实现未结算损益
　贷:代理业务负债(按合同规定属于委托客户的收益入账)

    手续费及佣金收入——受托客户资产管理业务收入

代理业务资产发生亏损时,证券公司的会计分录为:

借:代理业务负债(按合同规定属于委托客户的收益入账)

  手续费及佣金支出——受托客户资产管理业务支出

  贷:代理业务资产——已实现未结算损益

5. 到期退还客户委托管理的资金及损益,做如下会计分录:

借:代理业务负债

  贷:银行存款——受托资产管理业务客户

二、买入返售证券业务的核算

  买入返售证券业务是指证券公司与其他企业通过签订合同或协议,按一定价格买入证券,在到期日再按合同规定的价格将该批证券返售给其他企业,以获取该批证券买入价与卖出价的差价收入。证券公司应于买入某种证券时,按实际发生的成本确认为一项资产,而在证券到期返售时,按返售价格与买入成本价格的差额,确认为当期收入。为了核算证券公司的买入返售证券业务活动,会计上需要设置“买入返售金融资产”科目。

  1. 证券公司从国家规定的场所买入证券,按实际支付的款项,做如下会计分录:

借:买入返售金融资产

  贷:结算备付金

  2. 资产负债表日,应按合同约定的名义利率计算确定的买入返售金融资产的利息收入,做如下会计分录:

借:应收利息(或应收股利)

  贷:利息收入(或投资收益)

收到买入返售金融资产的利息、现金股利等,做如下会计分录:

借:结算备付金

  贷:应收利息(或应收股利)

合同约定的名义利率与实际利率差异较大的,应采用实际利率计算确定利息收入。

  3. 证券到期返售,按实际收到的款项,做如下会计分录:

借:结算备付金

  贷:买入返售金融资产

    应收利息(或应收股利)

  在交易双方违约的情况下,如企业有权取得本应按固定价格返售的票据、证券、贷款等资产的,应按取得的该资产的公允价值,借记“交易性金融资产”等科目;按交易对方支付的履约保证金,借记"结算备付金"等科目;按其账面余额,贷记"买入返售金融资产"科目;按其差额借记或贷记"利息收入"、"投资收益"等科目,会计分录为:

借:交易性金融资产(科目不固定,视持有金融资产的性质而定)

　　结算备付金(交易违约双方支付的履约保证金)

　贷:买入返售金融资产

　　　投资收益(如为损失,记入借方)

因取得票据、证券、贷款等资产发生的交易费用,除划分为交易性金融资产的以外,均应计入取得资产的初始确认金额。

三、卖出回购证券业务的核算

卖出回购证券业务是指证券公司与其他企业通过签订合同或协议,按一定价格向对方卖出一定证券,到期日再按合同约定的价格买回该批证券。其实质在于获得一定时期内资金的使用权。证券公司应在卖出证券时,按实际收到的款项确认为一项负债,而在证券到期购回时,按实际支付的款项与卖出证券时实际收到的款项的差额,确认为当期费用。为了核算证券公司的卖出回购证券业务,会计上需要设置"卖出回购金融资产款"等科目。

卖出回购证券业务通常分为两个环节,即前期卖出阶段和到期回购阶段。证券公司应于签约卖出证券时,按实际收到的款项确认为一项负债;证券到期购回时,按实际支付的款项与卖出证券时实际收到的款项的差额,确认为当期费用。

1.通过国家规定的场所卖出证券,按实际收到的款项,做如下会计分录:

借:结算备付金

　贷:卖出回购金融资产款

2.资产负债表日,应按实际利率计算确定的卖出回购金融资产的利息费用,做如下会计分录:

借:利息支出

　贷:卖出回购金融资产款

实际利率与合同约定的名义利率差异很小的,也可以采用合同约定的名义利率计算确定利息费用。

3.卖出回购金融资产协议到期时,做如下会计分录:

借:卖出回购金融资产款

　贷:利息支出

　　结算备付金

在交易双方违约的情况下,应按卖出回购金融资产款的账面余额,借记"卖出回购金融资产款";按交易对方支付的履约保证金,借记"结算备付金"等科目;回购协议卖出票据、证券、贷款等金融资产计提减值准备的,借记"坏账准备"、"贷款损失准备"等科目;按回购协议卖出票据、证券、贷款等金融资产的账面余额,贷记"交易性金融资产"、"可供出售金融资产"等科目;按其差额,借记或贷记"投资收益"等科目,会计分录为:

借:卖出回购金融资产款
　　结算备付金(交易违约方支付的履约保证金)
　　资产减值准备(如果金融资产已计提减值准备,还需要转销该项损失)
　贷:交易性金融资产(科目不固定,视卖出金融资产的性质而定)
　　　投资收益(如为损失,记入借方)

四、融资融券业务的核算

融资融券业务是指向客户出借资金供其买入上市证券或者出借上市证券供其卖出,并收取担保物的经营活动。在我国,证券公司开展融资融券业务试点,必须经证监会批准。未经批准,任何公司不得向其客户融资、融券,也不得为其客户与客户、客户与他人之间的融资融券活动提供任何便利和服务。

(一)融资业务的核算

1.当证券公司将拟向客户融出的资金存入融资专用资金账户,证券公司总部(以下简称公司总部)的会计分录为:

借:银行存款——融资专用
　贷:银行存款——自有资金

2.证券公司按一定比例向客户收取融资业务保证金存入客户信用交易担保资金账户,如为普通客户则需证券公司营业部(以下简称营业部)将客户从普通客户转为信用客户,如为信用客户则直接存款。

(1)将客户信用交易担保资金从普通账户取出,证券公司营业部会计分录为:

借:代买卖证券款——客户
　贷:银行存款——客户
　　或结算备付金——客户

(2)将客户从普通客户转为信用客户,证券公司营业部会计分录为:

借:结算备付金——客户信用交易担保资金
　贷:代买卖证券款——信用客户

3.按照协议向客户发放贷款,营业部应同时增加客户信用资金。

证券公司总部会计分录为:

借:贷款——客户——融资业务
　贷:银行存款——融资专用

同时,营业部会计分录为:

借:结算备付金——客户信用交易担保资金

　　贷:代买卖证券款——信用客户

4.信用客户每日证券交易资金清算、证券交易结果由客户所在营业部进行记账,同时,公司总部将信用客户清算交易结果报开户银行。

如果卖出证券金额大于买入证券金额,即为卖差,则公司总部的会计分录为:

借:结算备付金——信用客户

　　手续费及佣金支出

　　贷:代买卖证券款——信用客户

　　　手续费及佣金收入

如为买差,则营业部的会计分录为:

借:代买卖证券款——信用客户

　　手续费及佣金支出

　　贷:结算备付金——信用客户

　　　手续费及佣金收入

5.证券公司逐日计算客户交存的担保物价值与所欠债务比例,当该比例低于最低维持担保比例时,应当通知客户在一定时期内补交差额。

客户缴款时,营业部的会计分录为:

借:结算备付金——客户信用交易担保资金

　　贷:代买卖证券款——信用客户

6.融资融券合同到期,客户未能及时补交差额,证券公司按照约定处分担保物,处置资金将优先用于归还客户所欠本金和利息,剩余部分归还客户。

(1)将客户所欠本金利息取出,营业部的会计分录为:

借:代买卖证券款——信用客户

　　贷:结算备付金——信用客户

(2)客户还款时,公司总部的会计分录为:

借:银行存款——融资专用

　　贷:贷款——客户——融资业务

　　　利息收入——融资利息收入

7.客户不再从事融资融券交易,将客户从信用客户转为普通客户。

营业部的会计分录为:

借:代买卖证券款——信用客户

　　贷:结算备付金——信用客户

公司总部的会计分录为:

借:银行存款——融资专用

贷:代买卖证券款——信用客户

8.融资融券合同到期,客户归还借款及利息。

营业部的会计分录为:

借:代买卖证券款——信用客户

　　贷:结算备付金——信用客户

公司总部的会计分录为:

借:银行存款——融资专用

　　贷:贷款——客户——融资业务

　　　　利息收入——融资利息收入

9.如果到期客户未能还清贷款,则将未能归还部分计入应收客户融资款。

公司总部的会计分录为:

借:银行存款——融资专用

　　应收款项——客户——融资业务

　　贷:贷款——客户——融资业务

　　　　利息收入——融资利息收入

10.期末,对客户未能还清的应收款计提减值准备。

公司总部的会计分录为:

借:资产减值损失——坏账准备

　　贷:坏账准备

(二)融券业务的核算

1.证券公司将拟向客户融出的证券存入融券专用证券账户。

公司总部的会计分录为:

借:交易性金融资产——融资专用(按账面价值结转)

　　贷:交易性金融资产

2.证券公司通过非交易过户方式将已融出证券过户至客户名下(按照转正日市价)。

公司总部的会计分录为:

借:贷款——客户(按照转出日市价)

　　应收款项——融券价格变动(按差额)

　　贷:交易性金融资产——融资专用(按账面价值)

3.信用客户每日证券交易资金清算、证券交收结果由客户所在营业部进行记账,伺时,公司总部将信用客户清算交收结果报开户银行。

营业部,如为卖差,则会计分录为:

借:结算备付金——信用客户

　　　手续费及佣金支出

　　贷:代买卖证券款——信用客户

　　　　手续费及佣金收入

营业部,如为买差,则会计分录为:

　　借:代买卖证券款——信用客户

　　　　手续费及佣金支出

　　贷:结算备付金——信用客户

　　　　手续费及佣金收入

　　4.按日根据客户证券市值(包括送股)变动对交易性金融资产作相应调整。

如果市值增加,公司总部的会计分录为:

　　借:贷款——客户——融资业务

　　　贷:应收款项——客户——融券价格变动

　　5.交易性金融资产分红派息,则公司总部的会计分录为:

　　借:贷款——客户——融资业务

　　　贷:投资收益

　　6.融资融券协议到期,客户归还融资人的证券。

　　(1)客户信用账户归还融券利息。

营业部的会计分录为:

　　借:代买卖证券款——信用客户

　　　贷:结算备付金——信用客户

　　(2)公司收到融券利息收入。

公司总部的会计分录为:

　　借:银行存款——融资专用

　　　贷:利息收入——融券利息收入

　　(3)客户还券。

公司总部的会计分录为:

借:交易性金融资产——融资专用(按照结转日成本价)

　　贷:贷款——客户——融资业务(按照客户贷款账面余额)

　　　　应收款项——客户——融资价格变动(按照借方余额冲减)

　　7.将拟不作融券交易的证券账户转入自营账户。

公司总部的会计分录为:

　　借:交易性金融资产(按结转日成本价)

　　　贷:交易性金融资产——融资专用

　　8.融资融券协议到期客户未能归还融资人的证券。

公司总部的会计分录为:

借:交易性金融资产——融券(已归还证券)
　　应收款项——客户——融券(未能归证券)
　　　　　　——客户——融券利息(未能归还利息)
　　贷:贷款——客户——融资业务
　　　利息收入——融券利息收入
　　　应收款项——客户——融资价格变动(按照借方余额冲减)

9. 期末,对公司拟融出证券余额及已融出的证券进行检查,根据公允价值调整账面价值。

如果公允价值低于账面价值,按其差额,公司总部的会计分录为:

借:公允价值变动损益——交易性金融资产
　　贷:交易性金融资产

如果公允价值大于账面价值,则作相反的会计分录。

10. 期末,对客户未能归还的证券计提减值准备。

公司总部的会计分录为:
借:资产减值损失——坏账准备
　　贷:坏账准备

复习思考题

一、思考题

1. 简述证券公司业务的分类。

2. 简述证券承销方式的分类及各方式的含义。

3. 什么是证券经纪业务? 证券经纪业务必须遵守的规则有哪些?

4. 什么是融资融券业务?

二、业务题

1. 中新证券有限公司与客户公司签订协议,采用全额承购包销方式承销该公司发行的股票 1 000 万元,股票面值为 1 元,共发行 1 000 万股,证券公司承购价为 1.5 元/股,对外承销价为 1.7 元/股,发行期为 30 天,预计最后剩余 50 万股。编制相关会计分录。

2. 中新证券公司 2011 年 10 月 20 日,以 2.50 元/股的价格购入了上市的 A 公司股份 20 万股,合计 50 万元,交易费用 1 万元。2011 年 12 月 31 日,该股票交易的市场价格为 1.60 元/股。2012 年 2 月 18 日,中新证券公司以 1.80 元/股抛售了 A 公司股票。编制中新证券公司在买入 A 公司股票时、持有期间和对外出售时的会计分录。

第十章　保险公司主要业务的核算

【学习要点与要求】

通过本章的学习,了解保险公司会计的分类;掌握保险公司会计的特点;掌握非寿险原保险合同的核算要求和核算方法;掌握寿险原保险合同的核算要求和核算方法;掌握再保险合同的核算原则、再保险合同的分保账单的编制方法、再保险合同分出业务的核算方法以及再保险合同分入业务的核算。

第一节　保险会计概述

一、保险会计的概念

保险会计是以货币为主要计量单位,以凭证为依据,通过记录、计算、检查和分析,对保险企业经营过程及其结果,进行连续、系统、全面、综合地核算和监督、分析和考核的专业会计,它包括会计核算、会计分析和会计检查三部分。

二、保险会计的特点

保险会计的主要内容是核算保险公司经营过程及其结果。保险公司是经营风险的特殊行业,保险公司经营过程及其结果有着显著的行业特色,其特殊性主要表现在:

(一)保险产品的特殊性

保险公司向投保人出售的是一纸对投保人未来可能的损失予以赔偿或给付的信用承诺,保险产品是无形商品。由于其经营对象比较抽象,经营产品本身就是风险,因此保险公司自身风险显得尤为突出。

(二)保险业务对象具有广泛的社会性

由于风险的普遍存在,决定了保险公司经营范围涉及社会生产和社会生活的方方面面,保险公司的发展涉及大多数公众的利益,直接影响着社会。从某种意义上来讲,保险公司对经济社会背负着巨额负债,承担着对整个社会的保障责任,发挥着社会"稳定器"的作用。

(三)保险经营活动具有不确定性和分散性

保险本身就是经营风险的特殊行业,几乎社会上各个行业面临的风险都可以通过保险合同转嫁给保险公司,由于保险期间内无法预知在事故发生及可能造成损失程度的大小,因此保险经营活动具有不确定性的特点。保险公司通过与大量投保人签订保险合同来分散风险,并且希望收取的保费和投资收益能够足以支付赔款,同时为自身赢得利润。因此保险事故发生的不确定性和通过承保大量风险单位来分散风险是保险活动的本质。

(四)保险成本发生于收入补偿的顺序与一般行业相反

对一般企业而言,成本发生在前,产品定价在后,利润是售价与成本相抵的结果,而保险业正好相反,保险产品定价在前,成本发生在后,因此,保险行业在计算利润时需要采用特殊的程序方法和假设,具有较强的预计性,特别是寿险业务,收入与支出之间有较长的时间差,其利润计算的准确与否显得更为突出。

(五)保险资金运动形态表现为货币资金的收付

保险公司的基本职能是组织经济补偿与给付,其业务活动表现为货币资金的收付。一方面通过开展各种保险业务以收取保费的形式吸收大量的货币资金,另一方面通过赔款和给付以及开支各项费用支出大量的货币资金,并通过货币资金的收付过程来实现保险公司自身的利润,因此保险会计的对象是保险公司资金运动过程中的收付及其增减变动情况。

三、保险会计的基本分类

按照危险损失转移的层次分类,保险合同被划分为原保险合同和再保险合同。原保险合同是指保险人向投保人收取保费,对约定的、可能发生的事故因其发生所造成的财产损失承担赔偿保险金责任,或者当被保险人死亡、伤残、疾病或者达到约定的年龄、期限时,承担给付保险金责任的保险合同。原保险合同进一步分为非寿险原保险合同和寿险原保险合同;再保险合同是指一个保险人(再保险分出人)分出一定的保费给另一个保险人(再保险接受人),再保险接受人对再保险分出人由原保险合同所引起的赔付成本及其他相关费用进行补偿的保险合同。

保险会计的核算分为:非寿险原保险合同的核算、寿险原保险合同的核算和再保险合同的核算。

第二节　非寿险原保险合同的核算

一、非寿险原保险合同的核算特点

（一）保费收入在签订保单时确认

非寿险保险合同是签单生效,其保费收入的确认是在无论是否收到保费的情况下,只要保险公司签发保单,就以保单签订日为确认保费之日。

（二）只发生手续费支出

对于寿险原保险合同,可以发生手续费和佣金支出;而对于非寿险原保险合同,只发生手续费支出。

（三）不涉及保户质押贷款核算

由于非寿险原保险合同,保险期限一般都是在一年或一年以内,期限短,不具有储蓄性和现金价值,因而不能向保户提供保单质押贷款。

（四）责任准备金的提存基础与寿险原保险合同业务不同

非寿险原保险合同未到期责任准备金在各年度的分摊是假设风险责任在保险期限内均衡分布,与时间成正比,采用分数计提比例法;未决赔款准备金是根据过去的统计资料、理赔经验或对未来的趋势进行预计,依照个案法或统计模型估算得出;而寿险原保险责任准备金则需专门的精算师进行精算。

二、非寿险原保险合同的核算要求

（一）采取一级法人,分级管理,逐级核算的财务管理体制

实行分级管理,分级建账;分公司自计盈亏,总公司统一核算,并汇总统一缴纳所得税。

（二）根据权责发生制原则,按会计年度结算损益

表结账不结的办法按月结计盈亏;按月计提固定资产折旧;期末分别提取直接业务和分保业务的未到期责任准备金,计提未决赔款准备金、保险保障基金。

（三）实行分险种核算损益办法

核算的险种为：企业财产保险、家庭财产保险、工程保险、责任保险、信用保证保险、机动车辆保险、船舶保险、货物运输保险、特殊风险保险、综合保险、农业保险、通用附加险、意外伤害保险、健康保险等。各级公司在不影响上一公司规定的风险核算的险种分类前提下，可将风险核算的险种进一步细化，并报上一级公司备案。

（四）期末计提资产减值准备

应当于每年年度终了时，对各项资产进行检查，根据谨慎性原则，合理的预计各项资产可能发生的损失，对公司应收款项、长期股权投资、持有至到期投资、固定资产、在建工程、无形资产、贷款、抵债资产、低值易耗品、损余物资等资产可能发生的各项资产损失应当合理计提资产减值准备。

（五）对外币业务的核算实行外币分账制

对各种外币业务的外汇收支均按原币填制凭证、记载账簿、编制报表。年末应将各币种"货币兑换"科目余额分别通过"汇兑损益"科目，计入当期损益。结转损益后，应将各种外币业务的损益，按决算日汇率，结计为人民币损益进行分配。

三、非寿险原保险合同的核算

（一）保费收入的核算

保费收入是保险企业因承担一定的风险责任而向投保人收取的费用。它虽然不是保险企业建立保险基金的唯一来源，但却是最重要的来源。保费收入的多少，反映保险企业承担业务能力的大小和保险责任的大小。因此，积极组织保费入账，准确核算保费数额，对提高保险企业的偿付能力至关重要。

1.关于"保费收入"的相关概念。毛保费是按保险金额乘以保险费率计算出来的保险费称为毛保费。它是相对净保费而言的，即尚未扣除分保费、佣金等项目的保险费，因此，亦称为入账保费。从货币支付上，毛保费包括实收保费和应收保费。

已赚保费即由于保单年度和会计年度并不完全一致，会计年度末进行核算时，根据权责发生制，往往要区分属于当期会计年度和下一期会计年度的保费收入。已赚保费是指某一年度中可以用于当年赔款支出的保费收入。换言之，保险人所收保费中在当期会计年度已负了责任或已终止契约的那一部分保费收入称为已赚保费。

未赚保费是在会计年度终了时,保单有效期限尚未结束。因此,入账保费中与保险责任尚未终止的那部分业务相对应的保险费,称为未赚保费。

2.保费的计算。保险费得数额通常是由保险金额、保险费率和保险期限三个因素决定的。在财产保险中,保险费一般有两种计算方法:一种是以保险金额乘以保险费率;另一种是以某项保险标的数乘以每一保险标的数乘以每一保险标的应缴纳的保险费。计算公式如下:

$$保险费 = 保险金额 \times 保险费率$$
$$保险费 = 某项保险标的数 \times 每一保险标的应缴纳的保险费$$
$$机动车辆保险中的车损险的保险费 = 基本保费 + 保险金额 \times 保险费率$$

3.保费收入的核算。为了反映和监督保费收入的情况,应设置"保费收入"和"应收保费"账户。

"保费收入"科目是损益类收入科目,核算保险企业按保险契约或批单向投保人或被保险人收取的保险费。在发生退保费和续保时的折扣以及无赔款优待费也在本科目核算。收取保费时,借记"银行存款"、"现金"账户,贷记本科目。本科目应按险种设置明细账,期末无余额。

"应收保费"科目是资产类结算科目,核算保险企业应该向保户收取而未收到的保险费。在财产保险中,保户一次交费有困难的,可采取分期交费的办法。发生应收未收保费时,借记"应收保费"、贷记"保费收入";收回应收保费时,借记"银行存款"、"现金",贷记"应收保费"。经确认为坏账的应收保费,冲销坏账准备,借记"坏账准备"科目,贷记本科目。已确认为坏账且已转销的应收保费,以后又收回的,按收回的金额,借记本科目,贷记"坏账准备"科目;同时,借记"银行存款"科目,贷记本科目。本科目应按保户设置明细账。

(1)签单时收到全部保费时的会计分录为:

借:银行存款
　　贷:保费收入

(2)签单时未收到保费,日后一次缴清时的会计分录为:

借:应收保费
　　贷:保费收入

借:银行存款
　　贷:应收保费

(3)签单时只交部分保费,过后将余款付清时的会计分录为:

借:银行存款
　　应收保费
　　贷:保费收入

借:应收保费
　　贷:保费收入

退保时的会计分录为:

借:保费收入
　　贷:银行存款

(二)赔款支出的核算

赔款支出是指保险标的发生了保险责任范围内的保险事故后,保险人向被保险人支付的损失补偿金。

1.为核算和监督赔款支出的情况,保险公司应设置"赔付支出"账户,核算保险公司支付的原保险合同赔付款项和再保险合同赔付款项,包括赔款支出、满期给付、年金给付、死伤医疗给付和分保赔付支出。"赔付支出"科目属于损益类费用科目,期末无余额,按保险合同和险种设置明细账。保险公司也可根据需要分设赔款支出、满期给付、年金给付、死伤医疗给付、分保赔付支出等科目。

支付赔款时的会计分录为:

借:赔付支出
　　贷:银行存款

2.赔款的计算和审核是一项较为复杂的工作,往往需要很长时间,对于一些重大保险事故,保险公司为了使被保险人能及时恢复生产经营活动,经常采取预先支付估计损失一定比例的赔款,待损失核定后再补足差额。

为了核算和监督预付赔款的情况,应设置"预付赔付款"账户,该科目属于资产类科目按险种或分保分出人设置明细账。借方余额反映实际预付的赔款。

支付预付赔款时的会计分录为:

借:预付赔付款
　　贷:银行存款

赔案结案支付最终赔款时的会计分录为:

借:赔付支出
　　贷:预付赔付款
　　　　银行存款

3.在理赔中发生的直接理赔勘察费和间接理赔看车费也应在"赔付支出"科目内进行核算。

借:赔付支出
　　贷:银行存款

4.代位追偿款是针对某些保险事故的发生系第三者造成的情况下,保险公司实现按照保险合同约定向投保人支付赔款后,从投保人处取得对标的损失进行追偿的权利,由此追回的款项归保险公司所有。因此,从理论上讲追偿款收入属于代位求偿,实际上不是一项收入,而是对赔款支出的一种抵减,不应作为收入处理。

为了核算和监督追偿款情况,应设置"应收代位追偿款"科目,核算保险公司按照与按保险合同约定承担赔付保险金责任后确认的代位追偿款。该科目属于资产类科目,借方余额反映公司尚未收回的代位追偿款,该科目按照被追偿单位或个人设置明细账。

保险公司先行赔付,取得代位追偿权时的会计分录为:

借:应收代位追偿款

　　贷:赔付支出

收回代位追偿款时的会计分录为:

借:银行存款

　　贷:应收代位追偿款

(三)手续费支出的核算

保险公司为了扩大业务承保面,降低经营成本,需要委托专业代理人和兼业代理人代为办理保险业务,保险公司按照保费收入的一定比例支付代理人代理手续费及向经纪人支付佣金。

为核算和监督手续费及佣金的支出情况,应设置"手续费及佣金支出"账户,核算保险公司按规定支付给保险代理人的手续费。该科目按险种设置明细账,期末无余额。

向代理人、经纪人支付手续费或佣金时的会计分录为:

借:手续费及佣金支出

　　贷:银行存款

手续费及佣金应按实际收到保费的比例支付,对于应收而未收到的保费则计算应付手续费及佣金,待保费收妥后再从"应付手续费及佣金"科目中转销。"应付手续费及佣金"科目核算保险公司因保险代理业务和经纪业务而发生的应付未付的手续费及佣金支出。该科目按代理人或经纪人设置明细账。

支付部分手续费及佣金时的会计分录为:

借:手续费及佣金支出

　　贷:银行存款

　　　　应付手续费及佣金

支付剩余的手续费及佣金时的会计分录为:

借:应付手续费

　　贷:银行存款

(四)保险准备金的核算

1.保险准备金的确认。原保险合同准备金包括:未到期责任准备金、未决赔款准备金、寿险责任准备金和长期健康险责任准备金。非寿险原保险合同主要涉及未到期责任准备金和未决赔款准备金。

(1)保险准备金的精算规定。按照现行的企业会计准则规定,保险人应当按照保险精算确定的金额,提取责任准备金。

按照"企业会计准则解释2号",保险准备金将采用新的基于最佳估计原则下的准备金评估标准。

(2)保险准备金的充足性测试。准则规定,保险人至少于每年年度终了,对未决赔款准备金、寿险责任准备金、长期健康险责任准备金进行充足性测试。保险人按照保险精算重新计算确定的相关准备金金额,超过充足性测试日以提取的相关准备金金额的,应当按照其差额补提相关准备金;相反则不调整相关准备金。

①充足性测试。充足性测试是指,计算为将来可能要履行的保险责任而提取的准备金是否足够、充分,以确保保险准备金负债没有被低估。很多现行的精算模型都有测试,以确保保险负债没有被低估。测试的具体形式取决于基本的计量方法。但是目前的会计模式并不存在这些测试。如果某个承包人对于因现有合约义务而产生的重要的可以合理预计的损失没有予以确认,则会降低财务报告的可信度,因此,新会计准则要求进行负债充足性测试。

②充足性测试的方法。现有会计准则对如何进行充足性测试及充足性测试的基本要求暂时没有具体地说明。一般而言,在进行准备金充足性测试时应该根据销售方式,服务方式和衡量获利能力的方式,将保险合同分类以判断保险合同是否存在准备金不足的问题。

进行准备金充足性测试的方法包括:整体测算,按产品大类测算和按照个别产品测算。

2. 未到期责任准备金的核算。"未到期责任准备金"也称"未满期责任准备金"或"未了责任准备金",是指保险人尚未终止的非寿险保险责任提取的准备金。包括保险期间在一年以内(含一年)的保险合同项下尚未到期的保险责任而提取的准备金,以及为保险期间在一年以上(不含一年)的保险合同项下尚未到期的保险责任而提取的长期责任准备金。由于保险合同的业务年度与会计年度通常是不一致的,因此,在会计核算期末不能把所收取的全部保费当做保费收入处理,对于保险责任尚未届满应属于下年度的部分保险费,必须以准备金的形式提存出来。

(1)未到期责任准备金的计算。对于未到期责任准备金目前主要采取的方法有:1/2法、1/8法、1/24法、1/365法

①1/2法。采用这种方法的前提条件是假设全年365天,每天签发保单收取的保费都是相等的,因而在当年有50%的已了责任,在下一年度还有另外的50%的未了责任,故期末提取未到期的责任准备金等于保费收入的50%。这种方法简便易行,但前面的假设是不存在的,即在整个保险期间风险并不是均衡分布的,且保

单生效也不是均衡分布在整个业务年度,因此这种方法显然不准确。

$$未到期的责任准备金 = 本期保费收入 \times 50\%$$

②1/8 法。也称为按季计算法。采用这种方法的前提条件是假设每一季度中承保的所有保险单是逐日开出的,且每天开出的保单数量、每张保单的保额和保费大体均衡。这样就可以视为每季度的保单有半个季度的未了责任。一年有八个"半季度",因此,期末对在第一季度投保的保单应提取的准备金为第一季度保费收入的 1/8,另外 7/8 为已了责任;对在第二季度投保的保单,应提取未到期责任准备金为第二季度保费收入的 3/8,另外 5/8 为已了责任,以此类推。故年末未到期责任准备金为:

$$第一季度保费收入 \times 1/8 + 第二季度保费收入 \times 3/8 +$$
$$第三季度保费收入 \times 5/8 + 第四季度保费收入 \times 7/8$$
$$未到期责任准备金 = (签发保单季数 \times 2 - 1) \div 8 \times 当季保费收入$$

③1/24 法。也称按月计算法。采用这种方法的前提条件是,假设一个月内所有承包的保单是 30 天内逐日开出的,且保单数量、保额、保费大体均衡,这样就可以认为本月承保的保单在当月内的有效天数为 15 天,即半个月,每月的保单有半个月的未了责任。一年可分为 24 个半个月,对一年期保单来说,签订保单的当月末已到责任为 1/24,23/24 为未了责任,以后每过一个月已到期责任加上 2/24,为了责任则减少 2/24,到期末 1 月份签发保单的未到期责任准备金为保费的 1/24,2 月份签发保单的未到期责任准备金为保费的 3/24……以此类推,到 12 月份签发保单的未到期责任准备金为保费的 23/24。

$$未到期责任准备金 = (签发保单月份 \times 2 - 1) \div 24 \times 当月保费收入$$

④1/365 法。也称为逐日计算法,这种方法是根据没长保单的第二年有效天数逐笔计算未到期责任准备金。

$$某日保单未到期责任准备金 = 第二年有效天数 \div 保险期天数 \times 当日保费收入$$
$$年末未到期责任准备金 = 每日保单未到期责任准备金之和$$
$$= P_1 \times 1/365 + P_2 \times 2/365 + \cdots\cdots + P_i \times i/365 + P_{365} \times 365/365$$
$$= \sum P_i \times i/365 (i = 1, \cdots, 365)$$

(2)未到期责任准备金的核算。为正确核算未到期责任准备金通常设立"未到期责任准备金"、"提取未到期责任准备金"科目。

"未到期责任准备金"科目,用来核算保险公司提取的非寿险原保险合同未到期责任准备金,该科目属于负债类科目,期末贷方余额反映保险公司的未到期责任准备金数额。该科目按保险合同设置明细账。

"提取未到期责任准备金"科目,用于核算保险公司按规定提取的非寿险原保险合同未到期责任准备金和再保险合同分保未到期责任准备金。该科目属于损益类费用科目,期末无余额。该科目应按保险合同及险种设置明细账。

①保险公司在确认原保费收入和分保费收入的当期,应按保险精算数确定的

未到期责任准备金,会计分录为:

借:提取未到期责任准备金

　　贷:未到期责任准备金

②资产负债表日应按保险精算数重新确定的未到期责任准备金与已确认的未到期责任准备金的差额,会计分录为:

借:提取未到期责任准备金

　　贷:未到期责任准备金

③原保险合同提前解除的,应按相关未到期责任准备金余额,会计分录为:

借:未到期责任准备金

　　贷:提取未到期责任准备金

④在确认非寿险原保险合同保费收入的当期,按相关再保险合同约定计算确定的相关应收分保未到期责任准备金金额,会计分录为:

借:应收分保未到期责任准备金

　　贷:提取未到期责任准备金

资产负债表日,调整原保险合同未到期责任准备金余额的,按相关再保险合同约定计算确定的应收分保未到期责任准备金的调整金额,会计分录为:

借:提取未到期责任准备金

　　贷:应收分保未到期责任准备金

⑤期末,将"提取未到期责任准备金"科目余额转入"本年利润"科目,结转后该科目无余额。

3.未决赔款准备金的核算。未决赔款准备金是指保险公司为非寿险保险事故已发生尚未结案的赔案提取的准备金。未决赔款准备金包括已发生已报案的赔款准备金、已发生未报案赔款准备金和理赔费用准备金。

已发生已报案的未决赔款准备金是指保险公司为非寿险保险事故已发生未向保险公司提出索赔、尚未结案的赔案提取的准备金。

已发生未报案未决赔款准备金是指保险公司为非寿险保险事故已发生、尚未向保险公司提出索赔的赔案提取的准备金。

理赔费用准备金是指保险公司为非寿险保险事故已发生、尚未结案的赔案可能发生的费用而提取的准备金。分为直接理赔费用准备金和间接理赔费用准备金。

(1)未决准备金的提取方法。对于未决赔款准备金,目前有些公司出于方便的考虑,对其提存规定了统一的量化标准。如对于已发生已报告的未决赔款准备金按最高不超过当期未决赔款的100%提取;对于已发生未报告的未决赔款准备金按不高于当年实际赔款支出的4%提取,其计提依据是假设损失均匀分布且报案时间与损失发生时间平均不超过半个月,即$1/24 \approx 4\%$,显然这种假设很难和实际情况相吻合。按照准备规定,保险公司应当在非寿险保险事故发生的当期按照保险精算确定的金额方法提取。

①已发生已报案的未决赔款准备金的提取方法有:逐案估计法、案均赔款法、赔付率法。

②已发生未报案未决赔款准备金的提取方法:此类赔款的估计比较复杂,一般以过去的经验资料为基础,然后根据各种因素的变化进行修正,如出险单位索赔次数、金额、理赔费用的增减、索赔程序的变更等。

③理赔费用准备金的提取方法:对于直接理赔费用准备金,应当采取逐案预估法提取;对于间接理赔费用准备金采取比较合理的比率分摊法提取。

(2)未决赔款准备金的核算。为正确核算未决赔款准备金,通常设立"保险责任准备金"、"提取保险责任准备金"科目。

"保险责任准备金"科目,用来核算保险公司提取的原保险合同保险责任准备金,包括未决赔款准备金、寿险责任准备金、长期健康险责任准备金。再保险接受人提取的再保险合同保险责任准备金也在本科目核算。该科目属于负债类科目,其贷方余额反映保险公司保险责任准备的金额。该科目应按保险责任准备的类别、保险合同设置明细账。也可单独分设"未决赔款准备金"、"寿险责任准备金"、"长期健康险责任准备金"等科目。

"提取保险责任准备金"科目,用来核算保险公司按规定提取的原保险合同保险责任准备金,包括提取的未决赔款准备金、提取的寿险责任准备金、提取的长期健康险责任准备金。再保险接受人提取的再保险合同保险责任准备金也在本科目核算。该科目属于损益类费用科目,期末无余额。该科目应按保险责任准备的类别、险种,保险合同设置明细账。也可单独分设"提取未决赔款准备金"、"提取寿险责任准备金"、"提取长期健康险责任准备金"等科目。

①投保人发生非寿险保险合同约定的保险事故的当期,应按保险精算的未决赔款准备金数额作会计分录:

借:提取保险责任准备金——提取未决赔款准备金
　　贷:保险责任准备金——未决赔款准备金

②对未决赔款准备金进行充足性测试,应按补提的未决赔款准备金作会计分录:

借:提取保险责任准备金——提取未决赔款准备金
　　贷:保险责任准备金——未决赔款准备金

③原保险合同保险人确定支付赔付款项金额或实际发生理赔费用的当期,应按冲减的相应未决赔款准备金余额作会计分录:

借:保险责任准备金——未决赔款准备金
　　贷:提取保险责任准备金——提取未决赔款准备金

④期末,将"提取保险责任准备金"科目余额转入"本年利润"科目,结转后该科目无余额。

(五)还本式家庭财产保险的核算

1. 还本式家庭财产保险的特点。还本式家庭财产保险是以城乡居民的家庭财产作为保险标的的保险。在保险标的、保险责任、被保险人的义务以及赔偿处理等方面,与一般的家庭财产相同,所不同的是,还本式家庭财产保险中,被保险人以交付保险储金的形式代替缴纳保险费,以所缴保险储金的利息作为保险人的保费收入,在保险期满时,无论出险与否,保险人将保险储金的本金全部返还给被保险人。因此,还本式家庭财产保险兼有受损时获得经济补偿和到期还本的双重性质,这是还本式家庭保险的最大特点。

2. 还本式家庭财产保险核算的要求。还本式家庭财产保险既具有一般财产险的补偿性特点,又具有储蓄性特点。保费支付采取"以息代费"的形式,对于保险人来说,收到一笔还本式家庭财产保险业务的保险储金,并不意味着保险人实现了等额的保费收入。保险储金和保费收入是截然不同的两个概念。保险储金是保险人的负债,期满需要归还给被保险人,而保费收入则是保险人的业务收入。二者性质不同。在还本式家庭财产保险中,由于以息代费,保险人收到保险储金时,保费收入并未实现,而只有当储金以定期存款的形式存储一定期限后,才能产生利息,当期的保费收入才能实现,因而,储金入账与应收保费同时发生,储金利息收入与保费收入也相伴随实现。

3. 还本式家庭财产保险的核算。为核算和监督还本式家庭财产保险的保险储金的存储和退还情况,应设置"保户储金"账户,该科目属负债类科目,按保户设置明细账。

(1)收到保户储金时的会计分录为:

借:现金

　　贷:保户储金

借:银行存款——储金专户

　　贷:现金

(2)每年年末,利息转作保费收入时的会计分录为:

借:应收利息

　　贷:保费收入

(3)到期年的会计分录为:

借:银行存款——结算户

　　贷:银行存款——储金专户

　　　　应收利息

保费收入

（4）到期归还或退保返还储金时的会计分录为：

借：保户储金

　　贷：现金

第三节　寿险原保险合同的核算

一、寿险原保险合同的核算特点

1. 寿险会计核算依靠保险精算。在"收支相等原则"下，寿险各险种的保费收入以及给付各种保险金、退保金、年金的计算；为保障寿险业务的偿付能力，寿险责任准备金的提存以及相应地营业费用都有赖于保险精算为基础，保险精算是寿险所特有的，保险精算离开寿险会计核算便失去意义，同时寿险会计核算只有依靠保险精算才使损益计算成为可能。

2. 寿险责任准备金核算占有重要位置。寿险责任准备金的数额与同期全部有效寿险保单价值相等。寿险责任准备金积累时间长、金额大，其核算的准确度直接关系到保险公司的偿付能力和损益计算的准确。核算寿险责任准备金能否较快增值达到一定的收益率以及安全程度（不致产生利差损）等是首先核算非常重要的内容。寿险责任准备金在某种程度上控制着利润的实现过程，这也是寿险的一大特色。

3. 关心远期比关心近期更重要。寿险原保险合同经营的业务具有保险期限长期性的特点，在收入补偿与发生成本之间存在较长的时间差，因此，对于寿险业务，关心远期比关心近期更重要，故流动比率、现金比率对寿险业务并不重要。资产负债表分析更应关心远期偿付能力。与非寿险原保险合同相比，寿险原保险合同偿付能力的重要性尤为突出。

4. 盈利计算具有特殊性。寿险原保险合同在确定保险费时，是建立在"收支相等原则"上，是以保费收入的现值与给付利益的现值相等为条件的。因此，从理论上讲，寿险业务没有产生非寿险业务那样的利润余地，但寿险业务核算中损益计算的结果能够产生盈利。这是因为在保费计算中，预定死亡率、预定利率、预定费用率与实际的死亡率、资金收益率、费用率出现差额，这种差额形成了寿险盈利的"三差"，即"死差"、"利差"和"费差"。

二、寿险原保险合同的核算要求

1. 日常会计核算强调风险控制。由于寿险业务绝大部分属于长期性负债，具有业务范围的社会性、负债资金运用的安全性等特点,故风险控制是日常工作的主要目标,也是贯穿会计核算的指导。会计报表信息披露要求直观、有效、谨慎。

2. 会计与业务部门要密切配合。会计核算工作尤其是计提寿险责任准备金等事项,依赖于业务部门的精算,而寿险业务工作量大、范围广、时间长,签单、收费、登卡到几张编表等整个核算过程,会计和业务部门要明确分工,各负其责,双方的处理手续必须衔接,相互配合、相互补充、相互监督。会计资料与业务资料定期和对,防止错乱,以保证合算的准确性。

3. 实行按险种核算损益办法。寿险业务的保障与储蓄双重性质要求各险种均需要单独核算损益,考核绩效。同时对于共同费用要正确选择分摊标准,及时记录有关险种的成本,确定经营成果,为分析和考核提供依据。

三、寿险原保险合同的核算

(一)保费收入的核算

寿险保费是根据"保险合同双方权利和义务对等"的原则确定的。为了核算和监督寿险保费的收取情况,应设置"保费收入"科目和"预收保费"科目。

"保费收入"账户,核算保险公司按保险契约或批单向保护收取的保险费。寿险业务发生退保时不在本科目项下核算,而在"退保金"科目核算。本科目按险种设置明细账,期末无余额。

"预收保费"科目,核算保险公司在保险责任生效前向投保人预收的保险费。寿险业务的趸交保费不再本科目核算。本科目按保户设置明细账。

采用趸交保费形式的保单对于趸交的保费采用一次性计入保费收入。

收取保费时的会计分录为:

借:现金

　　贷:保费收入

存在预收保费时的会计分录为:

借:现金

　　贷:保费收入

　　　　预收保费

预收保费转为保费收入时的会计分录为:

借:预收保费

　　贷:保费收入

(二)保险金给付的核算

保险金给付时保险公司对投保人在保险期满或其中支付保险金,以及对保险期内发生保险责任范围内的意外事故按规定给付保险金。有借款的必须先结清借款;若在保险合同规定的缴费卡宽限期内给付时,投保人有未缴保费的,应将其从应是付的保险金中扣除;投保人有预交保费的,在给付保险金时应退还预交部分。

保险金给付分为满期给付、死亡给付、伤残给付、医疗给付和年金给付五种。

为反映和监督寿险和长期健康险业务保险金给付情况,应设置"赔付支出"科目进行核算,该科目属于损益类费用科目,期末无余额,该科目按保险合同和险种设置明细账。保险公司也可单独设置"满期给付"、"死亡给付"、"伤残给付"、"医疗给付"和"年金给付"科目进行核算。其中"死亡给付"、"伤残给付"、"医疗给付"这三个科目也可以合并为"死伤医疗给付"一个科目。

1.发生保险金给付时的会计分录为:

借:赔付支出
　　贷:现金或银行存款

2.在保险金给付时贷款本息未还清,应将其从应支付的保险金中扣除,会计分录为:

借:赔付支出
　　贷:保户质押贷款
　　　　利息收入
　　　　现金或银行存款

3.在保险合同规定的缴费宽限期内发生保险金给付时,应在给付的保险金中扣除未缴的保险费,会计分录为:

借:赔付支出
　　贷:保费收入
　　　　利息收入
　　　　现金或银行存款

4.在保险金给付时,保户有预交保费,应将其退还给保户,会计分录为:

借:赔付支出
　　预收保费
　　贷:现金或银行存款

5.期末将"赔付支出"科目的发生额转入"本年利润"科目,其会计分录为:

借:本年利润
　　贷:赔付支出

(三)退保业务的核算

寿险业务是长期性业务,在这个较长的过程中,由于种种原因,往往会发生保户要求退保的情况。寿险合同在犹豫期间发生的退保行为,应当按照合同约定将相关的保费返还给保户,冲减当期保费收入。寿险犹豫期后,保单正式生效发生的退保,应按保单持有期间累积而得的保单现金价值支付给保户,确认为退保费支出,作为"退保金"单独反映。

为了核算和监督退还给寿险保户的退保金,应设置"退保金"账户,该科目核算寿险和长期健康险业务的投保人或被保险人申请退保时,按保险条款规定支付给投保人或受益人的保单现金价值。该科目是损益类费用科目,按险种设置明细账,期末无余额。

1. 支付退保金时的会计分录为:

借:退保金

　　贷:银行存款或现金

2. 支付退保金时,若有贷款本息未还清,以现金价值扣除应归还本息的差额,会计分录为:

借:退保金

　　贷:保户质押贷款

　　　　利息收入——保户质押贷款

　　　　银行存款或现金

3. 若有预交保费的,应退还预交部分,会计分录为:

借:退保金

　　预收保费

　　贷:银行存款或现金

4. 若在保险合同规定的缴费宽限期内发生退保,应按应给付金额,编制会计分录:

借:退保金

　　贷:保费收入

　　　　利息收入

　　　　现金或银行存款

5. 意外伤害险和短期健康险的退保核算不通过"退保金"科目,而是冲减"保费收入",会计分录为:

借:保费收入

　　贷:现金或银行存款

6. 期末将"退保金"科目的发生额转入"本年利润"科目时的会计分录为:

借:本年利润

　　贷:退保金

(四)保户质押贷款的核算

寿险业务中的多数险种,具有储蓄性,即保单经过一段时期后将积累一定量的现金价值。如果投保人有临时性的经济困难,可以向保险公司申请保单贷款,贷款金额以不超过保单当时现金价值的一定比例为限。贷款本息超过或等于保单的现金价值时,投保人应在保险公司发出通知后的一个月内,还清借款本息,否则保单失效。我国一些储蓄性的普通寿险保单规定,投保人保险费交足两年,保险期限满两年的,可持保险单保费发票等向保险公司申请保户质押贷款。一般贷款金额不得超过保险单现金价值的90%,借款期限最长为6个月。

为核算和监督保户质押贷款,应设置"保户质押贷款",核算保险公司根据寿险合同的规定对保户提供的保户质押贷款。该科目属于资产类科目,借方余额反映尚未收回的保户质押贷款,按贷款单位设置明细账。

1. 发生保户质押贷款时的会计分录为:

借:保户质押贷款

　　贷:现金或银行存款

2. 每期计算贷款应收利息时的会计分录为:

借:应收利息

　　贷:利息收入

3. 收回保户质押贷款本息时的会计分录为:

借:银行存款

　　贷:保户质押贷款

　　　　应收利息

　　　　利息收入——保户质押贷款

(五)寿险原保险合同保险准备金的核算

寿险原保险合同保险准备金包括寿险责任准备金、长期健康险责任准备金。寿险责任准备金是指保险人为尚未终止的人寿保险责任提取的准备金。长期健康险责任准备金是指保险人为尚未终止的长期健康险保险责任提取的准备金。

为核算和监督寿险原保险合同保险准备金,应设置"保险责任准备金"科目和"提取保险责任准备金"科目。

"保险责任准备金"科目核算保险人尚未终止的人寿保险责任提取的准备金,再保险接受人提取的再保险合同寿险责任准备金也在本科目核算。该科目属负债类科目,贷方余额反映保险公司的寿险责任准备金。按保险合同及险种设置明细账。保险公司也可以单独设置"寿险责任准备金"和"长期健康险责任准备金"科目。

"提取保险责任准备金"科目核算保险公司按规定对寿险合同提取的责任准备金。再保险接受人提取的再保险合同寿险责任准备金也在本科目核算。该科目属损益类费用科目,期末无余额,按保险合同及险种设置明细账。保险公司也可以单独设置"提取寿险责任准备金"和"提取长期健康险责任准备金"科目。

1. 保险公司确认寿险保费收入,应按保险精算确定的寿险责任准备金、长期健康险责任准备金编制会计分录:

借:提取保险责任准备金
　　贷:保险责任准备金

2. 对保险责任准备金进行充足性测试,应按补提的保险责任准备金编制会计分录:

借:提取保险责任准备金
　　贷:保险责任准备金

3. 原保险合同确定给付款项金额当期,应按重建的保险责任准备金余额编制会计分录:

借:保险责任准备金
　　贷:提取保险责任准备金

4. 寿险原保险合同提前解除的,应按相关的寿险责任准备金、长期健康险责任准备金余额编制会计分录:

借:保险责任准备金
　　贷:提取保险责任准备金

5. 期末将"提取保险责任准备金"科目余额转入"本年利润"科目,结转后该科目无余额。

(六)寿险业务转移的核算

被保险人因工作调动或迁居外省市,如投保的险种允许业务转移,且迁入地的同系统的保险公司也开办此类险种,投保人或被保险人可以要求将其保险关系转移。业务转移时,不仅要转出保费,还要转出寿险责任准备金。

1. 转出业务的公司的会计分录为:

借:保费收入
　　保险责任准备金
　　贷:银行存款

2. 转入业务的公司的会计分录为:

借:银行存款
　　贷:保费收入
　　　　保险责任准备金

(七)保单复效的核算

寿险保单因投保人没有按期支付保费而失效后,投保人可以保留一定时期申

请复效的权利,一般申请复效的时间为两年。复效时,投保人要补交保单失效期间未交的保费及其相应的利息,会计分录为:

借:现在或银行存款
　　贷:保费收入
　　　　利息收入

(八)分红保险业务的核算

分红保险是保险公司将实际经营成果优于定价假设的盈余,按一定比例向保单持有人进行分配的人寿保险产品。分红保险的投保人除了可以得到传统保单规定的保险责任外,还可以享受保险公司的经营成果,即参加保险公司投资和经营管理活动所得盈余的分配。分红保险红利来源于利差益、死差益和费差益所产生的可分配盈余。

红利派发方式:①现金红利,即客户讲所得红利直接以现金方式领取;②累积生息,即红利留存于保险公司,按每年确定的红利累积利率,以复利方式储存生息,并于合同终止或投保人申请时给付;③抵交保费,即红利用于下一期的应交保险费,若抵交后仍有余额,则用于抵交以后各期的应交保险费;④购买交清增额保险,即依据被保险人的当时年龄以红利作为一次交清保险费,按相同的合同条件增加保险金额。

分红保险必须单独分设账户,分类分险种核算编制资产负债表、利润表和现金流量表。

为核算和监督保险公司分红保险的保单红利,应设置"保单红利支出"科目、"应付保单红利"科目、"保险责任准备金"科目、"长期应付款"科目。

"保单红利支出"科目核算人寿保险业务按原保险合同约定支付给投保人的红利,该科目属于损益类费用科目,期末无余额。该科目应按现金领取、累积生息、交清增额保险、抵交保费设置明细科目。

"应付保单红利"科目核算人寿保险业务与按保险合同约定,应付未付投保人的红利支出。该科目属于负债类科目,贷方余额反映保险公司应付未付投保人的红利支出。该科目应按现金领取、交清增额保险、抵交保费设置明细科目,反映保险公司下一会计年度分红保险业务应支付给保户的红利金。

"保险责任准备金"科目,在分红保险下设"分红险责任准备金"、"应付红利准备金"和"未分配红利准备金",其中"应付红利准备金"反映公司应支付给保户的红利,"未分配红利准备金"反映公司分红资金运用的收益未进行分配的部分。

"长期应付款"科目在长期应付款科目中设"应付累积生息"二级科目,反映公司分红保险业务红利给付采用累计生息方式发生的本金和利息。

1. 计算出当年应支付的红利,会计分录为:

借:保单红利支出

　　贷:应付保单红利(或长期应付款)

2.红利到期支付,会计分录为:

借:应付保单红利

　　贷:银行存款(或保费收入)

3.向保户支付红利:

①选择现金支付方式的保户,在其保单年生效对应日领取红利时的会计分录为:

借:保单红利支出

　　贷:应付保单红利——现金领取

借:应付保单红利——现金领取

　　贷:银行存款

②选择累积生息方式的保户,公司业务部门每月统计其留存在公司分红账户中尚未领取的红利的本金和利息,会计分录为:

借:保单红利支出

　　贷:长期应付款——应付累积生息本金

　　　　长期应付款——应付累积生息利息

③选择购买交清增额保险的保户,公司业务部门每月统计其留存在公司分红账户中用于购买交清增额保险的红利数,并将统计结果以书面形式交财务部门,财务部门以此为依据,会计分录为:

借:保单红利支出——交清增额保险

　　贷:应付保单红利——交清增额保险

借:应付保单红利——交清增额保险

　　贷:保费收入

增额保险的红利转保费、未来的给付支出和准备金提取等收支项目,均作为分红险种的一部分,列入分红账户加以核算。

④选择抵交保费的保户公司业务部门,每月统计其留存在公司分红账户中用于抵交保费的红利数,并将统计结果以书面形式交财务部门,财务部门以此为依据,会计分录为:

借:保单红利支出——抵交保费

　　贷:应付保单红利——抵交保费

借:应付保单红利——抵交保费

　　贷:保费收入

抵交保费的红利转保费、未来的给付支出和准备金提取等收支项目,均作为分红险种的一部分,列入分红账户加以核算。

第四节 再保险合同的核算

再保险又叫分保,是再保险人对原保险人(或保险人)所承保的风险的保险,也是一种独立的保险业务种类。保险人为了分散自己承保的危险,经常通过签订再保险合同,将其所承包的风险和责任的一部分转移给其他保险公司或再保险公司。分出业务的保险公司称为分出公司、分保分出人或原保险人。接受再保险公司业务的保险公司称为分入公司或分保接受人。分保接受人将接受的再保险业务再分保出去,叫做转分保。一个保险既可以是分保分出人,又可以是分保接受人。再保险的责任额度按接收人对每一具体的危险单位、每一次事故或每一年度所承担的责任在再保险合同中分别加以规定。

一、再保险合同核算的要求

财政部颁布的《企业会计准则第 26 号——再保险合同》规范了保险人签发的再保险合同的会计处理和相关信息的列报。再保险合同会计核算的基本要求如下:

(一)采用权责发生制原则

再保险合同确认、计量和报告的基本原则是权责发生制。对于再保险合同而言,权责发生制意味着在确认原保险合同资产、负债和损益的当期,应根据合同确认相应的再保险合同负债、资产和损益,而无论相关的款项是否已经收妥。对再保险分出人来说,应当在确认原保险保费收入的当期,按照相关再保险合同的约定,计算确定分出保费、应向再保险接受人摊回的分保费用,同时确认应收分保未到期责任准备金。在提取原保险合同未决赔款准备金、寿险责任准备金、长期健康险责任准备金的当期,按照相关再保险合同的约定,确认相应的应收分保准备金资产;在确定支付赔付款项或实际发生理赔费用的当期,按照相关再保险合同的约定,计算确定应向再保险接受人摊回的赔付成本等。对再保险接受人来说,应当采用预估等合理方法,及时确认分保费收入,从而根据相关再保险合同的约定,计算确定应当向再保险人摊回的分保费用,并及时评估有关责任准备金。

(二)再保险合同与原保险合同独立处理

虽然再保险合同的确定依赖于原保险合同,但在会计处理上,再保险合同的各个经济事项都必须独立于原保险合同单独地确认、计量和报告,不能与原保险合同的会计事项合并确认、计量和报告。

为真实反映保险公司的权利和义务以及相关的收益和费用状况,再保险分出人不应当将再保险合同形成的资产与有关原保险合同形成的负债相互抵消,再保险分出人不应当将再保险合同形成的收入或费用与有关原保险合同形成的费用或收入相互抵消。在实务中,对于再保险分出人,保险合同准备金不得以分保后的净额列报,保险合同保费收入不得以扣除分出保费后的净额列报,原保险合同费用不得以扣除摊回分保费用后的净额列报,保险合同赔付成本不得以扣除摊回赔付成本后的净额列报等,再保险合同形成的上述资产、负债、收入和费用,应单独列示。因为,无论是否能从再保险接受人处摊回,再保险分出人对投保人都应该承担全部的责任,因此,再保险分出人通常没有权力将应从再保险接受人收取的金额与应支付给直接投保人的金额相抵消。总额列报可以更清楚地说明再保险分出人享有的权利和承担的义务,以及相关的收益和费用。

(三)再保险合同债权、债务不得抵消

为真实、完整反映保险公司的财务状况,再保险合同形成的债权、债务应单独确认、计量和报告,不得随意抵消。

第一,在保险分出人可能同时又是再保险接受人,其与同意再保险合同人同时又分出和分入业务时,分出和分入业务分别形成的债权债务应单独确认,不得相互抵消,不得以抵消后的净额列报。即再保险合同双方应按照各自在不同的再保险合同中所处的角色,分别确认对对方的债权和债务。

第二,同一笔分保业务产生的债权和债务不得相互抵消。对于一笔分保业务,再保险分出人对再保险接受人会同时产生应收分保账款和应付分保账款,再保险分出人应将其单独列示,不得相互抵消。但是,如果债权和债务的结算点相同或者双方在合同中约定可以抵消,保险公司可以以抵消后的净额列示再保险合同产生的资产和负债。

二、再保险合同的分保账单

分保账单是分保分出公司对于分保业务活动的各项财务指标,按一定格式填制的凭证。它是再保险业务的原始凭证,是编制记账凭证的依据。根据合算的需要填制数联,其中一联即送分保接受公司,再保险双方当事人据此进行往来账务的清结。

(一)分保账单的项目

1. 分保费。是指分保分出公司根据分保业务计算的应付给分保接受人的保险费。当保险单项下的保费分期收取时,分保费应分期支付。

2. 分保手续费。又称分保佣金,是指分保接受人根据分保合同规定,按分保费

的一定比例支付给分保分出人,以分担分保分出人的营业费。其高低取决于分出人营业费用(包括经纪人佣金和业务费用等)的多少和合同业绩的好坏。平时对手续费率规定一个暂定标准,期末根据赔付率情况进行调整。

3. 分保赔款。分保赔款有已决和未决两种。已决分保赔款在账单中记入借方;未决分保赔款一般不记入借贷方,而只是在分保账单的备注中说明,作为一种参考,提供给分保接受人。

4. 保费准备金。保费准备金是指根据分保合同按分保费的一定比例(一般为分保费的40%),由分保分出人从应付给分保接受人的保费中扣存,并在下一账单期退还的保险费准备金。扣存期12个月,次年同期返还,归还的同时要支付利息。因此,在分保账单的借方和贷方分别设置保费准备金扣存和准备金返还项目。设置保费准备金的目的在于,一旦分保接受人的赔偿能力出现问题,分保分出人可从所扣的准备金中支付赔款或给付。

5. 赔款准备金。赔款准备金是指按分保合同规定在业务年度终了时,对于尚未支付赔款的已报告赔案,为了正确结算当期损益,分保分出人从应付给分保接受人的保费中扣存的未决赔款准备金。因此,在分保账单的借方和贷方分别设置赔款准备金扣存和赔款准备金返还项目。由于扣存准备金影响了分保接受人的现金收入,因此,归还赔款准备金时,分保分出人应按规定支付利息,作为弥补分保接受人的现金周转损失,这一利率水平通常低于同期银行利率。在实际工作中,利率由双方协商确定。

6. 税款及杂项。税款及杂项主要是指分保分出人按保费实际收入计算缴纳的营业税金,以及根据分保合同的规定应由分保接受人负担的处理赔款的有关费用等。

7. 准备金利息。准备金利息是指按分保合同规定的办法和商定的利率对扣存的保费准备金和赔款准备金计息,并将计算的利息并入账单。如果是互换分保业务,可经双方商定互勉计算准备金的利息。

8. 余额。余额即分报账单中收支轧抵后表现在借方或贷方的差额。因为分报账单的借贷方要平衡,所以应付的余额列在借方,应收的余额列在贷方。

(二)分保账单的编制方法

分保账单的编制有两种方法,一种是每一项目都按分保接受人所接受的比例直接列出具体数字,如,承保业务的总保费为10 000元,分保接受人所接受的比例是10%。那么在分报账单上反映的分保费为:10 000 × 10% = 1 000(元),另一种是在分保账单内,每个项目都按100%列示数字,再列出某个分保接受人所接受的比例,然后计算出该分保接受人应分担的数字,这样就简化了账单编制的手续,如,有一笔业务,有几家再保险公司接受分保,可以编制一张统一的账单(按100%),

然后将每一个接受公司的"应付你方余额"或"应付我方余额"用其所接受的成分计算列示。分保账单一般格式如下：

表 10 – 1　分保账单一般格式
××保险公司

××险

××合约——公司　　　　　　　　　　　　　　　　业务年度：

货币单位：　　　　　　　　　　　　　　　　　　　账单期：

借方		贷方	
项目	金额	项目	金额
分保手续费		分保费	
分保赔款		保费准备金返还	
保费准备金扣存		赔款准备金返还	
赔款准备金扣存		准备金利息	
税款及杂项			
应付你方余额		应收你方余额	
你方成分%			
备注	未决赔款		

三、再保险合同分出业务的核算

(一)分出保费的核算

再保险分出人应当在确认原保险合同保费收入的当期,按照相关再保险合同的约定,计算确定分出保费,计入当期损益。

为反映和监督再保险分出人向再保险接受人分出的保费,应设置"分出保费"科目。

该科目属于损益类费用科目,按险种设置明细账,期末无余额。

1.在确认原保险合同保费收入的当期,应按再保险合同约定计算确定的分出保费金额,会计分录为:

借:分出保费

　　贷:应付分保账款

在原保险合同提前解除的当期,应按再保险合同约定计算确定的分出保费的

调整金额,会计分录为:

借:应付分保账款

　　贷:分出保费

2. 对于超额赔款再保险等非比例再保险合同,应按再保险合同约定计算确定的分出保费金额,会计分录为:

借:分出保费

　　贷:应付分保账款

调整分出保费时,借记或贷记"分出保费"科目,贷记或借记"应付分保账款"科目。

3. 期末,应将"分出保费"科目余额转入"本年利润"科目,结转后该科目无余额。

(二)摊回分保费用的核算

再保险分出人应当在确认原保险合同保费收入的当期,按照相关再保险合同的约定,计算确定应当向再保险接受人摊回的分保费用,计入当期损益。

在合约分保业务中,手续费包括固定手续费、浮动手续费和纯益手续费三种。对于临时分保业务,如果再保险合同在原保险合同保费收入确认的当期确定,可以参照合约分保业务的方法确认应摊回的分保费用;如果原保险合同保费收入确认的当期未能确定再保险合同,再保险分出人不确认分出保费,相应的也不应确认摊回分保费用;预约分保业务摊回分保费用的确认参照临时分保业务处理。

为了反映和监督再保险分出人向再保险接受人摊回的应由其承担的各项费用,保险公司应设置"摊回分保费用"科目。该科目属于损益类收入科目,期末无余额。按险种设置明细账。

1. 在确认原保险合同保费收入的当期,应按相关再保险合同约定,计算确定应向再保险接受人摊回的分保费用,会计分录为:

借:应收分保账款

　　贷:摊回分保费

2. 计算确定应向再保险人收取的纯益手续费,应按相关再保险合同约定计算确定纯益手续费,会计分录为:

借:应收分保账款

　　贷:摊回分保费

3. 在原保险合同提前解除的当期,应按相关再保险合同约定计算确定的摊回分保费用的调整金额,会计分录为:

借:摊回分保费用

　　贷:应收分保账款

4. 期末,应将"摊回分保费用"余额转入"本年利润"科目,结转后该科目无余额。

(三) 摊回赔付成本的核算

再保险分出人应当在确定支付赔款金额的当期,按照相关再保险合同的约定,计算确定应向再保险接受人摊回的赔付成本,计入当期损益。

对于合约分保业务,再保险分出人可按照再保险合同的约定,根据当期原保险合同的赔付成本,计算确定当期应摊回的赔付成本,计入当期损益;对于临时分保业务和预约分保业务的摊回赔付成本的确认,可以参照合约分保业务处理。

为了反映和监督再保险分出人向再保险接受人摊回的应由其承担的赔付成本,"摊回分保赔款"科目。该科目属于损益类收入科目,期末无余额。按险种设置明细账。再保险分出人也可以单独设置"摊回赔款支出"、"摊回年金给付"、"摊回满期给付"、"摊回死伤医疗给付"等科目。

1. 在确定支付赔付款项金额或实际发生理赔费用而确认原保险合同赔付成本的当期,应按相关再保险合同约定,计算确定应向再保险接受人摊回的赔付成本,会计分录为:

借:应收分保账款
　　贷:摊回赔付支出

2. 公司因取得或处置损余物资、确认和收到应收代位追偿款等而调整原保险合同赔付成本的当期,应按相关再保险合同约定,计算确定摊回赔付成本的调整金额,会计分录为:

借:摊回赔付支出
　　贷:应收分保账款

3. 对于超额赔款再保险等非比例再保险合同,计算确定应向再保险接受人摊回的赔付成本,应按摊回的赔付成本的金额做会计分录为:

借:应收分保账款
　　贷:摊回赔付支出

4. 期末应将"摊回赔付支出"科目余额转入"本年利润"科目,结转后该科目无余额。

(四) 分出业务准备金的核算

再保险分出人应当按照相关再保险合同的约定,计算确认相关的应收分保未到期责任准备金资产。再保险分出人应当在资产负债表日调整原保险合同未到期责任准备金余额时,相应调整应收分保未到期责任准备金余额。

再保险分出人应当在提取原保险合同未决赔款准备金、寿险责任准备金、长期健康险责任准备金的当期,按照相关再保险合同的约定,计算确定应向再保险接受人摊回的相应准备金,确认当期损益并同时确认相应的应收分保准备金资产。

为反映和监督应收分保准备金的情况,应设置"应收分保合同准备金"和"摊回保险责任准备金"科目。

"应收分保合同准备金"科目核算再保险分出人从事再保险业务确认的应收的应收分保未到期责任准备金,以及应向再保险接受人摊回的保险责任准备金,该科目属于资产类科目,借方余额反映再保险分出人从事再保险业务确认的应收分保合同准备金余额。应按再保险接受人和再保险合同设置明细账,也可以单独设置"应收分保未到期责任准备金"、"应收分保未决赔款准备金"、"应收分保寿险责任准备金"、"应收分保长期健康险责任准备金"等科目。

"摊回保险责任准备金"科目核算再保险分出人从事的保险业务应向再保险接受人摊回的保险责任准备金。该科目属于损益类收入科目,期末无余额。应按保险责任准备金类别和险种设置明细账,也可以单独设置"摊回未决赔款准备金"、"摊回寿险责任准备金"、"摊回长期健康险责任准备金"等科目。

1. 在确认非寿险原保险合同保费收入的当期,按照相关再保险合同约定,计算相关应收分保未到期责任准备金金额,做会计分录为:

借:应收分保合同准备金

　　贷:提取未到期责任准备金

资产负债表日,调整原保险合同未到期责任准备金金额,按相关再保险合同约定,计算确定应收分保未到期责任准备金的调整金额,做会计分录为:

借:提取未到期责任准备金

　　贷:应收分保合同准备金

2. 在提取原保险合同未决赔款准备金、寿险责任准备金、长期健康险责任准备金的当期,按相关再保险合同的约定,计算确定应向再保险接受人摊回的保险责任准备金金额,做会计分录为:

借:应收分保合同准备金

　　贷:摊回保险责任准备金

3. 在确定支付赔付款项金额或实际发生理赔费用而冲减原保险合同相应未决赔款准备金、寿险责任准备金、长期健康险责任准备金的当期按相关应收分保保险准备金的相应冲减金额,做会计分录为:

借:摊回保险责任准备金

　　贷:应收分保合同准备金

4. 在对原保险合同未决赔款准备金、寿险责任准备金、长期健康险责任准备金进行充足性测试补提保险责任准备金时,按相关再保险合同约定,计算确定应收分保保险准备金的相应增加额,做会计分录为:

借:应收分保合同准备金

　　贷:摊回保险责任准备金

5.在原保险合同提前解除而转销相关未到期责任准备金余额的当期,会计分录为:

借:提取未到期责任准备金

　　贷:应收分保合同准备金

在原保险合同提前解除而转销相关寿险责任准备金、长期健康险责任准备金余额的当期,按相关应收分保保险准备金余额,做会计分录为:

借:摊回保险责任准备金

　　贷:应收分保合同准备金

(五)再保险合同损益的调整

再保险分出人应当在原保险合同提前解除的当期,按照相关再保险合同的约定计算确定分出保费、摊回分保费用的调整金额,计入当期损益。

当原保险合同提前解除时,原保险合同责任终止,依赖于原保险合同存在的对应的再保险责任也同时终止,按照权责发生制原则,再保险分出人需要在当期按照再保险合同的约定,计算被解除的原保险合同对应的应冲减的分出保费、应冲减的摊回分保费用。

再保险分出人应当在因取得和处置损余物资,确认和收到应收代位追偿款而调整原保险合同赔付成本的当期,按照相关再保险合同的约定,计算确定摊回赔付成本的调整金额,计入当期损益。

再保险分出人调整分出保费时,应当将调整金额计入当期损益。

(六)再保险合同形成的债权债务

再保险合同形成的债权主要包括:应收分保账款,应收分保准备金;再保险形成的债务主要包括应付分保账款,存入分保准备金。另外,再保险分出人与再保险接受人之间的预付款行为会形成预付款资产或负债。

1.应收分保账款的会计处理。应收分保账款是指保险公司从事再保险业务应收取的款项。为反映应收分保账款的发生和收回情况,应设置"应收分保账款"科目,该科目属于资产类科目,借方余额反映应收尚未收回的分保账款。按再保险分出人和再保险合同设置明细账。

(1)在确认原保险合同保费收入的当期,按相关再保险合同约定,计算确定应向再保险接受人摊回的分保费用,做会计分录为:

借:应收分保账款

　　贷:摊回分保费用

（2）在确定支付赔付款项金额或实际发生理赔费用而冲减原保险合同相应未决赔款准备金、寿险责任准备金、长期健康险准备金余额的当期，按相关再保险合同约定，计算确定应向再保险接受人摊回的赔付成本金额，做会计分录为：

借：应收分保账款

　　贷：摊回赔付支出

（3）在应取得和处置损余物资、确认和收到应收代位追偿款等而调整原保险合同赔付成本的当期，按相关再保险合同约定，计算确定摊回赔付成本的调整金额，做会计分录为：

借：摊回赔付支出

　　贷：应收分保账款

（4）计算确定向再保险接受人收取的纯益手续费，按相关再保险合同约定，计算确定纯益手续费，做会计分录为：

借：应收分保账款

　　贷：摊回分保费用

（5）在原保险合同提前解除的当期，按相关再保险合同约定，计算确定摊回分保费用的调整金额，做会计分录为：

借：摊回分保费用

　　贷：应收分保账款

（6）对于超额赔款再保险等非比例再保险合同，在能够计算确定的应向再保险接受人摊回的赔付成本时，按摊回的赔付成本金额，会计分录为：

借：应收分保账款

　　贷：摊回赔付支出

（7）再保险分出人、再保险接受人结算分保账款时，按应付分保账款金额，借记“应付分保账款”科目，按应收分保账款金额，贷记“应收分保账款”，按其差额，借记或贷记“银行存款”。

2. 预付分出保费的会计处理。预付分出保费是指在超额业务中，再保险分出人提前支付给再保险接受人的预付性质的分出保费，为反映预付分出保费的发生情况应设置“预付分出保费”科目。该科目属于资产类科目。借方余额反映尚未转销的预付分出保费款，按分入人设置明细账。

（1）在超赔业务中，再保险分出人提前支付给再保险接受人的预付性质的分出保费时的会计分录为：

借：预付分出保费

　　贷：银行存款

（2）每期按照超赔合同计算或估算当期保费时的会计分录为：

借：应付分保账款

贷:预付分出保费

3.应付分保账款的会计处理。应付分保账款是指保险公司从事再保险业务应付未付的款项。为反映应付分保账款的发生和支付情况,应设置"应付分保账款"科目。该科目属于负债类科目,贷方余额反映保险公司从事再保险业务应付未付的款项,按再保险分出人和再保险合同设置明细账。

(1)在确认原保险合同保费收入的当期,按相关再保险合同约定,计算确定分出保费金额,做会计分录为:

借:分出保费

贷:应付分保账款

在原保险合同提前解除的当期,按相关再保险合同约定,计算确定分出保费的调整金额,做会计分录为:

借:应付分保账款

贷:分出保费

对于超额赔款再保险等非比例再保险合同,按相关再保险合同约定,计算确定分出保费金额,做会计分录为:

借:分出保费

贷:应付分保账款

(2)发出分报账单时,按账单标明的扣存本期分保保证金,会计分录为:

借:应付分保账款

贷:存入保证金

按账单标明的返回上期扣存的分保保证金时的会计分录为:

借:存入保证金

贷:应付分保账款

按期计算的存入分保保证金利息,会计分录为:

借:利息支出

贷:应付分保账款

(3)再保险分出人、再保险接受人结算分保账款时,分别按应付分保账款金额、应收分保账款金额,会计分录为:

借:应付分保账款

贷:应收分保账款

借(或贷):银行存款(差额)

4.存入分保准备金的会计处理。存入分保准备金是指公司分出业务,按约定扣存分入人的保费形成的准备金,他包括保费准备金和赔款准备金。为了反映存入分保准备金的发生情况,应设置"存入准备金"科目,该科目属于负债类科目,贷方余额反映尚未返还的分保准备金,按分入人设置明细账。

（1）发出分报账单时,按账单标明的本期分保保证金,会计分录为:

借:应付分保账款

　　贷:存入保证金

（2）按账单标明的返回上期扣存的分保保证金时的会计分录为:

借:存入保证金

　　贷:应付分保账款

（3）计算存入分保保证金利息时的会计分录为:

借:利息支出

　　贷:应付分保账款

5. 预收摊回分保赔款的会计处理。预收摊回分保赔款是指从事再保险分出业务预收的分保赔款,为了反映预收摊回分保赔款的情况,应设置"预收赔付款"科目。该科目属于负债类科目,贷方余额反映尚未转销的预收分保赔款。按分入人设置明细账。

（1）再保险分出人应在收到再保险接受人预付的摊回分保款时的会计分录为:

借:银行存款

　　贷:预收赔付款

（2）在确定支付赔付款项金额或实际发生理赔费用而确认原保险合同赔付成本的当期。会计分录为:

借:预收赔付款

　　贷:应收分保账款

四、再保险合同分入业务的核算

（一）分入保费收入的核算

再保险合同的分保费收入需同时满足下列条件才能予以确认:再保险合同成立并承担相应责任的保险责任;与再保险合同相关的经济利益很可能流入;与再保险相关的收入能够可靠地计量。

对于分保费收入的会计处理应在"保费收入"科目项下按照再保险合同和险种设置明细账进行核算。

发生分保费收入时的会计分录为:

借:应收分保账款

　　贷:保费收入

（二）分保费用的核算

分保费用是指再保险接受人向在保险分出人支付的分保费,分保费用的确认如下:①再保险接受人应在确认分保费收入的当期,确认相应的分保费用,计入当期损益。②再保险接受人应根据当期确认的分保费收入和再保险合同约定的分保费用率计算确定应计入当期的分保费用金额。

为了反映分保费用的发生情况,应设置"分保费用"科目,该科目属于损益类费用科目,期末无余额。按险种设置明细账。

1. 在确认分保费收入的当期,应按再保险合同约定计算确定的分保费用金额,会计分录为:

借:分保费用
　贷:应付分保账款

2. 计算确定应向再保险人分出人支付的纯益手续费,应按再保险合同约定计算确定的纯益手续费,会计分录为:

借:分保费用
　贷:应付分保账款

3. 期末应将"分保费用"科目余额转入"本年利润"科目,结转后该科目无余额。

(三)分保赔付支出的核算

再保险接受人应当在收到分保业务账单的当期按照账单标明的分保赔付款项金额,作为分保赔付成本计入当期损益,同时冲减相应地分保准备金余额。

为反映分保的赔付支出情况再保险接受人应在"赔付支出"科目项下按再保险合同的险种设置明细账,也可以单独设置"分保赔付支出"科目。该科目属于损益类费用科目,期末无余额。

1. 再保险接受人收到分保业务账单的当期应按账单标明的分保赔付款项金额,会计分录为:

借:赔付支出
　贷:应付分保账款

2. 期末应将"赔付支出"科目余额转入"本年利润"科目,结转后该科目无余额。

(四)分入业务准备金的核算

再保险接受人提取分保未到期责任准备金、分保未决赔款准备金、分保寿险责任准备金、分保长期健康险责任准备金,以及进行相关分保准备金充足性测试,比照"企业会计准则第 25 号——原保险合同"的相关规定处理。

(五)再保险合同形成的债权债务

再保险合同形成的债权主要包括:应收分保账款、存出分保准备金;再保险合同形成的债务主要包括:应付分保账款。另外再保险接受人与再保险分出人之间的预付款行为会形成预付款资产或负债。

1. 应收应付分保账款的会计处理。应收应付分保账款是指保险公司由于分保业务而形成的各种应收和应付等结算款项。

(1)再保险分出人和再保险接收人通常根据分报账单的余额进行结算。

(2)再保险接收人应当在确认分保费收入的当期确认应收分保账款,同时根据相关再保险合同的约定,计算应该支付给再保险分出人的分保费用,并确认应付分保账款。

(3)再保险接收人收到分保业务账单后,按照账单标明的分保余额对应收应付分保账款进行调整。

2. 存出分保准备金的会计处理。存出分保准备金是指分保分入业务按合同约定存出的分保准备金。

为反映存出分保准备金的发生和收回情况,应设置"存出保证金"科目。该科目属于资产类科目,借方余额反映公司存出的分保准备金数额,该科目按分出人设置明细账。

(1)按账单标明的再保险分出人扣存本期分保准备金时的会计分录为:

借:存出保证金

　　贷:应收分保账款

(2)按账单标明的再保险分出人返还上期扣存分保保证金时的会计分录为:

借:应收分保账款

　　贷:存出保证金

(3)计算存出分保保证金利息时的会计分录为:

借:应收分保账款

　　贷:利息收入

3. 预付赔付款的会计处理。预付是指分入分保业务预付的赔款。为反映预付赔付款的发生情况应设置"预付赔付款"科目,该科目属于资产类科目,借方余额反映尚未结算预付赔款实有数,按往来单位设置明细账。

(1)再保险接受人预付分保赔款时的会计分录为:

借:预付赔付款

　　贷:银行存款

(2)转销预付的分保赔款时的会计分录为:

借:应付分保账款

　　贷:预付赔付款

4. 预收分出保费的会计处理。预收分出保费是指在超赔业务中,再保险接受人提前向再保险分出人收取的分出保费。为了反映预售分出保费的发生情况,应设置"预收分出保费"科目,该科目属于负债类科目,借方余额反映尚未转销的预收保费款,按分出人设置明细账。

(1)在超赔业务中,再保险接受人提前向再保险分出人收取的分出保费。会计分录为:

借:银行存款

　贷:预收分出保费

(2)每期按照超赔合同计算或估算当期分入保费时的会计分录为:

借:预收分出保费

　贷:应收分保账款

复习思考题

1.保险公司会计的特点有哪些? 保险公司会计分为哪几类?

2.如何核算非寿险原保险合同? 有哪些核算要求?

3.如何核算寿险原保险合同,有哪些核算要求?

4.如何理解再保险合同的核算原则?

5.如何编制再保险合同的分保账单?

6.如何核算再保险合同分出业务和再保险合同分入业务?

第十一章 基金公司和期货公司业务的核算

【学习要点与要求】

通过本章的学习,了解证券投资基金的特征和种类,掌握证券投资基金买入返售证券和卖出回购证券业务的核算方法,了解封闭式基金发行和赎回业务,掌握封闭式基金和开放式基金发行和赎回的核算方法。

第一节 基金公司和期货公司业务概述

一、基金公司业务概述

基金按其投资对象不同可以分为实物投资基金和证券投资基金。实物投资基金投资范围广泛,而证券投资基金主要从事金融投资,因此,本章在此所述限于证券投资基金。证券投资基金是一种利益共享、风险共担的集合证券投资方式,即通过发行基金单位集中投资者的资金,由基金托管人托管、基金管理人管理和运用资金,从事股票、债券等金融工具投资,并将投资收益按投资比例进行分配的一种间接投资方式。证券投资基金的特征表现为专家理财、专业管理、组合投资、分散风险以及投资行为理性。

(一)证券投资基金的种类

投资基金可以按不同的标准进行分类,主要有以下几种划分方式:

1. 按组织形态分为契约型基金和公司型基金。契约型基金也称信托型基金,是指通过信托契约的形式向投资者发行受益凭证募集资金而组建的投资基金。契约型基金本身不成立公司,一般由基金管理人(基金管理公司)、基金托管人(商业银行)和基金受益人(投资者)签订基金契约,并依据基金契约发行受益凭证设立基金并运作。公司型基金是具有共同投资目标的投资者,根据公司法组成的投资于各种有价证券等特定对象的股份制投资公司。基金公司就是基金本身,募集一个基金即成立一家公司,基金投资人即为公司股东。

2. 按是否能增加或赎回分为开放式基金和封闭式基金。开放式基金的发行总额不固定,基金单位可以根据基金发展需要而追加发行,投资者也可以根据市场状况和自己的投资决策,决定退回或增加购买该基金单位份额。封闭式基金的发行总额和存续期是事先确定的,在发行完毕后的规定期限内,除非发生扩募等特殊情况,基金单位总数保持不变。我国规定封闭式基金存续期不得少于 5 年,最低募集数额不得少于 2 亿元。

3. 按经营目标分为积极成长型、成长型、成长及收入型、平衡型和收入型基金。积极成长型基金把追求最大资本利得作为其投资目标,当期收入不在其考虑范围之内,通常投资风险很大。成长型基金追求资本的长期增值,因此将资产主要投资于资信好、具有资本增值潜力、运转良好的公司。成长及收入型基金是以既能提高当期收入又能实现资本长期成长为目标,兼顾长期资本增值与稳定的股利收入的基金。平衡型基金是指具有多重投资目标的投资基金。这类基金主要有 3 个投资目标:确保投资者的投资本金、支付当期收入、资本与收入的长期成长。此类基金一般将基金资产按比例投资于债券、优先股、普通股等各种证券。

4. 按投资对象分为股票、债券、货币市场、期货和期权基金。股票基金是以股票为主要投资对象的基金,包括优先股和普通股。债券基金是以债券为投资对象的基金。货币市场基金的投资对象是货币市场上的短期有价证券,如国库券、政府短期债券、商业票据、银行可转让存单等短期有价证券。期货基金是以各类期货市场为主要投资对象的一种基金。期权基金是指以分配股利的股票期权作为投资对象的基金。

(二)证券投资基金的主体

证券投资基金的主体有基金发起人、基金持有人、基金管理人和基金托管人。

1. 基金发起人。基金发起人是以基金的设立和组建为目的,采取必要的措施和步骤来设立和组建基金的法人。契约型基金的发起人在基金成立后一般成为该基金的管理人,或组建一家专门的基金管理公司来管理该基金,发起人则成为该基金管理公司的主要股东;在公司型基金中,发起人是基金管理公司的主体,它发行股票筹措资金,股东就是基金持有人。

2. 基金持有人。基金持有人是基金单位的持有者。他们是基金投资人和基金资产的最终拥有人,享有基金资产的一切权益,并对此资产负有限责任。基金持有人的权利是通过基金持有人大会上的表决权来行使的。通常,在修改基金契约、提前终止基金、更换基金托管人、更换基金管理人情况出现时,应当召开基金持有人大会。出席持有人大会的持有人根据其持有基金单位的数量来行使表决权,也可授权其他人代表其出席持有人大会。

3. 基金管理人。基金管理人是根据法律、法规及基金章程或者基金契约的规定,运用基金资产,凭借专门的知识与经验,进行科学的投资组合决策,以期所管理的基金资产不断增值,使基金持有人获得尽可能多的收益的机构。在我国基金设立后,一般委托基金管理公司进行管理。基金管理公司是适应契约型基金的操作而产生的基金经营机构。基金管理公司的主要发起人应当是依法设立的证券公司或信托投资公司,其他市场信誉较好、运作规范的机构也可以作为发起人参与基金管理公司的设立,基金管理公司可以采取有限责任公司的形式,也可以采取股份有限公司的组织形式。

4.基金托管人。经批准设立的基金,应当委托商业银行作为基金托管人托管基金资产。为了保障广大投资者的权益,防止基金资产挪作他用,基金的组织必须实行经营与保管严格分开的原则。根据这一原则,基金管理公司只负责基金的日常管理和操作,对投资者提供基金买卖和咨询服务,下达投资决策指令。基金托管人必须将其托管的基金与托管人的自有资产严格分开,对不同基金分别设置账户,实行分账管理,根据基金管理公司的指令对基金资产进行处理。

二、期货公司业务概述

期货公司是代理客户从事期货交易的企业法人或由企业法人设立的分支机构。期货公司作为代理客户在期货交易所进行交易的中介机构,主要职能表现为:接受客户的委托,按照客户下达的指令代客户买卖期货合约,办理各种交易手续,按客户的要求提供期货服务;向客户收取保证金,向期货交易所保证客户的履约责任,并随时向客户报告合约的交易情况和保证金的变化情况;为客户提供市场行情,充当客户的交易顾问,为客户提供咨询服务和培训等;代理客户进行实物交割。

期货经纪公司成立后,为了取得进入期货交易所交易的权利,必须取得期货交易所的会员资格。获得交易所会员资格后,期货经纪公司还需缴纳年会费,以维持期货交易所的日常开支。为了获得入场交易的权利,期货经纪公司还要向交易所购买席位,缴纳席位费。

完成了以上准备工作以后,期货经纪公司即可开办代理业务,在替客户下单开始交易前,首先要求客户缴纳一笔保证金,为即将开始的期货交易作担保。客户交来这笔资金后,期货经纪机构要将其作为结算准备金转交给交易所。客户下达指令开始交易后,则根据持仓和结算情况调整保证金。

(一)期货经纪公司的会计核算内容

1.与期货交易所有关的业务核算。与期货交易所有关的业务核算,包括与会员席位有关的业务核算和与日常交易有关的业务核算;与会员席位有关的业务包括期货经纪公司为取得会员资格交纳的会员资格费、会员资格进行转让时取得的损益、自己本席位以外需要交纳的席位占用费及退还席位时收回的席位占用费、期货经纪公司每年对期货交易所缴纳年会费的核算;与期货交易所日常交易业务有关的核算包括期货经纪公司将期货保证金存入期货交易所、保证金的划回及保证金的提取、客户平仓后代扣的手续费,当不能用货币资金补充保证金时,提交质押物进行融资的业务,代理客户对未平仓的合约进行实物交割,交易盈亏的结转。

2. 对客户业务的核算。对客户业务的核算,包括吸收客户期货保证金的核算和客户保证金清退的核算,平仓后从保证金中收取代扣手续费的核算,对客户不能用货币资金追加保证金时接受保证金质押业务的核算,代理客户进行实物交割业务的核算,客户平仓盈亏的核算。

3. 其他业务的核算。其他业务的核算包括期货经纪公司按规定提取风险准备金及其支用的核算,由于各种原因形成的错单交易的核算,对期货经纪公司存在的结算差异的反映,以及客户违约处罚的核算等。

（二）会计核算要求

2006 年 11 月 30 日,证监会发出《关于期货经纪公司执行〈企业会计准则〉的通知》,要求自 2007 年 1 月 1 日起在期货经纪公司范围内施行新会计准则,以规范期货经纪公司的会计核算,提高会计信息质量,强化风险管理意识,促进期货行业更快更好地发展。证监会对期货经纪公司执行新准则提出了如下要求:

1. 公司应严格按照新会计准则的要求,选用适当的公允价值计量模式,并建立、健全确定公允价值的内部控制制度。公司不得利用公允价值计量模式调节利润,也不得要求相关中介机构出具虚假鉴证报告。

2. 公司应全面执行新会计准则的各项规定,不得根据需要选择执行。公司应根据新会计准则的有关要求和公司的实际情况,制定合理的会计政策,做出恰当的会计估计,明确区分会计政策、会计估计变更和会计准则变化造成的影响,不得相互混淆,也不得利用会计政策、会计估计变更和会计差错更正人为调节利润。

3. 公司应在金融工具初始确认时客观分析持有意图,合理划分各项金融工具,并形成明确的书面结论;在后续计量过程中如涉及采用估值模型确定公允价值,公司应谨慎选用相关计算参数。公司不得利用金融工具的重新分类人为调节利润。

4. 公司应建立、健全资产减值准备计提和各项损失核销的内部控制制度,对公司各项资产的潜在损失做出适当估计,合理计提减值准备,恰当进行会计处理。公司不得利用计提资产减值准备人为调节各期利润,不得随意变更计提方法和计提比例。

第二节 基金公司主要业务的核算

投资基金的资产通常包括有价证券、长期投资、现金、银行存款、应收股利、应收利息,以及其他应收款等。证券投资基金设立以后,各类投资基金通常选择其认为最能取得投资效益的资产组合和经营运作方式,但是,不论其采用何种资产组合方式,我国《证券投资基金管理暂行办法》规定:基金投资于股票、债券的比例,不能低于该基金资产总值的 80%,投资于国家债券的比例,不得低于该基金资产净值的 20%。下面以股票投资和债权投资为例,说明基金资产的核算。

一、基金公司资产业务的核算

(一)投资基金资产核算专户存款的处理

按照规定,企业证券投资基金若要在证券专门机构进行交易,必须由企业先在证券专门机构存入一定数额的款项以备进行交易时的资金交割与交收。为证券交易的资金交割与交收而存入证券登记结算机构的款项与证券业务一样是通过"结算备付金"科目核算。

企业将款项存入证券专门机构时,应向证券机构填写转账支票及进账单,凭银行的进账回单连同支票的存根进行账务处理。会计分录为:

借:结算备付金——投资基金资产专户存款
　　贷:银行存款
企业从证券机构收回存款时,会计分录为:
借:银行存款
　　贷:结算备付金——××投资基金资产专户存款

(二)股票资产的核算

1.购入股票资产的核算。企业在证券市场购买股票时,会计分录为:
借:交易性金融资产——××股票
　　投资收益——购股票佣金
　　应收股利——××股票
　　贷:结算备付金

2.资产负债表日的调整。股票市场瞬息万变,股票的价格会随市场变化而发生波动,为真实反映交易性金融资产的价值,企业必须按规定与每个资产负债表日,结合股票价格的变化,及时调整交易性金融资产账面价值。公允价值高于账面余额时,会计分录为:
借:交易性金融资产——××股票
　　贷:公允价值变动损益——股票价格变动收益
若资产负债表日该债券的公允价值低于购入时的价值,则作相反的会计处理。

3.出售股票的核算。出售股票时,会计分录为:

借:结算备付金
  投资收益——销售股票佣金
  贷:交易性金融资产——某 A 股股票
    投资收益——出售股票收入

同时结转上一个资产负债表日调整的公允价值变动损益。

借:公允价值变动损益——股票价格变动收益　　　　　　　　　　300 000
  贷:投资收益——股票价格变动收益　　　　　　　　　　　　　300 00

【例 11-1】某公司 2011 年 3 月 1 日购买的 B 股票(原购买价为 15 元/股),与资产负债表日的同年 3 月 3 日公允价值为 18 元/股。若该公司 2011 年 4 月 18 日通过证券交易中心以每股 20 元出售 B 股股票(原购买价为 15 元/股)10 万股,并按成交额的 2.5‰支付佣金,会计处理如下:

3 月 31 日会计处理:

$$该批股票现在价值 = 18 \times 150\,000 = 2\,700\,000(元)$$
$$该批股票现值与原值差额 = 2\,700\,000 - 2\,250\,000 = 450\,000(元)$$

会计分录为:

借:交易性金融资产——B 股票　　　　　　　　　　　　　　　450 000
  贷:公允价值变动损益——股票价格变动收益　　　　　　　　　450 000

4 月 18 日会计处理:

$$出售股票成交额 = 20 \times 100\,000 = 2\,000\,000(元)$$
$$出售股票成本额 = 15 \times 100\,000 = 1\,500\,000(元)$$
$$出售股票的投资收益 = 2\,000\,000 - 1\,500\,000 = 500\,000(元)$$
$$出售股票的佣金 = 2\,000\,000 \times 2.5‰ = 5\,000(元)$$

会计分录为:

借:结算备付金　　　　　　　　　　　　　　　　　　　　　1 995 000
  投资收益——销售股票佣金　　　　　　　　　　　　　　　　　5 000
  贷:交易性金融资产——某 A 股股票　　　　　　　　　　　　1 500 000
    投资收益——出售股票收入　　　　　　　　　　　　　　　500 000

同时将出售的 100 000 股股票上一个资产负债表日调整的公允价值变动损益予以转出。

$$公允价值变动损益转出额 = 100\,000 \times (18 - 15) = 300\,000(元)$$

会计分录为:

借:公允价值变动损益——股票价格变动收益　　　　　　　　　300 000
  贷:投资收益——股票价格变动收益　　　　　　　　　　　　300 000

(三)债券资产的核算

1.购入债券资产的处理。企业购入上市债券应于成交日确认债券投资,会计分录为：

借：交易性金融资产——A 债券 4 500 000

 应收利息——应收 A 债券利息 750 000

 投资收益——购入债券手续费 11 250

 贷：结算备付金——某证券交易所 5 261 250

2.资产负债表日的调整。公允价值高于账面余额时会计分录为：

借：交易性金融资产——A 债券 600 000

 贷：公允价值变动损益——债券价格变动收益 600 000

若资产负债表日该债券的公允价值低于购入时的价值,则作相反的会计处理。

3.出售债券资产的核算。出售债券的处理与股票出售时的处理相同。

二、基金发行和赎回业务的核算

(一)封闭式基金发行和赎回的核算

无论是封闭式基金还是开放式基金,基金成立前发生的开办费不应由基金资产承担,同样投资者购买基金时支付的发行费用也不应计入基金资产和基金净资产。按《证券投资基金会计核算办法》规定,封闭式基金设立后,发行收入与相关费用相抵后的余额,应作为其他收入处理。封闭式基金的核算,应设置"实收资本——实收基金"科目。封闭式基金募集发行期结束,会计分录为:

借：银行存款 2 495 000 000

 手续费及佣金支出 5 000 000

 贷：实收资本——基金 2 500 000 000

(二)开放式基金发行和赎回的核算

开放型基金的管理人都会委托证券商或设立代销机构负责基金单位的卖出和赎回。基金单位价格常按赎回价和卖出价分别确定。

赎回价是投资基金从投资者手中买回基金单位的报价,即投资者卖出基金单位的价格。其计算公式为:

$$基金单位赎回价 = 每基金单位净资产 - 每基金单位手续费$$

卖出价是投资基金向投资者卖出基金单位的报价,即投资者购入基金单位的价格。其计算公式为:

$$基金单位卖出价 = 每基金单位净资产 + 每基金单位手续费$$

1.基金认购业务。基金募集发行期结束,会计分录为:

借：银行存款

 贷：实收资本——开放式基金

2.基金申购业务。基金申购确认日,根据投资者申购基金的金额,按规定计算

准确申购费用、净申购金额及申购份额后,会计分录为:

借:其他应收款——基金申购款

  贷:实收资本——基金款

    资本公积——未实现利得

    本年利润——损益平准金

3.基金赎回业务。基金赎回确认日,会计分录为:

借:实收资本——基金款(基金赎回款中含有的实收基金)

  资本公积——未实现利得(基金赎回款中含有的未实现利得)

  本年利润——损益平准金(基金赎回款中含有的未分配收益)

  贷:其他应付款——应付赎回款(应付投资人赎回款)

    手续费及佣金收入——赎回手续费

    其他应付款——应付赎回费

第三节　期货公司主要业务的核算

一、与期货交易所相关业务的核算

(一)会员资格费的核算

期货公司开办期货代理业务,首先要取得会员资格。会员资格的取得方式为向期货交易所认缴会员资格费。《商品期货业务会计处理暂行规定》中规定,"期货经纪机构向期货交易所缴纳的会员资格费,作为长期投资处理,并按历史成本核算"。

期货公司为取得交易所会员资格而缴纳会员资格费时,应按实际支付的款项作以下分录:

借:长期股权投资——期货会员资格投资

  贷:银行存款

若期货公司因某种原因以比原购入资格费更高的价款让渡会员资格,会计分录为:

借:银行存款

  贷:长期股权投资——期货会员资格投资

    投资收益

(二)席位占用费的核算

企业在期货交易所认购了会员资格后,成为期货交易所的一名会员,并取得了一个基本交易席位。经纪公司若一个席位费不能满足交易需要,还想取得更多的席位,则必须申请,并缴纳席位占用费。

经纪公司为取得基本席位之外的席位而向交易所交纳的席位占用费会计分录为:

借:应收席位费

　　贷:银行存款

如退还席位,收到交易所退还的席位占用费,做相反会计分录。

(三)缴纳会费的核算

期货经纪公司应按期货交易所的规定,定期,一般是每年,向交易所缴纳年会费,以维持交易所为会员服务所必需的费用开支。年会费按占用席位和期货交易所理事会审议通过的标准向期货交易所缴纳。经纪公司向交易所缴纳年会费时,按实际支付的款项记会计分录为:

借:管理费用——期货年会费

　　贷:银行存款

(四)与期货交易所的保证金核算

1. 结算准备金。结算准备金是指期货经纪公司在期货交易所存入的,为交易结算预先准备的款项,它是尚未被合约占用的保证金。从资金管理角度还可进一步分为基础保证金和可用保证金。会员单位在正常交易过程中一般不动用基础保证金,也不允许交易所动用。可用保证金大部分是经纪公司在下单买卖合约前存入交易所的款项,其他来源还包括:尚未提取的平仓盈利款及经纪公司将来交易需要增加存入的款项。期货公司对这部分保证金拥有支配权,可以随时划回。不过期货公司划回保证金必须经由交易所结算部门批准。

存入保证金的会计分录为:

借:应收保证金——××交易所

　　贷:银行存款

一般情况下,交易所按同期银行活期存款利率向经纪公司支付结算准备金存款利息。交易所向经纪公司支付的结算准备金存款利息,是通过会员的保证金账户直接划转的。期货公司收到交易所划转的保证金存款利息时的会计分录为:

借:应收保证金——××交易所

　　贷:财务费用

2. 交易保证金。交易保证金是被合约占用的保证金,它随着交易量及结算价的变动而变动。交易保证金还可进一步划分为初始保证金、维持保证金和追加保证金。在新开仓时从结算准备金账户中划转出的部分保证金称之为初始保证金。

随着交易的进行,在每日收盘后,期货交易所结算部门将根据当时的盈亏情况调整会员单位的保证金账款,将盈利增加保证金金额,亏损减少保证金金额。若会员单位可用保证金账户出现亏损或因持有未平仓合约数量过多而使其保证金数额低于维持保证金水平,就必须在规定的时间内再存入一笔款项,增加交易保证金,使其达到初始保证金水平。这种补交的保证金通常称之为"追加保证金"。期货公司支付追加保证金时的会计分录为:

借:应收保证金——××交易所
　　贷:银行存款

二、与客户相关业务的核算

(一)与客户的保证金核算

客户向经纪公司交纳的保证金,是其履约的财力担保。与交易所对会员单位的保证金制度不同。目前,我国经纪公司一般不要求客户缴纳基础保证金,只要求缴纳交易保证金。因此,经纪公司收到的客户开户金,实际上就是客户最初存入经纪公司,准备用于下单买卖合约的保证金。期货公司对收到的客户保证金,做会计分录为:

借:银行存款
　　贷:应付保证金
客户划出的保证金,做相反会计分录。

(二)平仓盈亏的核算

买入或卖出而建仓的合约,以对冲平仓的形式予以了结是期货交易中比较普通的业务,持仓合约通过对外了结也是期货交易中较普通的业务。

1. 不盈不亏。平仓价等于开仓价时,整个交易过程不盈不亏,此时交易所对期货公司的结算业务只是将原合约占用的交易保证金划转为不被合约占用的结算准备金。因此,经纪公司不需要对这类业务进行账务处理,只需要将结算单据作为资料备查即可。

2. 平仓盈利。在平仓盈利的情况下,交易所对期货公司的结算包括两部分,一是将平仓会员实现的盈利增加其结算准备金;二是将原合约占用的交易保证金划转为不被合约占用的结算准备金,这部分不需进行账务处理。

经纪公司对平仓实现的盈利时的会计分录为:

借:应收保证金——××交易所
　　贷:应付保证金——客户

3. 平仓亏损。在平仓亏损的情况下,交易所对经纪公司的结算包括两部分,一是将平仓会员实现的亏损减少其结算准备金;二是将原合约占用的交易保证金划转为不被合约占用的结算准备金,这部分不需进行账务处理。

(三)手续费的核算

在期货交易中,手续费是由提供期货交易服务的一方向接受服务的一方收取的服务报酬。期货交易所按成交情况向其会员单位收取手续费,期货经纪公司也按成交情况向客户收取手续费。在我国期货交易中手续费单边收取,不管交易者是买入还是卖出,是开新仓还是对冲平仓,只要合约成交都必须按一定的标准交纳手续费。

期货公司向客户收取交易手续费时:

借:应付保证金——客户

    贷:应付账款——代收手续费——××交易所

      手续费收入

(四)实物交割的核算

实物交割是标准仓单的转手过程,具体是指期货合约到期时,交易双方通过该期货合约所载商品所有权的转移,了解未平仓合约的过程。当然,大部分期货交易是通过对冲平仓了结合约的,实物交割只占全部期货交易的2% ~3%。

实物交割是期货交易和现货交易的交叉点,完整的实物交割程序如下:

第一,实物交割双方先按最后交易日的交割结算价将合约对冲平仓完成期货交易过程;

第二,实物交割双方按最后交易日的实物结算价进行实物商品的现货交易。实物交割过程可分三个时间段,即第一通知日、最后交易日和最后交割日。第一通知日是进入交割月份的第一营业日,经纪公司收到交易所发出的准备交割通知单。在第一通知日卖方也可能已开始准备实物交割,并向交易所提交交货通知单。交易所按买方合约持仓时间长短、交割量大小、交割地点等因素,由计算机按优化和节约的原则自动撮合配对。第一通知日后,交易所一般会将保证金的水平逐步提高,以保证合约的正常履行,降低交割风险。最后交易日是交割月份的某一天,是未平仓合约可以对冲平仓的最后一个交易日,在最后交易日后仍未平仓的合约,必须进行实物交割。最后交割日在交割期的最后一个工作日,实物交割必须在最后交割日前完成。第一通知日后的第一工作日到最后交割日前的一段时间为交割期,这期间任何一个工作日都可进行实物交割。

【例11-2】某期货公司代理客户在大连商品交易所进行大豆期货的套期保值,6月18日买入10月份到期的合约200手,每手10吨计2 000吨,成交价为2 500元/吨,保证金率为5%。进入交割月准备进行实物交割。有关资料如下:

(1)第一通知日后交易所将保证余比例一次性提高到30%。第一通知日期前的保证金累计金额为100万元。

(2)第一通知日的结算价为2 550元/吨。最后交易日的结算价为2 600元/吨,前一交易日的结算价为2 580元/吨。

(3)交易所要求支付的交割手续费为25元/手。

(4)客户未能按时将交割款汇入交易所,按规定被处以交易额1%的罚款。

对以上业务的账务处理如下:

(1)6月18日支付保证金110 000元,甲客户在经纪公司的保证金专户中有足额存款,足够支付新开仓合约的保证金,经纪公司与客户间无账务处理的必要。

(2)第一通知日后,按交易所规定追加交割保证金。

$$应交保证金 = 2\ 550 \times 2\ 000 \times 30\% = 1\ 530\ 000(元)$$
$$应追加保证金 = 1\ 530\ 000 - 1\ 000\ 000 = 530\ 000(元)$$

会计分录如下:

借:应收保证金——大连　　　　　　　　　　　　　　　　　53 000

　贷:银行存款　　　　　　　　　　　　　　　　　　　　　　53 000

(3)按最后交易日的交割结算价将合约作对冲平仓处理。对客户而言,事项的平仓盈利为$(2\ 600 - 2\ 550) \times 2\ 000 = 1\ 000\ 000(元)$;由于交易所与经纪公司之间实行每日盯市制度,其结算的平仓盈利应为:$(2\ 600 - 2\ 580) \times 2\ 000 = 40\ 000$(元)。会计分录为:

借:应收保证金——大连　　　　　　　　　　　　　　　　　40 000

　结算差异　　　　　　　　　　　　　　　　　　　　　　　60 000

　贷:应付保证金——客户　　　　　　　　　　　　　　　　100 000

(4)实际应向交易所支付交割货款230万元,期货公司代客户存在交易所结算账户中的保证金总额为766 000万元(1 530 000 + 100 000),尚需追加1 534 000万元。收到客户支付的货款并划转给交易所:

借:银行存款　　　　　　　　　　　　　　　　　　　　　1 534 000

　贷:应付保证金——客户　　　　　　　　　　　　　　　1 534 000

同时:

借:应付保证金——客户　　　　　　　　　　　　　　　　1 534 000

　贷:应收保证金——大连　　　　　　　　　　　　　　　1 534 000

(5)设未能按时将交割款汇入交易所被处以罚款,交易所先从经纪公司的结算准备金账户中扣除,会计分录为:

借:应收风险损失款——客户罚款　　　　　　　　　　　　　15 340

　贷:应收保证金——大连　　　　　　　　　　　　　　　　15 340

客户向经纪公司缴纳交割违约款时:

借:应付保证金——客户　　　　　　　　　　　　　　　　　15 340

贷:应收风险损失款——客户罚款   15 340

复习思考题

一、思考题

1.什么是投资基金？投资基金有什么特点？

2.期货公司核算内容有哪些？

3.投资基金资产核算使用什么会计科目？各核算什么内容？

4.股票资产、债权资产在会计核算上有什么不同？

5.期货公司业务如何核算？

第十二章　租赁及信托业务的核算

【学习要点与要求】

通过本章的学习,了解租赁的概念和种类,掌握租金的计算方法,掌握融资租赁的核算方法,掌握经营租赁的核算方法。

第一节　租赁及信托概述

一、租赁的概念与分类

根据 2006 年财政部制定的《企业会计准则第 21 号——租赁》文件(以下简称"租赁准则"),租赁是指在约定的期间内,出租人将资产使用权让与承租人,以获取租金的协议。这种经济行为是一种以融资、融物为一体的信用方式。这种方式是通过租赁双方签订合同,出租人收取租金,承租人支付租金而融通资金使用权的一种交易行为。按会计核算的不同方法和要求,租赁分为融资租赁和经营租赁。

(一)融资租赁业务

融资租赁也叫资本租赁,是指出租人(金融机构)提供资金、购置承租人选定的设备,租给承租人使用,并向承租人收取租金的一种租赁形式。凡企业、事业单位在生产经营活动中,为采用先进技术、更新设备资金不足时,均可向金融机构办理融资租赁业务。融资租赁具有以下特点:

1. 融资租赁必须具有 3 个方面的关系人,即出租人、承租人和供货人。承租人需要的设备,由出租人向供货人购买,并由供货人直接将设备发运给承租人;或者由承租人将自身的设备卖给出租人,收回一定的货款,然后再以付租金的方式,从出租人手中租用该设备,以缓解承租企业的资金困难。

2. 租赁必须以承租人确定的设备为标的,借以达到融资的目的。租赁作为一种信用活动,其目的就是为了解决企业对设备的需求,促进企业扩大再生产和商品流通。因此租赁的标的,只有是承租人自己所选定的物件,才能使承租人尽快投入生产经营,给企业带来效益。承租人在自己不投资、不贷款的情况下,便可获得设备的使用权;而出租人对于设备所付出的投资,通过分期收取租金的方式得到补偿。

3.租赁包括两个或两个以上的经济合同,即出租人与承租人的租赁合同,出租人与供货人的购销合同。租赁的权利与义务及有关事项,均在经济合同中固定下来,经济合同一经签订,租赁的任何一方不得解约;对租赁的设备,出租人具有所有权,供货人具有修理装配权,承租人具有使用权。承租人租入设备后应承担保管、保养和税收支出,承担设备过时的风险,并履行向出租人定期缴纳租金的义务。租赁期满,承租人对租赁设备有留购、续租和退回的权利。

（二）经营租赁业务

经营租赁业务是指出租人将所拥有的设备、物品,出租给承租人使用,承租人向出租人缴纳租金的一种租赁方式。凡企业、事业单位在生产经营中,需要短期通用设备时,均可向租赁公司办理经营租赁业务。经营租赁业务具有以下特点:

1.经营租赁业务只涉及两个当事人,即出租人和承租人。所涉及的标的为出租人拥有的通用设备、土地、房产等。该标的既可由自用固定资产转入,也可由出租人另行购置。在租赁期内,设备的维修、咨询服务、折旧提取,均由出租人负责。租赁期满,租赁标的仍为出租人所有,出租人若发现收回的设备被损坏,应由承租人进行赔偿。

2.由于租赁设备为出租人的固定资产,出租人应按规定的折旧率及期初已出租资产的账面价值,计算出设备的折旧额,以抵冲租赁设备的购置成本。按照规定,本期内出租的资产当期不提折旧,本期内收回的出租资产,当期照提折旧。待租赁资产的折旧提足以后.不论能否继续使用,不再计提折旧。提前报废的经营租赁资产,也不再计提折旧。

二、租金的计算方法

租金是租赁价格的货币表现,体现了出租人和承租人之间的商品交换关系。为了维护出租人和承租人的合法权益,必须正确计算租金。

（一）租金的构成

租金由租赁设备的购置成本、租赁期间的利息费用及租赁手续费组成。租赁设备的购置成本是由设备买价、运费和保险费组成。若设备运费、保险费在合同中规定由承租人承担的,租金可不计算在内。租赁期间的利息费用是租赁公司为购买设备而向银行支付的贷款利息。该利息一般由租赁的直线关系人（出租人、承租人)商定并在合同中明确(一般由筹资基本利率、筹资手续费、利差风险费等构成)。租赁手续费是出租人在租赁项目实施中经营的必要开支等,一般按设备价格的 0.3% ~3% 收取。

除此之外,租金的多少还与租赁期限的长短、付租的方式、支付的币种有关。付租期间隔越长租金约高;租期末付租较租期初付租租金高;以外币付租的,汇率高的币种租金高。

(二)租金计算方法

租金的计算方法有很多,目前我国常用的方法有递减式计算法和平均式计算法两种。

1.递减式计算法。递减式计算法是按每期平均支付本金的方法。其计算公式如下:设每期应付租金为 S,各期租赁成本余额为 PV,利率为 r,手续费为 g,租赁期为 N,还租次数为 n,各期租赁本金为 P,则:

$$S = PV \times r \times \frac{N}{n} P(1+g)$$

【例 12 – 1】某租赁公司有一笔融资租赁业务,租赁成本为 150 万元,租期为 2年,每半年期末付租一次,年利率8%,规定每期按应付设备成本的 3% 收取手续费。则:

$$P(1+g) = \frac{150}{4} \times (1 \times 3\%) = 38.625(万元)$$

$$S_1 = 150 \times 8\% \times \frac{2}{4} + 38.625 = 44.625(万元)$$

$$S_2 = 150 \times (1 - \frac{1}{4}) \times 8\% \times \frac{1}{2} + 38.625 = 43.125(万元)$$

$$S_3 = 150 \times (1 - \frac{1}{2}) \times 8\% \times \frac{1}{2} + 38.625 = 41.625(万元)$$

$$S_4 = 150 \times (1 - \frac{3}{4}) \times 8\% \times \frac{1}{2} + 38.625 = 40.125(万元)$$

租金总额 = 44.625 + 43.125 + 41.625 + 40.125 = 169.5(万元)

2.平均式计算法。平均式计算法是按租金总额(租赁设备成本、利息、手续费等)平均计算每期付租金额。计算公式为:

$$S_总 = P \times (1 + r \times N + g)$$

【例 12 – 2】某租赁公司有一笔租赁业务,其租赁设备成本为 180 万元,租期为 5 年,年利率10%,每期按归还设备成本的 3% 收取手续费。则租金总额为:

$$S_总 = 180 \times (1 + 10\% \times 5 + 3\%) = 275.4(万元)$$

若每半年付租金一次,则每次租金为:

$$275.4 \div 10 = 27.54(万元)$$

三、信托业务概述

（一）信托的概念

信托是委托人基于对受托人的信任,将其财产委托给受托人,由受托人按委托人的意愿以自己的名义,为受益人的利益或特定目的进行管理或处分的行为。信托是多边信用关系,必须具备委托人、受托人、受益人三方当事人。委托人是信托财产的所有者,他提出信托要求,是信托行为的起点;受托人是有经营能力的信托机构,它通过自身经营的信托业务,满足委托人的要求,使受益人获利,是信托行为的桥梁;受益人是信托关系中得到利益的一方,是信托行为的终点。

（二）信托业务的种类

1.按信托受益对象不同分为私益信托和公益信托。

2.按信托服务对象不同分为个人信托和法人信托。

3.按信托财产种类不同分为资金信托、实物信托、债权信托和经济事务信托。

4.性质不同划分为信托业务和代理业务。

第二节　融资租赁业务的核算

一、融资租赁的认定标准

租赁准则第四条规定:承租人和出租人应当在租赁开始日将租赁分为融资租赁和经营租赁。符合下列一项或数项标准的,应当认定为融资租赁。

1.在租赁期届满时,租赁资产的所有权转移给承租人。

2.承租人有购买租赁资产的选择权,所订立的购买价款预计将远低于行使选择权时,租赁资产的公允价值,因而在租赁开始日就可以合理确定承租人将会行使这种选择权(即优惠购买选择权)。这里的"远低于"一般是指购价低于行使选择权时租赁资产的公允价值的5%(含5%)。

3.租赁期占租赁资产使用寿命(尚可使用年限)的长度。租赁期占租赁开始日租赁资产尚可使用年限的大部分(通常为租赁期占租赁开始日租赁资产尚可使用年限的75%以上,含75%),而不是租赁期占该资产全新时可使用年限的大部分。需要注意的是,如果租赁资产在开始租赁前已使用年限超过该资产全新时可使用年限的大部分,则该条标准不适用。

4.承租人在租赁开始日的最低租赁付款额现值。如果承租人计算得出的最低租赁付款额现值几乎相当于租赁资产的公允价值(通常为最低租赁收款额现值占租赁资产公允价值的90%以上,含90%),从出租人角度,该项租赁资产应被认定为融资租赁;但是,如果租赁资产在开始租赁前已使用年限超过该资产全新时可使用年限的大部分,则该条标准不适用。

5. 租赁资产性质特殊,只有承租人才能使用。因为租赁资产是出租人根据承租人对资产型号、规格等方面的特殊要求专门购买或建造的,具有专购、专用性质。这些租赁资产如果不进行较大的重新改制,其他企业通常难以使用。这种情况下,该项租赁也应当认定为融资租赁。

二、融资租赁中承租人的业务核算

(一)入账价值的确定

按照规定,租入资产的入账价值是租赁开始日租赁资产公允价值与最低租赁付款额现值两者中的较低者,将最低租赁付款额作为长期应付款的入账价值,其差额作为未确认融资费用,会计分录为:

借:固定资产——融资租入固定资产(固定资产的买价部分)

    未确认融资费用

  贷:长期应付款——应付融资租赁款

(二)初始直接费用的确认

初始直接费用应在实际发生时,确认为当期费用,会计分录为:

借:管理费用

  贷:银行存款或库存现金

(三)计提固定资产折旧

承租人应当采用与自有固定资产相一致的折旧政策计提租赁资产折旧。能够合理确定租赁期届满时取得租赁资产所有权的,应当在租赁资产使用寿命内计提折旧;无法合理确定租赁期届满时取得租赁资产所有权的,应当在租赁期与租赁资产使用寿命两者中较短的期间内计提折旧。计提折旧时,会计分录为:

借:管理费用——融资租入固定资产

  贷:累计折旧——融资租入固定资产折旧

(四)支付租金

应区分支付的租赁资产本金、租金利息和手续费,并进行不同的账务处理。或有租金当在实际发生时计入当期损益。按承租人每期支付租金金额做会计分录为：

借：长期应付款——应付融资租赁款

　贷：银行存款

如果支付的租金中包含有履约成本,还应同时借记"制造费用"、"管理费用"等科目。每期分摊未确认融资费用时,按当期应分摊的未确认融资费用金额做会计分录为：

借：财务费用

　贷：未确认融资费用

(五)租赁期满的会计处理

租赁期满,应根据租赁协议的不同进行相应的会计处理。

售后租回交易认定为融资租赁的,售价与资产账面价值之间的差额应当予以递延,并按照该项租赁资产的折旧进度进行分摊,作为折旧费用的调整。租赁期满取得资产所有权时,会计分录为：

借：固定资产——××固定资产

　贷：固定资产——融资租人固定资产

租赁期满,承租人向出租人返还租赁资产时,如果存在承租人担保余值,会计分录为：

借：长期应付款——应付融资租赁款

　　累计折旧

　贷：固定资产——融资租人固定资产

如果不存在承租人担保余值,会计分录为：

借：累计折旧

　贷：固定资产——融资租人固定资产

如果还存在净残值,还应借记"营业外支出——处置固定资产净损失"。如果承租人行使优惠续租选择权,则视同租赁一直存在而进行会计处理。在承租人享有优惠购买选择权的情况下,支付购买价款时,会计分录为：

借：长期应付款——应付融资租赁款

　贷：银行存款

与此同时,将固定资产从"融资租人固定资产"明细科目转入有关明细科目。

三、融资租赁中出租人的业务核算

(一)融资租赁债权的确认及初始直接费用的处理

1.融资租赁债权的确认。我国采用了总额法核算租赁债权。在租赁开始日,出租人应将租赁开始日最低租赁收款额与初始直接费用之和作为应收融资租赁款的入账价值,同时记录未担保余值;将最低租赁收款额、初始直接费用及未担保余值之和与其现值之和的差额确认为未实现融资收益;其计算公式为:

$$未实现融资收益 = (最低租赁收款额 + 未担保余值) -$$
$$(最低租赁收款额的现值 + 未担保余值的现值)$$

未实现融资收益应在租赁期内各个期间进行分配。出租人应采用实际利率法计算确认当期(各期)的融资收入。

2.初始直接费用的会计处理。初始直接费用在租赁准则中计入了应收融资租赁款的入账价值。对于融资租赁出租人,初始直接费用采用了计入应收融资租赁款,由承租人负担的处理方法,确认为当期费用,会计分录为:

借:其他应收款——应收融资租赁直接费用

    贷:其他业务收入——出租固定资产收入

收回应收租赁直接费用时,会计分录为:

借:银行存款

    贷:其他应收款——应收融资租赁款

(二)融资租赁中出租人的处理

1.租赁合同签订后,承租人按合同规定,向出租人支付租赁保证金,出租人收到保证金。会计分录为:

借:银行存款

    贷:租赁保证金

2.出租人按照承租人在合同上指定的设备购入租赁物资时,应按实际支付的租赁设备的成本入账。购入租赁设备时,会计分录为:

借:融资租赁资产

    贷:银行存款

3.在租赁开始日,出租人将租赁资产租给承租人,会计分录为:

借:长期应收款——应收融资租赁款(最低租赁收款额)

    未担保余值

    贷:融资租赁资产(租赁投资净额)

        递延收益——未实现融资收益

4.每期收到租金时,会计分录为:

借:银行存款

    贷:长期应收款——应收融资租赁款

确认利息收入时,会计分录为:

借:递延收益——未实现融资收益

　　贷:租赁收入——融资租赁收入

　　5.租金逾期未能收回时的会计处理。超过一个租金支付期未收到租金,应当停止确认融资收入,其已确认的融资收入,应予冲回,转作表外核算,会计分录为:

　　借:租赁收入——融资租赁收入

　　　　贷:递延收益——未实现融资收益

　　在实际收到租金时,将租金中所含融资收入确认为当期收入,会计分录为:

　　借:递延收益——未实现融资收益

　　　　贷:主营业务收入——融资收入

　　6.未担保余值减少的处理。我国租赁准则规定,出租人应当至少于每年年度终了,对未担保余值进行复核。未担保余值增加的,不作调整。如有证据表明未担保余值已经减少,应当重新计算租赁内含利率,对前期已确认的融资收入不作追溯调整,只对未担保余值发生减少的当期和以后各期租赁投资净额的减少确认为当期损失,根据修正后的租赁投资净额和重新计算的租赁内含利率确定应确认的融资收入。已确认损失的未担保余值得以恢复的,应当在原已确认的损失金额内转回,并重新计算租赁内含利率,以后各期也根据修正后的租赁投资净额和重新计算的租赁内含利率确认融资收入。其中,租赁投资净额是指融资租赁中最低租赁收款额与未担保余值之和与未实现融资收益之间的差额。租赁期末,出租人的未担保余值的预计可收回金额低于其账面价值的差额时,会计分录为:

　　借:递延收益——未实现融资收益

　　　　贷:未担保余值

　　同时,将由此产生的租赁投资净额的减少确认为当期损失,会计分录为:

　　借:营业外支出

　　　　贷:递延收益——未实现融资收益

　　若已确认损失的未担保余值得以恢复,应按未担保余值恢复的金额作账务处理,会计分录为:

　　借:未担保余值

　　　　贷:递延收益——未实现融资收益

　　同时,按由此产生的租赁投资净额的增加额作账务处理,会计分录为:

　　借:递延收益——未实现融资收益

　　　　贷:营业外支出

　　7.租赁期满时的会计处理。融资租赁期满时。根据租赁合同的规定可做相应的会计处理。如果收回租赁资产,按以下4种可能出现的情况做会计处理:

　　(1)存在担保余值,不存在未担保余值。出租人收到返还的租赁资产时,会计分录为:

　　借:融资租赁资产——某融资租赁设备

贷：应收融资租赁款

如果收回租赁资产的价值低于担保余值,则应向承租人收取价值损失补偿金,会计分录为:

借：其他应收款——融资租赁价款损失补偿金

贷：营业外收入——融资租赁损失补偿金

(2)既存在担保余值,也存在未担保余值。

出租人收到返还的租赁资产时,会计分录为:

借：融资租赁资产

贷：应收融资租赁款

未担保余值

若收回租赁资产的价值扣除未担保余值后的余额低于担保余值,则向承租人收取价值损失补偿金,会计分录为:

借：其他应收款——融资租赁价款损失补偿金

贷：营业外收入——融资租赁损失补偿金

(3)存在未担保余值,不存在担保余值。出租人收到返还的租赁资产时,会计分录为:

借：融资租赁资产

贷：未担保余值

(4)未担保余值和担保余值均不存在。此种情况出租人不做会计处理,只需要做相应的备查登记。租赁期满,如果优惠续租租赁资产,则视同该项租赁一直存在而做相应的会计处理。租赁期满,如果承租人行使了优惠购买选择权,出租人收到购买资产的价款,会计分录为:

借：银行存款

贷：其他应收款——应收融资租赁款

如果还存在未担保余值,会计分录为:

借：营业外支出——处置固定资产净损失

贷：未担保余值

第三节　经营租赁业务的核算

一、经营租赁中承租人的业务处理

在经营租赁中,承租人租入资产的目的主要是为了取得资产的短期使用权,与资产相关的风险和报酬并未转移给承租人,因此承租人不必将租赁资产资本化,相应地也不计提租入固定资产的折旧。其会计处理的主要问题是租金的确认与支付,及其当期费用的摊销。

承租人应在租赁期内各个期间按照直线法计入相关资产成本或当期损益(确认为费用),若其他方法更为系统合理,也可以采用其他方法。承租人发生的初始直接费用及或有租金,均在发生时确认为当期费用,计入当期损益。

承租人期初预付租金时,会计分录为:

借:待摊费用——经营租赁租金

　　贷:银行存款

分期摊销预付租金时,会计分录为:

借:管理费用——摊销预付租金

　　贷:待摊费用——经营租赁租金

按期支付租金时,会计分录为:

借:管理费用——经营租赁租金

　　贷:银行存款

【例12-3】某企业采用经营租赁方式租入机器一台,租期为3年。机器价值为4 000 000元,预计使用年限为10年,无残值。合同规定租赁开始日租赁公司向该企业收取租金100 000元,第一年与第二年末各收取租金150 000元,第三年收取租金110 000元,租赁期满时,租赁公司收回设备。

1. 预付租金时,会计分录为:

借:待摊费用——经营租赁租金　　　　　　　　　　　　　　　　100 000

　　贷:银行存款　　　　　　　　　　　　　　　　　　　　　　　100 000

2. 第一年末,支付租金并摊销费用时,租金总额和每期应负担的租金费用为:

租金总额 = 100 000 + 150 000 + 150 000 + 110 000 = 510 000(元)

每期应负担的租金费用 = 510 000/3 = 170 000(元)

会计分录为:

借:管理费用——经营租赁费　　　　　　　　　　　　　　　　　170 000

　　贷:银行存款　　　　　　　　　　　　　　　　　　　　　　　150 000

　　　　待摊费用——经营租赁费　　　　　　　　　　　　　　　　 20 000

3. 第二年末,支付租金并摊销与第一年的处理相同。

4. 第三年末,支付租金并摊销时,会计分录为:

借:管理费用——租赁费　　　　　　　　　　　　　　　　　　　170 000

　　贷:银行存款　　　　　　　　　　　　　　　　　　　　　　　110 000

　　　　待摊费用——经营租赁费　　　　　　　　　　　　　　　　 60 000

在有确凿证据表明售后租回交易是按照公允价值达成的,售价与账面价值的差额应当计入当期损益。如果售后租回交易不是按照公允价值达成的,有关损益应于当期确认;但若该损失将由低于市价的未来付款额补偿的,应将其递延,并按与确认租金费用相一致的方法分摊于预计的资产使用期限内;售价高于公允价值的,其高出公允价值的部分应予递延,并在预计的使用期限内摊销。

二、经营租赁中出租人的业务核算

出租人对于经营租赁的租金,应当在租赁期内各个期间按照直线法确认为当期损益,若其他方法更为系统合理,也可以采用其他方法。

出租人发生的初始直接费用,应确认为管理费用,计入当期损益。对于经营租赁资产中的固定资产,出租人应当采用类似资产的折旧政策计提折旧;对于其他经营租赁资产,应当采用系统合理的方法进行摊销。或有租金应当在实际发生时计入当期损益。

1. 出租人购置用于租赁的资产时,应按实际支付的成本记账,做会计分录为:

借:租赁资产——未出租经营资产

贷:银行存款

2. 出租人与承租人签订租赁合同时,应根据租赁合同出租资产做会计分录:

借:租赁资产——已出租经营资产

贷:租赁资产——未出租经营资产

3. 出租人为专业租赁公司的,其基本业务就是从事资产的租赁,因此在确认租赁收益时,记入主营业务收入科目,会计分录为:

借:长期应收款——应收经营租赁款(或银行存款)

贷:主营业务收入——租金收入

出租人为非专业租赁公司的,将其业务收支在其他业务收支科目中核算:

4. 出租人对购入的租赁资产视同自有资产,每期应按企业规定计提租赁资产折旧,会计分录为:

借:管理费用——经营租赁资产折旧费

贷:累计折旧——经营租赁资产累计折旧

5. 经营租赁资产租金的构成主要包括租赁资产的原价、租赁资产折旧、租赁期间的利息、租赁资产的维护费用、税金、保险金等。当出租人收到租金时,会计分录为:

借:银行存款

贷:长期应收款——应收经营租赁款

租赁期满收回资产时,会计分录为:

借:固定资产

贷:融资租赁资产——已出租经营资产

【例12-4】某金融租赁公司将一台机器设备租给B企业,价值为660 000元,使用年限为12年,租赁期为5年,每年年末收取租金45 000元,租赁过程发生的直

接费用为 30 000 元,租赁公司的会计分录为:

支付直接费用时:

借:管理费用——经营租赁费   30 000

  贷:银行存款   30 000

交付设备使用权时:

借:租赁资产——已出租经营资产   660 000

  贷:租赁资产——未出租经营资产   660 000

每年确认租金时:

借:长期应收款——应收经营租赁款   45 000

  贷:租赁收入——经营租赁收入   45 000

每年收到租金时:

借:银行存款   45 000

  贷:长期应收款——应收经营租赁款   45 000

各年计提折旧时,每年的折旧额 = 660 000/12 = 55 000(元),会计分录为:

借:管理费用——经营租赁资产折旧费   55 000

  贷:累计折旧——经营租赁资产   55 000

第四节 信托业务的核算

一、信托存款的核算

客户提出申请,填写"存款委托书"后,信托机构应审查其资金来源,审查合乎规定后,与客户签订"信托存款协议书",写明信托存款金额、期限、信托受益支付方法、指定受益人、手续费率等。信托机构为委托人开立账户,委托人将信托存款划转到信托机构开立的银行账户,信托机构相应签发存款凭证给委托人。会计分录如下:

1. 开户。信托公司接受客户委托,为客户开立信托存款账户时:

借:银行存款或存放中央银行款项

  贷:代理业务负债——××单位信托存款户

2. 计息。信托存款是定期存款,原则上在期满后利随本清,但在存款期内根据权责发生制原则定期计算应付利息。

借:营业费用——××信托存款利息支出户

  贷:应付利息——××单位户

3. 到期支取。存款单位在信托存款期满后,凭信托存款单向信托机构提取存款,并结清利息。如果存款单位因各种客观原因,与信托机构协商后,可提前支取,但利率按银行同期活期存款利率计算。

借:代理业务负债——××单位信托存款户

　应付利息——××单位户

　营业费用——××信托存款利息支出户

　贷:银行存款

二、信托贷款的核算

信托贷款是指信托机构运用自有资金、信托存款或筹集的其他资金,对自行审定的企业和项目,自主发放贷款的业务。贷款的对象、用途、期限和利率等都由信托机构根据国家政策自行确定,贷款的风险责任也由信托投资公司承扣。它的性质与用途与银行贷款相似,但更灵活、方便、及时。信托贷款的用途主要是解决企业单位某些正当、合理,而银行限于制度规定无法支持的资金需求。

1.开户。

借:贷款——××单位信托贷款户

　贷:银行存款或吸收存款

2.计息。信托机构按季根据每个借款单位的借款积数分别计算利息。

借:应收利息

　贷:利息收入——××贷款利息收入户

3.收回。信托贷款到期后,信托机构要及时收回信托贷款本金。

借:银行存款

　贷:贷款——××单位信托贷款户

　　应收利息——××贷款利息收入户

三、其他信托业务的核算

1.财产信托。财产信托是委托人将自己的动产、房产以及知识产权等财产、财产权,委托信托公司按照约定的条件和目的,进行管理和处置。具体账务处理如下:

(1)接受信托资产:

借:固定资产

　贷:代理业务负债

(2)终止财产信托:

借:代理业务负债

　贷:固定资产

(3)信托财产租赁:

借:经营(或融资)租出固定资产

　　贷:固定资产

(4)计提租金收入:

借:应收经营(或融资)租赁款

　　贷:租赁收入

(5)应付委托人收益:

借:营业费用

　　贷:应付受托人报酬

(6)支付收益时:

借:应付受托人报酬

　　贷:银行存款

2.公益信托。公益信托是信托投资公司为公益目的而设立的信托,公益项目包括救济贫困,扶助残疾人,发展教育、科技、体育、文化、艺术事业,发展医疗卫生事业,维护生态环境,发展其他有利于社会的公共事业。

当信托投资公司办理公益信托业务时,按实际收到的金额或财产价值做会计分录:

借:银行存款

　　贷:公益信托

公益信托应按信托类别、委托人进行明细分类核算。

3.投资基金信托。投资基金信托是信托投资公司受托经办国家有关法规允许从事的投资基金业务。具体账务处理如下:

(1)批准办理时:

借:银行存款

　　贷:投资基金信托

(2)终止时:

借:投资基金信托

　　　应付受托人报酬

　　贷:银行存款

4.拆出信托资金。当信托公司拆出信托资金时:

借:拆出资金——××单位户

　　贷:银行存款

收到拆出信托资金利息时:

借:银行存款

　　贷:信托收入——拆出资金利息收入

收回拆出信托资金时:

借:银行存款
 贷:拆出资金——××单位户

复习思考题

1. 什么是租赁？简述租赁的分类及其各自的特点。

2. 什么是信托？信托的当事人有哪些？

3. 信托业务如何核算？

4. 2010 年 12 月 28 日,A 银行与 B 公司签订了一份租赁合同。合同主要条款如下:

(1)租赁标的物:电子设备。

(2)租赁期开始日:电子设备运抵 A 银行之日(即 2011 年 1 月 1 日)。

(3)租赁期:从租赁期开始日算起 36 个月(即 2011 年 1 月 1 日至 2012 年 12 月 31 日)。

(4)租金支付方式:自租赁期开始日起每年年末支付租金 1 000 000 元。

(5)该电子设备在 2011 年 1 月 1 日 B 公司的公允价值为 2 600 000 元。

(6)租赁合同规定的利率为 8%(年利率)。

(7)该电子设备为全新设备,估计使用年限为 5 年。

(8)A 银行在租赁谈判和签订租赁合同过程中发生可归属于租赁项目的手续费、差旅费 10 000 元。

A 银行采用实际利率法确认本期应分摊的未确认融资费用。采用年限平均法计提固定资产折旧。

①判断租赁类型,说出理由。

②确定资产的入账价值,并编制相关会计分录。

第三篇

金融企业共同业务的核算

第十三章 投资业务的核算

【学习要点与要求】

通过本章的学习,了解金融企业对外投资的概念及分类;掌握金融企业以公允价值计量且其变动计入当期损益的金融资产的计价方法及账务处理;掌握金融企业持有至到期投资的账务处理;掌握金融企业可供出售金融资产的账务处理;掌握长期股权投资按成本法、权益法核算的账务处理。

对外投资是企业将其资金的一部分进行直接或间接的投资,以获得一定经济效益的经济活动。随着我国经济体制的改革和对外开放的不断深入,金融企业为了扩大业务,再将其所筹集的资金用于自身主要业务的同时,还要对外进行一部分投资。按对外投资目的不同分类,可以将对外投资分为:以公允价值计量且其变动计入当期损益的金融资产投资、持有至到期投资、可供出售金融资产和长期股权投资。

第一节 以公允价值计量且其变动计入当期损益的金融资产的核算

以公允价值计量且其变动计入当期损益的金融资产,这一类别的投资又可以进一步划分为交易性金融资产和直接指定为以公允价值计量且其变动计入当期损益的金融资产。交易性金融资产是指企业为近期出售或回购的金融资产,如企业以赚取差价为目的从二级市场购入的股票、债券和基金等。直接指定为以公允价值计量且其变动计入当期损益的金融资产主要是指企业基于风险管理或战略投资需要等的金融资产。

一、金融资产的概念和分类

金融资产是指企业持有的现金、权益工具投资、从其他单位收取现金或其他金融资产的权利。金融资产主要包括现金、应收账款、应收票据、贷款、垫款、其他应收款、应收利息、债权投资、股权投资、基金投资、衍生金融资产等。

企业(包括商业银行)应当结合自身特点和风险管理要求,将取得的金融资在初始确认时分为以下几类:①以公允价值计量且其变动计入当期损益的金融资产;②持有至到期投资;③贷款及应收账款;④可供出售的金融资产。上述分类一经确定,不得随意变更。

二、以公允价值计量且其变动计入当期损益的金融资产含的具体内容

以公允价值计量且其变动计入当期损益的金融资产,可以进一步分为交易性金融资产和直接指定为以公允价值计量且其变动计入当期损益的金融资产。

(一)交易性金融资产

交易性金融资产主要是指企业为了近期内出售或回购的金融资产。满足以下条件之一的金融资产,应当划分为交易性金融资产:

1. 取得该金融资产的目的主要是为了近期内出售。例如,企业以赚取差价为目的从二级市场购入的股票、债券和基金等。

2. 属于进行集中管理的可辨认金融工具组合的一部分,且有客观证据表明企业近期采用短期获利方式对该组合进行管理。在这种情况下,即使组合中有某个组成项目持有的期限稍长也不受影响。其中,"金融工具组合"是指金融资产组合或金融负债组合。

3. 属于衍生工具。但是被指定为有效套期工具的衍生工具、属于财务担保合同的衍生工具、与在活跃市场中没有报价且其变动价值不能可靠计量的权益投资挂钩并须通过交付该权益工具结算的衍生工具例外。其中,财务担保合同是指保证人和债权人约定,当债务人不履行债务时,保证人按照约定履行债务或者承担责任的合同。

(二)直接指定为以公允价值计量且其变动计入当期损益的金融资产

只有在满足《企业会计准则》所规定的条件之一的情况下,企业才能将某项金融资产直接指定为以公允价值计量且其变动计入当期损益的金融资产:

1. 该指定可以消除或明显减少由于该金融资产的计量基础不同所导致的相关利得或损失在确认或计量方面不一致的情况。

2. 企业风险管理或投资策略的正式书面文件已载明,该金融资产组合等,以公允价值为基础进行管理、评价并向关键管理人员报告。

在活跃市场中没有报价、公允价值不能可靠计量的权益工具投资,不得指定为以公允价值计量且其变动计入当期损益的金融资产。

以上所指活跃市场是指同时具有下列特征的市场:①市场内交易的对象具有同质性;②可随时找到自愿交易的买方和卖方;③市场价格信息是公开的。

三、以公允价值计量且其变动计入当期损益的金融资产的初始确认

以公允价值计量且其变动计入当期损益的金融资产,应当按照取得时的公允价值作为初始确认金额,相关交易费用应当在发生时计入当期损益。支付的价款中包含已宣告但尚未发放的现金股利或已到付息期但尚未领取的债券利息,应当单独确认为应收项目。其中,交易费用是指可直接归属于购买金融工具新增的外部费用。新增的外部费用包括支付给代理机构、咨询公司、券商等的手续费和佣金及其他的必要支出,不包括债券溢价、折价,融资费用,内部管理成本及其他与交易不直接相关的费用。

四、以公允价值计量且其变动计入当期损益的金融资产的会计处理

(一)会计科目的设置和使用

1.“交易性金融资产”科目。该科目核算金融企业为交易目的所持有的债券投资、股票投资、基金投资等交易性金融资产的公允价值。金融企业持有的直接指定为以公允价值计量且其变动计入当期损益的金融资产也在“交易性金融资产”科目核算。

“交易性金融资产”科目的借方核算交易性金融资产的取得成本、资产负债表日其公允价值高于账面余额的差额等;贷方核算资产负债表日其公允价值低于账面价值的差额,以及企业出售交易性金融资产时结转的成本和公允价值变动损益;期末借方余额,反映金融企业持有的交易性金融资产的公允价值。

金融企业应当按照交易性金融资产的类别和品种,分别设置“成本”、“公允价值变动”等明细科目进行核算。

2.“公允价值变动损益”科目。该科目核算金融企业交易性金融资产等公允价值变动而形成的应计入当期损益的利得或损失。借方核算资产负债表日金融企业持有的交易性金融资产等的公允价值低于账面余额的差额;贷方核算资产负债表日金融企业持有的交易性金融资产等的公允价值高于账面余额的差额;期末应将本科目的余额转入“本年利润”科目,结转后本科目无余额。

3.“投资收益”科目。该科目核算金融企业持有交易性金融资产等期间取得的投资收益以及处置交易性金融资产等实现的投资收益或投资损失。贷方核算金融企业出售交易性金融资产等实现的投资收益;借方核算金融企业出售交易性金融资产等发生的投资损失;期末应将本科目余额转入“本年利润”科目,结转后本科目无余额。

(二)以公允价值计量且其变动计入当期损益的金融资产的会计处理

以公允价值计量且其变动计入当期损益的金融资产的会计处理,涉及交易性

金融资产的取得、持有期间收取现金股利或债券利息、期末公允价值的变动以及到期处置等基本业务。

相关的会计分录为：

1. 以公允价值计量且其变动计入当期损益的金融资产取得时的会计处理：

借：交易性金融资产——成本
　　投资收益
　　应收利息（或应收股利）
　　贷：存放中央银行款项

其中："应收利息"或"应收股利"是指取得交易性金融资产时，实际支付的款项中包含的已到付息期但尚未领取的利息或已宣告但尚未发放的现金股利。

2. 持有交易性金融资产期间被投资单位宣告发放的现金股利，或期末确认到期还本、分期付息债券利息时的会计处理：

借：应收利息（或应收股利）
　　贷：投资收益

实际收到利息或股利时：

借：存放中央银行款项
　　贷：应收利息（或应收股利）

3. 资产负债表日，确认交易性金融资产的公允价值变动时的会计处理：

借：交易性金融资产——公允价值变动（公允价值增加）
　　贷：公允价值变动损益

公允价值低于其账面价值的差额编制相反会计分录。

4. 出售交易性金融资产时的会计处理。出售交易性金融资产时，应当转出该金融资产的账面余额，与实际收到出售款项的差额，作为"投资收益"。同时，将原计入该金融资产的公允价值变动转出，记入"投资收益"。

借：存放中央银行款项
　　贷：交易性金融资产——成本
　　　　交易性金融资产——公允价值变动

借或贷：投资收益

同时：借：公允价值变动损益
　　　　　贷：投资收益

【例 13-1】某商业银行 2010 年 10 月 5 日购入 A 公司 2009 年 1 月 1 日发行的三年期债券，该债券到期一次还本，分期付息，债券面额为 90 000 元，年利率为 7%，该商业银行按 96 000 元的价格购入，另支付相关费用 1 000 元。商业银行会计处理如下：

（1）购入债券时：

```
借:交易性金融资产——成本                                    96 000
   贷:存放中央银行款项                                      96 000
```
（2）支付相关交易费用时：
```
借:投资收益                                              1 000
   贷:存放中央银行款项                                      1 000
```
【例13－2】上述商业银行2010年4月18日以存款购入B公司已宣告但尚未分派现金股利的股票40 000股作为短期投资，每股的成交价9.50元，其中0.50元为已宣告但尚未分派的现金股利，股权截止日为4月25日。另外支付相关税费1 000元，商业银行于5月3日收到该公司发放的现金股利。商业银行会计分录如下：

（1）购入股票时：
```
借:交易性金融资产——成本                                   360 000
   应收股利                                              20 000
   投资收益                                               1 000
   贷:存放中央银行款项                                     381 000
```
（2）收到现金股利时：
```
借:存放中央银行款项                                        20 000
   贷:应收股利                                            20 000
```
【例13－3】上述商业银行持有的C公司债券于2010年12月31日确认当年的利息收入，并于2011年1月15日收到利息。2010年12月31日，C公司债券的公允价值为100 000元。商业银行会计分录如下：

（1）确认利息收入时：
```
借:应收利息                                              6 300
   贷:投资收益                                            6 300
```
（2）确认公允价值变动时：
```
借:交易性金融资产——公允价值变动                             4 000
   贷:公允价值变动损益                                      4 000
```
（3）收到利息时：
```
借:存放中央银行款项                                        6 300
   贷:应收利息                                            6 300
```
【例13－4】2011年3月30日，上述商业银行将持有的C公司债券全部售出，取得价款120 000元。商业银行会计分录如下：

（1）取得的收入入账：
```
借:存放中央银行款项                                       120 000
   贷:交易性金融资产——成本                                 96 000
```

　　　　　　　——公允价值变动　　　　　　　　　　　　　　　4 000
　　　　投资收益　　　　　　　　　　　　　　　　　　　　20 000
　　（2）调整公允价值变动损益：
　　借：公允价值变动损益　　　　　　　　　　　　　　　　4 000
　　　贷：投资收益　　　　　　　　　　　　　　　　　　　4 000

第二节　持有至到期投资的核算

一、持有至到期投资概述

　　持有至到期投资是指到期日固定、回收金额固定或可确定，且企业有明确意图和能力持有至到期的非衍生金融资产。商业银行从二级市场上购入的固定利率国债、浮动利率公司债券等，符合持有至到期投资条件的，可以划分为持有至到期投资。企业将某项非衍生金融资产划分为持有至到期投资，关键在于投资者取得该金融资产时，管理当局有明确的意图将该金融资产持有至到期，除非遇到一些企业所不能控制的、预期不会重复发生且难以合理预计的独立事件外，企业不会随意改变其最初的意图。持有至到期投资具有如下特征：

（一）到期日固定、回收金额固定或可确定

　　到期日固定、回收金额固定或可确定，是指相关合同明确了投资者在确定的期间内获得或应收取款项的金额和时间。权益工具投资一般没有固定的到期日，因而不能将权益工具投资划分为持有至到期投资。

（二）有明确意图持有至到期

　　有明确的意图持有至到期是指投资者在取得投资时意图明确，除非遇到一些企业所不能控制的、预期不会重复发生且难以合理预计的独立事件外，否则将持有至到期。存在下列情况之一的，表明企业没有明确意图将金融资产持有至到期：
　　1.持有该金融资产的期限不确定。
　　2.发生市场利率变化、流动性需要变化、替代投资机会及其投资收益率变化、融资来源和条件变化、外汇风险变化等情况时，将出售该金融资产。但企业无法控制、预期不会重复发生且难以合理预计的独立事件引起的金融资产出售除外。
　　3.该金融资产的发行方可以按照明显低于其摊余成本的金额清偿。
　　4.其他表明企业没有明确意图将该金融资产持有至到期的情况。

(三)有能力持有至到期

有能力持有至到期是指企业有足够的财务资源,并不受外部因素影响,将投资持有至到期。存在下列情况之一的,表明企业没有能力将具有固定期限的金融资产投资持有至到期:

1. 没有可利用的财务资源,持续地为该金融资产投资提供资金支持,以使该金融资产投资持有至到期。

2. 受法律、行政法规的限制,使企业难以将该金融资产投资持有至到期。

3. 其他表明企业没有能力将具有固定期限的金融资产投资持有至到期的情况。

(四)到期前处置或重分类对所持有剩余金融资产的影响

企业因持有意图或能力发生改变,使某项投资不再适合划分为持有至到期投资的;因部分出售持有至到期投资或重分类金额较大,且不属于例外情况,使剩余部分不再适合划分为持有至到期投资的,企业应将其重分类为可供出售金融资产,并以重分类日的公允价值确定可供出售金融资产的成本。在重分类日,该项投资的账面价值与公允价值之间的差额直接计入所有者权益("资本公积——其他资本公积"),在该可供出售金融资产发生减值或终止确认时转出,记入"投资收益"。

二、持有至到期投资的初始确认

持有至到期投资应当按取得时的公允价值和相关交易费用之和作为初始确认金额。支付的价款中包含已到付息期但尚未领取的债券利息,应单独确认为应收项目。

三、持有至到期投资的会计核算

持有至到期投资的核算,其业务主要包括持有至到期投资的取得、期末确认利息收入、将持有至到期投资重分类为可供出售金融资产以及持有至到期投资的出售等。

(一)会计科目的设置和使用

"持有至到期投资"科目。为了核算持有至到期投资的取得、收取利息、处置等业务,企业应设置"持有至到期投资"科目。该科目核算企业持有至到期投资的摊余成本。

"持有至到期投资"科目的借方核算持有至到期投资的取得成本、支付的价款扣除已到付息期但尚未领取的债券利息后的金额高于其面值的差额(利息调整即债券溢价)、资产负债表日按票面利率计算确定的应收未收利息低于摊余成本和实际利率计算确定的利息收入的差额(利息调整即债券折价摊销)等;贷方核算支付的价款扣除已到付息期但尚未领取的债券利息后的金额低于其面值的差额(利息调整即债券折价)、资产负债表日按票面利率计算确定的应收未收利息高于其摊余成本和实际利率计算确定的利息收入的差额(利息调整即债券溢价摊销)等;期末借方余额,反映企业持有至到期投资的摊余成本。企业应当按照持有至到期投资的类别和品种,分别设置"成本"、"利息调整"、"应计利息"等进行明细核算。

"持有至到期投资减值准备"科目。该科目贷方核算资产负债表日持有至到期投资发生的减值;借方核算已计提减值准备的持有至到期投资价值以后又得以恢复,在原已计提的减值准备金额内恢复增加的金额;期末贷方余额,反映企业已计提但尚未转销的持有至到期投资减值准备。

(二)持有至到期投资的会计核算

企业取得持有至到期投资,应当按照取得时的公允价值和交易费用作为初始成本;期末确认利息收入时,对于分期付息、一次还本债券投资,按票面金额、票面利率计算确定应收取的利息,记入"应收利息"科目,按持有至到期投资摊余成本和实际利率计算确定利息收入,记入"投资收益",差额记入"持有至到期投资——利息调整"科目;对于一次还本付息债券投资,期末按票面金额、票面利率计算确定应收取的利息,记入"持有至到期投资——应计利息"科目,其他与分次付息债券相同;持有至到期投资重分类为可供出售金融资产时,应按重分类日该金融资产的公允价值,确定可供出售金融资产的入账成本,同时结转持有至到期投资的账面价值,差额作为"资本公积——其他资本公积"核算;持有至到期投资出售时,将实际取得价款与持有至到期投资账面价值之间的差额作为"投资收益"处理,如果已计提减值准备的,减值准备应一并结转。

1.取得持有至到期投资的核算。商业银行取得持有至到期投资时,应按其面值,借记"持有至到期投资——成本"科目,按已到付息期但尚未领取的利息,借记"应收利息"科目,按实际支付的金额,贷记"存放中央银行款项"等科目,按其差额,借记或贷记"持有至到期投资——利息调整"科目,会计分录为:

借:持有至到期投资——成本　　　　　　　　　　　(债券面值)
　　应收利息　　　　　　　　　　　　　　　　(已到期未领取利息)
　　贷:存放中央银行款项
借或贷:持有至到期投资——利息调整　　　　　　　　　　(差额)

2.期末确认利息收入的核算。

(1)对于分期付息、一次还本债券投资:

借:应收利息　　　　　　　　　　　　(按票面金额×票面利率计算)

　　贷:投资收益　　　　　　　　　　　　　　（按摊余成本×实际利率计算）

　　借或贷:持有至到期投资——利息调整　　　　　　　　　　（差额）

（2）对于一次还本付息债券:

　　借:持有至到期投资——应计利息　　　　　（按票面金额×票面利率计算）

　　　　贷:投资收益　　　　　　　　　　　　（按摊余成本×实际利率计算）

　　借或贷:持有至到期投资——利息调整　　　　　　　　　　（差额）

3.将持有至到期投资重分类为可供出售金融资产时的核算。

　　借:可供出售金融资产——成本　　　　　　　（重分类日的公允价值）

　　　　贷:持有至到期投资——成本　　　　　　（应计利息、利息调整等）

　　借或贷:资本公积——其他资本公积　　　　　　　　　　　（差额）

4.持有至到期投资出售时的核算。

　　借:存放中央银行款项

　　　　贷:持有至到期投资——成本（应计利息、利息调整等）

　　借或贷:投资收益

【例13-5】2008年初,某商业银行购买了一项债券,该债券剩余年限5年,将其划分为持有至到期投资。公允价值为90万元,交易费用为5万元,每年按票面利率计算可收得固定利息4万元。该债券在第五年兑付时(不能提前兑付)可得本金110万元。

　　在初始确认时,计算实际利率如下:

$$4/(1+r) + 4/(1+r) + \cdots + 114/(1+r) = 95$$

　　计算结果:r = 6.96%

年份	年初摊余成本 a	利息收益 $b = a \times r$	应付利息 c	年末摊余成本 $d = a + b - c$
2008 年	95	6.61	4	97.61
2009 年	97.61	6.79	4	100.40
2010 年	100.40	6.99	4	103.39
2011 年	103.39	7.19	4	106.58
2012 年	106.58	7.42	4	
			110	

　　该商业银行的会计分录如下:

（1）2008年年初取得债券投资时:

　　借:持有至到期投资——成本　　　　　　　　　　　　　　1 100 000

　　　　贷:存放中央银行款项　　　　　　　　　　　　　　　　950 000

　　　　持有至到期投资——利息调整　　　　　　　　　　　　150 000

（2）2008 年年末确认利息收入,收取利息时:

借:应收利息	40 000
持有至到期投资——利息调整	26 100
贷:投资收益	66 100

该持有至到期投资 2008 年末的账面价值为 97.61 万元。

| 借:存放中央银行款项 | 40 000 |
| 　贷:应收利息 | 40 000 |

（3）2009 年年末确认利息收入、收取利息时:

借:应收利息	40 000
持有至到期投资——利息调整	27 900
贷:投资收益	67 900

该持有至到期投资 2009 年年末的账面价值为 100.40 万元。

| 借:存放中央银行款项 | 40 000 |
| 　贷:应收利息 | 40 000 |

（4）2010 年年末确认利息收入、收取利息时:

借:应收利息	40 000
持有至到期投资——利息调整	29 900
贷:投资收益	69 900

该持有至到期投资 2010 年年末的账面价值为 103.39 万元。

| 借:存放中央银行款项 | 40 000 |
| 　贷:应收利息 | 40 000 |

（5）2011 年末确认利息收入、收取利息时:

借:应收利息	40 000
持有至到期投资——利息调整	31 900
贷:投资收益	71 900

该持有至到期投资 2011 年年末的账面价值为 106.58 万元。

| 借:存放中央银行款项 | 40 000 |
| 　贷:应收利息 | 40 000 |

（6）2012 年年来确认利息收入、收取利息和本金时:

借:应收利息	40 000
持有至到期投资——利息调整	34 200
贷:投资收益	74 200
借:存放中央银行款项	1 140 000
贷:应收利息	40 000
持有至到期投资——成本	1 100 000

第三节　可供出售金融资产的核算

可供出售金融资产是指初始确认时即被指定为可供出售的非衍生金融资产，以及除下列各类资产以外的金融资产：（1）贷款和应收款项；（2）持有至到期投资；（3）以公允价值计量且其变动计入当期损益的金融资产。

一、可供出售金融资产概述

（一）可供出售金融资产的概念

可供出售金融资产是指初始确认时即被指定为可供出售的非衍生金融资产，以及除下列各类资产以外的金融资产：①贷款和应收账款；②持有至到期投资；③以公允价值计量且其变动计入当期损益的金融资产。企业购入的在活跃市场上有报价的股票、债券和基金等，没有划分为以公允价值计量且其变动计入当期损益的金融资产或持有至到期投资等金融资产的，可以划分为此类金融资产。

（二）可供出售金融资产的计量

1. 可供出售金融资产的初始计量。可供出售金融资产应当按取得该金融资产的公允价值和相关交易费用之和作为初始确认金额。支付的价款中包含的已到付息期但尚未领取的债券利息或已宣告但尚未发放的现金股利，应单独确认为应收利息或应收股利，不计入初始成本中。

2. 可供出售金融资产期末的计量。可供出售金融资产在资产负债表日，应当以公允价值计量，公允价值的变动直接计入所有者权益（资本公积——其他资本公积）。

二、可供出售金融资产的会计核算

为了核算可供出售金融资产的取得、收取现金股利或利息、处置等业务，企业应设置"可供出售金融资产"科目。该科目核算企业持有的可供出售金融资产的公允价值。

该科目的借方核算可供出售金融资产的取得成本、支付的价款扣除已到付息期但尚未领取的债券利息后的金额高于其面值的差额（利息调整即债券溢价）、资产负债表日按票面利率计算确定的应收未收利息低于摊余成本和实际利率计算确定的利息收入的差额（利息调整即折价摊销）、资产负债表日可供出售金融资产的公允价值高于其账面余额（如可供出售金融资产为债券，即为其摊余成本）的差额等。

该科目的贷方核算支付的价款扣除已到付息期但尚未领取的债券利息后的金额低于其面值的差额(利息调整即债券折价)、资产负债表日按票面利率计算确定的应收未收利息高于摊余成本和实际利率计算确定的利息收入的差额(利息调整即溢价摊销)、资产负债表日可供出售金融资产的公允价值低于其账面余额(如可供出售金融资产为债券,即为其摊余成本)的差额等。

该科目的期末借方余额,反映企业持有的可供出售金融资产的公允价值。

企业应当按照可供出售金融资产的类别和品种,分别设置"成本"、"利息调整"、"应计利息"、"公允价值变动"等进行明细核算。

可供出售金融资产的会计核算方法,与交易性金融资产的会计处理相类似,均要求按公允价值进行后续计量。但两者也有明显的不同之处,比如:可供出售金融资产取得时发生的交易费用应计入初始成本中,而取得交易性金融资产发生的交易费用直接计入当期损益(投资收益);可供出售金融资产后续计量时,公允价值变动计入所有者权益(资本公积——其他资本公积),而交易性金融资产期末公允价值变动计入当期损益(公允价值变动损益)。

1. 企业取得可供出售金融资产时的核算。

属于权益性投资的:

借:可供出售金融资产——成本　　　　　　　　　(公允价值 + 交易费用)
　　应收股利　　　　　　　　　(已宣告但尚未发放的现金股利)
　　贷:存放中央银行款项

属于债券投资的:

借:可供出售金融资产——成本　　　　　　　　　　　(债券面值)
　　应收利息　　　　　　　　　(已到期但尚未领取的现金利息)
　　贷:存放中央银行款项
借或贷:持有至到期投资——利息调整　　　　　　　　(差额)

2. 债券投资期末确认利息收入时的核算。

(1)对于分期付息、一次还本债券投资:

借:应收利息　　　　　　　　　(按票面金额×票面利率计算)
　　贷:投资收益　　　　　　　　　(按摊余成本×实际利率计算)
借或贷:持有至到期投资——利息调整　　　　　　　　(差额)

(2)对于一次还本付息债券:

借:持有至到期投资——应计利息　　　　　(按票面金额×票面利率计算)
　　贷:投资收益　　　　　　　　　(按摊余成本×实际利率计算)
借或贷:持有至到期投资——利息调整　　　　　　　　(差额)

3. 资产负债表日可供出售金融资产的公允价值变动时的核算。

（1）可供出售金融资产的公允价值高于其账面余额：

借：可供出售金融资产——公允价值变动

　　贷：资本公积——其他资本公积

（2）可供出售金融资产的公允价值低于其账面余额：

借：资本公积——其他资本公积

　　贷：可供出售金融资产——公允价值变动

4.资产负债表日，确定可供出售金融资产发生减值时的核算。

借：资产减值损失

　　贷：资本公积——其他资本公积

　　　　可供出售金融资产——公允价值变动

注：贷方确认的"资本公积——其他资本公积"为原确认公允价值变动时因公允价值低于其账面余额而借方确认的累计损失，不足部分贷方再确认冲减"可供出售金融资产"科目。

【例13-6】某商业银行2011年7月13日从二级市场购入甲银行股票100万股，每股市价15元，手续费3万元；初始确认时，该股票被划分为可供出售金融资产。该银行购入股票时的会计分录为（单位：万元）：

借：可供出售金融资产——股票（成本）　　　　　　　　　　　　1 503

　　贷：存放中央银行款项　　　　　　　　　　　　　　　　　　　1 503

【例13-7】2010年7月1日，B公司支付价款1 028.244万元，购入乙公司发行的3年期公司债券，该公司债券的票面金额为1 000万元，票面利率4%，实际利率为3%，利息每年年末支付，本金到期支付。B公司将乙公司债券划分为可供出售金融资产，7月1日购入债券的会计分录为（单位：万元）：

借：可供出售金融资产——债券（成本）　　　　　　　　　　　　1 000

　　　　　　　　　　　——债券（利息调整）　　　　　　　　　28.244

　　贷：存放中央银行款项　　　　　　　　　　　　　　　　　1 028.244

【例13-6】年末，该银行仍持有甲银行股票，该股票12月31日的市价为每股16元。确认股票价格的会计分录为（单位：万元）：

借：可供出售金融资产——股票（公允价值变动）　　　　　　　　　97

　　贷：资本公积——其他资本公积　　　　　　　　　　　　　　　　97

【例13-7】2010年12月31日，B公司持有的乙公司债券的市场价格为1 000.094万元，当日收到债券利息，并确认公允价值变动（假定不考虑交易费用和其他因素的影响）。

$$实际利息 = 1\ 028.244 \times 3\% = 30.847\ 32 \approx 30.85（万元）$$
$$年末摊余成本 = 1\ 028.244 + 30.85 - 40 = 1\ 019.094（万元）$$
$$公允价值变动 = 1\ 019.094 - 1\ 000.094 = 19（万元）$$

会计分录为（单位：万元）：

借:应收利息　　　　　　　　　　　　　　　　　　　40

　　贷:可供出售金融资产——债券(利息调整)　　　　　　9.15

　　　　投资收益　　　　　　　　　　　　　　　　　30.85

借:存放中央银行款项　　　　　　　　　　　　　　　40

　　贷:应收利息　　　　　　　　　　　　　　　　　　40

借:资本公积——其他资本公积　　　　　　　　　　　19

　　贷:可供出售金融资产——债券(公允价值变动)　　　19

5.将持有至到期投资重分类为可供出售金融资产的核算。

(1)重分类的条件。单位因持有意图或能力发生改变,使某项投资不再适合划分为持有至到期投资,应当将其重分类为可供出售金融资产,并以公允价值进行后续计量。重分类日,该项投资的账面价值与公允价值之间的差额计入所有者权益(资本公积),在该可供出售金融资产发生减值或终止确认时转入当期损益。

持有至到期部分出售或重分类的金额较大,使剩余部分不再适合划分为持有至到期投资的,应当将该投资的剩余部分重分类为可供出售金融资产,并以公允价值进行后续计量。重分类日,该投资剩余部分的账面价值与公允价值之间的差额计入所有者权益(资本公积),在该可供出售金融资产发生减值或终止确认时转入当期损益。

(2)会计核算:

借:可供出售金融资产　　　　　　　　　(重分类日的公允价值)

　　贷:持有至到期投资　　　　　　　　　　　　　　(账面余额)

借或贷:资本公积——其他资本公积

6.持有至到期投资出售的核算。

借:存放中央银行款项

　　贷:可供出售金融资产(各明细科目)

借或贷:投资收益

同时,按应从所有者权益中转出的公允价值累计变动额转出:

借:资本公积——其他资本公积

　　贷:投资收益

或作相反处理。

第四节　长期股权投资的核算

长期股权投资长期股权投资是指通过投资取得被投资单位的股权,期限在一年以上的投资,包括股票投资和其他投资。

一、长期股权投资概述

(一)长期股权投资的概念

长期股权投资是指通过投资取得的被投资单位的股权,作为被投资单位的股东,投资者按所持股份比例享有权利并承担责任。长期股权投资的期限一般较长,不准备随时出售。

(二)长期股权投资的分类

1. 对子公司的投资。企业能够对被投资单位实施控制的,被投资单位为企业的子公司。控制是指有权决定一个企业的财务和经营政策,并能据以从该企业的经营活动中获取利益,如:

(1)投资企业直接拥有被投资单位50%以上的表决权资本。

(2)投资企业直接拥有被投资单50%或以下的表决权资本,但具有实质上的控制权。包括以下情形:

①通过与其他投资者的协议,投资企业拥有被投资单50%以上的表决权资本的控制权。

②根据章程或协议,投资企业有权控制被投资单位的财务和经营政策。

③投资企业有权任免被投资单位董事会等类似权力机构的多数成员。

④在董事会或类似权力机构会议上有半数以上投票权。

2. 合营企业投资。企业(商业银行)与其他方对被投资单位实施共同控制的,被投资单位为本企业的合营企业。共同控制是指按照合同约定对某项经济活动所共有的控制,仅在与该项经济活动相关的重要财务和经营决策需要分享控制权的投资方一致同意时存在。

3. 联营企业投资。企业能够对被投资单位施加重大影响的,被投资单位为本企业的联营企业。重大影响是指对一个企业的财务和经营政策有参与决策的权力,但并不能够控制或者与其他方一起共同控制这些政策的制定。

(1)当投资企业拥有被投资单位20%或以上至50%的表决权资本时,一般认为投资企业对被投资单位具有重大影响。

(2)投资企业直接拥有被投资单20%以下的表决权资本,但符合下列条件之一的,也应确认为对被投资单位具有重大影响:

①在被投资单位的董事会或类似的权力机构中派有代表。

②投资单位能参与被投资单位的政策制定过程。

③向被投资单位派出管理人员。

④被投资单位依赖投资企业的技术资料。

⑤其他能足以证明投资单位对被投资单位具有重大影响的情形。

二、长期股权投资的初始计量原则

按照《企业会计准则第 2 号——长期股权投资》的规定,企业取得长期股权投资,其初始投资成本的确定,分为企业合并所形成的长期股权投资与非合并所形成的长期股权投资;企业合并所形成的长期股权投资又分为同一控制下企业合并所形成的长期股权投资与非同一控制下企业合并所形成的长期股权投资。以下就企业合并的基本规范作简要介绍:

(一)企业合并形成的长期股权投资的初始计量

1. 企业合并概述。企业合并是指将两个或者两个以上单独的企业合并形成一个报告主体的交易或事项。

(1)以合并方式为基础对企业合并的分类。以合并方式为基础,企业合并包括控股合并、吸收合并及新设合并。

控股合并是指合并方(或购买方,下同)通过企业合并交易或事项取得被合并方(或被购买方,下同)的控股权,能够主导被合并方的生产经营决策,从而将被合并方纳入其合并财务报表范围,形成一个报告主体的情况。在控股合并中,被合并方在企业合并前后仍保持其独立的法人资格继续经营,合并方在合并中取得的是对被合并方的股权。合并方在其账簿及个别财务报表中应确认对被合并方的股权,合并中取得的被合并方的资产和负债仅在合并财务报表中确认。

吸收合并是指合并方在企业合并中取得被合并方的全部净资产,并将有关资产、负债并入合并方自身的账簿和报表进行核算。企业合并后,注销被合并方的法人资格,由合并方持有合并中取得的被合并方的资产、负债,在此基础上继续经营。

新设合并是指企业合并中注册成立一家新的企业,由其持有原参与合并各方的资产、负债,在新的基础上经营。原参与合并各方在合并后均注销其法人资格。

(2)以是否在同一控制下进行企业合并为基础对企业合并的分类。以是否在同一控制下进行企业合并为基础,企业合并可分为同一控制下的企业合并和非同一控制下的企业合并。

同一控制下的企业合并:参与合并的企业在合并前后均受同一方或相同的多方最终控制,且该控制并非暂时性的,为同一控制下的企业合并。对于同一控制下的企业合并,在合并日取得对其他参与合并企业控制权的一方为合并方,参与合并的其他企业为被合并方。合并日是指合并方实际取得对被合并方控制权的日期。

非同一控制下的企业合并:参与合并的各方在合并前后不受同一方或相同的多方最终控制,为非同一控制下的企业合并。对于非同一控制下的企业合并,在购买日取得对其他参与合并企业控制权的一方为购买方,参与合并的其他企业为被购买方。购买日是指购买方实际取得对被购买方控制权的日期。

2. 同一控制下企业合并形成的长期股权投资。同一控制下的企业合并,合并方以支付现金、转让非现金资产或承担债务方式作为合并对价的,应当在合并日按照取得被合并方所有者权益账面价值的份额作为长期股权投资的初始投资成本,长期股权投资初始投资成本与支付的现金、转让的非现金资产以及所承担债务账面价值之间的差额,应当调整资本公积(资本溢价或股本溢价),资本公积不足冲减的,调整留存收益。

合并方以发行权益性证券作为合并对价的,应当在合并日按照取得被合并方所有者权益账面价值的份额作为长期股权投资的初始投资成本,按照发行股份的面值总额作为股本,长期股权投资初始投资成本与所发行股份面值总额之间的差额,应当调整资本公积(资本溢价或股本溢价),资本公积不足冲减的,调整留存收益。

3. 非同一控制下企业合并形成的长期股权投资。购买方在购买日应当区别下列情况确定企业合并成本,并将其作为长期股权投资的初始投资成本。

(1)一次交换交易实现的企业合并,合并成本为购买方在购买日为取得对被购买方的控制权而付出的资产、发生或承担的负债以及发行的权益性证券的公允价值。

(2)通过多次交换交易分步实现的企业合并,合并成本为每一单项交易成本之和。

(3)购买方为进行企业合并发生的各项直接相关费用也应当计入管理费用,该直接相关费用不包括为企业合并发行的债券或承担其他债务支付的手续费、佣金等,也不包括企业合并中发行权益性证券发生的手续费、佣金等费用。

(4)在合并合同或协议中对可能影响合并成本的未来事项做出约定的,购买日如果估计未来事项很可能发生并且对合并成本的影响金额能够可靠计量的,购买方应当将其计入合并成本。

无论是同一控制下的企业合并还是非同一控制下的企业合并形成的长期股权投资,实际支付的价款或对价中包含的已宣告但尚未发放的现金股利或利润,应作为应收项目处理。

(二)以非企业合并方式取得的长期股权投资

除企业合并形成的长期股权投资以外,其他方式取得的长期股权投资,应当按照下列规定确定其初始投资成本:

1. 以支付现金取得的长期股权投资,应当按照实际支付的购买价款作为初始投资成本,初始投资成本包括与取得长期股权投资直接相关的费用、税金及其他必要支出。企业取得长期股权投资实际支付的价款或对价中包含的已宣告但尚未发放的现金股利或利润,应作为应收项目处理。

2. 以发行权益性证券取得的长期股权投资,应当按照发行权益性证券的公允价值作为初始投资成本。

3. 投资者投入的长期股权投资,应当按照投资合同或协议约定的价值作为初始投资成本,但合同或协议约定价值不公允的除外。

4. 通过其他方式取得的长期股权投资,比如:非货币性资产交换取得的长期股权投资,债务重组取得的长期股权投资等,分别按相应准则的规定处理。

三、长期股权投资的核算方法

长期股权投资的核算方法有两种:一是成本法,二是权益法。

(一)长期股权投资核算的成本法

1. 成本法的含义。成本法是指长期股权投资按投资成本计价核算的方法。在成本法下,长期股权投资以取得股权时的初始投资成本计价,其后,除了投资企业追加投资,收到被投资单位分派的属于投资前累积盈余的分配额或收回投资外,长期股权投资的账面价值一般应当保持不变。即长期股权投资的价值一经入账,无论被投资单位的生产经营情况如何,是实现利润还是发生亏损,净资产是增加还是减少,投资企业均不改变其长期股权投资的账面价值,仍以初始投资成本反映企业的长期股权投资。

2. 成本法的适用范围。根据《企业会计准则第 2 号——长期股权投资》的规定,企业持有的长期股权投资,在下列情况下应采用成本法核算。

(1)投资企业能够对被投资单位实施控制的长期股权投资;

(2)投资企业对被投资单位不具有共同控制或重大影响,并且在活跃市场中没有报价、公允价值不能可靠计量的长期股权投资。

3. 长期股权投资成本法的核算。

(1)取得长期股权投资的核算。

①企业合并所形成的长期股权投资。

A. 同一控制下企业合并所形成的长期股权投资。

【例 13 - 8】A 商业银行和 F 股份公司同属于 M 集团公司下属的子公司,2010年 1 月 1 日,A 商业银行以银行存款 28 000 万元从 F 股份公司的股东中取得其在外发行股权的 60% ,A 商业银行成为 F 股份公司的第一大股东,并从当日起能够对 F 公司实施控制,从而实现了对 F 公司的控股合并。当日,F 股份公司的资产账面价值总额为 50 000 万元,负债账面价值总额为 10 000 万元。A 商业银行当日所有者权益总额为 2 248 600 万元,其中:资本公积(资本溢价)为 3 000 万元,盈余公积为 8 000 万元,未分配利润为 454 000 万元。

解析:由于 A 商业银行与 F 股份公司同属于同一控制下的子公司,A 商业银行通过控股合并方式取得 F 股份公司的股权投资,其投资成本应按合并日占被合并方(F 股份公司)股东权益账面价值(50 000 万~10 000 万元)的份额(60%)即24 000万元确定,差额(28 000 万~24 000 万元)调整资本公积(资本溢价),不足部分再调整留存收益。

借:长期股权投资——F 公司　　　　　　　　　　　　　240 000 000
　资本公积——资本溢价　　　　　　　　　　　　　　 30 000 000
　盈余公积　　　　　　　　　　　　　　　　　　　　 10 000 000
　　贷:银行存款　　　　　　　　　　　　　　　　　 280 000 000

B. 非同一控制下企业合并所形成的长期股权投资。

【例 13 - 9】接【例 13 - 8】,假定 A 商业银行和 F 股份公司合并前后不属于一方或相同的多方控制,其他条件相同。

借:长期股权投资——F 公司　　　　　　　　　　　　 280 000 000
　　贷:银行存款　　　　　　　　　　　　　　　　　 280 000 000

②企业对被投资单位不具有控制、共同控制或重大影响、在活跃市场上没有报价且公允价值不能可靠计量的股权投资。

【例 13 - 10】2010 年 10 月 1 日,A 商业银行以银行存款 1 000 万元从 N 公司手中取得 G 股份公司在外发行股权的 10% 并长期持有,该股权无可靠的公允价值,A 商业银行对 C 公司生产经营活动无重大影响。

借:长期股权投资——G 公司　　　　　　　　　　　　 10 000 000
　　贷:银行存款　　　　　　　　　　　　　　　　　 10 000 000

(2)长期股权投资持有期间被投资单位宣告发放现金股利或利润。

长期股权投资持有期间被投资单位宣告发放现金股利或利润时,企业按应享有的部分确认为投资收益。投资企业确认投资收益,仅限于被投资单位接受投资后产生的累积净利润的分配额,所获得的利润或现金股利超过了上述数额的部分作为投资成本的收回,冲减长期股权投资的账面价值。

【例 13 - 11】接【例 13 - 10】,假定 G 公司 2010 年全年实现净利润 4 000 万元,且利润各月平均实现。2011 年 4 月 21 日,G 公司董事会通过现金股利分配方案,决定用上年实现净利润的 40% 向股东分派现金股利,5 月 28 日如数发放。

①2010 年 G 公司实现的净利润中,A 商业银行应享有的份额为:4 000 ÷ 12 × 3 × 10% = 100(万元)

②2011 年 4 月 21 日 G 公司宣告分派现金股利,A 商业银行可分得的份额为:4 000 × 40% × 10% = 160(万元)

借:应收股利　　　　　　　　　　　　　　　　　　　 1 600 000
　　贷:长期股权投资——G 公司　　　　　　　　　　　 600 000

投资收益　　　　　　　　　　　　　　　　　　　　　　　1 000 000

③2011 年 5 月 28 日,A 商业银行收到现金股利。

借:银行存款　　　　　　　　　　　　　　　　　　　　　1 600 000

　　贷:应收股利　　　　　　　　　　　　　　　　　　　　1 600 000

(3)长期股权投资的处置。

①处置长期股权投资时,按实际取得的价款与长期股权投资账面价值的差额确认为投资损益,如果已计提减值准备的,应当结转相应的减值准备。

②股权转让日的确定。股权转让日应以被转让股权的所有权上的风险和报酬实质上已转移给购买方,且相关经济利益很可能流入企业为标志。在会计实务中,只有当保护相关方权益的所有条件均能满足时,才能确认转让收益。这些条件包括:

A. 出售协议已获股东大会批准通过;

B. 与购买方已办理必要的财产交接手续;

C. 已取得购买价款的大部分(一般应超过 50%);

D. 企业已不能再从所持有的股权中获得利益和承担风险等;

E. 如有关股权转让需要通过国家有关部门批准,则股权转让只有在满足上述条件且取得国家有关部门的批准文件时才能确认。

【例 13 - 12】接【例 13 - 11】,假定 A 商业银行 2011 年 6 月 15 日将上述 G 公司股权全部转让,实际收到款项 960 万元。

借:银行存款　　　　　　　　　　　　　　　　　　　　　9 600 000

　　贷:长期股权投资——G 公司　　　　　　　　　　　　9 400 000

　　　　投资收益　　　　　　　　　　　　　　　　　　　　200 000

(二)长期股权投资核算的权益法

1. 取得长期股权投资的核算。

(1)如果初始投资成本大于取得投资时应享有被投资单位可辨认净资产公允价值份额的,两者之间的差额不要求对长期股权投资的成本进行调整。

【例 13 - 13】A 商业银行于 2009 年 4 月 1 日取得 M 公司 30% 的股权,支付价款 1 950 万元。取得投资时 M 公司净资产账面价值为 5 500 万元,公允价值为 6 000 万元。A 商业银行取得 M 公司的股权后,派人参与了 M 公司的生产经营决策,能够对 M 公司施加重大影响,A 商业银行对 M 公司投资采用权益法核算。

分析:投资单位的实际投资额 1 950 万元大于占被投资企业可辨认净资产公允价值份额(6 000 万元的 30%),不调整投资成本。

借:长期股权投资——M 公司(成本)　　　　　　　　　　19 500 000

　　贷:银行存款　　　　　　　　　　　　　　　　　　　19 500 000

（2）如果初始投资成本小于取得投资时应享有被投资单位可辨认净资产公允价值份额的，两者之间的差额体现为双方在交易过程中转让方的让步，该部分经济利益流人应作为收益处理，计入取得当期的营业外收入，同时调整增加长期股权投资的账面价值。

【例13－14】接【例13－13】，假定 A 商业银行对 M 公司的实际投资额为1 700万元。其他条件相同。

分析：投资单位的实际投资额1 700万元，小于占被投资企业可辨认净资产公允价值份额1 800万元(6 000万元的30％)，应当调整投资成本。

借：长期股权投资——M 公司（成本）　　　　　　　　　　18 000 000
　　贷：银行存款　　　　　　　　　　　　　　　　　　　　17 000 000
　　　　营业外收入　　　　　　　　　　　　　　　　　　　 1 000 000

2. 投资损益的确认。投资企业取得长期股权投资后，应当按照应享有或应分担的份额（法律法规规定不属于投资企业的净损益除外），调整长期股权投资的账面价值，并确认为当期投资损益。

在确认应享有或应分担被投资单位的净损益或净亏损时，在被投资单位的账面净利润的基础上，应考虑以下因素的影响，并进行适当的调整。

一是被投资单位采用的会计政策及会计期间与投资企业不一致的，应按投资企业的会计政策及会计期间对被投资单位的财务报表进行调整。

二是以取得投资时被投资单位各项可辨认资产等公允价值为基础，对被投资单位的净利润进行调整。

（1）被投资企业实现净利润。

【例13－15】接【例13－13】，假定 M 公司2010年全年实现净利润1 400万元，其中1－3月的净利润为400万元。假定被投资单位的会计政策、公允价值等事项无须调整。

分析：投资单位应当按照向被投资企业投资以后，被投资单位实现的净损益为基础，确认投资损益，并调整长期股权投资的账面价值。

借：长期股权投资——M 公司（损益调整）　　　　　　　　 4 000 000
　　贷：投资收益　　　　　　　　　　　　　　　　　　　　 4 000 000

（2）投资单位确认被投资企业发生的净亏损。投资企业确认被投资单位发生的净亏损，应当以长期股权投资的账面价值以及其他实质上构成对被投资单位净投资的长期权益（如长期性的应收项目）减记至零为限，投资企业负有承担额外损失义务的除外。投资单位存在其他实质上构成对被投资企业净投资的长期权益项目以及负有承担额外损失义务的情况下，在确认应分担被投资企业发生的净亏损时，应当按照以下顺序进行处理：

①冲减长期股权投资的账面价值。

②如果长期股权投资的账面价值不足以冲减的,应当以其他实质上构成对被投资单位净投资的长期权益账面价值为限继续确认投资损失,冲减长期权益的账面价值。

③如果投资单位对被投资企业还存在承担额外损失的义务,应按照预定的义务确认预计负债,计入当期投资损失。

④被投资企业以后期间实现盈利时,投资单位首先应扣除未确认的亏损分担额,超过部分按上述顺序的相反方向处理。

【例13-16】接【例13-13】,假定M公司2010年全年实现净利润400万元,其中1至3月的净利润为60万元。

借:投资收益	600 000
贷:长期股权投资——M公司(损益调整)	600 000

3. 取得现金股利或利润。按照权益法核算的长期股权投资,投资企业自被投资单位取得的现金股利或利润,未超过已确认的投资收益的,应抵减长期股权投资的账面价值。

【例13-17】接【例13-15】,假定2011年4月21日,M公司董事会通过现金股利分派方案,决定用净利润400万元用于向股东分派现金股利。

A商业银行做会计分录:

借:应收股利	1 200 000
贷:长期股权投资——M公司(损益调整)	1 200 000
实际收到现金股利或利润时:	
借:银行存款	1 200 000
贷:应收股利	1 200 000

4. 被投资单位除净损益以外所有者权益的其他变动。采用权益法核算时,投资企业对于被投资单位除净损益以外所有者权益的其他变动,在持股比例不变的情况下,应按照持股比例于被投资单位除净损益以外的所有者权益的其他变动终归属于本企业的部分,相应调整长期股权投资的账面价值,同时调整资本公积。处置该项股权时,应将资本公积转入投资收益中。

【例13-18】接【例13-17】,假定2011年M公司因可供出售金融资产公允价值变动计入资本公积的金额为50万元;M公司当年实现净利润800万元。则A银行应编制会计分录如下:

借:长期股权投资——M公司(损益调整)	2 400 000
贷:投资收益	2 400 000
同时:	
借:长期股权投资——M公司(其他权益变动)	150 000
贷:资本公积——其他资本公积	150 000

5. 长期股权投资的处置。投资单位处置长期股权投资时,应相应结转与所售股权相对应的长期股权投资的账面价值,出售所得价款与处置股权投资账面价值之间的差额,应确认为处置损益。同时,将原计入所有者权益的部分按相应比例转入当期损益(投资收益)。

【例 13 - 19】接【例 13 - 13】、【例 13 - 15】、【例 13 - 17】、【例 13 - 18】,假定 2012 年 4 月 2 日,A 商业银行将所持有的 M 公司股份全部对外出售,实际收到款项 2 410 万元。

借:银行存款　　　　　　　　　　　　　　　　　　　　24 100 000
　　贷:长期股权投资——M 公司(成本)　　　　　　　　19 500 000
　　　　　　　　——M 公司(损益调整)　　　　　　　　 4 200 000
　　　　　　　　——M 公司(其他权益变动)　　　　　　　 150 000
　　　　投资收益　　　　　　　　　　　　　　　　　　　 250 000
同时:
借:资本公积——其他资本公积　　　　　　　　　　　　 150 000
　　贷:投资收益　　　　　　　　　　　　　　　　　　　 150 000

四、长期股权投资减值

(一)按照成本法核算的、在活跃市场中没有报价、公允价值不能可靠计量的长期股权投资的减值

该减值应当按照"金融资产减值"的有关规定,按同类或类似金融资产同期市场收益率为折现率计算确定其可收回金额,与该项长期股权投资的账面价值比较,确定该项长期股权投资的减值损失。

(二)其他长期股权投资减值

期末,逐项比较长期股权投资的账面价值与其可收回金额,合理计提长期股权投资减值准备,确认减值损失。
借:资产减值损失
　　贷:长期股权投资减值准备
注意:
(1)处置长期股权投资时,应当一并结转已计提的减值准备。
(2)长期股权投资减值准备计提后,在以后会计期间不得转回相应的减值损失。

复习思考题

1. 什么是交易性金融资产？如何确认交易性金融资产的初始成本？
2. 什么是持有至到期投资？如何确认持有至到期投资的初始成本？
3. 什么是可供出售金融资产？其初始成本如何计量？
4. 长期股权投资核算的成本法的含义，适用范围及账务处理？
5. 长期股权投资核算的权益法的含义，适用范围及账务处理？

计算：

1. A 公司于 2010 年 1 月 2 日从证券市场上购入 B 公司于 2010 年 1 月 1 日发行的债券，该债券 3 年期，票面年利率为 4%，到期日为 2013 年 1 月 1 日，到期日一次归还本金和利息。A 公司购入债券的面值为 1 000 万元，实际支付价款为 947.50 万元，另支付相关费用 20 万元。A 公司购入后将其划分为持有至到期投资。2010 年末债务人发生损失，估计该项债券的未来现金流量的现值为 900 万元，购入债券的实际年利率为 5%。2011 年 12 月 31 日减值因素消失，未来现金流量的现值为 1 070 万元，假定按年计提利息，利息不是以复利计算。

要求：编制 A 公司从 2010 年 1 月 2 日至 2011 年 12 月 31 日上述有关业务的会计分录。

2. 甲公司为一家非金融类上市公司。甲公司在编制 2011 年年度财务报告时，内审部门就 2011 年下列有关金融资产的分类和会计处理提出异议：

(1) 2011 年 7 月 1 日，甲公司从上海证券交易所购入丁公司 2011 年 1 月 1 日发行的 3 年期债券 50 万份。该债券面值总额为 5 000 万元，票面年利率为 4.5%，于每年年初支付上一年度债券利息。甲公司购买丁公司债券合计支付了 5 122.5 万元（包括交易费用 2.5 万元）。甲公司拟随时出售该项债券，以获取利润差价，遂将该债券分类为可供出售金融资产。

(2) 2011 年 10 月 1 日，由于资金周转困难，甲公司将其持有的 M 公司债券出售 80%，出售所得价款扣除相关交易费用后的净额为 7 200 万元。该债券原系甲公司 2010 年 1 月 1 日购入，作为持有至到期投资核算的债券投资。出售 80% 债券投资后，甲公司将所持剩余 20% M 公司债券投资重分类为交易性金融资产。

(3) 2011 年 11 月 1 日，甲公司从证券市场上购入戊公司 2011 年 1 月 1 日发行的 5 年期债券 10 万份，该债券面值总额为 1 000 万元，票面年利率为 4.5%，于每年年初支付上一年度利息。甲公司购买戊公司债券支付购买价款 1 000 万元，另发生交易费用 22.5 万元。甲公司没有意图将该债券持有至到期，也不打算近期内出售，遂将该债券划分为可供出售金融资产。

要求:根据上述资料,逐项分析、判断甲公司对相关金融资产的分类是否正确,并简要说明理由;如不正确,请指出相关金融资产正确的分类。

3.A公司于2012年以6 000万元取得B上市公司(以下简称B公司)25%的股权,能够对B公司施加重大影响,采用权益法核算该项股权投资,当年度确认对B公司的投资收益600万元。2013年4月1日,A公司又斥资10 000万元自C公司取得B公司另外30%的股权。假定A公司在取得对B公司的长期股权投资以后,B公司并未宣告发放现金股利或利润,也未发生其他计入所有者权益的交易事项。A公司按净利润的10%提取盈余公积。A公司对该项长期股权投资未计提任何减值准备。A公司与C公司不存在任何关联方关系。假定不考虑所得税的影响。购买日原25%股权投资的公允价值为7 000万元,求当日A公司个别财务报表中对B公司长期股权投资的账面价值。

4.长江股份有限公司(以下简称长江公司)为上市公司,2012年企业合并、长期股权投资有关资料如下:

(1)2012年1月1日,长江公司向A公司定向发行1 000万股普通股(每股面值1元,每股市价10元)作为对价,取得A公司拥有的甲公司80%的股权,并于当日取得控制权。在本次并购前,A公司与长江公司不存在关联方关系。

为进行本次并购,长江公司发生评估费、审计费以及律师费100万元,为定向发行股票,长江公司支付了证券商佣金、手续费200万元。

2012年1月1日,甲公司可辨认资产账面价值为24 000万元,可辨认负债账面价值为16 000万元,可辨认净资产账面价值为8 000万元,经评估后甲公司可辨认资产公允价值为25 000万元,可辨认负债公允价值为16 000万元,可辨认净资产公允价值为9 000万元。购买日,甲公司可辨认资产的公允价值与账面价值差异系一批存货产生,甲公司本期未出售该批存货。

长江公司在购买日,确认长期股权投资初始投资成本为10 100万元。

(2)2012年甲公司发生亏损2 400万元,长江公司在个别财务报表中确认投资损失1 920万元。

(3)长江公司于2012年7月1日以2 040万元从证券市场上购入乙公司(系上市公司)100万股股票,其中包括已宣告但尚未发放的现金股利40万元,另外支付相关税金和手续费2万元。购入股票后,长江公司拥有乙公司1%表决权资本,对乙公司生产经营决策不具有重大影响。长江公司拟长期持有该股票,将其作为长期股权投资核算,确定的初始投资成本为2 002万元。

要求:

(1)根据资料(1),分析、判断长江公司并购甲公司属于何种合并类型,并说明理由。

(2)根据资料(1),分析、判断长江公司确定的长期股权投资初始投资成本是否正确,如不正确,请指出正确的处理办法。

(3)根据资料(1)、(2),分析、判断长江公司对甲公司的股权投资应采用何种后续计量方法,并指出长江公司对甲公司确认投资损失的处理是否正确。

(4)根据资料(3),分析、判断长江公司对持有的乙公司股票投资会计处理是否正确,并说明理由。

第十四章　固定资产、无形资产及其他内部资产的核算

【学习要点与要求】

通过本章的学习,了解固定资产与无形资产的概念、特征和分类;熟悉固定资产与无形资产的计价原则;掌握固定资产与无形资产增加与减少的核算;熟悉固定资产计提折旧的范围;掌握固定资产折旧的方法与账务处理;掌握固定资产与无形资产减值的账务处理。

第一节　固定资产概述

一、固定资产的概念和特征

固定资产是指企业为生产商品、提供劳务、出租或经营管理而持有的,使用年限超过1年且单位价值在规定标准以上的有形资产。它是资产的主要项目,包括房屋、建筑物、机器、办公设备、计算机、运输工具以及其他与经营有关的设备、器具、工具等。未作为固定资产管理的工具、器具等作为周转材料核算。

固定资产是企业进行生产经营活动的主要劳动资料,具有以下基本特征:

1. 使用年限超过1年或长于1年的一个营业周期,且在使用中保持原来的物质形态不变。

2. 使用寿命是有限的(土地除外),在使用寿命周期内,其服务潜力随着资产的使用而逐步衰竭或消失。

3. 用于生产经营而不是出售。

金融企业应根据固定资产的概念和特征,结合本企业的具体情况,制定出适合本企业的固定资产目录、分类方法、确定每类或每项固定资产的折旧年限、折旧方法,作为进行固定资产核算的依据。

二、固定资产的分类

固定资产种类繁多,用途各异。根据不同的管理需要和核算要求以及不同的分类标准,可以对固定资产进行不同的分类。固定资产的分类标准主要有以下

几种：

（一）按经济用途分类

固定资产按经济用途进行分类,可以分为生产经营用固定资产和非生产经营用固定资产。

1. 生产经营用固定资产,是指参加生产经营过程或直接服务于企业生产经营过程的各种固定资产,如生产经营用的各种房屋、建筑物、机器、设备、器具、工具等。

2. 非生产经营用固定资产,是指不直接服务于企业生产经营过程的各种固定资产,如职工宿舍、食堂、浴室、理发室等使用的房屋、设备和其他固定资产等。

（二）按使用情况分类

固定资产按使用情况进行分类,可以分为使用中固定资产、未使用固定资产和不需用固定资产。

1. 使用中固定资产,是指正在使用中的经营性和非经营性的固定资产。由于季节性经营或大修理等原因暂时停止使用的固定资产,仍属于企业使用中的固定资产;企业出租给其他单位使用的固定资产,也属于使用中的固定资产。

2. 未使用固定资产,是指已完工或已购建的尚未交付使用的新增固定资产以及因进行改建、扩建等原因暂停使用的固定资产,如企业购建的尚待安装的固定资产。

3. 不需用固定资产,是指本企业多余或不适用,需要调配处理的各种固定资产。

4. 租出的固定资产,是指经营性租赁租出的固定资产。企业将闲置的固定资产暂时出让其使用权,根据合同获得租金收入,并照提折旧。

（三）按所有权分类

固定资产按所有权进行分类,可以分为自有固定资产和租入固定资产。

1. 自有固定资产,是指企业拥有所有权,能够由企业自由支配使用的各种固定资产。

2. 租入固定资产,是指企业通过租赁方式取得使用权的固定资产,按其租入方式又分为经营租入固定资产和融资租入固定资产两类。对经营租入固定资产,由于其与所有权相关的风险和报酬并未转移至企业,一般只需在备查簿中登记;而对融资租入的固定资产,由于其与所有权相关的风险和报酬实质上已转移至企业,故按照实质重于形式的要求,应作为企业的固定资产入账,但为与自有固定资产相区别,需单独设立明细账进行核算。

(四)按经济用途和使用情况综合分类

按照固定资产的经济用途和使用情况等综合分类,可以把企业的固定资产划分为:

1. 生产经营用固定资产。

2. 非生产经营用固定资产。

3. 租出固定资产,是指在经营性租赁方式下出租给外单位使用的固定资产。

4. 不需用固定资产。

5. 未使用固定资产。

6. 土地。在我国,作为固定资产的土地是指过去已经估价单独入账的土地。因征地而支付的补偿费,应计入与土地有关的房屋、建筑物的价值内,不单独作为土地价值入账。在西方国家,作为固定资产的土地是指没有建筑物等附着设施的土地,如购入待用的平整土地,或低价可以单独分离的土地。它是私有财产,可以自由买卖,购买土地的支出需要资本化。

7. 融资租入固定资产。它是指企业以融资租赁的方式租入的固定资产,在租赁期内,应视同自有固定资产进行管理。

三、固定资产的计价

(一)固定资产计价方法

固定资产计价是固定资产管理核算的一个重要内容。根据固定资产不同的计价目的,固定资产的计价方法主要有以下三种:

按原始价值计价:原始价值简称原值,是指购置、建造或以其他方式取得某项固定资产,在其达到可供使用状态前所发生的一切合理、必要的支出。

按重置完全价值计价:重置完全价值又称重置价值,是指在当时的生产技术和市场状况下,重新购建同样的固定资产所需要的全部支出。

按净值计价:净值也称折余价值,是指固定资产的原值减去已提折旧后的余额。

(二)固定资产计价原则

为了正确反映增加固定资产的实际支出,保证投资的固定资金能够得到如数的补偿,现行财务制度规定固定资产的具体计价原则如下:

购入的固定资产按实际支出的买价、包装费、运杂费、安装成本和交纳的有关税金等计价。

自建的固定资产,按建造过程中实际发生的全部支出计价。

投入的固定资产,按评估确认的净值或合同、协议约定的价值计价。

融资租入的固定资产,按租赁协议确定的设备价款、发生的运输费、途中保险费、安装调试费等支出计价。

在原有基础上改建、扩建的固定资产,按原固定资产的账面原价,加上改建、扩建而增加的支出,减去改建、扩建过程中发生的收入计价。

接受捐赠的固定资产,按同类资产的市场价格或根据所提供的有关凭据作为原价,接受捐赠时发生的各项费用,应当计入固定资产的价值。

盘盈的固定资产,按重置完全价值计价。

此外,金融企业为取得固定资产而发生的借款利息及相关费用,在固定资产尚未交付使用或已投入使用而尚未办理竣工决算前发生的,应计入所购建固定资产的成本,在此之后发生的应计入当期损益;已投入使用但尚未办理移交手续的固定资产,可先按估价入账,待确定实际价值后,再进行调整;因购建固定资产而缴纳的耕地占用税等应计入固定资产的价值。

第二节 固定资产增加的核算

固定资产的增加有以下几种情况:外购的固定资产、自行建造的固定资产、投资者投入的固定资产、租入的固定资产、接受捐赠的固定资产和盘盈的固定资产等。

一、外购固定资产的核算

企业购入不需安装的固定资产,按支付的买价、增值税、进口关税等相关税费,以及为使固定资产达到预定可使用状态前发生的可直接归属该资产的包装费、运输费等,作为入账价值。借记"固定资产"科目,贷记"存放中央银行款项"或"银行存款"科目。购入需要安装的固定资产,先在"在建工程"科目核算,等安装完毕交付使用时,再转入"固定资产"科目。

"固定资产"科目为资产类科目,用来核算企业持有固定资产的原始价值,总括企业固定资产的增减变动和结存情况。本科目借方反映增加固定资产的原值,贷方反映减少固定资产的原值,余额在借方表示现有固定资产的原值总额。为了获得固定资产的详细资料,企业应设置"固定资产卡片"和"固定资产登记簿",按其类别、使用部门等进行明细核算。

"累计折旧"账户。该科目用来核算固定资产在使用过程中已损耗的价值。本科目的贷方反映固定资产计提的累计折旧额,借方反映转出、报废等减少的固定资产的折旧额,余额在贷方表示现有固定资产已提取的累计折旧数额。企业可以通过"固定资产"账户的原值余额与"累计折旧"账户的累计折旧对比得出固定资产的净值。

"在建工程"账户。该科目用来核算企业进行各项工程,包括固定资产新建工程、改扩建工程、修理工程等所发生的实际支出。本科目借方反映企业购入为工程准备的物资、需要安装的设备、其他各项支出以及预付、补付出包工程价款等,贷方反映经验收交付使用的固定资产的实际成本,余额在借方表示未完成工程的支出和已完工尚未办理竣工决算的工程实际成本。金融企业与固定资产有关的后续支出,包括固定资产发生的日常修理费、大修理费用、更新改造支出、房屋的装修费用等,满足固定资产准则规定的固定资产确认条件的,也在本科目核算,不满足条件的,应在"管理费用"科目核算。

另外,关于购入固定资产增值税的核算应注意以下两点:

1. 增值税转型改革从 2009 年 1 月 1 日起开始实施,因此,企业在 2009 年 1 月 1 日以前购进的固定资产,即当前已有的存量固定资产,无论是否取得专用发票等合法抵扣凭证,均不得抵扣税款,包括 2008 年 12 月 31 日以前购进但专用发票开具日期为 2009 年 1 月 1 日以后的购进固定资产。只有 2009 年 1 月 1 日以后实际购进并且发票开具时间是 2009 年 1 月 1 日以后的固定资产,才允许抵扣进项税额。

2. 准予抵扣的固定资产范围仅限于现行增值税征税范围内的固定资产,包括机器、机械、运输工具以及其他与生产、经营有关的设备、工具、器具。房屋、建筑物等不动产,虽然在会计制度中允许作为固定资产核算,但不能纳入增值税的抵扣范围,不得抵扣进项税额。

【例 14-1】某银行购入需安装的机器设备一台,买价 400 000 元,装卸及运杂费等 12 000 元,安装费 5 000 元,增值税为 68 000 元。其会计分录如下:

1. 购买时支付买价、增值税、运费:

借:在建工程   412 000
　应交税费——应交增值税(进项税额)   68 000
　贷:存放中央银行款项   480 000

2. 安装过程中支付安装费:

借:在建工程   5 000
　贷:存放中央银行款项   5 000

3. 安装完毕,交付使用:

借:固定资产   417 000
　贷:在建工程   417 000

二、自行建造固定资产的核算

自行建造的固定资产按照实施的方式不同,可以分为自营方式和出包方式两种。

(一)自营方式

企业所需要的固定资产,除了外购取得外,还可能根据特殊需要利用自有的人力、物力自行建造。企业自行建造的固定资产,应按建造过程中发生的必要支出,包括所消耗的材料、人工、其他费用和交纳的有关税金等确定其价值,会计处理通过"在建工程"和"工程物资"科目核算。

企业自营的基建工程,在领用工程用材料物资时,应按实际成本,借记"在建工程"科目(建筑工程或安装工程——××工程),贷记"工程物资"科目;基建工程领用本企业原材料的,应按原材料的实际成本,借记"在建工程"科目(建筑工程或安装工程——××工程),按原材料的实际成本或计划成本,贷记"原材料"科目,采用计划成本进行材料日常核算的企业,还应分摊材料成本差异。

基建工程应负担的职工工资,借记"在建工程"科目(建筑工程或安装工程——××工程),贷记"应付职工薪酬"科目。

企业自营工程所建造的固定资产已达到预定可使用状态之日起,按照工程预算、造价或者工程实际成本等估计的价值转入固定资产并计提折旧,待办理竣工决算手续后再作调整。

【例14-2】某银行自建一栋办公楼,购入各种工程物资买价 50 000 000 元,增值税税率为 17%,全部领用。支付工程人员工资 2 000 000 元,其他支出 10 000 元。会计分录如下:

1. 购入工程物资时:

借:工程物资	50 000 000
应交税费——应交增值税(进项税额)	8 500 000
贷:存放中央银行款项	58 500 000

2. 领用工程物资时:

借:在建工程	50 000 000
贷:工程物资	50 000 000

3. 支付工程人员工资时:

借:在建工程	2 000 000
贷:应付职工薪酬	2 000 000

4. 支付其他费用时:

借:在建工程	10 000
贷:存放中央银行款项	10 000

5. 工程竣工,交付使用时:

借:固定资产	52 010 000

贷:在建工程　　　　　　　　　　　　　　　　　52 010 000

(二)出包方式

预付出包工程价款的处理。根据有关原始凭证填制经费记账凭证办理转账,会计分录为:

借:在建工程——××工程
　贷:存放中央银行款项

补付或补记工程价款的处理。根据有关支付的原始凭证填制经费记账凭证办理转账,会计分录为:

借:在建工程——××工程
　贷:存放中央银行款项

结转已完工成本的处理。工程竣工交付使用时,根据工程实际成本填制借方、贷方记账凭证办理转账,会计分录为:

借:固定资产——××固定资产
　贷:在建工程——××工程

三、投资者投入固定资产的核算

收到其他单位投资转入的固定资产,应当按照投资合同或协议约定的价值入账,借记"固定资产"科目,按投资各方确认的价值在其注册资本中所占的份额,贷记"实收资本"或"股本"科目。按投资各方确认的价值与确认实收资本或股本的差额,确认为资本公积,并计入"资本公积"的贷方,其会计分录为:

借:固定资产(投资各方确认的价值)
　贷:实收资本(确认价值在注册资本中所占份额部分)
　　资本公积(差额)

【例14-3】某银行收到投资者投入的固定资产一台,双方确认的价值为400 000元,则该银行应作会计分录为:

借:固定资产　　　　　　　　　　　　　　　　　400 000
　贷:实收资本　　　　　　　　　　　　　　　　　400 000

四、接受捐赠固定资产的核算

企业接受捐赠的固定资产,按会计规定的入账价值,借记"固定资产"科目,贷记"资本公积",其会计分录为:

借:固定资产
　贷:资本公积

【例14-4】某银行收到A公司捐助的一项固定资产,捐赠者提供的有关价值

凭证表明价格为 150 000 元,其分会计录如下:

借:固定资产　　　　　　　　　　　　　　　　　　　　150 000
　贷:资本公积　　　　　　　　　　　　　　　　　　　　　150 000

五、融资租入固定资产的核算

融资租入的固定资产应单设"融资租入固定资产"明细科目核算。企业应在租赁日开始,按租赁资产的原始账面价值与最低租赁付款额的现值两者中较低者,借记"固定资产"或"在建工程"科目,按最低租赁付款额,贷记"长期应付款——应付融资租赁款"科目。融资租入的固定资产可分为需要安装和不需要安装两种类型。

1. 融资租入不需要安装的固定资产,其会计分录为:

借:固定资产——融资租入固定资产
　贷:长期应付款

2. 融资租入需要安装的固定资产,其会计分录为:

借:在建工程
　贷:长期应付款
　　存放中央银行款项
　　或有关账户

安装完毕交付使用时,其会计分录为:

借:固定资产——融资租入固定资产
　贷:在建工程

3. 融资租入的固定资产实际支付租赁费时,会计分录为:

借:长期应付款
　贷:存放中央银行款项
　　或有关账户

4. 租赁期满时,银行交清融资资金,将固定资产从"融资租入固定资产"明细科目转入"经营用固定资产"明细科目进行核算,会计分录为:

借:固定资产——经营用固定资产
　贷:固定资产——融资租入固定资产

六、盘盈固定资产的核算

对盘盈的固定资产,经查确属本企业所有的,应根据盘盈凭证填制"固定资产交接单",经有关人员签字后,送交本企业会计部门,为盘盈固定资产开立固定资产卡片,并按重置价值和估计已提折旧登记入账。盘盈的固定资产在按规定程序批准以前,不能增加营业外收入,应先作为待处理财产损溢处理。这时,应按盘盈的固定资产的同类或类似固定资产的市场价格,减去按该项固定资产的新旧程度估计的价值损耗后的余额,或在同类或类似固定资产不存在活跃市场时,按该项固定资产的预计未来现金流量现值,借记"固定资产"科目,贷记"待处理财产损溢——待处理固定资产损溢"科目。在按规定程序批准后,再由"待处理财产损溢"科目转入"营业外收入"科目。

【例14-5】某银行在2009年底进行财产清查时,盘盈机器设备一台,该设备市场上的价格为80 000元,估计折旧20 000元。

借:固定资产	80 000
贷:累计折旧	20 000
待处理财产损溢——待处理固定资产损溢	60 000

报经批准后,作营业外收入处理,其会计分录为:

借:待处理财产损溢——待处理固定资产损溢	60 000
贷:营业外收入	60 000

第三节　固定资产折旧的核算

一、固定资产折旧的概念

固定资产折旧是指固定资产在有效使用期内,通过损耗而转移到成本中的那部分价值。应计折旧额是指固定资产的原价扣除其预计残值后的金额,已计提减值准备的固定资产,还应当扣除已计提的固定资产减值准备累计金额。

固定资产折旧过程,实质上是一个持续的成本分摊过程。通过计提固定资产折旧,将固定资产的取得成本在其使用寿命内进行合理的分摊,使之与各期收入相配比,以正确确定企业各期损益。

二、固定资产计提折旧的范围

《企业会计准则第4号——固定资产》规定,企业应对所有的固定资产计提折旧,除已提足折旧仍继续使用的固定资产和按规定单独计价入账的土地外。应提折旧的固定资产具体包括房屋和建筑物;在用的各类设备;季节性停用和修理停用的设备;以融资租赁方式租入和以经营方式租出的固定资产。不提折旧的固定资产包括:以估价并单独入账的土地;房屋和建筑物以外的未使用、不需用的固定资产;在建工程交付使用前的固定资产;以经营租赁方式租入的固定资产;已提足折旧继续使用的固定资产;提前报废和淘汰的固定资产;破产、关停企业的固定资产以及国家规定其他不计提折旧的固定资产。在确定计提折旧的范围时还应注意以下几点：

1. 固定资产应当按月计提折旧。固定资产应自达到预定可使用状态时开始计提折旧，终止确认时或划分为持有待售非流动资产时停止计提折旧。为了简化核算，《＜企业会计准则第4号——固定资产＞应用指南》仍沿用了实务中的做法：当月增加的固定资产，当月不计提折旧，从下月起计提折旧；当月减少的固定资产，当月仍计提折旧，从下月起不计提折旧。

2. 固定资产提足折旧后，不论能否继续使用，均不再计提折旧，提前报废的固定资产也不再补提折旧。所谓提足折旧，是指已经提足该项固定资产的应计折旧额。

3. 已达到预定可使用状态但尚未办理竣工决算的固定资产，应当按照估计价值确定其成本，并计提折旧；待办理竣工决算后再按实际成本调整原来的暂估价值，但不需要调整原已计提的折旧额。

三、影响固定资产折旧的因素

固定资产的应计折旧额应当在其使用年限内系统而合理地计提。要保证合理、正确地计提固定资产的折旧，首先需了解影响折旧的因素主要有哪些。影响固定资产折旧的因素主要包括以下三种：

（一）折旧的基数

计算固定资产折旧的基数一般为取得固定资产的原始成本，有时固定资产的重置成本或估计成本也可替代固定资产的原始成本成为计算折旧的基数。

（二）预计净残值

预计净残值，是指假定固定资产预计使用寿命已满并处于使用寿命终了时的预期状态，企业目前从该项资产处置中获得的扣除预计处置费用后的金额。

在计算折旧时，对固定资产的残余价值和清理费用应该合理估计，避免人为地通过调整净残值的数额而调整折旧额。固定资产的累计净残值与固定资产原值的比率称为净残值率。企业应在有关规定范围内采用净残值率。

（三）预计使用年限

固定资产使用年限的长短直接影响各期应提取的折旧额。在确定固定资产使用年限时，应同时考虑固定资产的有形损耗和无形损耗。也可以这样说，固定资产有两种使用年限：一种是物质年限，一种是经济年限。有时由于技术进步，固定资产在还没有达到其物质寿命之前，从经济上再继续使用就不合算了，因此，在预计使用年限时要综合考虑物质年限和经济年限。根据企业会计准则规定，企业应当根据固定资产的性质和使用情况,合理确定固定资产的使用寿命和预计净残值。固定资产的使用寿命、预计净残值一经确定,不得随意变更。

企业确定固定资产使用寿命,应当考虑下列因素:

1.预计生产能力或实物产量;

2.预计有形损耗和无形损耗;

3.法律或者类似规定对资产使用的限制。

四、计提折旧的基本方法

固定资产折旧的方法是指将应计折旧成本分摊于各使用期间的方法。企业应当根据与固定资产有关的经济利益的预期实现方式合理选择折旧方法。可选用的折旧方法包括年限平均法、工作量法、双倍余额递减法和年数总和法等。企业选用不同的固定资产折旧方法,将影响到固定资产使用寿命期间内不同时期的折旧费用,因此,固定资产的折旧方法一经确定,不得随意变更。

(一)年限平均法

年限平均法又称直线法,是指将固定资产的应计折旧额在预计年限内平均分摊的方法。它是固定资产折旧方法中最简单也是最常用的方法。采用这种方法计算的每期折旧额均相等。其大小主要取决于固定资产原值和固定资产折旧年限这两个基本要素。此外,固定资产报废清理时的预计净残值也会对核算产生一定的影响。综合以上因素可以得出年限平均法下固定资产折旧额的计算公式:

$$年折旧率 = (1 - 预计净残值率) \div 预计使用寿命(年) \times 100\%$$

$$月折旧率 = 年折旧率 \div 12$$

$$月折旧额 = 固定资产原价 \times 月折旧率$$

(二)工作量法

工作量法,是根据实际工作量计算每期应提折旧额的一种方法。计算公式如下:

$$单位工作量折旧额 = 固定资产原价 \times (1 - 预计净残值率) \div 预计总工作量$$

$$某项固定资产月折旧额 = 该项固定资产当月工作量 \times 单位工作量折旧额$$

(三)双倍余额递减法

双倍余额递减法,是指在不考虑固定资产预计净残值的情况下,根据每期期初固定资产原价减去累计折旧后的金额和双倍的直线法折旧率计算固定资产折旧的一种方法。应用这种方法计算折旧额时,由于每年年初固定资产净值没有扣除预计净残值,所以在计算固定资产折旧额时,应在其折旧年限到期前两年内,将固定资产净值扣除预计净残值后的余额平均摊销。计算公式如下:

$$年折旧率 = 2 ÷ 预计使用寿命(年) × 100\%$$
$$月折旧率 = 年折旧率 ÷ 12$$
$$月折旧额 = 固定资产原价 × 月折旧率$$

（四）年数总和法

年数总和法，又称年限合计法，是指将固定资产的原价减去预计净残值后的余额，乘以一个以固定资产尚可使用寿命为分子、以预计使用寿命逐年数字之和为分母的逐年递减的分数计算每年的折旧额。计算公式如下：

$$年折旧率 = 尚可使用年限 ÷ 预计使用寿命的年数总和 × 100\%$$
$$月折旧率 = 年折旧率 ÷ 12$$
$$月折旧额 = (固定资产原价 - 预计净残值) × 月折旧率$$

固定资产应当按月计提折旧，计提的折旧应通过"累计折旧"科目核算，并根据用途计入相关资产的成本或者当期损益。例如，企业自行建造固定资产过程中使用的固定资产，计提的折旧应计入在建工程成本；基本生产车间所使用的固定资产，其计提的折旧应计入制造费用；管理部门所使用的固定资产，计提的折旧应计入管理费用；销售部门所使用的固定资产，计提的折旧应计入销售费用；经营租出的固定资产，其应提的折旧额应计入其他业务成本。

【例 14 - 6】某银行 10 月 10 日购入一套电子设备，支付的价款 70.2 万元，增值税 11.934 万元，运输费共计 0.8 万元，安装调试费 1 万元，于 10 月 20 日交付使用。该设备预计使用 5 年，预计净残值 1 万元，经过批准可以加速折旧，分别采用"双倍余额递减法"和"年数总和法"计算各年的折旧率和折旧额，并做出相应的会计分录。

1. 双倍余额递减法计提折旧。

$$年折旧率 = (2 ÷ 5) × 100\% = 40\%$$
$$第一年计提折旧额 = 720\,000 × 40\% = 288\,000(元)$$
$$第二年计提折旧额 = (720\,000 - 288\,000) × 40\% = 172800(元)$$
$$第三年计提折旧额 = (720\,000 - 288\,000 - 172800) × 40\% = 103\,680(元)$$
$$第四、五年计提折旧额 = (720\,000 - 288\,000 - 172\,800 - 103\,680 - 10\,000) ÷ 2 = 72\,760(元)$$

第一年会计分录为：

借：其他营业支出——固定资产折旧支出户　　　　　　　　288 000

　贷：累计折旧　　　　　　　　　　　　　　　　　　　　　　288 000

第二、三、四、五年会计分录略。

2. 年数总和法计提折旧。

$$第一年折旧额 = (720\,000 - 10\,000) × 5 ÷ 15 = 236\,666.67(元)$$
$$第二年折旧额 = 710\,000 × 4 ÷ 15 = 189\,333.33(元)$$
$$第三年折旧额 = 710\,000 × 3 ÷ 15 = 142\,000(元)$$
$$第四年折旧额 = 710\,000 × 2 ÷ 15 = 94\,666.67(元)$$
$$第五年折旧额 = 710\,000 × 1 ÷ 15 = 47\,333.33(元)$$

第一年会计分录为：

借：其他营业支出——固定资产折旧支出户   236 666.67

  贷：累计折旧   236 666.67

第二、三、四、五年会计分录略。

五、固定资产使用寿命、预计净残值和折旧方法的复核

在固定资产使用过程中，其所处的经济环境、技术环境以及其他环境有可能对固定资产使用寿命和预计净残值产生较大影响。例如，固定资产使用强度比正常情况大大加强，致使固定资产使用寿命大大缩短；替代该项固定资产的新产品的出现致使其实际使用寿命缩短，预计净残值减少等。为真实反映固定资产为企业提供经济利益的期间及每期实际的资产消耗，企业应当于每年年度终了，对固定资产使用寿命和预计净残值进行复核。如有确凿证据表明固定资产使用寿命预计数与原先估计数有差异，应当调整固定资产使用寿命；固定资产预计净残值预计数与原先估计数有差异，应当调整预计净残值。

固定资产使用过程中所处经济环境、技术环境以及其他环境的变化也可能致使与固定资产有关的经济利益的预期实现方式发生重大改变，银行业应相应改变固定资产折旧方法。

固定资产使用寿命、预计净残值和折旧方法的改变应作为会计估计变更，按照《企业会计准则第28号——会计政策、会计估计变更和差错更正》处理。

六、固定资产折旧的账务处理

为了反映和监督金融企业固定资产折旧额增减变动以及累计折旧的计提情况，应设置"累计折旧"科目进行核算。该账户是"固定资产"的备抵账户。金融企业应按国家规定的分类折旧年限、折旧方法及计提折旧的范围，按季或按月计提固定资产折旧，计提折旧时，其会计分录为：

借：管理费用——固定资产折旧

  贷：累计折旧

第四节   固定资产减值与处置的核算

一、固定资产减值的核算

（一）固定资产减值的概念

固定资产减值是指资产的可收回金额低于其账面价值。这里的"资产"既包

括单项资产,如固定资产、无形资产,也包括资产组。资产组是指企业可以认定的最小资产组合,其产生的现金流入应当基本上独立于其他资产或者资产组产生的现金流入。

在资产负债表日,企业应当判断其固定资产是否存在可能发生减值的迹象,对于存在减值迹象的资产,应当进行减值测试,计算可收回金额。可收回金额低于账面价值的,应当按可收回金额低于账面价值的金额,计提减值准备。

(二)资产发生减值的迹象

通常,企业应当在资产负债表日判断固定资产是否存在可能发生减值的迹象。倘若存在下列迹象之一的,表明企业的该固定资产可能发生了减值:

1.资产的市价当期大幅度下跌,其跌幅明显高于因时间的推移或者正常使用而预计的下跌。

2.企业经营所处的经济、技术或者法律等环境以及资产所处的市场在当期或者将在近期发生重大变化,从而对企业产生不利影响。

3.市场利率或者其他市场投资报酬率在当期已经提高,从而影响企业计算资产预计未来现金流量现值的折现率,导致资产可收回金额大幅度降低。

4.有证据表明资产已经陈旧过时或者其实体已经损坏。

5.资产已经或者将被闲置、终止使用或者计划提前处置。

6.企业内部报告的证据表明资产的经济绩效已经低于或者将低于预期,如资产所创造的净现金流量或者实现的营业利润(或者亏损)远远低于(或者高于)预计金额等。

7.其他表明资产可能已经发生减值的迹象。

(三)固定资产减值准备的计提范围

金融企业的固定资产,由于技术陈旧、损坏、长期闲置等原因导致固定资产可收回金额低于其账面价值的,应当计提固定资产减值准备。在资产负债表上,固定资产减值准备应当作为固定资产净值的减项反映。

存在下列情况之一的固定资产,应当全额计提减值准备:

1.长期闲置不用,在可预见的未来不会再使用,且已无转让价值的固定资产。

2.由于技术进步等原因,已不可使用的固定资产。

3.其他实质上已经不能再给银行带来经济利益的固定资产。

金融企业的在建工程预计发生减值时,如长期停建并且预计在 3 年内不会重新开发的在建工程,也应当根据上述原则计提资产减值准备。已全额计提减值准备的固定资产,不再计提折旧。

(四)固定资产可收回金额的计量

对存在减值迹象的固定资产,金融企业应当进行减值测试,计算固定资产的可收回金额,并与其账面价值相比较。

可收回金额是指资产的公允价值减去处置费用后的净额与资产预计未来现金流量的现值两者之中较高者。

(五)固定资产减值损失的确定

金融企业在对固定资产进行减值测试后,如果固定资产的可收回金额低于其账面价值的,应当将资产的账面价值减记至可收回金额,减记的金额确认为资产减值损失,计入当期损益,同时,计提相应的资产减值准备,以如实地反映企业的财务状况和经营成果,避免虚计资产、虚增利润。

(六)固定资产减值的核算

金融企业为了核算固定资产计提减值准备,应设置"固定资产减值准备"账户,其借方反映资产减值损失,贷方反映计提的固定资产减值准备数,期末贷方余额反映金融企业已计提但尚未转销的固定资产减值准备。固定资产在资产负债表日的可收回金额低于其账面价值的,企业应该将固定资产的账面价值减记至可收回金额,同时确认为资产减值损失,计提固定资产减值准备。固定资产减值损失一经确认,在以后会计期间不得转回。该账户贷方反应提取的减值准备数,借方反应资产减值损失,余额在贷方,反映企业已计提但尚未转销的固定资产减值准备。

当发生固定资产减值,计提减值准备时,会计分录为:

借:营业外支出——计提固定资产减值准备

    贷:固定资产减值准备

如果已计提减值准备的固定资产又恢复价值,会计分录为:

借:固定资产减值准备

    贷:营业外支出——计提固定资产减值准备

【例 14 – 7】某企业 2007 年年末,清查固定资产时发现,一台设备原账面净值为 520 000 元,但由于技术进步等原因造成设备贬值,预计可收回金额为 420 000元,2008 年该固定资产实价下跌,预计可收回金额 380 000 元。计提减值准备,编制会计分录。

2005 年末该企业应提资产减值准备 100 000 元(520 000 元 – 420 000 元),会计分录为:

借:营业外支出——计提固定资产减值准备   100 000

    贷:固定资产减值准备   100 000

2008 年末由于可收回金额低于 2007 年,应补提资产减值准备 40 000 元 (420 000元 – 380 000 元)

会计分录为:

借:营业外支出——计提固定资产减值准备   40 000

    贷:固定资产减值准备   40 000

二、固定资产处置的核算

为核算固定资产处置情况,应设置"固定资产清理"科目。该科目用来核算银行因出售、报废、毁损等原因转入清理的固定资产的净值及在清理过程中发生的清理费用和清理收入。本科目借方反映转入清理的固定资产的净值及在清理过程中发生的清理费用,贷方反映收回出售固定资产的价款、残料价值或变价收入、应由保险公司或过失人赔偿的损失,余额反映固定资产清理后的净收益或净损失。"固定资产清理"账户是一个过渡账户,等所有的清理工作完成后,将本科目的借方合计减去贷方合计,如果为正数,则为清理的损失,转入营业外支出。如为负数,则为清理的收益,转入营业外收入。本科目最终结平。

出售、报废、毁损的固定资产转入清理时,按固定资产账面净值,借记"固定资产清理"科目,按已提折旧,借记"累计折旧"科目,按已提的减值准备,借记"固定资产减值准备"科目,按固定资产原价,贷记"固定资产"科目。

清理过程中发生的费用以及应交的税费,借记"固定资产清理"科目,贷记"存放中央银行款项"、"应交税费——应交营业税"等科目;收回出售固定资产的价款、残料价值和变价收入等,借记"存放中央银行款项"、"原材料"等科目,贷记"固定资产清理"科目;应由保险企业或过失人赔偿的损失,借记"其他应收款"等科目,贷记"固定资产清理"科目。

固定资产清理后的净收益,属于生产经营期间的,计入损益,借记"固定资产清理"科目,贷记"营业外收入——处置非流动资产收益"科目;固定资产清理后的净损失,属于生产经营期间由于自然灾害等非正常原因造成的损失,借记"营业外支出——非常损失"科目,贷记"固定资产清理"科目;属于生产经营期间正常的处理损失,借记"营业外支出——处置非流动资产损失"科目,贷记"固定资产清理"科目。

"固定资产清理"科目应按被清理的固定资产设置明细账,进行明细核算。

(一)固定资产出售、报废和毁损的核算

1. 固定资产转入清理,其会计分录为:

借:固定资产清理(固定资产的净值)

    累计折旧(已提折旧)

　　固定资产减值准备
　　贷:固定资产(固定资产的原值)
　2.发生清理费用,其会计分录为:
　借:固定资产清理(实际发生清理费)
　　贷:存放中央银行款项或有关科目
　3.收回出售固定资产的价款、残料款、变卖残值款,其会计分录为:
　借:存放中央银行款项
　　或有关科目
　　贷:固定资产清理
　4.保险公司或过失人赔偿时,其会计分录为:
　借:存放中央银行款项
　　或其他应收款
　　贷:固定资产清理
　5.计算因出售固定资产而应缴纳的营业税,其会计分录为:
　借:固定资产清理
　　贷:应交税费
　6.清理净损益的处理。
　(1)固定资产清理完成后的净损失,属于生产经营期间正常的处理损失:
　借:营业外支出——处置非流动资产损失
　　贷:固定资产清理
　(2)属于生产经营期间由于自然灾害等非正常原因造成的损失:
　借:营业外支出——非常损失
　　贷:固定资产清理
　(3)固定资产清理完成后的净收益,编制会计分录为:
　借:固定资产清理
　　贷:营业外收入
　　如果是对外投资转出固定资产,金融企业应当按照取得的投资的价值,编制相应分录如下:
　借:长期股权投资或持有至到期投资等科目
　　营业外支出
　　贷:固定资产清理
　(或营业外收入)
　　【例14-8】某商业银行出售一台闲置设备,账面价值800 000元,已提折旧400 000元,出售的价款为300 000元,应交营业税为15 000元,该设备已提减值准备160 000元,相关的会计分录为:

借:固定资产清理	240 000
累计折旧	400 000
固定资产减值准备	160 000
贷:固定资产	800 000
借:存放中央银行款项	300 000
贷:固定资产清理	300 000
借:固定资产清理	15 000
贷:应交税金——应交营业税	15 000
借:固定资产清理	45 000
贷:营业外收入——固定资产清理收益	45 000

【例 14 - 9】某商业银行报废一台设备,账面价值为 100 000 元,已提折旧 20 000元,残料回收价值为 10 000 元,相关的会计分录为:

借:固定资产清理	80 000
累计折旧	20 000
贷:固定资产	100 000
借:存放中央银行款项	10 000
贷:固定资产清理	10 000
借:营业外支出——固定资产清理损失	70 000
贷:固定资产清理	70 000

(二)固定资产盘亏的核算

对盘亏的固定资产,金融企业应及时办理固定资产注销手续;在按规定的程序批准以前,应将固定资产卡片从原来的归档中抽出,另行保管。同时按盘亏固定资产的账面价值,借记"待处理财产损溢"科目,按已提折旧额,借记"累计折旧"科目,按该项固定资产已计提的减值准备,借记"固定资产减值准备"科目,按账面原值,贷记"固定资产"科目。在按规定程序批准后,应按盘亏固定资产的原值扣除累计折旧、过失人及保险公司赔偿后的差额,借记"营业外支出"科目,同时按过失人及保险公司应赔偿的金额,借记"其他应收款"等科目,按盘亏固定资产的净值,贷记"待处理财产损溢"科目。

【例 14 -10】某商业银行在财产清查时,发现丢失一台设备,账面价值15 000元,已提折旧 2 500元。

借:待处理财产损溢——待处理固定资产损溢	12 500
累计折旧	2 500
贷:固定资产	15 000

审查得知,该固定资产损失的部分原因为职工甲工作失误造成,最终处理结果

为:由职工甲承担损失 1 000 元,保险公司赔偿 5 000 元,其余的经批准转入营业外支出。

借:其他应收款——职工甲   1 000

           ——保险公司   5 000

    营业外支出——固定资产盘亏   6 500

    贷:待处理财产损溢——待处理固定资产损溢   12 500

第五节　无形资产

一、无形资产的概念和特征

(一)无形资产的概念

无形资产是指企业拥有或者控制的没有实物形态的可辨认非货币性资产。它包括专利权、非专利技术、商标权、著作权、土地使用权等。金融企业自创的商誉和不满足无形资产确认条件的其他项目,不能作为无形资产。

(二)无形资产的特征

1. 无形资产不具有实物形态。无形资产不具有实物形态是无形资产区别于其他资产的特征之一。它通常表现为某种权利、某项技术或某种获取超额利润的综合能力,比如土地使用权、非专利技术等。它一般具有较高的价值,能提高企业的经济效益,使企业获得超额收益。但需要注意的是,并非所有不具有实物形态的资产都是无形资产,如应收账款、长期投资等资产,它们虽然也无实物形态,但是不列为无形资产。因此,不能将有无实物形态作为判断是否属于无形资产的唯一特征。

2. 无形资产具有可辨认性。如果资产满足下列条件之一的,则认为符合无形资产定义中的可辨认性标准:

(1)能够从企业中分离或者划分出来,并能单独或者与相关合同、资产或负债一起,用于出售、转移、授予许可、租赁或者交换。

(2)源自合同性权利或其他法定权利,无论这些权利是否可以从企业或其他权利和义务中转移或者分离。

3. 无形资产属于非货币性资产。非货币性资产是指企业持有的货币资金和将以固定或可确定的金额收取的资产以外的其他资产。无形资产往往没有发达的交易市场,一般不易转化为货币资金,在持有过程中能为企业带来的未来经济利益在很大程度上要受到企业外部因素的影响,如技术进步、市场需求变化、同行业竞争等。同时,无形资产通常不能单独获利,需要与企业的其他资产有效结合才能发挥作用,这些其他资产包括良好的人力资源、高素质的管理队伍、相关的硬件设备等,所有这些因素都使无形资产能为企业带来的未来经济利益具有高度不确定性,不属于以固定或可确定的金额收取的资产,属于非货币性资产。

二、无形资产的分类

(一)按其反应的经济内容分类

无形资产按其反映的经济内容进行分类,可以分为专利权、非专利技术、商标权,著作权、土地使用权和特许权等。

1. 专利权。专利权是指专利注册机构授予发明者或持有者在法定期限内对某一发明创造所拥有的独占权和专有权。专利权的主体是依据专利法被授予专利权的个人或单位,专利权的客体是受专利法保护的专利范围。我国《专利法》规定的专利权有两种:一种是发明专利权,其有效期限为 20 年;另一种是实用新型和外观设计专利权,其有效期限为 10 年。期限届满,专利权就自行失效,发明成果可以由社会上任何人自由使用,但在其有效期限内,发明者或持有者将享有专利的独占权,并受法律的保护,任何单位或个人未经允许都不得制造、使用或出售其专利产品。并不是所有的专利权都能给持有者带来经济利益。有的专利可能没有经济价值或只具有很小的经济价值,有的专利会被另外更有经济价值的专利所淘汰等。因此,企业不是将其所拥有的一切专利权都予以资本化作为无形资产核算,只有那些能够给企业带来较大经济价值并且企业为此花费了支出的专利,才能作为无形资产核算。

专利权既可以通过向外界购入取得,也可以通过企业自行研究开发并向专利注册机构申请注册获得。如果专利权是向外界购入取得的,且根据合同规定,一次性支付了整笔款项,就应将包括买价、过户费、公证费等计入专利权的成本,予以资本化;若根据合同规定,企业使用专利权是定期按销售收入的一定百分比计算并支付费用的,则支付的款项不予资本化,即支付的款项不计入专利权的成本,而是在支付时作为费用计入当期损益。如果专利权是通过企业自行研究开发获得的,从理论上讲,与专利权有关的一切支出,包括在研究开发过程中发生的一切支出和申请专利时所发生的费用都应计入专利权的成本。但在会计实务上,自创专利权的成本只包括符合资本化条件的开发阶段的支出和申请专利时发生的登记注册费用、聘请律师费以及其他相关支出。其研究阶段的支出应于发生时计入当期损益。

2. 非专利技术。非专利技术即专有技术,或技术秘密、技术诀窍,是指发明人垄断的、不公开的、未申请专利的、能带来经济效益的先进技术诀窍和经验等。非专利技术具有经济性、机密性、动态性等特点。非专利技术主要包括:

（1）工业专有技术，是指在生产上已经采用，不享有专利权或发明权的生产、装配、修理、工艺或加工方法的技术知识。商业（贸易）专有技术，是指具有保密性质的市场情报、原材料价格情报以及用户、竞争对象的情况的有关知识。

（2）管理专有技术，是指生产组织的经营方式、管理方法、培训职工方法等保密知识。由于非专利技术未经公开，亦未申请专利权，所以不受法律保护，不是专利法的保护对象。非专利技术持有人通过自我保密的方式维持其独占权。

非专利技术可以是自己开发研究的，也可以是根据合同规定，从外部购入、接受其他单位投资取得的。企业外购取得非专利技术的情况一般较少，因为非专利技术不受法律保护，非专利技术持有者不愿冒泄密的风险。企业接受其他单位投入专有技术的情况一般发生在合资企业，其非专利技术的保密一般由提供非专利技术的一方控制。企业外购或接受其他单位投入非专利技术的会计处理与外购或接受其他单位投入专利权的会计处理相同。如果是企业自己开发研究的，应将符合无形资产准则规定的开发支出，并符合资本化条件的支出确认为无形资产。对于从外部购入的，应将实际发生的一切支出予以资本化，作为无形资产处理。非专利技术可以作为资产对外投资，也可以转让。

3. 商标权。商标是用来辨认特定的商品或劳务的标记。商标权是指企业专门在某种指定的商品上使用特定的名称、图案、标记的权利。《中华人民共和国商标法》规定，经商标局核准注册的商标为注册商标，商标注册人享有商标专用权，受国家法律保护。商标权的内容包括独占使用权和禁止使用权。商标权的价值在于商标代表了企业的形象，取得信誉的商标能使享有人获得较高的盈利。因为在日益激烈的市场竞争中，商标已成为重要的购物向导，名牌商标产品往往能使企业赢得大量顾客，而且，名牌商标产品一般能够比没有商标或商标不著名的产品以更高的价格出售。

商标可以通过外购、接受投资取得，也可以通过自创取得。企业自创商标权的成本，从理论上讲，应包括从设计到申请取得商标权过程中所发生的一切费用。实际上，商标权的价值要靠企业的有效管理及多年的广告宣传等逐步得到广大消费者的信赖形成。而日常的广告费、宣传费、展览费等已在发生时列作销售费用，计入当期损益，因此，尽管广告的大力宣传树立了有价值的商标权，并可获得一定的未来经济效益，但要确定广告支出中有多少属于形成商标权的价值部分很难。其他单位或个人投入的商标权，应将投资各方确认的价值作为入账价值。

我国《商标法》规定，注册商标的有效期限为 10 年，但同时又规定，期满前企业可依法申请延长注册期。商标延期注册费用也应列入商标权的成本。由于商标权的价值不是靠注册获得的，而要受多种因素的影响，企业的商标权可能在激烈的竞争中被淘汰，变得没有价值，因此商标权的取得成本应在其经济寿命期内予以摊销。

我国《商标法》规定,商标使用权也可以转让,但受让人必须保证使用该注册商标的产品质量。若购入的商标使用权一次性支付的数额较大,可以予以资本化,作为无形资产处理。外购商标权的成本应包括购入时支付的价款、手续费及其他因受让所发生的费用。如果合同规定可以分次定期支付的,可在支付时作为费用冲减当期损益。如合同规定企业使用商标权的代价是定期按销售收入的一定百分比计算并支付的,则支付的款项不作为商标权的成本,而是在支付时确认为当期费用,计入当期损益。

4. 土地使用权。在西方国家,土地可以自由买卖,一般作为固定资产处理,而且由于土地价值一般不会因使用而下降,因此通常不计算折旧。根据我国《土地管理法》的规定,我国土地实行公有制,任何单位和个人不得侵占、买卖或者以其他形式非法转让土地。国有企业、集体企业等单位可依法取得土地使用权,或将已取得的土地使用权转让。企业取得土地使用权的情况有所不同,有的取得土地使用权时可能不花任何代价,如企业拥有的并未入账的土地使用权,对于这样的土地使用权,企业是不能作为无形资产入账核算的。有的是企业花费了一定的代价取得的,在这种情况下,应将取得时发生的支出资本化,作为土地使用权的成本,记入"无形资产"科目。

根据《中华人民共和国城镇国有土地使用权出让和转让暂行条例》,企业从政府土地管理部门申请取得土地使用权,应一次性支付一笔出让金,并予以资本化,作为无形资产核算,开发时再将该土地使用权的账面价值一次计入房地产开发成本。

企业原先通过行政划拨获得土地使用权,没有作为无形资产入账核算,在将土地使用权有偿转让、出租、抵押、作价入股和投资时,应按规定将补交的土地出让价款予以资本化,作为无形资产核算,然后再将该土地使用权的账面价值予以结转。

5. 著作权。著作权,又称版权,是指著作权人对文学、音乐、戏剧、电影、音像工程设计、自然科学、社会科学等作品依法享有的出版、发行等方面的专有权利。著作权包括人身权利和财产权利。前者包括发表权、署名权、修改权和保护作品完整权;后者是指以出版、表演、广播、展览、录制唱片、摄制影片等方式使用作品以及因授权他人使用作品而获得经济利益的权利。我国《著作权法》规定,公民作品的发表权、使用权和获得报酬权的保护期限为作者终生及死亡后 50 年。著作权的成本,包括支付的稿费或购入作品使用权的支出。著作权可以转让、出售或者赠与。由于著作权的法律有效年限一般都较长,但其经济有效年限一般不延续那么多年,且取得著作权的支出一般都不大,在会计核算上不需资本化。若从外部购入著作权时所支付的价款数额较大,应予以资本化,记入"无形资产——著作权"科目,并在其有商业价值的经济有效年限内分期摊销其成本。若预计出版作品的销路不能延续多年,可将购买著作权的支出全部计入第一次印刷发行的成本之中。如果按合同或协议规定分次定期支付一定报酬,可在支付时作为当期费用处理。

6.特许权。特许权,又称经营特许权、专营权,包括政府批准企业在某一地区经营或销售某种商品的权利或企业接受其他企业出让的经营或销售某种商品的权利。前者如由政府机构授权的水、电、邮电通信等专营权、烟草专卖权等等;后者是指企业间依照签订的合同,使用其他企业的某些权利,如连锁店的分店等。会计上的经营特许权主要是指后一种情况。企业若为取得某种特许经营权支付了款项或耗费了其他经济资源,可予以资本化,按实际成本登记入账,并分期摊销。

(二)按其取得的来源分类

无形资产按其取得来源进行分类,可分为外部取得的无形资产和内部自创的无形资产。外部取得的无形资产指企业从其他单位或个人购入、接受投资者投入、通过非货币性资产交换方式以及债务重组和接受捐赠等方式取得的无形资产。内部自创的无形资产指企业自行研究与开发而形成的无形资产。

(三)按有无确定的使用寿命分类

无形资产按使用寿命是否确定进行分类,可分为使用寿命有限的无形资产和使用寿命不确定的无形资产。使用寿命有限的无形资产指有法律或合同规定的有效期限的无形资产,如专利权、商标权、特许权、著作权、土地使用权等。使用寿命有限的无形资产应对其价值进行摊销。使用寿命不确定的无形资产指法律或合同等没有规定也不能确定其有效期限的无形资产。使用寿命不确定的无形资产,在持有期间不需要进行摊销,但应当在每个会计期末进行减值测试。

三、无形资产的计价

无形资产按取得时的实际成本计价,但取得途径不同,其成本构成亦有所不同。

1.购入的无形资产,按实际支付的价款作为实际成本。

2.投资者投入的无形资产的成本,应按投资各方确认的价值作为实际成本。首次发行股票而接受投资者投入的无形资产,应按该项无形资产在投资方的账面价值作为实际成本。

3.接受捐赠的无形资产,按同类资产的市场价格或根据所提供的有关凭据作为原价接受捐赠时发生的各项费用,应当计入无形资产的价值。

4.自行开发并按法定程序申请取得的无形资产,应按依法取得时发生的注册费、聘请律师费等费用作为无形资产实际成本。

四、无形资产的核算

为了核算无形资产的取得、摊销和处置等情况,金融企业应当设置"无形资产"、"累计摊销"、"无形资产减值准备"等科目。

"无形资产"科目,核算金融企业持有的无形资产成本的变动情况,借方登记取得无形资产的成本,贷方登记出售无形资产转出的无形资产账面余额,期末借方余额,反映金融企业无形资产的成本。本科目应按无形资产项目设置明细账,进行明细核算。

"累计摊销"科目,核算金融企业对使用寿命有限的无形资产计提的累计摊销,属于"无形资产"的调整科目,其贷方登记金融企业计提的无形资产摊销,借方登记处置无形资产转出的累计摊销,期末贷方余额,反映金融企业无形资产的累计摊销额。

"无形资产减值准备"科目,核算金融企业计提的无形资产的减值准备,属于"无形资产"的调整科目,其贷方登记金融企业计提的无形资产减值准备,借方登记处置无形资产转销的减值准备,期末贷方余额,反映金融企业已计提但尚未转销的无形资产减值准备。

(一)无形资产取得的核算

1.购入的无形资产。外购的无形资产,其成本包括购买价款、相关税费以及直接归属于使该项资产达到预定用途所发生的其他支出。其中,直接归属于该项资产达到预定用途所发生的其他支出包括使无形资产达到预定用途所发生的专业服务费用、测试无形资产是否能够正常发挥作用的费用等,但不包括为引入新产品进行宣传发生的广告费、管理费用及其他间接费用,也不包括在无形资产已经达到预定用途以后发生的费用。

企业购入无形资产时,应按实际支付的成本,作为无形资产的入账价值,分录为;

借:无形资产
　　贷:存放中央银行的款项

【例14-11】某商业银行以1 000 000元购入一项专利权,同时发生相关费用20 000元,其会计分录为:

借:无形资产　　　　　　　　　　　　　　　　　　　1 020 000
　　贷:存放中央银行款项　　　　　　　　　　　　　　　1 020 000

2.投资者投入的无形资产。其他单位作为资本或者合作条件投入的无形资产,应当按照投资合同或协议约定的价值确定,在投资合同或协议约定价值不公允的情况下,应按无形资产的公允价值入账。

企业接受无形资产投资时,应按投资合同或协议约定的价值入账,其会计分录为:

借:无形资产——土地使用权

贷:实收资本

如果无形资产的价值大于投资方在企业注册资本中占有的份额,其差额贷记"资本公积"科目,其会计分录为:

借:无形资产

　　贷:资本公积

【例 14 - 12】甲银行由 A 公司和 B 公司两股东共同出资建立,经营一年后,投资者 C 要求加入甲银行。经协商,A 公司和 B 公司同意 C 以一项专利权作为投资,三方确认该专利权的价值为 800 000 元。根据投资协议,C 只需出资 720 000 元,占注册资本的 10%。甲银行收到 C 的出资额时,应编制如下会计分录:

借:无形资产　　　　　　　　　　　　　　　　　　　　　　800 000

　　贷:实收资本　　　　　　　　　　　　　　　　　　　　720 000

　　　　资本公积　　　　　　　　　　　　　　　　　　　　　80 000

3.接受捐赠的无形资产。企业接受捐赠的无形资产应计入"资本公积"科目,其会计分录为:

借:无形资产

　　贷:资本公积

4.自行研发的无形资产。企业自行进行的研究开发项目,其发生的支出应区分研究阶段支出和开发阶段支出。

研究是指为获取并理解新的科学或技术知识而进行的独创性的有计划调查。研究阶段的特点在于基本上是探索性的,是为进一步的开发活动进行资料及相关方面的准备。其研究是否能在未来形成成果,即通过开发后是否会形成无形资产均有很大的不确定性,企业也无法证明其研究活动一定能够形成带来未来经济利益的无形资产,因此,从稳健性要求考虑,我国《企业会计准则》规定,研究阶段发生的有关支出在发生时应当费用化,计入当期损益。

开发是指在进行商业性生产或使用前,将研究成果或其他知识应用于某项计划或设计,以生产出新的或具有实质性改进的材料、装置、产品等。由于开发阶段相对于研究阶段更进一步,且很大程度上形成一项新产品或新技术的基本条件已经具备,此时如果企业能够证明其满足无形资产的定义及相关确认条件,则所发生的开发支出可予以资本化,确认为无形资产的成本。

具体来说,同时满足下列条件的开发阶段发生的支出,应予资本化,确认为无形资产的成本:

(1)完成该无形资产以使其能够使用或出售在技术上具有可行性;

(2)具有完成该无形资产并使用或出售的意图;

(3)无形资产产生经济利益的方式,包括能够证明运用该无形资产生产的产品存在市场成无形资产自身存在市场,无形资产将在内部使用的,应证明其有用性；

（4）有足够的技术、财务资源和其他资源支持，以完成该无形资产的开发，并有能力使用或出售该无形资产；

（5）归属于该无形资产开发阶段的支出能够可靠地计量。

对企业进行研究和开发无形资产过程中发生的各项支出，应设置"研发支出"科目进行核算，该科目可按研发项目，分别"费用化支出"和"资本化支出"进行明细核算。该科目的期末借方余额，反映企业正在进行的无形资产研究开发项目满足资本化条件的支出。

企业自行开发无形资产发生的研发支出，会计分录为：

借：研发支出——费用化支出（不满足资本化条件金额）

　　研发支出——资本化支出（满足资本化条件金额）

贷：原材料

　　银行财务往来

　　应付职工薪酬

研究开发项目达到预定用途形成无形资产的，应按"研发支出——资本化支出"科目的余额，借记"无形资产"科目，贷记"研发支出——资本化支出"科目。期（月）末，应将"研发支出——费用化支出"科目归集的金额转入"业务及管理费"科目，借记"业务及管理费"科目，贷记"研发支出——费用化支出"科目。

需要注意的是，无需资产自行研发并依法申请成功前已计入发生当期的研究和开发费用，在申请成功后不得再将之调整为无形资产的成本。

（二）无形资产摊销的核算

使用寿命有限的无形资产，应在其预计的使用寿命内采用系统合理的方法对应摊销金额进行摊销。其中应摊销金额是指无形资产的成本扣除残值后的金额。

1.摊销期和摊销方法。无形资产的摊销期自其可供使用时（即其达到预定用途）开始至终止确认时止。在无形资产的使用寿命内系统地分摊其应摊销金额，具体方法包括直线法、生产总量法等。对某项无形资产摊销所使用的方法应依据从资产中获取的预期未来经济利益的预计消耗方式来选择，并一致地运用于不同会计期间，例如，受技术陈旧因素影响较大的专利权和专有技术等无形资产，可采用类似固定资产加速折旧的方法进行摊销；有特定产量限制的特许经营权或专利权，应采用产量法进行摊销。企业应当按月对无形资产进行摊销，其摊销额一般应计入当期损益。其会计分录为：

借：管理费用——无形资产摊销

　　贷：无形资产

持有待售的无形资产不进行摊销，按账面价值与公允价值减去处置费用后的净额孰低进行计量。

2. 残值的确定。无形资产的残值一般为零,除非有第三方承诺在无形资产使用寿命结束时愿意以一定的价格购买该项无形资产,或者存在活跃的市场,通过市场可以得到无形资产使用寿命结束时的残值信息,并且从目前情况看,在无形资产使用寿命结束时,该市场还可能存在的情况下,可以预计无形资产的残值。

(三)无形资产减值的核算

1. 无形资产减值准备的计提范围。无形资产在资产负债表日存在可能发生减值的迹象时,企业应当按照账面价值与可收回金额孰低计量,确定可收回金额与账面价值的差额,计提无形资产减值准备。

存在下列情况之一的无形资产,应当计提减值准备:该无形资产已被其他新技术等所替代,使其为银行创造经济利益的能力受到重大不利影响;该无形资产市价在当期大幅下跌,在剩余年限内预期不会恢复;其他足以表明该无形资产可收回金额低于账面价值的情形。

存在下列情况之一时,应将该项无形资产的账面价值全部转入当期损益:该无形资产已被其他新技术等所替代,且已不能为金融企业带来经济利益;该无形资产不再受法律保护,且不能为企业带来经济利益。

2. 无形资产减值的核算。为了核算无形资产计提减值准备,应设置"无形资产减值准备"账户,其借方核算已计提减值准备的无形资产价值又得以恢复而增加的金额,贷方核算计提的无形资产减值准备,期末贷方余额为金融企业已提取的无形资产减值准备。具体会计分录为:

当发生无形资产减值,计提减值准备时,会计分录为:

借:营业外支出——计提无形资产减值准备

　　贷:无形资产减值准备

如果已计提减值准备的无形资产有恢复价值,会计分录为:

借:无形资产减值准备

　　贷:营业外支出——计提无形资产减值准备

当期应计提的无形资产减值准备如果高于已提减值准备的账面余额,应按其差额补提减值准备;如果低于已提减值准备的账面余额,应按其差额冲回多提的减值准备,但冲减的无形资产减值准备仅限于已提减值准备的账面余额。无形资产减值损失一经确认,在以后会计期间不得转回。

(四)无形资产处置的核算

金融企业处置无形资产,应当将取得的价款扣除该无形资产账面价值以及出售相关税费后的差额计入营业外收入或营业外支出。无形资产的账面价值是无形资产账面余额扣减累计摊销和累计减值准备后的金额。

金融企业处置无形资产时,应按实际收到的金额等,借记"存放中央银行款项"等科目,按已计提的累计摊销,借记"累计摊销"科目,按已计提的减值准备,借记"无形资产减值准备"科目,按应支付的相关税费及其他费用,贷记"存放中央银行款项"、"应交税费"等科目,按无形资产账面余额,贷记"无形资产"科目,按其差额,贷记"营业外收入——处置非流动资产利得"科目或借记"营业外支出——处置非流动资产损失"科目。

【例14-13】甲银行将其购买的一项专利权转让给乙公司,该专利权的成本为500 000元,已摊销200 000元,应交税费17 000元,实际取得的转让价款为340 000元,款项已存入银行。甲银行应编制如下会计分录:

借:存放中央银行款项 340 000
　　累计摊销 200 000
　贷:无形资产 500 000
　　　应交税费——应交营业税 17 000
　　　营业外收入——处置非流动资产利得 23 000

第六节　其他内部资产的核算

一、库存物资的核算

(一)库存物资的内容

库存物资是指金融企业库存未用的业务用品、办公用品以及为零星基建和固定资产修理等购进的设备、材料、低值易耗品和劳保用品等。

(二)库存物资的核算

1. 购进库存物资的核算。购进库存物资验收入库时,会计分录为:
借:库存物资
　贷:存放中央银行款项
　　(或其他科目)

2. 领用库存物资的核算。领用库存物资时,根据领用单证填制借方、贷方传票办理转账,会计分录为:
借:管理费用或在建工程等科目
　贷:库存物资

3.退回剩余库存物资的核算。退回剩余库存物资,根据退回单证填制借方、贷方传票办理转账,会计分录为:

借:库存物资

　　贷:管理费用或在建工程等科目

4.库存物资清查的核算。在财产清查中盘盈库存物资时,根据估价填制借方、贷方传票办理转账,会计分录为:

借:库存物资

　　贷:待处理财产损溢——待处理流动资产损溢

报经批准后,作冲减费用处理,会计分录为:

借:待处理财产损溢——待处理流动资产损溢

　　贷:管理费用

5.库存物资盘亏的核算。库存物资盘亏时应及时办理库存物资注销手续,会计分录为:

借:待处理财产损溢——待处理流动资产损溢

　　贷:库存物资

盘亏的库存物资按程序批准转销时,属于经营管理过程中合理损耗的,计入管理费用,会计分录为:

借:管理费用

　　贷:待处理财产损溢——待处理流动资产损溢

属于非正常原因造成的损失,在扣除残值和保险公司及过失人赔偿后,计入营业外支出,会计分录为:

借:库存物资(残值)

　　其他应收款(赔偿)

　　营业外支出——非常损失

　　贷:待处理财产损溢——待处理流动资产损溢

二、待摊费用的核算

(一)待摊费用的概念及内容

待摊费用指已经支出,但应由本期和以后各期分别负担的费用。根据分摊期限长短可分为短期待摊费用和长期待摊费用。短期待摊费用指摊销期限不足1年(含1年)的费用,长期待摊费用指摊销期限超过1年(不含1年)的费用,如开办费、经营性租入固定资产改良支出、固定资产大修理支出、其他长期待摊费用等。

(二)待摊费用的核算

1.待摊费用的核算。发生待摊费用时,根据有关原始单证填制"经费记账凭

证"办理转账,会计分录为:

借:待摊费用

贷:银行财务往来(或其他有关科目)

摊销待摊费用时,根据摊销期限计算摊销额,会计分录为:

借:管理费用

贷:待摊费用

2.长期待摊费用的核算。发生待摊费用时,根据有关原始单证填制"经费记账凭证"办理转账,会计分录为:

借:长期待摊费用

贷:银行财务往来(或其他有关科目)

摊销待摊费用时,根据摊销期限计算摊销额,会计分录为:

借:管理费用

贷:待摊费用

(三)被冻结及诉讼中固定资产的核算

1.被冻结及诉讼中固定资产的处理。发生被冻结及诉讼事项时,根据有关机构出具的冻结通知书等法律文本,填制表外科目收入传票,登记有关登记簿及制表外科目明细账:

收:冻结及诉讼中财产——××项目户

2.解冻及判决后固定资产的处理。

(1)固定资产解冻的处理。收到解冻通知书后,根据冻结部门出具的解冻通知书等法律文件填制表外科目付出传票,登记有关登记簿及制表外科目明细账:

付:冻结及诉讼中财产——××项目户

(2)固定资产判归他人的处理。根据判决书办理交割手续并填制借方、贷方传票办理转账,会计分录为:

借:营业外支出——非常损失

　　累计折旧

贷:固定资产——××户

复习思考题

一、问答题

1.固定资产与无形资产的概念和特征?

2.固定资产与无形资产的取得方式有哪几种?

3. 取得固定资产与无形资产的入账价值如何确认？如何对取得的固定资产与无形资产进行账务处理？

4. 固定资产折旧的方法有哪些？每种方法如何计算？如何进行账务处理？

5. 固定资产与无形资产期末减值应如何进行账务处理？

二、计算

1. 20××年1月1日，某保险公司购入一台不需要安装的生产用设备，取得的增值税专用发票上注明的设备价款为100万元，增值税进项税额为17万元，发生运输费0.5万元，款项全部付清。假定不考虑其他相关税费。

要求：编制甲公司的相关会计分录。

2. 某银行2011年至2013年发生的有关交易或事项如下：

2011年11月25日，某银行外购一台A设备，购买价款（不含增值税）为500万元，增值税税额85万元，运杂费4万元。某银行将购买的A设备作为管理用固定资产，于交付当日投入使用。某银行采用年数总和法计提折旧，预计A设备可使用5年，预计净残值为零。

要求：计算西方银行2012年A设备应当计提的折旧额，并编制相关会计分录。

3. 某证券公司2012年1月1日从乙公司购入一台需要安装的生产设备作为固定资产使用。购货合同约定，该设备的总价款为500万元，增值税税额为85万元，2012年1月1日支付285万元，其中含增值税85万元，余款分3年于每年年末等额支付（第一期于2012年年末支付）。2012年1月1日设备交付安装，2013年1月1日支付安装等相关费用5万元。该设备于2013年2月26日达到预定可使用状态。设备预计净残值为2万元，预计使用年限为4年，采用年数总和法计提折旧。假定同期银行借款年利率为6%。已知：$(P/A, 6\%, 3) = 2.6730$，$(P/A, 6\%, 4) = 3.4651$。

要求：

1. 2012年1月1日在建工程的入账价值是多少？

2. 2012年摊销的未确认融资费用是多少？

3. 2013年2月26日固定资产的入账价值为多少？

第十五章　损益及所有者权益的核算

【学习要点与要求】

通过本章的学习,了解金融企业收入的概念、内容及确认原则;掌握金融企业营业收入的构成与核算;掌握金融企业营业支出的构成与核算;掌握金融企业利润与利润分配的核算;掌握金融企业所有者权益的核算。

第一节　金融企业收入的核算

一、收入的概念、内容及确认原则

(一)收入的概念及内容

按照《企业会计准则第14号——收入》定义,收入是指企业在日常活动中形成的、会导致所有者权益增加的、与所有者投入资本无关的经济利益的总流入。

金融企业的收入包括两大类:第一类是营业收入,第二类是营业外收入。营业收入是指银行、证券、保险等金融企业由日常经营活动所取得的各项收入,包括利息收入、手续费及佣金收入、投资收益、公允价值变动收益、保费收入、证券销售与证券发行收入、租赁收入、汇兑收益和其他营业收入等。营业外收入是指与金融企业经营无直接关系的各项收入,包括罚款收入、处置非流动资产利得等。其中营业收入是金融企业收益的主要来源。

(二)收入的确认原则

金融企业应当根据收入的性质,按照收入确认的条件,合理地确认和计量各项收入。金融企业提供金融产品服务取得的收入,应当在以下条件均能满足时予以确认:

1. 与交易相关的经济利益能够流入企业。经济利益是指直接或间接流入企业的现金或现金等价物。只有当与交易相关的经济利益能够流入企业时,企业才能够确认收入。

2.收入的金额能够可靠地计量。金融企业在提供服务过程中,由于不确定因素的存在,使得售价存在变动的可能,则在新的售价出现以前,不能确认为收入。

收入确认的具体规定:

(1)商业银行发放的贷款,应按期计提利息并确认收入。发放贷款到期(含展期)90天后尚未收回的,其应计利息停止计入当期利息收入,纳入表外核算;已计提的贷款应收利息,在贷款到期90天后仍未收回的,或在应收礼息逾期90天后仍未收到的,冲减原已计入损益的利息收入,转作表外核算。

(2)手续费收入,应当在向客户提供相关服务时确认。

(3)利息收入、金融企业往来收入等,应按让渡资金使用权的时间和适用利率计算确定。

二、营业收入的核算

(一)利息收入的核算

利息收入是金融企业发放各项贷款、与其他金融机构之间发生资金往来业务、买入返售金融资产等应计入当期损益的利息收入,包括单位利息收入、个人利息收入、贴现利息收入、银团贷款利息收入、转贷款利息收入、贸易融资利息收入和其他利息收入。利息收入在金融企业整个营业收入中占有很大的比重,是金融企业特别是银行财务成果的重要内容。

利息收入金额,按照他人使用本企业货币资金的时间和实际利率计算确定。金融企业应按期计提各项贷款利息并确认收入。

1.当期收到利息的核算,其会计分录为:

借:吸收存款——××户

　　贷:利息收入——××贷款利息收入

2.计提应收利息的核算,其会计分录为:

借:应收利息——××户

　　贷:利息收入——××户

上述的应收利息实际收回时,其会计分录为:

借:吸收存款——××户

　　贷:应收利息——××户

3.利息收入结转利润,会计分录为:

借:利息收入

　　贷:本年利润

【例15-1】甲银行向市水泥厂贷款,第一季度贷款利息为30 000元,结息日如水泥厂有足够存款支付该笔利息,则银行可以填制贷款利息结算凭证,办理转账。

会计分录为：

　　　借：吸收存款——市水泥厂　　　　　　　　　　　　　　　　30 000
　　　　　贷：利息收入——××贷款利息收入　　　　　　　　　　　　30 000

【例15－2】上例中，如第一季度尚未收回利息款，此时应计提应收未收利息，会计分录为：

　　　借：应收利息——市水泥厂　　　　　　　　　　　　　　　　30 000
　　　　　贷：利息收入　　　　　　　　　　　　　　　　　　　　30 000

若第二季度收回这30 000元利息，则收回时编制会计分录为：

　　　借：吸收存款——市水泥厂　　　　　　　　　　　　　　　　30 000
　　　　　贷：应收利息——市水泥厂　　　　　　　　　　　　　　30 000

【例15－3】期末将利息收入结转利润，会计分录为：

　　　借：利息收入　　　　　　　　　　　　　　　　　　　　　30 000
　　　　　贷：本年利润　　　　　　　　　　　　　　　　　　　30 000

（二）手续费及佣金收入的核算

　　手续费及佣金收入是指金融企业在办理中间业务过程收取的手续费收入和佣金收入。包括办理结算业务、咨询业务、担保业务、代保管等代理业务，以及办理受托贷款及投资业务取得的手续费及佣金。如结算手续费收入、佣金收入、基金托管收入、咨询服务收入、担保收入、代理承销证券、代理保险等代理业务及其他相关服务实现的手续费及佣金收入等。手续费及佣金也是金融企业财务收入的主要来源，在会计核算时，专门设置"手续费及佣金收入"科目，该科目属于损益类科目，会计期末结账时，贷方发生额全部从借方转入"本年利润"账户，本账户期末无余额，其会计分录为：

　　（1）金融企业在办理业务，发生手续费收入时，会计分录为：

　　　借：吸收存款（或××科目）——××户
　　　　　贷：手续费及佣金收入

　　（2）手续费收入结转利润，会计分录为：

　　　借：手续费及佣金收入
　　　　　贷：本年利润

【例15－4】某客户向其开户银行申请办理银行承兑汇票，按规定收取500元承兑手续费，会计分录为：

　　　借：库存现金——承兑申请人户　　　　　　　　　　　　　　500
　　　　　贷：手续费及佣金收入——银行承兑汇票承兑收入　　　　　500

【例15－5】期末将手续费收入结转利润，会计分录为：

　　　借：手续费及佣金收入　　　　　　　　　　　　　　　　　500

　　贷:本年利润

（三）汇兑损益的核算

　　汇兑损益是金融企业在进行外汇买卖和外币兑换及结售汇等业务过程中,因利率、汇率变动而产生的损益。包括外汇买卖收益、经营套汇收益、兑换收益、外汇结售汇差价收益等。外汇分账制下,在"货币兑换"科目下按币种设置明细账户。发生外汇买卖业务时,分别按买入价、卖出价折算,并分别以外币和人民币在账户中记录其发生额和余额。

　　在期(月)末计算损益时,将所有外币的"货币兑换"余额按期(月)末汇率折算为记账本位币金额,折算后的记账本位币金额与"货币兑换——记账本位币"余额相比较,为贷方差额的,为金融企业的汇兑收益;为借方差额的,为汇兑损失。

　　1.汇兑损益为贷方差额的,为金融企业的汇兑收益,其会计分录为:

　　借:货币兑换——记账本位币

　　　贷:汇兑损益

　　2.汇兑损益为借方差额的,为金融企业汇兑损失,会计分录为:

　　借:汇兑损益

　　　贷:货币兑换——记账本位币

　　3.期末将贷方余额结转本年利润时,会计分录为:

　　借:汇兑收益

　　　贷:本年利润

（四）投资收益的核算

　　投资收益是金融企业根据长期股权投资准则确认的投资收益或发生的损失,以及债券投资业务中持有债券期间取得的利息收入或虚计利息,包括短期债券利息收入、长期债券利息收入、金融机构股权投资收益和其他股权投资收益等。

　　投资收益是金融企业营业利润的一部分,但是其与金融企业的营业收入不同,它是由于进行各种形式对外投资所取得的收益或损失,因此金融企业设置"投资收益"科目进行核算。

　　1.长期股权投资的持有收益。

　　(1)长期股权投资采用成本法核算,商业银行应按被投资单位宣告发放的现金股利或利润中属于本企业的部分,借记"应收股利"科目,贷记本科目,其会计分录为:

　　借:应收股利

　　　贷:投资收益

　　属于被投资单位在取得投资前实现净利润的分配额,应作为投资成本的收回,

贷记"长期股权投资"科目,其会计分录为:

借:应收股利

　　贷:长期股权投资

【例 15 – 6】2011 年 10 月 1 日,甲银行以存款 10 000 000 元从 B 公司手中取得 A 股份公司在外发行股权的 10% 并长期持有(其公允价值不可靠);A 公司 2011 年全年实现净利润 40 000 000 元。2012 年 4 月 20 日,A 公司决定向股东分配现金股利 16 000 000 元,并在 2012 年 5 月 25 日如数发放。2012 年 7 月 15 日,甲银行将所持有的 A 公司股权全部转让,实际收到款项 12 000 000 元。甲银行对 A 公司生产经营活动无重大影响。

①取得投资时,会计分录为:

借:长期股权投资——A 公司　　　　　　　　　　　　　　　　10 000 000

　　贷:存放中央银行款项　　　　　　　　　　　　　　　　　　　10 000 000

②2011 年 A 公司实现的净利润中,甲银行所享有的份额为:

$$40\ 000\ 000 \div 12 \times 3 \times 10\% = 1\ 000\ 000(元)$$

2012 年 4 月 20 日,A 公司宣告分派现金股利,甲银行可获得的份额为:

$$16\ 000\ 000 \times 10\% = 1\ 600\ 000(元)$$

借:应收股利　　　　　　　　　　　　　　　　　　　　　　　1 600 000

　　贷:长期股权投资——A 公司　　　　　　　　　　　　　　　　600 000

　　　　投资收益　　　　　　　　　　　　　　　　　　　　　1 000 000

③2012 年 5 月 25 日,甲银行实际收到现金股利时:

借:存放中央银行款项　　　　　　　　　　　　　　　　　　　1 600 000

　　贷:应收股利　　　　　　　　　　　　　　　　　　　　　　1 600 000

④2012 年 7 月 15 日,甲银行转让股权:

借:存放中央银行款项　　　　　　　　　　　　　　　　　　　12 000 000

　　贷:长期股权投资——A 公司　　　　　　　　　　　　　　　9 400 000

　　　　投资收益　　　　　　　　　　　　　　　　　　　　　2 600 000

(2)长期股权投资采用权益法核算的,资产负债表日,应按根据被投资单位实现的净利润或经调整的净利润计算应享有的份额,借记"长期股权投资——损益调整"科目,贷记本科目,其会计分录为:

借:长期股权投资——损益调整

　　贷:投资收益

被投资单位发生亏损、分担亏损份额超过长期股权投资而冲减长期权益账面价值的,借记"投资收益"科目,贷记"长期股权投资——损益调整",其会计分录为:

借:投资收益

　　贷:长期股权投资——损益调整

发生亏损的被投资单位以后实现净利润的,企业计算的应享有的份额,如有未确认投资损失的,应先弥补未确认的投资损失,弥补损失后仍有余额的,借记"长期股权投资——损益调整"科目,贷记本科目,其会计分录为:

借:长期股权投资——损益调整

　　贷:投资收益

2.长期股权投资的转让收益。

(1)出售采用成本法核算的长期股权投资时,其会计分录为:

借:存放中央银行款项等科目　　　　　　　　　　(实际收到的金额)

　　贷:长期股权投资　　　　　　　　　　　　　　(账面余额)

　　　　应收股利　　　　　　　　　(尚未领取的现金股利或利润)

贷(或借):投资收益　　　　　　　　　　　　　(借贷方差额)

对于原已计提减值准备的,转让时应同时转出"长期股权投资减值准备"科目。

(2)出售采用权益法核算的长期股权投资时,除上述账务处理外,还应按处置长期股权投资的投资成本比例结转原记入"资本公积——其他资本公积"科目的金额,借记或贷记"资本公积——其他资本公积"科目,贷记或借记本科目,其会计分录为:

借:资本公积——其他资本公积

　　贷:投资收益

或

借:投资收益

　　贷:资本公积——其他资本公积

3.投资收益结转利润。期末"投资收益"科目贷方余额结转利润时,其会计分录为:

借:投资收益

　　贷:本年利润

如果期末"投资收益"科目为借方余额,则为投资损失,期末结转"本年利润"科目时,做相反会计分录。

(五)公允价值变动损益的核算

核算金融企业因投资交易性金融资产、交易性金融负债,以及采用公允价值模式计量的衍生工具、套期保值业务等公允价值变动形成的应计入当期损益的利得或损失。该业务通过设置"公允价值变动损益"科目核算,该科目属于损益类。

1.交易性金融资产及采用公允价值模式计量的衍生工具等。

(1)资产负债表日,金融企业对交易性金融资产及采用公允价值模式计量的衍生工具的公允价值高于其账面价值的差额进行核算,其会计分录为:

借:交易性金融资产——公允价值变动(或其他有关科目)

　　贷:公允价值变动损益

若公允价值低于账面价值,会计分录相反。

(2)出售交易性金融资产及采用公允价值模式计量的衍生工具时,转出已计提的公允价值变动损益贷方余额,会计分录为:

借:存放中央银行款项(或其他有关科目)　　　　　　　　(实际收到的金额)

　　公允价值变动损益　　　　　　　　　　　　　　　　(已提金额)

　　贷:交易性金融资产(或其他有关科目)　　　　　　　　(账面余额)

贷(或借):投资收益　　　　　　　　　　　　　　　　　(借贷方差额)

若公允价值变动损益余额在贷方,则出售时从借方转出。

【例15-7】甲银行于2011年7月1日用存款2 030 000元(含已到付息期但尚未领取的利息30 000元)从证券二级市场购入A公司于2011年1月1日发行的3年期债券,另支付交易费用24 000元。该债券面值2 000 000元,票面年利率3%,每半年支付一次,付息日为7月5日和次年1月5日。商业银行取得该债券后,将其划分为交易性金融资产。其他资料如下:

(1)2011年7月1日,收到该债券2001年上半年利息;

(2)2011年12月31日,该债券的公允价值为2 180 000元;

(3)2012年1月5日,收到该债券2001年下半年利息;

(4)2012年6月30日,该债券的公允价值为1 984 000元;

(5)2012年7月3日,甲银行将该债券全部出售,实际取得价款2 035 000元。

假定不考虑其他因素,甲银行的会计处理如下。

(1)2011年7月1日,购入债券:

借:交易性金融资产——成本　　　　　　　　　　　　　　2 000 000

　　应收利息　　　　　　　　　　　　　　　　　　　　　30 000

　　投资收益　　　　　　　　　　　　　　　　　　　　　24 000

　　贷:存放中央银行款项　　　　　　　　　　　　　　　　2 054 000

(2)2011年7月5日,收到债券利息:

借:存放中央银行款项　　　　　　　　　　　　　　　　　30 000

　　贷:应收利息　　　　　　　　　　　　　　　　　　　　30 000

(3)2011年12月31日,确认债券公允价值变动和2001年下半年投资收益:

借:交易性金融资产——公允价值变动　　　　　　　　　　180 000

　　贷:公允价值变动损益　　　　　　　　　　　　　　　　180 000

借:应收利息　　　　　　　　　　　　　　　　　　　　　30 000

　　贷:投资收益　　　　　　　　　　　　　　　　　　　　30 000

(4)2012年1月5日,收到债券利息:

借:存放中央银行款项   30 000

　　贷:应收利息   30 000

(5)2012 年 6 月 30 日,确认债券公允价值变动和 2002 年上半年投资收益:

借:公允价值变动损益   196 000

　　贷:交易性金融资产——公允价值变动   196 000

借:应收利息   30 000

　　贷:投资收益   30 000

(6)2012 年 7 月 3 日,出售债券:

借:存放中央银行款项   2 035 000

　　交易性金融资产——公允价值变动   16 000

贷:交易性金融资产——成本   2 000 000

　　应收利息   30 000

　　投资收益   21 000

借:投资收益   16 000

　　贷:公允价值变动损益   16 000

2.交易性金融负债。

(1)资产负债表日,商业银行对交易性金融负债的公允价值高于其账面价值的差额进行核算,会计分录为:

借:公允价值变动损益

　　贷:交易性金融负债——公允价值变动

若公允价值低于账面价值,会计分录相反。

(2)偿付交易性金融负债时,转出已计提的公允价值变动损益借方余额,会计分录为:

借:交易性金融负债   (账面余额)

借(或贷):投资收益   (借贷方差额)

　　贷:公允价值变动损益   (已提金额)

　　　　存放中央银行款项(或其他有关科目)   (实际支付的金额)

若公允价值变动损益余额在贷方,则偿付时从借方转出。

3.期末结转。会计期末,将"公允价值变动损益"科目的余额结转本年利润。若为贷方余额,会计分录为:

借:公允价值变动损益

　　贷:本年利润

若为借方余额,会计分录相反。

(六)其他业务收入的核算

其他业务收入是金融企业除主营业务以外的其他经营活动取得的收入。具体地除贷款、存款、投资、汇兑、租赁、证券买卖、结算、金融企业往来、咨询顾问业务、保管箱业务等业务以外的其他营业活动实现的收入,包括非租赁企业出租固定资产、出租无形资产、债务重组收入及保险企业经营受托管理业务收取的管理费收入。该业务通过设置"其他业务收入"科目进行核算,该科目为损益类。

(1)取得其他营业收入时,其会计分录为:

借:吸收存款——××收入户(或库存现金等)

　　贷:其他业务收入——××收入户

(2)期末结转利润时,会计分录为:

借:其他业务收入

　　贷:本年利润

【例15-8】甲银行将一项专利权出租给 B 企业,双方协商作价50 000 元,收到出租价款时,会计分录为:

借:吸收存款——B 企业　　　　　　　　　　　　　　　　50 000

　　贷:其他业务收入　　　　　　　　　　　　　　　　　50 000

【例15-9】期末将其他业务收入结转利润时,会计分录为:

借:其他业务收入　　　　　　　　　　　　　　　　　　50 000

　　贷:本年利润　　　　　　　　　　　　　　　　　　50 000

第二节　金融企业营业支出的核算

一、营业支出的构成

金融企业的营业支出是指在业务经营过程中发生的与业务经营有关的支出,包括利息支出、金融企业往来支出、手续费支出、管理费用、卖出回购证券支出、汇兑损失等。

利息支出是指金融企业向社会、个人、其他企事业单位,以负债形式筹集各类资金。

金融企业往来支出,是指商业银行与中央银行、商业银行系统内清算资金往来、同业往来之间因资金往来而发生的利息支出。

手续费支出,是金融企业支付给其他受托单位代办业务的费用,如代办储蓄手续费、其他银行代办业务手续费等。

管理费用是指金融企业在业务经营及管理工作中发生的各项费用,包括:固定资产折旧、业务宣传费、业务招待费、电子设备运转费、安全防卫费、企业财产保险费、邮电费、劳动保护费、外事费、印刷费、公杂费、低值易耗品摊销、职工工资、差旅费、水电费、租赁费(不包括融资租赁费)、修理费、职工福利费、职工教育经费、工会经费、房产税、车船使用税、土地使用税、印花税、会议费、诉讼费、公证费、咨询费、无形资产摊销、长期待摊费用摊销、待业保险费、劳动保险费、取暖费、审计费、技术转让费、研究开发费、绿化费、董事会费、上交管理费、广告费、银行结算费等。

其他营业支出是指除利息支出、金融企业往来支出、手续费支出、管理费用、营业税金及附加以外的属营业方面的支出,它包括呆账准备金、固定资产折旧等费用支出。

二、营业支出的核算

(一)利息支出的核算

利息支出是金融企业吸收的各种存款、与其他金融机构之间发生资金往来业务、卖出回购金融资产等产生的利息支出以及按其分摊的未确认融资费用。具体包括吸收的各种存款(单位存款、个人存款、信用卡存款、特种存款、转贷款资金等)、与其他金融机构(中央银行、同业)之间发生的资金往来业务、卖出与返售金融资产等产生的利息支出。利息支出必须以国家规定的适用利率分档次计算。

1. 预提应付利息的核算。按照权责发生制原则,属于本期的利息支出,虽然款项尚未付出,仍应作本期费用处理,如本期发生的存款利息,要在下期付出,则本期预提应付利息的会计分录为:

借:利息支出——××利息支出户
　贷:应付利息——应付××利息户

【例15－10】某行年末根据单位定期存款和定期储蓄存款月平均余额,按利率档次计提利息15万元,则该行所编制的会计分录为:

借:利息支出——定期存款利息支出户　　　　　　　　　　　　150 000
　贷:应付利息——应付定期存款利息户　　　　　　　　　　　150 000

2. 实际支付利息的核算。实际支付利息是指银行按利随本清和约定期限实际支付的利息本期发生、本期支付的处理。如该笔业务是本期发生,其利息也是本期办理支付的,则银行应编制会计分录为:

借:应付利息
　贷:吸收存款——××户(或其他有关科目)

如上例的利息到期支付,会计分录为:

借:应付利息　　　　　　　　　　　　　　　　　　　　　　　120 000
　贷:吸收存款——定期存款利息支出户　　　　　　　　　　　120 000

3. 期末结转利润时,会计分录为:

借:本年利润

　　贷:利息支出——××利息支出户

(二)手续费及佣金支出的核算

　　手续费及佣金支出是指金融企业发生的各项与其经营活动相关的、以现金支付或转账支付的各项手续费及佣金。如储蓄代办手续费支出、结算手续费支出以及其他手续费支出。对代办业务的手续费和结算业务手续费,必须按规定标准计算后支付。金融企业通过设置"手续费及佣金支出"科目进行核算,该科目属于损益类科目。

　　1.发生手续费支出的核算。手续费支出一般有现金和转账两种方式,其支付时的会计分录为:

　　借:手续费及佣金支出——××手续费支出户

　　　　贷:存放中央银行款项(或吸收存款等科目)

　　2.期末结转手续费支出的核算。期末应将"手续费及佣金支出"科目的借方余额结转到"本年利润"科目中,结转后,"手续费及佣金支出"科目无余额。结转时会计分录为:

　　借:本年利润

　　　　贷:手续费及佣金支出——××手续费支出户

(三)管理费用的核算

　　管理费用是金融企业在业务经营及管理工作中发生的各种费用,包括业务宣传费、业务招待费、业务管理费等。

　　1.业务宣传费的核算。业务宣传费是指金融企业开展业务宣传活动所支付的费用。按《金融保险业务财务制度》规定:业务宣传费在营业收入(扣除金融机构往来利息收入)的规定比例内掌握使用,银行为2‰,保险及其他非银行金融企业为5‰,业务宣传费应一律据实列支,不得预提。

　　发生业务宣传费,金融企业应编制会计分录为:

　　借:管理费用——业务宣传费

　　　　贷:库存现金(或其他有关科目)

　　【例15-11】某行全年营业收入为1 500万元(不包括金融企业往来收入),按2‰掌握,则该行全年业务宣传费不得超过3万元。如该行实际发生宣传费支出为0.3万元,则会计分录为:

　　借:管理费用——业务宣传费　　　　　　　　　　　　　　　　3 000

　　　　贷:库存现金(或其他有关科目)　　　　　　　　　　　　　　3 000

　　2.业务招待费的核算。业务招待费是指金融企业为业务经营的合理需要而支付的业务交际费用。按《金融保险企业财务制度》的规定,业务招待费应按全年营

业收入(扣除金融机构往来利息收入)的一定比例,分以下四个档次控制最高限额掌握:

(1)全年营业收入在 1 500 万元(含)以内的,业务招待费不超过 5‰;

(2)全年营业收入超过 1 500 万元,不足 5 000 万元的,业务招待费不超过该部分的 3‰;

(3)全年营业收入超过 5 000 万元,不足 1 亿元的,业务招待费不超过该部分的 2‰;

(4)全年营业收入超过 1 亿元的,业务招待费不超过该部分的 1‰。

如某行 1995 年业务招待费实际支出为 9 万元,则该行所编制的会计分录为:

借:管理费用——业务招待费　　　　　　　　　　　　　　90 000

　贷:库存现金(或其他有关科目)　　　　　　　　　　　　　90 000

与业务宣传费一样,业务招待费也一律据实列支,不得预提。

3. 业务管理费的核算。业务管理费是金融企业行因开办各项业务而发生的管理费用。它包括:电子设备运转费、钞币运送费、安全防卫费、保险费、邮电费、劳动保护费、外事费、印刷费、公杂费、低值易耗品摊销、理赔勘察费、职工工资、差旅费、水电费、租赁费(不包括融资租赁费)、修理费、职工福利费、职工教育经费、工会经费、税金、会议费、诉讼费、公证费、咨询费、无形资产摊销(不包括自行开发的无形资产摊销)、递延资产摊销、其他资产摊销、待业保险费、劳动保险费、取暖费、审计费、技术转让费、研究开发费、绿化费、董事会费等。

(1)职工工资的核算。职工工资是指在职职工工资、奖金、津贴和补贴。每月初,金融企业应按照规定的开支渠道,将本月应发放的工资按不同的开支项目或来源进行分配,通过"应付职工薪酬"科目进行核算,该科目属负债性质,其会计分录为:

借:管理费用——职工工资

　贷:应付职工薪酬

根据工资表发放工资时,其会计分录为:

借:应付职工薪酬

　贷:库存现金

(2)职工福利费的核算。职工福利费是按照工资总额的 14% 提取的,用于金融企业职工集体福利方面的开支。其核算设置"应付福利费"科目,该科目属负债性质。职工福利费主要用途为:职工的医药费(包括参加医疗保险交纳的医疗保险费)、医护人员的工资、医务经费、职工工伤赴外地就医路费、职工生活困难补助费、职工浴室、理发室、幼儿园、托儿所人员的工资等。提取职工福利费时,银行应编制会计分录为:

借:管理费用——职工福利费

贷:应付福利费

实际支付福利费时,其会计分录为:

借:应付福利费

　　贷:库存现金(或其他有关科目)

【例15-12】某银行第一季度工资总额为10万元,则提取职工福利费的会计分录为:

借:管理费用——职工福利费　　　　　　　　　　　　　　　14 000

　　贷:应付福利费　　　　　　　　　　　　　　　　　　　14 000

(3)工会经费的核算。工会经费是金融企业按职工工资总额的2%计提的,拨交工会使用的经费。计提工会经费,通过"其他应付款"科目核算。计提工会经费的会计分录为:

借:管理费用——工会经费

　　贷:其他应付款——工会经费户

工会实际支付经费时,其会计分录为:

借:其他应付款——工会经费户

　　贷:库存现金(或其他有关科目)

(4)职工教育经费的核算。职工教育经费是金融企业按照职工工资总额的15%计提的,用于职工教育方面开支的费用。计提职工教育经费,通过"其他应付款"科目核算。计提职工教育经费的会计分录为:

借:管理费用——职工教育经费

　　贷:其他应付款——职工教育经费户

实际支用职工教育经费时,其会计分录为:

借:其他应付款——职工教育经费

　　贷:库存现金(或其他有关科目)

【例15-13】某行全年工资总额为18万元,则应计提工会经费3 600元,计提职工教育经费2 700元,其会计分录为:

借:管理费用——工会经费　　　　　　　　　　　　　　　　3 600

　　贷:其他应付款——工会经费户　　　　　　　　　　　　　3 600

借:管理费用——职工教育经费　　　　　　　　　　　　　　2 700

　　贷:其他应付款——职工教育经费户　　　　　　　　　　　2 700

(5)劳动保险费的核算。劳动保险费是指离退休职工的退休金、价格补贴、医药费(含离退休人员参加医疗保险的医疗保险基金)、易地安家补助费、职工退职金、6个月以上病假人员工资、职工死亡丧葬补助费、抚恤费、按规定支付给离休干部的各项经费以及实行社会统筹办法的企业按规定提取的退休统筹基金。发生劳动保险费支出时,金融企业应编制会计分录为:

借:管理费用——劳动保险费

　　贷:存放中央银行款项(或其他有关科目)

(6)待业保险费的核算。待业保险费是为了解决职工在待业期间的基本生活需要而建立的职工待业保险基金。银行按照国家规定缴纳的待业保险基金由开户银行代为扣款,在接到开户行扣缴通知时,其会计分录为:

借:管理费用——待业保险费

　　贷:存放中央银行款项(或其他有关科目)

(四)税金的核算

根据国家现行税法规定,金融企业应缴纳的税种有营业税、城市维护建设税、教育费附加、房产税、车船使用税、印花税、所得税等。其中除所得税为利润后缴纳外,其余均在利润前缴纳。

1.营业税金及附加的核算。金融企业缴纳的营业税金及附加包括营业税、城市维护建设税和教育费附加。营业税是按照各项营业收入(金融机构往来利息收入除外)与其他营业收入之和以及规定税率计算后缴纳的;城市维护建设税、教育费附加是按实际缴纳的营业税额,与规定的税率计算后缴纳的附加税。

每季末按当季纳税项目收入净增额计算应缴营业税额,并在此基础上计算城市维护建设税及教育费附加。

应交营业税 = 计税营业收入额 × 营业税率(金融保险业税率为5%)

应交城市维护建设税 = 应交营业税额 × 城市维护建设税率

应交教育费附加 = 应交营业税额 × 教育费附加费率

其会计分录为:

借:营业税金及附加

　　贷:应交税费——营业税户

　　　　应交税费——城市维护建设税户

　　　　其他应付款——教育费附加户

实际缴纳时的会计分录为:

借:应交税费——营业税户

　　应交税费——城市维护建设税户

　　其他应付款——教育费附加户

　　贷:存放中央银行款项

2.房产税、车船使用税、土地使用税、印花税的核算。管理费用中的税金是指房产税、车船使用税、土地使用税、印花税等应在成本中列支的税金。计提时,应通过"应交税费"科目进行核算。车船使用税、土地使用税、印花税在期末计提时,金融企业应编制会计分录为:

借:管理费用——税金

贷:应交税费——应交××税

实际缴纳上述各种税金时,其会计分录为:

借:应交税费——应交××税

贷:存放中央银行款项(或其他有关科目)

对于印花税核算,可以不通过"应交税费"科目。因为银行缴的印花税,是由纳税人根据规定自行计算应纳税额,以购买并一次贴足印花税票的方法缴纳税款,由于缴纳印花税,既不存在应付未付税款的情况,不需预计应纳税额;又不存在与税务机关结算或清算问题,所以不用通过"应交税费"科目核算,银行缴纳印花税票款时,应编制会计分录为:

借:管理费用——××税金

贷:库存现金(或其他有关科目)

如金额较大,可先记入"待摊费用",在以后各期摊销。

除上列项目之外,业务管理费还包括无形资产摊销、递延资产摊销、差旅费、会议费、水电费、邮电费、印刷费、钞币运送费、劳动保护费、保险费、咨询费等。期末应将"管理费用"科目的借方余额结转到"本年利润"科目中,结转后"管理费用"科目无余额。

3. 所得税费用的核算。金融企业的所得税是按照纳税所得额及规定税率计算后缴纳的,每季末按当季纳税项目纳税所得额计算应缴所得税额,其会计分录为:

借:所得税费用

贷:应交税费——应交所得税

实际缴纳时,其会计分录为:

借:应交税费——应交所得税

贷:存放中央银行款项(或银行存款)

4. 代扣代缴税金的核算。

(1)代扣税金的核算。按规定代扣税金时,会计分录为:

借:应付职工薪酬或其他科目

贷:应交代扣代缴税金——××户

(2)代交税金的核算,会计分录为:

借:应交代扣代缴税金——××户

贷:存放中央银行存款或其他有关科目

(五)其他业务支出的核算

其他营业支出是金融企业经营的出存款、贷款、中间业务、投资、外汇买卖、金融企业往来以外的支出。

1. 计提呆账准备金核算。提取时的会计分录为:

借:其他业务支出——呆账准备金

　　贷:贷款呆账准备

2.计提投资风险准备金的核算。计提投资风险准备金的会计分录为:

借:其他业务支出——投资风险准备金

　　贷:投资风险准备金

3.期末其他营业支出结转利润的核算。期末,金融企业应将"其他营业支出"科目借方余额结转到"本年利润"科目中,结转时的会计分录为:

借:本年利润

　　贷:其他营业支出

结转后,其他营业支出科目应无余额。

(六)资产减值损失的核算

资产减值损失是用来核算银行计提各项资产减值准备所形成的损失,包括贷款减值损失、可供出售金融资产减值损失、持有至到期投资减值损失、固定资产减值损失、抵债资产减值损失等其他减值损失。该业务通过"资产减值损失"科目进行核算,该科目为损益类科目。

1.发生资产减值损失时,应编制以下会计分录:

借:资产减值损失

　　贷:××资产减值准备

2.期末结转损益时,会计分录为:

借:本年利润

　　贷:资产减值损失

第三节　金融企业营业外收支的核算

一、营业外收入的核算

(一)营业外收入的概念和内容

营业外收入是指金融企业发生的与其经营业务活动无直接关系的各项收入。它主要包括处理非流动资产利得、非货币性资产交换利得、债务重组利得、政府补贴收入、出纳长款收入、罚款收入以及确实无法支付而按规定程序经批准后转作营业外收入的应付款项等。这些收入的形成,并不是金融企业经营某项业务而产生的,因此归为营业外收入。

（二）营业外收入的核算

为了反映以上业务的增减变动情况,金融企业设置"营业外收入"科目进行核算,该科目为损益类科目。发生营业外收入时,借记"待处理财产损溢"、"固定资产清理"、"无形资产"、"存放中央银行款项"、"库存现金"等科目,贷记"营业外收入"科目。其会计分录为:

借:库存现金等科目

　　贷:营业外收入——××户

【例 15 – 14】某银行在经营过程中,发生出纳长款 10 元,经批准作为营业外收入。

借:其他应付款——待处理出纳长款　　　　　　　　　　　　　　　　10

　　贷:营业外收入——出纳长款收入　　　　　　　　　　　　　　　　10

期末,"营业外收入"账户的余额转入"本年利润"账户,借记"营业外收入",贷记"本年利润"。

借:营业外收入　　　　　　　　　　　　　　　　　　　　　　　　　10

　　贷:本年利润　　　　　　　　　　　　　　　　　　　　　　　　　10

二、营业外支出的核算

（一）营业外支出的概念和内容

营业外支出是指金融企业发生的与其经营业务活动无直接关系的各项支出。它包括处理非流动资产损失、非货币性资产交换损失、债务重组损失、出纳短款、罚款支出、结算赔款支出、公益救济性捐赠支出、院校培训经费支出、捐赠支出、债务重组损失、一次性住房补贴以及其他非常损失等。

（二）营业外支出的核算

为了反映以上业务的增减变动情况,金融企业设置"营业外支出"科目进行核算,该科目为损益类科目。发生营业外支出时,贷记"待处理财产损溢益"、"固定资产清理"、"无形资产"、"存放中央银行款项"、"库存现金"等科目,借记"营业外支出"科目。

1. 固定资产盘亏和毁损、报废净损失的核算。（见十四章固定资产核算的第四节）

2. 出纳短款的核算。出纳短款是指银行在办理现金收付业务活动中发生的短款支出。发生短款经当天未能查清和找回时,要经过一定的审批手续,编制会计分录为:

借:其他应收款——应收出纳短款

　　贷:库存现金

经调查确认属于责任事故的短款并确实无法找回时,按照规定的审批权限,转为银行损失,其会计分录为:

借:营业外支出——出纳短款

　　贷:其他应收款——应收出纳短款

但查明短款原因是贪污时,应追回全部短款,并按贪污案件处理。

3. 证券交易差错损失的核算。银行发生的证券交易差错损失核算比照出纳短款处理。

4. 职工子弟学校和技校经费支出的核算。金融企业如果自办职工子弟学校,其学校经费支出大于收入的差额和自办技工学校的经费支出,均属营业外支出,但兴建校舍不应列为营业外支出。发生上述经费支出时,金融企业应编制会计分录为:

借:营业外支出——××户

　　贷:存放中央银行款项——××户

5. 非常损失的核算。非常损失是指非正常的、出乎意外的自然灾害造成的各项资产净损失,即受损资产扣除保险公司赔偿金和废料残值后的差额。发生损失时,报经批准后,应将扣除残值和过失人、保险公司赔款后的净损失列作银行损失,其会计分录为:

借:营业外支出——非常损失

　　贷:待处理财产损溢——××户

6. 公益救济性捐赠的核算。公益救济性捐赠是指国内重大救灾或慈善事业的救济性捐赠支出。发生该项支出时,金融企业应编制会计分录为:

借:营业外支出——救济性捐赠支出

　　贷:库存现金(或其他有关科目)

7. 赔偿金、违约金的核算。赔偿金、违约金是指银行因未履行经济合同、协议而向其他单位支付的赔偿金、违约金等罚款性支出。发生该项支出时,金融企业应编制会计分录为:

借:营业外支出——违约金及赔偿金

　　贷:存放中央银行款项(或其他有关科目)

期末,金融企业应将营业外支出科目的借方余额结转到"本年利润"科目中,结转时的会计分录为:

借:本年利润

　　贷:营业外支出

结转后,营业外支出科目应无余额。

第四节　利润与利润分配的核算

一、利润的构成和计算

利润是金融企业在一定时期内实现的经营成果,是金融企业收入减去成本、费用后的差额,反映当期利润的利得和损失等。它是金融企业成果的综合反映,是衡量金融企业经营管理的重要综合指标,它包括营业利润、利润总额和净利润三个部分。

金融企业在一定会计期间内,全部收入大于全部成本费用及损失的差额就是利润;全部收入不能抵补全部成本费用及损失的差额就是亏损。

(一)营业利润

营业利润是金融企业主要的利润来源,是利润总额的主要组成部分,它是以营业收入为基础,减去营业支出计算得到。总结上一节所讲内容,在这里我们把金融企业的营业收入归结为由利息净收入、手续费及佣金净收入、投资净收益、公允价值变动净收益、汇兑及汇率产品净收益、其他业务收入等项目所构成;营业支出由营业税金及附加、业务及管理费用、资产减值损失和其他业务成本等项目构成。

营业收入 = 利息净收入 + 手续费及佣金净收入 + 投资净收益 +
公允价值变动净收益 + 汇兑及汇率产品净收益 + 其他业务收入

营业支出 = 营业税金及附加 + 管理费用 + 资产减值损失 + 其他业务支出

营业利润 = 营业收入 – 营业支出

(二)利润总额

利润总额以营业利润为基础,加上营业外收入,减去营业外支出计算得到。

营业外收入包括盘盈清理净收入(固定资产盘盈除外)、罚款罚没收入、久悬未取及出纳长款收入和其他营业外收入。

营业外支出是金融企业发生的与日常经营活动无关的支出,包括固定资产盘亏、处置固定资产和无形资产净损失、处置抵债资产损失、债务重组损失、罚款支出、非常损失和捐赠支出等支出。

利润总额 = 营业利润 + 营业外收入 – 营业外支出

(三)净利润

在利润总额的基础上,减去所得税费用,就是净利润(或净亏损)。

净利润 = 利润总额 – 所得税

二、利润形成的核算

每个会计年度终了时,金融企业都要结转利润。将损益类各科目余额转入本年利润科目。收入类各科目余额转入本年利润科目的贷方,支出类各科目余额转入本年利润科目的借方,从而结清各收入、支出科目。

损益类各科目的余额在全部转入"本年利润"科目后,本年利润科目借、贷方发生额相抵后的余额即为利润总额。"本年利润"科目如为贷方余额即为本年利润,如为借方余额即为本年亏损。

1. 结转收入类科目余额时,将财务收入各科目按账户编制转账传票转入"本年利润"科目的贷方,其会计分录为:

借:利息收入

　　手续费及佣金收入

　　其他业务收入

　　汇兑损益(收益)

　　投资收益(收益)

　　公允价值变动损益(收益)

　　营业外收入

贷:本年利润

2. 将支出各科目按明细账户编制转账传票转入"本年利润"科目的借方,其会计分录为:

借:本年利润

　　贷:利息支出

　　　　手续费及佣金支出

　　　　管理费用

　　　　营业税金及附加

　　　　其他业务支出

　　　　汇兑损益(损失)

　　　　投资收益(损失)

　　　　公允价值变动损益(损失)

　　　　资产减值损失

　　　　营业外支出

　　　　所得税

结账后,损益类科目各账户应无余额。"本年利润"科目的余额在贷方表示当期实现的净利润,反之为净亏损。根据会计准则的规定,"本年利润"科目余额,年终应全部转入"利润分配"科目。

3. 将净利润转入"利润分配"科目。年度终了,应将"本年利润"科目结平,转入"利润分配——未分配利润户"科目。

如盈利时,其会计分录为:

借:本年利润

　　贷:利润分配——未分配利润户

如亏损时,会计分录为:

借:利润分配——未分配利润户

　　贷:本年利润

三、利润分配的核算

利润分配是将金融企业所实现的税后利润,按照有关法规和投资协议所确认的比例,由金融企业的权力机构决定当期利润分配方案。

(一)利润分配的顺序和原则

金融企业本年实现净利润(减弥补亏损,下同),应当按照提取法定盈余公积金、提取一般(风险)准备金、向投资者分配利润的顺序进行分配。

1. 法定盈余公积金按照本年实现净利润的 10% 提取,法定盈余公积金累计达到注册资本的 50% 时,可不再提取。

2. 金融企业应当于每年年终根据承担风险和损失的资产余额的一定比例提取一般风险准备金,用于弥补尚未识别的可能性损失;从事其他业务的,应当按照国家有关规定,从本年实现净利润中提取风险准备金,用于补偿风险损失。

3. 以前年度未分配的利润,并入本年实现净利润向投资者分配。按照下列顺序向投资者分配利润分配:①支付优先股股利;②提取任意盈余公积金;③支付普通股股利;④转作资本(股本)。

资本充足率、偿付能力充足率、净资本负债率未达到有关法律、行政法规规定标准的,不得向投资者分配利润。

任意盈余公积金按照公司章程或者股东(大)会决议提取和使用。

经股东(大)会决议,金融企业可以用法定盈余公积金和任意盈余公积金弥补亏损或者转增资本。法定盈余公积金转为资本时,所留存的该项公积金不得少于转增前金融企业注册资本的 25% 。

(二)利润分配的核算

金融企业未分配的利润(或未弥补的亏损)应当在资产负债表的所有者权益项目中单独反映。金融企业实现的利润和利润分配应当分别核算,利润构成及利润分配各项目应当设置明细账,进行明细核算。金融企业提取的法定盈余公积、法定公益金、分配的优先股股利、提取的任意盈余公积、分配的普通股股利、转做资本（或股本）的普通股股利，以及年初未分配利润（或未弥补亏损）、期末未分配利润（或未弥补亏损）等，均应当在利润分配表中分别列项予以反映。

为了加强利润分配的核算，金融企业应设置"利润分配"科目。该科目属于权益类账户，借方登记各种利润分配事项，贷方登记抵减利润分配的事项，年末借方余额表示未弥补的亏损总额，贷方余额表示累计未分配总额。本科目设置"提取盈余公积"、"盈余公积补亏"、"应付利润"、"未分配利润"等明细科目。

1. 提取盈余公积的核算，其会计分录为：

借：利润分配——提取法定盈余公积户

  贷：盈余公积——法定盈余公积户

借：利润分配——提取任意盈余公积户

  贷：盈余公积——任意盈余公积户

2. 以盈余公积补亏，其会计分录为：

借：盈余公积

  贷：利润分配——盈余公积补亏

3. 提取各项准备金的核算。按有关规定，从事存贷款业务的金融企业提取一般准备金、从事保险业务的金融企业提取的总准备金、从事证券业务的金融企业提取的一般风险准备金、从事信托投资的金融企业提取的信托赔偿准备金，其会计分录为：

借：利润分配——提取××准备金户

  贷：一般准备金（或总准备金、一般风险准备金、信托赔偿准备金）

4. 向投资者分配利润的核算，其会计分录为：

借：利润分配——应付优先股股利户

  利润分配——应付普通股股利户

  贷：应付股利（或应付利润）

5. 利润转作资本（或股本）的核算，其会计分录为：

借：利润分配——转作资本（或股本）的普通股股利户

  贷：实收资本（或股本）

6. 将"利润分配"科目中各明细账户的余额转入"未分配利润"账户，其会计分录为：

借：利润分配——未分配利润户

  贷：利润分配——提取法定盈余公积户

     ——提取任意盈余公积户

     ——提取一般风险准备金户

     ——应付利润（或应付股利）

进行上述转账后,利润分配科目除"未分配利润"明细账户有余额外,其他账户均无余额。未分配利润账户的年末余额即为历年积存的未分配利润。

【例 15 – 15】2011 年 12 月 31 日,某商业银行年初未分配利润贷方余额 123 322 000 元,2007 年全年实现净利润 46 680 000 元。按照有关规定,该银行进行如下利润分配。按照有关规定,提取法定盈余公积 4 668 000 元,提取任意盈余公积 233 400 元,提取总准备金 466 800 元,分配优先股股利 3 734 400 元,分配普通股股利 7 000 200 元。根据这些资料,该保险公司进行会计核算,其会计分录如下:

(1)结转本年净利润:

借:本年利润 46 680 000
　贷:利润分配——未分配利润 46 680 000

(2)进行利润分配:

借:利润分配——提取法定盈余公积户 4 668 000
　贷:盈余公积——法定盈余公积户 4 668 000

借:利润分配——提取任意盈余公积户 233 400
　贷:盈余公积——任意盈余会积户 233 400

(3)提取总准备金:

借:利润分配——提取总准备金户 466 800
　贷:总准备金 466 800

(4)向股东分配股利或向投资者分配利润:

借:利润分配——应付优先股股利户 3 734 400
　　利润分配——应付普通股股利户 7 000 200
　贷:应付股利 10 734 600

(5)未分配利润:

借:利润分配——未分配利润 16 102 800
　贷:利润分配——提取法定盈余公积户 4 668 000
　　　　——提取任意盈余公积户 233 400
　　　　——提取总准备金户 466 800
　　　　——应付优先股股利户 3 734 400
　　　　——应付普通股股利户 7 000 200

第五节　所有者权益的核算

所有者权益(或股东权益)是指所有者在企业资产中享有的经济利益,其金额为资产减去负债后的余额。它是企业所有者对企业净资产的所有权,反映了企业的产权关系。所有者权益按其形成来源分为实收资本、资本公积、盈余公积、一般风险准备和未分配利润五个部分。盈余公积、未分配利润和一般风险准备统称为留存收益。

一、实收资本

(一)实收资本的概念

实收资本是指投资者按照企业章程和合同、协议的规定,实际投入金融企业的资本。它是所有者的初始投资,包括国家投资、其他单位投资、社会个人投资和外商投资等。在股份制企业里,实收资本表现为公司实际发行的股票价值,成为股本;在非股份制企业中,投资者投入的资本称为实收资本。

(二)实收资本的核算

对于实收资本,除股份制金融企业以"股本"科目核算外,其他金融企业以"实收资本"科目核算。

1. 接受现金资产投资的核算。

(1)非股份制金融企业。

投资者以现金投入的资本,应当以实际收到或者存入企业开户银行的金额作为实收资本入账。实际收到或者存入企业开户银行的金额超过其在该企业注册资本中所占份额的部分,计入资本公积,会计分录为:

借:存放中央银行款项(或××存款)

  贷:实收资本——国家投资

          ——其他单位投资

          ——个人投资

(2)股份制金融企业。

股份制企业应当设置"股本"科目。股份制企业和非股份制企业相比,其特点是资本被划分为等额股份,并通过发行股票的方式来筹集资本。股份制企业应当在核定的股本总额及核定的股份总额的范围内发行股票,会计分录为:

借:存放中央银行款项(或××存款)

  贷:股本

      资本公积——股本溢价

2. 接受非现金资产投资的核算。

(1)接收投入实物资产的核算。

金融企业收到投资人以实物形态的投资时,需按照评估确认的价值或合同、协

议约定的价值和在注册资本中享有的份额记账。当收到投资人投入的房屋、汽车、机器设备等固定资产时,其会计分录为:

借:固定资产

　　贷:实收资本(或股本)

(2)以无形资产投入的核算。

接受投资者投入的无形资产,应按该项无形资产评估值和在注册资本中享有的份额入账,超出的部分计入资本公积,其会计分录为:

借:无形资产

　　贷:实收资本(股本)

3. 接受外币投资的核算。以外币投资时,除记录外币账簿外,资产账户还应按当日国家外汇牌价折合成人民币记账。根据合同协议规定,在外币折合成人民币记账时,若产生了汇率折算差额,计入资本公积。

投资者投入的外币,合同没有约定汇率的,银行应按收到出资额当日汇率折合的人民币金额入账,会计分录为:

借:存放中央银行款项(或××存款)

　　贷:实收资本(或股本)

合同约定汇率的,按合同约定的汇率折合,因汇率不同产生的折算差额,作为资本公积进行账务处理,会计分录为:

借:存放中央银行款项(或××存款)

　　资本公积

　　贷:实收资本(或股本)

或

借:存放中央银行款项(或××存款)

　　贷:实收资本

　　　资本公积

4. 实收资本的增加的核算。实收资本(股本)的增加有如下途径:接受所有者追加投资、发行股票、公积金转增资本、发放股票股利、可转换债券转换为股本、债务重组中债务转为股本、以权益结算的股份支付的行权等等。

(1)资本公积转增资本。

①非股份制金融企业的资本公积转增资本,其会计分录为:

借:资本公积——资本溢价

　　贷:实收资本

①股份制商业银行的资本公积转增资本,其会计分录为:

借:资本公积——股本溢价

　　贷:股本

(2)盈余公积转增资本,其会计分录为:

借:盈余公积

　　贷:实收资本(或股本)

(3)股份商业银行发放股票股利。股东大会批准的利润分配方案中应当分配的股票股利,办理增资手续后,应按其折股方式进行处理。

如按股票面值折股的,股票股利的数额与折股的股票面值总额是一致的,不涉及股票溢价问题,会计分录为:

　　借:利润分配——转作股本的股利

　　　贷:股本

如按照股票的现行市场价格折股,股东大会正式批准的分配股票股利的数额与折股的股票面值总额则将产生差额。该差额作为资本公积处理,会计分录为:

　　借:利润分配——转作股本的股利

　　　贷:股本

　　　　资本公积——资本溢价

(4)可转换公司债券持有人行使转换权利。企业发行的可转换公司债券,属于同时具有负债和权益双重成分的非衍生金融工具,应将其拆分为负债和权益工具。一般以该项金融工具的账面价值扣除负债的公允价值后,作为权益成分的初始确认金额;如果负债的公允价值难以确认的,可以不进行分拆,均作为负债进行核算。

持有人行使转换权利,将其持有的债券转换为股票,按可转换公司债券的余额,借记"应付债券——可转换公司债券(面值、利息调整)"科目,按其权益成分的金额,借记"资本公积——其他资本公积"科目,按股票面值和转换的股数计算的股票面值总额,贷记"股本"科目,按实际用现金支付的不可转换为股票的部分,贷记"存放中央银行款项"等科目,按其差额,贷记"资本公积——股本溢价"科目,会计分录为:

　　借:应付债券——可转换公司债券

　　　　　　——应计利息

　　　资本公积——其他资本公积

　　贷:股本

　　　资本公积——股本溢价

3.实收资本的减少。我国《公司法》规定,公司成立后,股东不得抽逃出资。但符合《公司法》规定的,可以减少注册资本,如企业发生重大亏损、资本过剩等。公司减少注册资本,需由公司董事会制订减资方案,经过股东大会决议通过。公司减资后的注册资本不得低于法定的注册资本最低限额。

(1)非股份制商业银行按法定程序报经批准减少注册资本的,在实际发生时

登记入账,其会计分录为;

借:实收资本

　　贷:存放中央银行款项

(2)当股份制商业银行采用收购本企业股票方式减资时,按股票面值和注销股数计算的股票面值总额冲减股本,按注销库存股的账面余额与所冲减股本的差额冲减股本溢价,股本溢价不足冲减的,再冲减盈余公积直至未分配利润。如果回购股票支付的价款低于面值总额的,所注销库存股的账面余额与所冲减股本的差额作为增加股本的溢价处理。当股份制商业银行回购本企业股票时,购回股票支付的价款大于面值总额,其会计分录为:

借:库存股

　　贷:存放中央银行款项

同时,注销本企业股票,其会计分录为:

借:股本

　　资本公积——股本溢价

　　盈余公积

　　未分配利润

　　贷:库存股

二、资本公积

(一)资本公积的概念

资本公积是金融企业收到的投资者出资额超出其在企业注册资本(或股本)中所占份额的差额,以及直接计入所有者权益的利得和损失等。

企业收到投资者出资额超出其在企业注册资本(或股本)中所占份额的差额,称为资本价或股本溢价。前者是由于非股份制银行投资者超额缴入资本而形成的,而后者则是由于股份有限银行溢价发行股票而导致的。直接计入所有者权益的利得和损失是指不应计入当期损益、会导致所有者权益发生增减变动的、与所有者投入资本或者向所有者分配利润无关的利得或者损失。其中,利得是指企业非日常活动所形成的、会导致所有者权益增加的、与所有者投入资本无关的经济利益的流入;损失是由企业非日常活动所形成的、会导致所有者权益减少的、与向所有者分配利润无关的经济利益的流出。企业获得的利得和发生的损失除了一部分按规定直接计入所有者权益外,还有一部分则直接计入当期损益。

(二)资本公积的核算

企业应设置"资本公积"总账科目,并按核算内容分别设置"资本溢价"、"股本溢价"、"其他资本公积"明细科目进行明细核算。

1.资本(或股本)溢价的核算。资本(或股本)溢价是金融企业收到投资者的超出其在企业注册资本中所占份额的投资。

(1)非股份制金融企业投资者投入的资金,会计分录为:

借:存放中央银行款项(实际收到的金额)

　　贷:实收资本(在注册资本中所占份额)

　　　　资本公积——资本溢价(溢价部分)

(2)股份制金融企业溢价发行股票,会计分录为:

借:存放中央银行款项(实际收到的金额)

　　贷:股本(股票面值和核定的股份总额的乘积计算的金额)

　　　　资本公积——股本溢价(溢价部分)

2.其他资本公积的核算。其他资本公积是指除资本溢价(股本溢价)项目以外所形成的资本公积,主要来源于下列交易或事项:

(1)采用权益法核算的长期股权投资;

(2)自用房地产或存货转换为投资性房地产;

(3)以权益结算的股份支付;

(4)可供出售金融资产公允价值的变动;

(5)金融资产重分类。

其具体核算可参照第十三章。

三、盈余公积

(一)盈余公积的概念

盈余公积是指企业按照有关规定从税后利润中所提取的各种积累资金,包括法定盈余公积和任意盈余公积。企业提取盈余公积的主要目的在于对利润或股利的分配加以限制,增强企业自我发展和承受风险的能力。

法定盈余公积,是指金融企业按照规定的比例从净利润中提取的盈余公积。法定盈余公积按税后利润的 10% 提取,累计提取达到注册资本的 50% 以上时,可不再提取。

任意盈余公积,是金融企业经过股东大会或类似机构批准按规定比例从净利润中提取的盈余公积。

企业提取盈余公积主要由三个用途:①弥补亏损;②转增资本;③分配股利。

(二)盈余公积的核算

1.提取盈余公积的核算。

借:利润分配——提取法定盈余公积

　　　　——提取任意盈余公积

　贷:盈余公积——法定盈余公积

　　　　——任意盈余公积

2.盈余公积分配股利或转增资本的核算。

借:盈余公积

　贷:实收资本或股本

3.盈余公积弥补亏算的核算。

借:盈余公积

　贷:利润分配——盈余公积补亏

4.盈余公积派送新股的核算。

借:盈余公积(按派送新股计算的金额)

　贷:股本(按股票面值和派送新股总数计算的金额)

　　资本公积——股本溢价(二者差额)

5.盈余公积分配现金股利或利润的核算。

借:盈余公积

　贷:应付股利

6.外资金融企业将储备基金或发展基金转增资本的核算。

借:盈余公积——储备资金(或企业发展基金)

　贷:实收资本

四、未分配利润

金融企业的未分配利润是企业留待以后年度进行分配的结存利润,也是金融企业所有者权益的组成部分。相对于所有者权益的其他部分来讲,金融企业对于未分配利润的使用分配有较大的自主权。它有两层含义,一是留待以后年度处理的利润;二是未指定特定用途的利润。从数量上来讲,未分配利润是期初未分配利润加上本期实现的净利润,减去提取的各种盈余公积和分出利润后的余额。

在按规定作了各种分配后,将"利润分配"科目其他各账户的余额转入"未分配利润"账户。结转后,"未分配利润"账户的贷方余额是未分配利润,留待以后年度进行利润分配;如出现借方余额,则表示为未弥补亏损。

在会计处理上,未分配利润是通过"利润分配"科目进行核算的。"利润分配"科目应当分别"提取法定盈余公积"、"提取任意盈余公积"、"提取一般风险准备"、"应付现金股利或利润"、"转作股本的股利"、"盈余公积补亏"和"未分配利润"等进行核算。

期末,应当将当期的利润分配转入未分配利润科目,会计分录为:

借:利润分配——未分配利润

  贷:利润分配——提取法定盈余公积

             ——提取任意盈余公积

             ——提取一般风险准备

             ——应付利润(或股利)

复习思考题

1. 什么是收入? 金融企业的收入包括哪些? 如何确认? 如何进行账务处理?

2. 什么是支出? 金融企业的支出包括哪些? 如何进行账务处理?

3. 什么是利润? 金融企业利润由哪几部分构成? 如何进行利润及利润分配的账务处理?

4. 什么是所有者权益? 金融企业所有者权益包括哪些内容?

5. 对实收资本的增减变动如何进行账务处理?

6. 金融企业的资本公积包括哪些? 如何进行账务处理?

7. 金融企业的盈余公积包括哪些内容? 有什么用途? 如何进行账务处理?

8. 什么是金融企业的一般风险准备? 如何进行账务处理?

9. 什么是未分配利润? 如何进行账务处理?

第十六章　年度决算及财务报告

【学习要点与要求】

通过本章的学习,熟悉金融企业年度决算的准备工作内容和年度决算日的主要工作内容,了解金融企业的财务报告的基本种类和编制要求,掌握商业银行、保险公司、证券公司资产负债表、利润表、现金流量表、所有者权益变动表的主要内容及编制方法。

第一节　金融企业年度决算

一、年度决算的概述

年度决算是金融企业在会计年度终了,办理结账、轧计损益、编制财务报告工作的总称。金融企业通过编制年度决算财务报告,考核本企业各项业务活动经营成果、清理财产、核对账务。因此,年度决算是金融企业财务会计体系的重要组成部分。

做好年度决算工作,对于了解金融企业全年的业务和财务活动情况,考核预算执行情况,改进和提高金融企业经营管理水平,有效地发挥银行的职能作用,为国民经济宏观决策提供系统可靠的信息数据,都具有重要的意义。

会计基本假设要求会计核算必须划分会计期间,金融企业会计核算也应进行分期,具体分为年度、季度和月份。作为会计核算的总结,每年终了必须办理年度决算。我国《会计法》规定会计年度自公历1月1日起至12月31日止,12月31日为年度决算日,独立核算的各级银行必须在当天进行年度决算,不得提前或拖后。根据我国金融体制为联行制的特点,总行为对外报告的会计主体。金融系统内部凡独立会计核算单位(总行、分行、支行)都应进行年度决算,附属会计核算单位(分理处、营业所)则应当以总账或报表方式,由管辖行合并进行年度决算。

金融企业的年度决算工作包括决算前的准备工作、决算日的工作、编制决算报表和决算说明书,决算后的处理四个阶段。本章将以银行年度决算为例,重点讨论银行年度决算前准备工作及决算日工作内容。

二、年度决算的准备工作

年度决算的准备工作、决算工作的大部分内容是在决算日之前进行的。一般情况下,总行颁发办理当年决算的通知,提出当年决算中应注意的事项及相应的处理原则和要求;如遇会计准则等规范发生变更的情况,则要提出详细的处理方法,以便全行统一口径。各管辖分行应根据总行通知,结合辖内具体情况,提出决算要求,组织和监督各行处准确及时办理年度决算。各行处根据上级行有关决算工作的提要,明确本年决算工作的重点和各项内容,做出准备阶段的工作和日程安排,以及有关部门和人员的分工等,并规定工作质量要求。具体工作分为以下几个方面:

(一)全面核对内外账务

金融企业账务涉及很多方面,反映了金融企业的各项资产、负债、业务经营、财务收支及内外往来等情况。在年终决算前,要对银行内部所有的据、账、簿、卡、表进行一次全年的检查和核对,做到账与账、账与款、账与据、账与实、账与表,以及内外账务全面核对相符。

1. 账账核对相符。按照金融企业的账务组织体系,综合核算与明细核算,各科目总账与明细账以及卡片账、登记簿等,发生额、余额都要做到账账、账卡之间相符。

2. 账款核对相符。这是每天工作应做到的,现金科目总账余额与现金库存簿和库存现金核对相符。年终决算前更应按各类券别逐捆查对。经办外汇业务的行处,应将各类外币库存逐一核对相符。尚未发行的基金,应将未发行券与发行基金分户账核对相符。

3. 账据核对相符。这是会计核算的基本要求。决算前可作重点检查或抽样检查。同时,审阅核查凭证种类的使用,填写的基本内容是否正确完整,附件是否齐全,大小写金额是否一致,有无涂改,以及有关人员的印章和有权审批人员的签章是否符合规定。

4. 账实核对相符。账实的核对,一般在年末前一两个月开始进行。根据账面记录对各项财产实物(含器具设备、车辆等),逐一核对,对于大宗印刷品和低值易耗品,可作重点检查或抽查。盘点过程中发现的多缺等账实不符,应查明原因,正常损耗短缺,可列单报批核销。库存重要空白单证(成本、成捆的)应逐项盘点,与登记簿余额核对,如发现不符,应彻查原因,不能随意调整转销。

5. 账表核对相符。一般情况下,账表的数据应该是相符的。但有时因错账冲正、中途变更科目等原因,使账表发生脱节,出现金额不一致的情况。因此,在决算前,应核实确认各项报表与有关账簿的数据,特别注意以往月份的报表未变而账簿上有所变动的现象。

6.内外账务核对相符。金融企业与对外往来单位间的双方账务要核对相符，这是决算的一项重要任务。金融企业与企业、单位，以及同业和联行往来（包括国际业务的收付往来），平时（或按月）以副联账单代对账单寄送对方核对，年底前还需全面发对账单，收回对账回单，并要核计复验单位在回单上填注的未达金额。发现不符的，应与对方单位联系查明。

（二）清理资金

1.清理存款资金。金融企业的各项活期存款，包括储蓄和单位存款，如一年以上没有收付往来，即视为"久悬户"。无收付的活期存款户，一般在年终转入集中开立的久悬账户。以后，客户持存折提取或结户时，应从久悬账户中支付。

2.清理到期贷款和逾期贷款。年终决算前，金融企业应对贷款账户进行审查，查实是否存在到期未还贷款或已经展期但仍未归还的贷款，未按规定转入逾期贷款科目。对各项呆滞资金，要进行具体分析，区别对待。

3.清理其他业务资金。除存款、贷款之外的业务资金，如各类投资、借入资金、拆出资金等，对这些资金要全面清理，发现问题应及时解决，如暂时无法解决要注明原因，按规定处理。

4.清理结算资金。各金融企业对于各类结算资金，应根据使用票据和结算方式的不同，进行全面清理。该划出的款项要及时划出，应收回的款项要积极收回。对于没有解付的应解汇款以及汇出的汇票久未兑付的，年末前应查询清理并作相应处理。

5.清理内部资金。内部资金是指金融企业内部暂时过渡性资金，也是金融清理资金的一个主要方面。主要包括其他应收应付款、待摊费用、呆账准备金、坏账准备金及投资风险准备金等。对这些资金要逐项清理，发现问题及时解决，如暂时无法解决要注明原因，以备日后查考和处理。

（三）清点财产物资

金融企业的资产除了大量以货币资金反映的信贷资产外，还有实务财产，如现金、金银、各种外币、有价单证、固定资产及低值易耗品等。金融企业应对此类资产进行清点，与账面数进行核对相符。如发现短缺溢余，要查明原因并按有关规定进行账务处理。

1.清点库存实物。对现金、金银、外币、有价单证和重要空白凭证等，都要进行实物清点并与账面数核对一致。

2.清点固定资产和低值易耗品。对房屋、器具、设备等固定资产以及各种低值易耗品，应根据有关账卡记录进行盘点。

(四)核实损益

1. 核实各项业务收支。

(1)利息收支是财务收支的主要部分。决算时,要对各季的利息收支进行全面的复查,包括计息的范围、利率的使用、天数计算以及账务调整所带来的积数调整等,进行复核和计算,并与有关凭证、账簿核对相符。

2. 对于金融机构往来收入和支出、手续费及佣金收支、营业外收支等账户进行检查核实。

3. 核实业务及管理费开支。应按开支范围和费用标准进行复查,检查是否超过规定标准,应经有关主管审批的,手续是否齐全。

此外,还要检查列账是否正确,有无错误列账;本年的收支有否转移到下年度列账;应列本年的收入,是否有转移至其他科目或转作账外。

(五)调整损益账户

1. 计提应付利息年末应全部提足本年应付利息数,并把实付利息从应付利息科目中冲销。

2. 调整应收利息。计收贷款利息时,如单位存款不足并超过一定期限未收回,银行应将表内"应收利息"转至表外"未收贷款利息"列账。结算前,应检查相关账务调整是否正确。

3. 调整实务财产溢缺。根据盘点结果,进行分析,并按规定进行相关账务处理。

4. 调整应交税费。按照规定,营业税金及附加按季预缴,年终调整。年终前要计算第四季度应交税费额,统算全年应交税费。

5. 计提固定资产折旧和摊销,年终应按各类固定资产规定的折旧率提足全年折旧金额;计算无形资产和递延资产本年应负担的摊销额,并进行相应处理。

6. 计提各项资产减值准备金。年终应对包括贷款在内的资产进行减值测试,提足各种减值准备。

(六)试算平衡

为确保报表准确无误,每年 12 月间,检验从年初到 11 月底为止,总账各科目的累计发生额与 11 个月度报表发生额加计核对相符;根据 11 月底总账各科目上年底余额、年初累计发生额和月末余额,编 11 个月试算表;根据 1~11 月的 11 份月计表的借、贷发生额,按科目汇总加计,将各科目的借、贷方发生额合计数,与上述试算表各科目累计发生额逐一核对是否相符。并根据上年末余额加减本年借、贷方发生额,看其结果是否与 11 月末余额相符;上年末余额、本年发生额和 11 月末余额各栏的借方和贷方合计数是否各自平衡。纵横加计核对中,如发现问题,应查明原因,纠正差错。

三、决算日的工作内容

我国金融企业以每年 12 月 31 日作为年度决算日,按规定该日即使适逢例假,也不更改调整。年度决算工作量大,很大部分是事前做好准备,分步进行。决算日是年度最后一个核算工作日,必须把应列入本年核算处理的各项账务调整、损益结转等,全部纳入当日账。具体工作如下所示:

(一)组织当日业务全部入账

决算日当天,金融机构照常营业,这一天发生的全部账务应于当日全部入账。办妥票据交换及托收入账、及时处理异地结算业务、办妥交换差额清算和存放中央银行款项、现金收付全部入账并及时处理并轧平当日账务。

(二)检查各项库存

结算日营业终了,应对现金、金银、外币、有价证券、实物进行一次全面核对,保证账款、账实相符。

(三)调整金银和外汇买卖记账价格

决算日,应将金银和各种外币买卖账户余额,根据年末日牌价折算成人民币余额,其差额以其他业务收支和汇兑损益科目列账处理。

(四)调整账务

将遗留的待处理的账务在决算日全部调整入账,凡应计入本年收入、支出和费用的,必须列入本年账内。

(五)结转损益

决算日营业终了,应将各损益科目各账户最后余额,分别结转到本年利润账户。结账后,损益类各账户应无余额。"本年利润"科目余额在贷方表示盈利,反之为亏损。

(六)办理新旧账簿结转

各独立核算单位在结转全年损益后,应办理新旧账簿结转,结束旧账、建立新账。年度终了,总账全部结转新账,把各科目年末余额过入次年各科目新账"上年末余额"栏。

各科目分户账,除规定可以继续沿用外(包括卡片账、登记簿等),均应更新账页。在分户账(旧账页)最后一行余额下加盖"结转下年"戳记;分户账新账页第一行写明新年度1月1日,填记上年末余额,并在摘要栏加盖"上年结转"戳记。上年末余额过入新账后,应将各科目新账页余额加计与总账各该科目核对相符。

根据当年度会计核算资料,按照有关规定,正确编写金融企业决算报表和决算说明书。决算报告是反映全年业务活动、财务收支和经营成果的全面性、总结性的重要报表。企业一般在新年度开始后短期内完成编制决算报表,并按规定时间逐级审核,汇编上报。

第二节　金融企业财务报告

一、金融企业财务概述

(一)财务报告的含义及基本组成

金融企业财务会计报告(又称财务报告)是金融企业对外提供的反映企业某一特定日期财务状况、和某一会计期间经营成果、现金流量的书面文件。

金融企业向外提供的财务报告一般包括资产负债表、利润表、现金流量表、所有者权益(股东权益)增减变动表、会计报表附注以及财务情况说明书。此外,金融企业还要编制适应内部管理需要的财务报告,如经营收支明细表、成本表、利润分配表、决算说明书等。按照有关规定,中华人民共和国境内依法成立的各类金融企业,包括银行(含信用社)、保险公司、证券公司、信托投资公司、期货公司、基金管理公司、租赁公司、财务公司等,都要编制金融企业财务报告。

(二)财务报告的类别

会计报表是财务会计报告的核心,是把财务会计信息传递给金融企业利害关系人的主要手段。为便于编报和运用会计报表,需要对金融企业会计报表进行分类,从而了解各种会计报表不同功能,金融企业的会计报表按不同的标准可分为以下各类:

1. 按照金融企业会计报表所反映的资金运动形态分类,可分为静态报表、动态报表和联结报表。静态报表即反映"时点"或"时日"情况的报表,也就是说,它是指反映金融企业在某一时期终了时的资金情况的报表,如资产负债表。它是根据各有关科目的"余额"来填制的。动态报表即反映"时期"情况的报表,也就是说,它是反映金融企业某一时期内的资金运动和经营状况的报表,如利润表。它是根据有关账户的"发生额"或"累计发生额"来填制的。联结报表既反映资金运动的静态状况,又反映资金运动的动态情况的报表,如财务状况变动表。它是根据有关科目的"余额"和有关账户的"发生额"或"累计发生额"分析计算来填制。

2. 按照金融企业会计报表所反映的经济内容分类,可分为经营成果报表和财务状况报表。经营成果报表是反映金融企业在一定时期的经营过程中的收入、费用和财务成果的会计报表,如利润表、利润分配表等。财务状况报表是反映金融企业在一定时期财务状况和某一时期财务状况变动及其原因的会计报表,如资产负债表、财务状况变动表。

3. 按照金融企业会计报表的编制时间分类,可以分为月份会计报表、季度会计报表和年度会计报表。年度会计报表(简称年报),它是全面反映金融企业全年的经营、年内的财务状况以及年内财务状况变动情况的报表,是年度经济活动的总结性报表,每年年底编制一次。季度会计报表(简称季报)。它是反映金融企业某一季度的经营成果和季末财务状况的报表,每季季末编制一次。月份会计报表(简称月报),它是反映金融企业某月份经营成果和该月末财务状况的报表,每月月末编制一次。

4. 按照金融企业会计报表的主从关系分类,可分为主要会计报表和附属会计报表。主要会计报表,它是指反映金融企业经营活动最基本的会计报表,如资产负债表、利润表和财务状况变动表。附属会计报表,它是指对主要会计报表的某些项目进行详细说明的会计报表,如利润分配表。

5. 按照会计报表编制的单位分类,可分为单位报表和汇总报表。单位报表是指金融企业在自身会计核算的基础上,对账簿记录进行加工而编制成的报表,是反映金融企业本身的财务状况和经营成果的报表。汇总报表是指由金融企业主管部门或上级机关,根据所属单位报送的报表,连同本单位报表汇总编制的综合性报表。

二、金融企业财务报告的编制要求

财务报告作为对外提供信息的主要工具,为了保证会计报表所提供的信息能满足各有关方面的需要,必须按照《企业财务会计报告条例》、《企业会计准则》、《金融企业财务规则》的规定编制财务会计报告,金融企业在编制财务报告时必须遵守以下要求:

1. 以持续经营为编制基础。在编制财务报告时,企业一般以持续经营为编制基础。如果已决定进行清算或停止营业,或者已确定在下一个会计期间将被迫进行清算或停止营业,会计报表的编制将不再以持续经营为基础。该企业在会计报表附注中应首先对该种情况予以披露,并进一步对该会计报表的编制基础,以及企业未能以持续经营为基础编制会计报表的原因进行披露。如果某些不确定的因素导致对企业能否持续经营产生重大怀疑时,则应当在会计报表附注中披露这些不确定因素。

2. 数据来源真实可靠。为保证财务会计报表的各类使用者能够真实了解金融企业的财务状况、经营成果和现金的流动情况,以做出正确决策。金融企业会计报表各项目的数据必须来源于真实的会计账簿资料,编制者不能虚造、伪造或变造会计数据。因此,在编制报表之前,必须认真进行报表编制的准备工作,对账簿、表册、财产物资等进行认真核对与清查,以达到账证相符、账账相符、账款相符和账实相符。在编制报表之后,要根据报表内、报表间逻辑公式,认真进行项目数据的核对和账表数据的核对,以达到账表相符,从而保证报表数据的准确性。

3. 内容全面完整。金融企业会计报表内容应全面披露金融企业的财务状况、经营成果和现金流动状况,反映财务活动过程与结果。因此,必须按照有关规定对金融企业财务报表进行编报。无论是表内项目还是报表附注,凡按规定应当填列的报表指标,都要填列齐全。对按规定必须披露的重大会计事项,必须在相关报表的附注中进行说明。

4. 编报口径一致。可比性是会计核算的一项基本原则,为了保证会计信息的可比性,金融企业在编制财务报告时应按照国家统一的会计制度规定的依据、原则和方法编制,确保会计信息的可比性。特别是各商业银行,在年终决算时,必须根据会计准则的规定,按照统一的银行业会计报表格式与编报要求进行编报。

5. 报送及时。会计报表具有很强的时效性,只有及时编制并报送会计报表,才能满足报表使用者进行决策的需要。因此,金融企业特别是商业银行必须按照规定时间及时编报会计报告,及时接受审计,及时报送。在每年11月,金融企业要及时进入年终决算的准备阶段。在年终,严格以每年12月31日作为年度决算日。各独立核算单位在决算完毕后,要及时逐级汇总至上级行或上级金融企业。在规定的时间内,总行会计部门要及时完成财务报告的汇总工作。

三、资产负债表的编制

(一)资产负债表的概念

资产负债表是反映金融企业在会计期末全部资产、负债和所有者权益财务状况的报表,是金融企业对外报送财务报告中的核心报表之一。它根据"资产 = 负债 + 所有者权益"的会计平衡公式,依据一定的分类标准和一定的次序,将某一特定时期的资产、负债和所有者权益的项目,予以适当的排列后编制而成。

资产负债表能够反映金融企业各项资产、负债和所有者权益的增减变化,以及各项目之间的相互关系,其主要作用包括以下四个方面:

1. 可以提供某一日期资产的总额及其结构,表明企业拥有或控制的资源及其分布情况,使报表使用者可以一目了然地了解企业在某一特定日期所拥有的资产的总量及其结构。

2.可以提供某一日期的负债总额及其结构,表明企业未来需要用多少资产或劳务清偿债务以及清偿时间。

3.可以反映所有者所拥有的权益,据以判断资本保值、增值的情况以及对负债的保障程度。

4.可以提供进行财务分析的基本资料。例如,将流动资产和流动负债进行比较,可以计算出流动比率;将速动资产和流动负债进行比较,可以计算出速动比率等。从而使报表使用者分析企业的变现能力、偿债能力和资金周转能力,有助于其做出经济决策。

(二)资产负债表的格式及编制方法

1.商业银行资产负债表的格式及编制方法。资产负债表的格式,目前国际上通常采用报告式和账户式两种:

报告式资产负债表,也称垂直式资产负债表。它是将资产、负债和所有者权益各项目垂直排列,表的上部分列示资产各项目,下面依次列示负债、所有者权益各项目。报表中三个要素的关系是"资产－负债＝所有者权益",这种格式的资产负债表主要强调所有者权益的实际权益数量。

账户式资产负债表又称平衡式资产负债表,是依据"资产＝负债＋所有者权益"这一恒等式各项目的方向和方位特征设计的。其基本结构分为左右两方,左方列示资产各项目,反映企业各项资产的情况,右方列示负债及所有者权益各项目,反映资产来源情况。资产各项目的合计等于负债及所有者权益各项目的合计。通过账户式资产负债表,反映资产、负债和所有者权益之间的内在关系,并达到报表左右平衡。

我国金融企业资产负债表采用账户式(平衡式)资产负债表的格式,反映资产、负债和所有者权益三者之间的关系。

(1)商业银行资产负债表的格式:

表 16－1　资产负债表

会商银 01 表

编制单位:　　　　　　　　　　　年　月　日　　　　　　　　　　　单位:元

资产	年初数	期末数	负债及所有者权益	年初数	期末数
资产:			负债:		
库存现金及存放中央银行款项			向中央银行借款		
存放同业款项			同业及其他金融机构存放款项		

续表

资产	年初数	期末数	负债及所有者权益	年初数	期末数
贵金属			拆入资金		
拆出资金			交易性金融负债		
交易性金融资产			衍生金融负债		
衍生金融资产			卖出回购金融资产款		
买入返售金融资产			吸收存款		
应收利息			应付职工薪酬		
发放贷款和垫款			应交税费		
可供出售金融资产			应付利息		
持有至到期投资			预计负债		
长期股权投资			应付债券		
投资性房地产			递延所得税负债		
固定资产			其他负债		
无形资产			负债合计		
递延所得税资产			所有者权益(或股东权益):		
其他资产			实收资本(或股本)		
			资本公积		
			减:库存股		
			盈余公积		
			一般风险准备		
			未分配利润		
			所有者权益(或股东权益)合计		
资产总计			负债及所有者权益(或股东权益)总计		

单位负责人：　　　会计机构负责人：　　　复核：　　　制表：

(2)商业银行资产负债表的编制方法:商业银行在编制资产负债表时,需设置"年初数"和"期末数"两个金额栏。

"年初数"栏内各项数字,应根据上年年末资产负债表"期末数"栏内所列数字填列。如果本年度资产负债表规定的各个项目的名称和内容同上年度不相一致时,应对上年年末资产负债表各项目的名称和数字,按照本年度的规定进行调整,并填入本表"年初数"栏内。

"期末数"下各项数字是根据本年度会计账簿等资料进行填列的,其中大多数项目的数字直接根据总账科目期末余额填列;不能根据总账科目的余额填列的,则需要根据明细账或相关资料,经过分析、比较、计算后进行填列,主要有以下几种情况:

(1)直接根据总账期末余额填列。

(2)对同类科目余额相加后填列。

(3)对总账余额或分类账余额进行分析后填列。

(4)对同类业务范围内的科目余额轧差后,根据余额性质归属进行填列。

资产负债表各项目的具体内容和填列方法如下:

商业银行资产负债表中,"年初余额"栏内各项数字,应根据上年末资产负债表"期末余额"栏内所列数字填列。如果本年度资产负债表的项目名称与上年度不一致,应按本年度的规定进行相应调整,并将调整后的项目和金额填入本年度资产负债表的"年初余额"栏内。

2. 证券公司资产负债表的格式及编制方法。

(1)证券公司资产负债表的格式:

表 16－2　证券公司资产负债表

编制单位:　　　　　　　　　　　年　月　日　　　　　　　　　　单位:元

资产	年初数	期末数	负债及所有者权益(或股东权益)	年初数	期末数
资产:			负债:		
货币资金			短期借款		
其中:客户资金存款			其中:质押借款		
结算备付金			拆入资金		
其中:客户备付金			交易性金融负债		
拆出资金			衍生金融负债		
交易性金融资产			卖出回购金融资产款		
衍生金融资产			代理买卖证券款		
买入返售金融资产			代理承销证券款		
应收利息			应付职工薪酬		
存出保证金			应交税费		
可供出售金融资产			应付利息		
持有至到期投资			预计负债		
长期股权投资			长期借款		
存出资本保证金			应付债券		
投资性房地产			递延所得税负债		

资产	年初数	期末数	负债及所有者权益（或股东权益）	年初数	期末数
固定资产			其他负债		
无形资产			负债合计		
其中:交易席位费			所有者权益（或股东权益）:		
递延所得税资产			实收资本（或股本）		
其他资产			资本公积		
			减:库存股		
			盈余公积		
			一般风险准备		
			未分配利润		
			所有者权益（或股东权益）合计		
资产总计			负债及所有者权益（或股东权益）总计		

单位负责人：　　　　　会计机构负责人：　　　　　复核：　　　　制表

（2）证券公司资产负债表的编制方法：

除下列项目以外的其他项目,比照商业银行资产负债表的列报方法处理：

①"货币资金"项目,反映企业期末持有的库存现金、银行存款和其他货币资金总额,应根据"库存现金"、"银行存款"、"其他货币资金"等科目的期末余额合计填列。证券经纪业务取得的客户资金存款应在本项目下单独反映。

②"结算备付金"项目,反映企业期末持有的为证券交易的资金清算与交收而存入指定清算代理机构的款项金额,应根据"结算备付金"科目的期末余额填列。证券经纪业务取得的客户备付金应在本项目下单独反映。

③"存出保证金"项目,反映企业因办理业务需要存出或交纳的各种保证金款项期末余额,应根据"存出保证金"科目的期末余额填列。

④"无形资产"项目,反映企业无形资产在期末的实际价值,应根据"无形资产"科目的期末余额,减去"累计摊销"、"无形资产减值准备"等科目期末余额后的金额填列。证券公司交纳的交易席位费的可收回金额应在本项目下单独反映。

⑤"其他资产"项目,反映企业应收账款、应收股利、其他应收款、长期待摊费用等资产的账面余额,应根据有关科目的期末余额填列。已计提减值准备的,还应扣减相应的减值准备。

长期应收款账面余额扣减累计减值准备和未实现融资收益后的净额、抵债资产账面余额扣减累计跌价准备后的净额、"代理兑付证券"减去"代理兑付证券款"后的借方余额,也在本项目反映。

⑥"代理买卖证券款"、"代理承销证券款"项目,反映企业接受客户有效的代理买卖证券资金、承销证券后应付未付给委托单位的款项,应根据"代理买卖证券款"、"代理承销证券款"科目的期末贷方余额填列。

⑦"其他负债"项目,反映企业应付股利、其他应付款、递延收益等负债的账面余额,应根据有关科目的期末余额填列。长期应付款账面余额减去未确认融资费用后的净额、"代理兑付证券"减去"代理兑付证券款"后的贷方余额,也在本项目反映。

3.保险公司资产负债表的格式及编制方法。

(1)保险公司资产负债表的格式:

表16-3　保险公司资产负债表

会保01表

编制单位:　　　　　　　　　　　　　年　月　日　　　　　　　　　　　　单位:元

资产	年初数	期末数	负债及所有者权益(或股东权益)	年初数	期末数
资产:			负债:		
货币资金			短期借款		
拆出资金			拆入资金		
交易性金融资产			交易性金融负债		
衍生金融资产			衍生金融负债		
买入返售金融资产			卖出回购金融资产款		
应收利息			预收保费		
应收保费			应付手续费及佣金		
应收代位追偿款			应付分保账款		
应收分保账款			应付职工薪酬		
应收分保未到期责任准备金			应交税费		
应收分保未决赔款准备金			应付赔付款		
应收分保寿险责任准备金			应付保单红利		
应收分保长期健康险责任准备金			保户储金及投资款		
保户质押贷款			未到期责任准备金		
定期存款			未决赔款准备金		
可供出售金融资产			寿险责任准备金		
持有至到期投资			长期健康险责任准备金		

续表

资产	年初数	期末数	负债及所有者权益(或股东权益)	年初数	期末数
长期股权投资			长期借款		
存出资本保证金			应付债券		
投资性房地产			独立账户负债		
固定资产			递延所得税负债		
无形资产			其他负债		
独立账户资产			负债合计		
递延所得税资产			所有者权益(或股东权益):		
其他资产			实收资本(或股本)		
			资本公积		
			减:库存股		
			盈余公积		
			一般风险准备		
			未分配利润		
			所有者权益(或股东权益)合计		
资产总计			负债及所有者权益(或股东权益)总计		

单位负责人: 会计机构负责人: 复核: 制表

（2）保险公司资产负债表编制方法：

除下列项目以外的其他项目，比照商业银行资产负债表的列报方法处理：

①"货币资金"项目，反映企业期末持有的库存现金、银行存款、其他货币资金等总额，应根据"库存现金"、"银行存款"、"其他货币资金"等科目的期末余额合计填列。企业持有的原始存款期限在三个月以内的定期存款，也在本项目反映。

②"应收保费"、"应收代位追偿款"、"应收分保账款"、"应收分保未到期责任准备金"、"保户质押贷款"等资产项目，反映企业期末持有的相应资产的实际价值，应根据"应收账款"、"应收代位追偿款"、"应收分保账款"、"应收分保未到期责任准备金"、"贷款"等科目期末借方余额，减去"坏账准备"、"贷款损失准备"等科目所属相关明细科目期末余额后的金额填列。

③"应收分保未决赔款准备金"、"应收分保寿险责任准备金"、"应收分保长期健康险责任准备金"项目，反映企业从事再保险业务应向再保险接受人摊回的相应准备金扣减累计减值准备后的账面价值，应根据"应收分保保险责任准备金"科目所属相关明细科目期末借方余额，减去"坏账准备"科目所属相关明细科目期末余额后的金额分析填列。

④"存出资本保证金"、"独立账户资产"等资产项目,反映企业期末持有的相应资产的价值,应根据"存出资本保证金"、"独立账户资产"等科目期末借方余额填列。

⑤"其他资产"项目,反映企业应收股利、应收代位追偿款、预付账款、存出保证金、其他应收款等资产的账面余额,应根据有关科目的期末余额填列。已计提减值准备的,还应扣减相应的减值准备。

长期应收款账面余额扣减累计减值准备和未实现融资收益后的净额、抵债资产账面余额扣减累计跌价准备后的净额、损余物资账面余额扣减累计跌价准备后的净额,也在本项目反映。

⑥"预收保费"、"应付手续费及佣金"、"应付分保账款"、"保户储金及投资款"、"未到期责任准备金"、"独立账户负债"等负债项目,反映企业从事再保险业务应向再保险分出人或再保险接受人支付但尚未支付的款项等,应根据"预收账款"、"应付账款"、"应付分保账款"、"保户储金"、"未到期责任准备金"、"独立账户负债"等科目期末贷方余额填列。

⑦"未决赔款准备金"、"寿险责任准备金"、"长期健康险责任准备金"等负债项目,反映企业提取的未决赔款准备金、寿险责任准备金、长期健康险责任准备金期末余额,应根据"保险责任准备金"科目所属相关明细科目期末贷方余额分析填列。

⑧"其他负债"项目,反映企业应付股利、应付利息、存入保证金、预计负债等负债的账面余额,应根据有关科目的期末余额填列。长期应付款账面余额减去未确认融资费用后的净额,也在本项目反映。

四、利润表的编制

(一)利润表的概念

利润表是反映金融企业在一定会计期间内经营成果情况的会计报表。通过利润表,可以反映金融企业在一定会计期间内实现的营业收入以及与收入相配比的成本费用等情况,并计算出金融企业的利润总额或亏损总额,用以考核金融企业利润计划的完成情况,分析金融企业利润增减变动的原因。

利润表是很重要的会计报表,它是评价、考核金融企业管理水平和经济效益的依据。也是金融企业依法缴纳各项税金的主要依据。通过分析利润表,可以对金融企业未来的经营情况及获利能力进行科学的预测。

(二)利润表的格式及编制方法

利润表是通过一定表格来反映金融企业的经营成果。利润表一般有两种格式:一种是单步式利润表;一种是多步式利润表。它们分别以不同的方式,反映金融企业利润的形成过程。

1. 单步式利润表。它是将本期所有的收入项目加在一起,然后将所有的费用支出项目加在一起,最后用全部收入减去全部支出,通过一次计算求出金融企业的利润(或亏损)总额。

2. 多步式利润表。它的损益是通过多步计算求出的,以反映收入与费用之间的内在联系。金融企业主要采用多步式利润表的格式,并按照会计期间的营业收入、营业支出、管理费用、营业外收支等项目分别予以列示。利润总额的计算,分为两步:第一步,先计算出营业利润,即营业收入减去营业支出,求出营业利润;第二步,计算出金融企业的利润总额,即营业利润加营业外收入减去营业外支出,求出金融企业的利润(或亏损)总额。再减去所得税后,为净利润。

1. 商业银行利润表格式及编制方法。

(1)商业银行利润表的格式:

表16-4　商业银行利润表

会商银02表

编制单位:　　　　　　　　　　年　月　日　　　　　　　　　　单位:元

项目	本期金额	本年累计金额
一、营业收入		
利息净收入		
利息收入		
利息支出		
手续费及佣金净收入		
手续费及佣金收入		
手续费及佣金支出		
投资收益(损失以"-"号填列)		
其中:对联营企业和合营企业的投资收益		
公允价值变动收益(损失以"-"号填列)		
汇兑收益(损失以"-"号填列)		
其他业务收入		
二、营业支出		
营业税金及附加		
管理费用		
资产减值损失		

续表

项目	本期金额	本年累计金额
其他业务支出		
三、营业利润(亏损以"－"号填列)		
加:营业外收入		
减:营业外支出		
四、利润总额(亏损以"－"号填列)		
减:所得税费用		
五、净利润(亏损以"－"号填列)		
六、每股收益:		
(一)基本每股收益		
(二)稀释每股收益		

单位负责人:　　　会计机构负责人:　　　复核:　　　制表:

(2)商业银行利润表的编制方法:

编制利润表时,应当根据审查无误的会计账簿中有关资料进行编制。在编报月报时,利润表中"本期数"栏,反映各项目的本月实际发生数;

"本年累计数"栏,反映各项目自年初起至本月止的累计实际发生数。在编报年报时,利润表中"本期数"一栏应改成"上年数","本年累计数"应填列上年全年累计发生数。

如果上年度利润表的项目名称和内容,同本年度利润表不一致,应对上年度报表项目的名称和数字按本年度的规定进行调整,然后填入本表"上年数"一栏。

本表各项目的内容和填列方法:

①"营业收入"项目,反映金融企业经营业务各种收入业务的总额。本项目根据"利息净收入"、"手续费及佣金净收入"、"投资收益"、"公允价值变动收益"、"汇兑收益"、"其他业务收入"等项目汇总计算填列。

②"利息收入"项目,反映金融企业贷出款项的利息收入或金融企业存款的利息收入。本项目应根据"利息收入"科目期末结转利润科目的数额填列。

③"利息支出"项目,反映金融企业各项借款的利息支出。本项目根据"利息支出"科目期末结转利润科目的数额填列。

④"手续费及佣金收入"项目,反映金融企业各项业务应收取的手续费收入。本项目根据"手续费及佣金收入"科目期末结转利润科目的数额填列。

⑤"手续费及佣金支出"项目,反映金融企业委托其他企业代办业务而支付的手续费。本项目应根据"手续费支出"科目期末结转利润科目的数额填列。

⑥"投资收益"该项目反映金融企业以各种方式对外投资所取得的收益,应根

据"投资收益"科目的发生额填列;如为投资损失,本项目应以"-"号填列。

⑦"公允价值变动收益"该项目反映金融企业应当计入当期损益的资产或负债的公允价值变动损益,因根据"公允价值变动损益"科目的发生额分析填列;如为净损失,本项目应以"-"号填列。

⑧"汇兑收益"项目,反映金融企业进行外汇买卖或外币兑换等业务而发生的汇兑收益。本项目应根据"汇兑收益"科目期末结转利润科目的数额填列。

⑨"其他业务收入"项目,反映金融企业其他营业收入,如咨询服务收入等。本项目根据"其他营业收入"科目期末结转利润科目的数额填列。

⑩"营业支出"项目,反映金融企业各项营业支出的总额。本项目根据"营业税金及附加"、"管理费用"、"资产减值损失"、"其他业务支出"等项目汇总计算填列。

⑪"营业税金及附加"项目,反映金融企业按规定缴纳应由经营收入负担的各种税金及附加费。包括营业税、城市维护建设税、教育费附加等。本项目应根据"营业税金及附加"科目期末结转利润科目的数额填列。

⑫"管理费用"项目,反映金融企业为经营业务而发生的各种业务费用、管理费用以及其他有关的管理费用。本项目根据"管理费用"科目期末结转利润科目的数额填列。

⑬"资产减值损失":该项目反映金融企业各项资产发生的减值损失,应根据"资产减值损失"的发生额进行填列。

⑭"其他业务支出"项目,反映金融企业其他营业支出。本项目根据"其他营业支出"科目期末结转利润科目的数额填列。

⑮"营业利润"项目,反映金融企业当期的经营利润,发生经营亏损也在本项目,用"-"号表示。

⑯"营业外收入"和"营业外支出"项目,反映金融企业业务经营以外的收入和支出。必须严格区分营业和非营业的界限,不能将营业收入和支出列入营业外收入和支出。这两个项目应根据"营业外收入"和"营业外支出"科目期末结转利润科目的数额填列。营业收支各明细项目,还应在本表补充资料内详细列示。

⑰"利润总额"项目,反映金融企业当期实现的全部利润(或亏损)总额。如为亏损,则以"-"号在本项目内填列。

⑱"所得税费用"项目:该项目反映金融企业应从当期利润总额中扣除的所得税费用,应根据"所得税费用"发生额填列。

⑲"净利润"项目,反映金融企业实现的净利润,如为亏损,本项目以"-"填列。

2.证券公司利润表的格式及编制方法。

(1)证券公司利润表的格式:

表16－5　证券公司利润表

会证02表

编制单位：　　　　　　　　　年　月　日　　　　　　　　单位:元

项目	本期金额	本年累计金额
一、营业收入		
手续费及佣金净收入		
其中:代理买卖证券净收入		
证券承销业务净收入		
受托客户资产管理业务净收入		
利息净收入		
投资收益(损失以"－"号填列)		
其中:对联营企业和合营企业的投资收益		
公允价值变动收益(损失以"－"号填列)		
汇兑收益(损失以"－"号填列)		
其他业务收入		
二、营业支出		
营业税金及附加		
业务及管理费		
资产减值损失		
其他业务支出		
三、营业利润(亏损以"－"号填列)		
加:营业外收入		
减:营业外支出		
四、利润总额(亏损以"－"号填列)		
减:所得税费用		
五、净利润(亏损以"－"号填列)		
六、每股收益:		
(一)基本每股收益		
(二)稀释每股收益		

单位负责人：　　　　会计机构负责人：　　　　复核：　　　　制表：

（2）证券公司利润表的编制方法：

除下列项目以外的其他项目,比照商业银行利润表的列报方法处理：

①"营业收入"项目,反映"手续费及佣金净收入"、"利息净收入"、"投资收

益"、"公允价值变动收益"、"汇兑收益"、"其他业务收入"等项目的合计金额。

②"手续费及佣金净收入"项目,反映企业确认的代理承销、兑付和买卖证券等业务实现的手续费及佣金收入减去发生的各项手续费、风险结算金、承销业务直接相关的各项费用及佣金支出后的净额,应根据"手续费及佣金收入"、"手续费及佣金支出"等科目的发生额分析计算填列。"代理买卖证券业务净收入"、"证券承销业务净收入"、"委托客户资产管理业务净收入"等应在本项目下单独反映。

3.保险公司利润表的格式及编制方法。

(1)保险公司利润表的格式:

表16-6 保险公司利润表

会保02表

编制单位: 年 月 日 单位:元

项目	本期金额	本年累计金额
一、营业收入		
已赚保费		
保险业务收入		
其中:分保费收入		
减:分出保费		
提取未到期责任准备金		
投资收益(损失以"-"号填列)		
其中:对联营企业和合营企业的投资收益		
公允价值变动收益(损失以"-"号填列)		
汇兑收益(损失以"-"号填列)		
其他业务收入		
二、营业支出		
退保金		
赔付支出		
减:摊回赔付支出		
提取保险责任准备金		
减:摊回保险责任准备金		
保单红利支出		
分保费用		
营业税金及附加		
手续费及佣金支出		

续表

项目	本期金额	本年累计金额
业务及管理费		
减:摊回分保费用		
其他业务支出		
资产减值损失		
三、营业利润(亏损以"－"号填列)		
加:营业外收入		
减:营业外支出		
四、利润总额(亏损以"－"号填列)		
减:所得税费用		
六、净利润(亏损以"－"号填列)		
每股收益:		
(一)基本每股收益		
(二)稀释每股收益		

单位负责人: 会计机构负责人: 复核: 制表:

(2)保险公司利润表的编制方法:

除下列项目以外的其他项目,比照商业银行利润表的列报方法处理:

①"营业收入"项目,反映"已赚保费"、"投资收益"、"公允价值变动收益"、"汇兑收益"、"其他业务收入"等项目的金额合计。定期存款、保户质押贷款、买入返售金融资产形成的利息收入,也在"投资收益"项目反映。

②"已赚保费"项目,反映"保险业务收入"项目金额减去"分出保费"、"提取未到期责任准备金"项目金额后的余额。

"保险业务收入"项目,反映企业从事保险业务确认的原保费收入和分保费收入,应根据"保费收入"科目的发生额分析填列。

"分出保费"项目,反映企业从事再保险业务分出的保费,应根据"分出保费"科目的发生额分析填列。

"提取未到期责任准备金"项目,反映企业提取的未到期责任准备金,应根据"提取未到期责任准备金"科目的发生额分析填列。

③"营业支出"项目,反映"退保金"、"赔付支出"、"提取保险责任准备金"、"保单红利支出"、"分保费用"、"营业税金及附加"、"手续费及佣金支出"、"业务及管理费"、"其他业务成本"、"资产减值损失"等项目金额合计,减去"摊回赔付支出"、"摊回保险责任准备金"、"摊回分保费用"等项目金额后的余额。

"退保金"项目,反映企业寿险原保险合同提前解除时按照约定退还投保人的保单现金价值,应根据"退保金"科目的发生额分析填列。

"赔付支出"项目,反映企业因保险业务发生的赔付支出,包括原保险合同赔付支出和再保险合同赔付支出,应根据"赔付支出"科目的发生额分析填列。

"提取保险责任准备金"项目,反映企业提取的保险责任准备金,包括未决赔款准备金、寿险责任准备金、长期健康险责任准备金,应根据"提取保险责任准备金"科目的发生额分析填列。

"保单红利支出"项目,反映企业按原保险合同约定支付给投保人的红利,应根据"保单红利支出"科目的发生额分析填列。

"分保费用"项目,反映企业从事再保险业务支付的分保费用,应根据"分保费用"科目的发生额分析填列。

"摊回赔付支出"、"摊回保险责任准备金"、"摊回分保费用"等项目,反映企业从事再保险分出业务向再保险接受人摊回的赔付支出、保险责任准备金、分保费用,应根据"摊回赔付支出"、"摊回保险责任准备金"、"摊回分保费用"等科目的发生额分析填列。

五、现金流量表的编制

(一)现金流量表的概念

现金流量表是反映会计主体一定期间内现金的流入和流出,表现企业获得现金或现金等价物能力的报表。现金流量表是以现金收付制为基础编制的财务状况变动表,它以现金的流入和流出反映企业在一定期间内的经营活动、投资活动和筹资活动的动态情况,反映企业现金流入和流出的全貌,表明企业获取现金和现金等价物的能力。

现金流量表所称的现金流量,是指某一段时期内企业现金流入和流出的数量。现金流量从产生的原因上看,分为经营活动、投资活动和筹资活动引起的数量。

1. 经营活动是指企业投资活动和筹资活动以外的所有交易和事项。金融企业经营产生的现金流量主要包括:(1)对外发放贷款和收回贷款;(2)吸收存款和支付存款本金;(3)同业存款及存放同业款项;(4)向其他金融企业拆借的资金;(5)利息收入和利息支出;(6)收回已于前期核销的贷款;(7)经营证券业务,买卖证券所收到或支付的现金;(8)融资租赁所收到的现金。

2. 投资活动是指企业资产的长期购建和不包括在现金等价物范围内的投资及其处理活动。金融企业投资活动产生的现金流量主要包括:(1)收回投资所收到的现金;(2)分得股利或利润所收到的现金;(3)取得债券利息所收到的现金;(4)处置固定资产、无形资产和其他长期资产而收到的现金净额(如为负数,应作为投资活动现金流出项目反映);(5)购建固定资产、无形资产和其他长期资产所支付的现金;(6)权益性投资所支付的现金;(7)债权性投资所支付的现金。

3.筹资活动是指导致企业资本及债务规模和构成发生变化的活动。金融企业筹资活动产生的现金流量主要包括:(1)吸收权益性投资所收到的现金;(2)发行债券所收到的现金;(3)借款所收到的现金;(4)偿还债务所支付的现金;(5)发生筹资费用所支付的现金;(6)分配利润或股利所支付的现金;(7)偿还利息所支付的现金;(8)融资租赁所支付的现金;(9)减少注册资本所支付的现金。

现金流量表对会计信息使用者的作用在于:其一,能说明企业一定期间内现金的流入和流出的原因;其二,能说明企业偿债能力和支付能力,它完全以现金收支为基础,清除了虚假的获利能力和支付能力;其三,能分析企业未来获取现金的能力;其四,能分析企业投资和理财活动对企业经营成果和财务状况的影响,是连接资产负债表和利润表的桥梁;其五,能提供不涉及现金的投资和筹资活动信息。

(二)现金流量表的格式及编制方法

编制现金流量表,列报经营活动现金流量的方法有直接法和间接法两种。

直接法是金融企业根据当期有关现金流量的会计事项,对经营活动的现金流入与流出逐项进行确认,以反映经营活动产生的现金流量。就银行来说,经营活动产生的现金流量包括两大类:其一是与经营损益有关的现金流量,如利息收入、手续费收入、其他营业收入等收到的现金,利息支出、手续费支出、营业支出、其他营业支出等付出的现金;其二是在业务活动中发生的与损益无关的现金流量,如吸收存款、收回贷款、拆入资金等流入的现金,提出存款、发放贷款、拆出资金等流出的现金。对于后者,它属于金融企业的经营范畴,其现金流量是随经营业务的发生而产生的,因此在编制现金流量表时,这部分现金流量只是根据各项业务的发生及增减变动填列即可;对于前者,由于损益项目是按权责发生制确认的,而现金流量表中的流量则是以收付实现制为标准的,这就需要进行调整。

直接法的主要特点是对金融企业经营活动中的具体项目的现金流入量进行详细的列报,这种列报方式的优点是直观,经营活动通过各种途径取得的现金和通过各种途径流出的现金,在按照直接法编制的现金流量表上一目了然,便于报告使用者了解企业在经营活动过程中现金的进出情况,有助于对企业未来的现金流量做出估计。

间接法是金融企业以利润表上的本期净利润为起算点,调整不涉及现金的收入、费用、营业外收支以及应收应付等有关项目的增减变动,将权责发生制下的收益转换为现金收付实现制下的收益。

间接法的基本原理是:金融企业由于经营活动而产生的与经营损益有关的现金流量与净利润有着非常密切的联系,其现金流入主要是营业收入现金,而现金流出主要是营业支出(包括各种管理费用)、营业税金、所得税等,这与金融企业净利润的形成非常类似。但是,经营活动产生的与经营损益有关的现金流量并不等于净利润,这是因为二者的计算基础不同,净利润的计算是以权责发生制为基础的,只要发生了收款的权利或付款的义务,就作为收入或者费用,并以此计算利润;而经营活动产生与经营损益有关的现金流量的计算,则是以收付实现为基础的,无论收入或费用,均要以收到或付出现金为准。这样,二者必然出现差额,而间接法就是根据差额产生的原因对其分别进行调整,将净利润调节为经营活动产生的与经营损益有关的现金流量。

在金融企业的经营活动现金流量中,除上述与经营损益有关的现金流量外,还有一部分是在其业务活动中发生的与损益无关的现金流量,只有将这一部分现金流量加减上去后,间接法才能完成将净利润调节为经营活动中产生的现金流量。这样的调整,便于报告的使用者分析理解银行账面利润与现金支付能力之间的差别。当然,间接法的编制结果应与按直接法编制的"经营活动产生的现金流量净额"的数字相等。

直接法是现金流量表编制的主要方法。在我国的现金流量表(包括银行现金流量表)中,以间接法编制的"经营活动产生的现金流量"被列为附表和补充资料。

1.商业银行现金流量表的格式及编制说明:

(1)商业银行现金流量表的格式:

表 16 –7　商业银行现金流量表

会商银 03 表

编制单位:　　　　　　　　　年　月　日　　　　　　　　　单位:元

项目	本期金额	上期金额
一、经营活动产生的现金流量		
客户存款和同业存放款项净增加额		
向中央银行借款净增加额		
向其他金融机构拆入资金净增加额		
收取利息、手续费及佣金的现金		
收到的其他与经营活动有关的现金		
经营活动现金流入小计		
客户贷款及垫款净增加额		
存放中央银行和同业款项净增加额		
支付手续费及佣金的现金		
支付给职工以及为职工支付的现金		
支付各种税费		
支付的其他与经营活动有关的现金		

项目	本期金额	上期金额
经营活动现金流出小计		
经营活动现金产生的现金流量净额		
二、投资活动产生的现金流量		
收回投资所收到的现金		
取得投资收益收到的现金		
收到的其他与投资活动有关的现金		
投资活动现金流入小计		
投资支付的现金		
购建固定资产、无形资产和其他长期资产支付的现金		
支付的其他与投资活动有关的现金		
投资活动现金流入小计		
投资活动产生的现金流量净额		
三、筹资活动产生的现金流量		
吸收投资收到的现金		
发行债券所收到的现金		
收到的与其他筹资活动有关的现金		
筹资活动的现金流入小计		
偿还债务所支付的现金		
分配股利、利润或偿付利息支付的现金		
支付的与其他筹资活动有关的现金		
筹资活动现金流出小计		
筹资活动产生的现金流量净额		
四、汇率变动多现金流量的影响额		
五、现金及现金等价物净增加额		
加：期初现金及现金等价物余额		
六、期末现金及现金等价物余额		

（2）商业银行现金流量表的编制说明：

商业银行现金流量表的编制，除以下项目外，比照一般企业现金流量表编制处理。

①"客户存款和同业存放款项净增加额"：该项目反映商业银行本期吸收的境

内、外金融机构以及非同业存放款项以外的各种存款的净增加额,应根据"吸收存款"、"同业存款"等科目的余额分析填列。

②"向中央银行借款净增加额":该项目反映商业银行本期向中央银行借入款项的净增加额,应根据"向中央银行借款"科目的余额分析填列。

③"向其他金融机构拆入资金净增加额":该项目反映商业银行本期从境内、外金融机构拆入款项所取得的现金,减去拆借给境内、外金融机构款项而支付的现金后的净额,应根据"拆入资金"、"拆出资金"等科目的余额填列。该项目如为负数,应在经营活动现金流出类中单独列示。

④"收取利息、手续费及佣金的现金":该项目反映商业银行本期收到的利息、手续费及佣金减去支付的利息、手续费及佣金的净额,应根据"利息收入"、"手续费及佣金收入"、"应收利息"等科目的余额分析填列。

⑤"客户贷款及垫款净增加额":该项目反映商业银行本期发放的各种客户贷款,以及办理商业票据贴现、转贴现融出及融入资金等业务的款项的净增加额,应根据"贷款"、"贴现资产"、"贴现负债"等科目的余额分析填列。

⑥"存放中央银行和同业款项净增加额":该项目反映商业银行本期存放于中央银行以及境内、外金融机构的款项的净增加额,应根据"存放中央银行款项"、"存放同业"等科目的余额分析填列。

⑦"支付手续费及佣金的现金":该项目反映商业银行本期支付的利息、手续费及佣金,应根据"手续费及佣金支出"等科目的余额分析填列。

⑧"发行债券收到的现金":该项目反映商业银行发行债券收到的现金,应根据"应付债券"等科目的余额分析填列。

2. 证券公司现金流量表的格式及编制说明。

(1)证券公司现金流量表的格式:

表 16-8　证券公司现金流量表

会证03表

编制单位:　　　　　　　　　年　月　日　　　　　　　　　单位:元

项目	本期金额	上期金额
一、经营活动产生的现金流量		
处置交易性金融资产净增加额		
收取利息、手续费及佣金的现金		
拆入资金净增加额		
收到的其他与经营活动有关的现金		
经营活动现金流入小计		
支付利息、手续费及佣金的现金		

续表

项目	本期金额	上期金额
支付给职工以及为职工支付的现金		
支付各种税费		
支付的其他与经营活动有关的现金		
经营活动现金流出小计		
经营活动现金产生的现金流量净额		
二、投资活动产生的现金流量		
收回投资所收到的现金		
取得投资收益收到的现金		
收到的其他与投资活动有关的现金		
投资活动现金流入小计		
投资支付的现金		
购建固定资产、无形资产和其他长期资产所支付的现金		
支付的其他与投资活动有关的现金		
投资活动现金流入小计		
投资活动产生的现金流量净额		
三、筹资活动产生的现金流量		
吸收投资收到的现金		
发行债券所收到的现金		
收到的与其他与筹资活动有关的现金		
筹资活动的现金流入小计		
偿还债务所支付的现金		
分配股利、利润或偿付利息支付的现金		
支付的与其他筹资活动有关的现金		
筹资活动现金流出小计		
筹资活动产生的现金流量净额		
四、汇率变动多现金流量的影响额		
五、现金及现金等价物净增加额		
加：期初现金及现金等价物余额		
六、期末现金及现金等价物余额		

(2)证券公司现金流量表的编制说明：

证券公司现金流量表的编制,除下列项目外,应比照一般企业现金流量表编制处理:

(一)处置交易性金融资产净额

本项目反映证券公司本期自行买卖交易性金融资产所取得的现金净增加额。本项目可以根据"交易性金融资产"等科目的记录分析填列。本项目如为负数,应在经营活动现金流出类项目中单独列示。

(二)拆入资金净增加额

本项目反映证券公司本期从境内外金融机构拆入款项所取得的现金,减去拆借给境内外金融机构款项而支付的现金后的净额。本项目可以根据"拆入资金"、"拆出资金"等科目的记录分析填列。本项目如为负数,应在经营活动现金流出类项目中列示。

(三)回购业务资金净增加额

本项目反映证券公司本期按回购协议卖出票据、证券、贷款等金融资产所融入的现金,减去按返售协议约定先买人再按固定价格返售给卖出方的票据、证券、贷款等金融资产所融出的现金后的现金增加额。本项目可以根据"买入返售金融资产"、"卖出回购金融资产款"等科目的记录分析填列。本项目如为负数,应在经营活动现金流出类项目中单独列示。证券公司可以根据需要将本项目分为"买入返售证券收到的现金净额"、"卖出回购证券支付的现金净额"等项目列示。

此外,证券公司还可以根据需要单独设置"代理买卖业务的现金净额"、"代理兑付债券的现金净额"等项目,以反映证券公司从事代理业务产生的现金流量。

3.保险公司现金流量表的格式及编制说明。

(1)保险公司现金流量表的格式:

表16-9 保险公司现金流量表

会保03表

编制单位: 　　　　年　月　日　　　　　单位:元

项目	本期金额	上期金额
一、经营活动产生的现金流量		
收到原保险合同保费取得的现金		
收到再保业务现金净额		
保户储金及投资款净增加额		
收到的其他与经营活动有关的现金		

项目	本期金额	上期金额
经营活动现金流入小计		
支付原保险合同赔付款项的现金		
支付手续费及佣金的现金		
支付保单红利的现金		
支付给职工以及为职工支付的现金		
支付各种税费		
支付的其他与经营活动有关的现金		
经营活动现金流出小计		
经营活动现金产生的现金流量净额		
二、投资活动产生的现金流量		
收回投资收到的现金		
取得投资收益收到的现金		
收到的其他与投资活动有关的现金		
投资活动现金流入小计		
投资支付的现金		
质押贷款净增加额		
购建固定资产、无形资产和其他长期资产支付的现金		
支付的其他与投资活动有关的现金		
投资活动现金流入小计		
投资活动产生的现金流量净额		
三、筹资活动产生的现金流量		
吸收投资收到的现金		
发行债券所收到的现金		
收到的与其他与筹资活动有关的现金		
筹资活动的现金流入小计		
偿还债务所支付的现金		
分配股利、利润或偿付利息支付的现金		
支付的与其他筹资活动有关的现金		
筹资活动现金流出小计		
筹资活动产生的现金流量净额		

续表

项目	本期金额	上期金额
四、汇率变动多现金流量的影响额		
五、现金及现金等价物净增加额		
加:期初现金及现金等价物余额		
六、期末现金及现金等价物余额		

(2)保险公司现金流量表的编制说明:

保险公司现金流量表的编制,除下列项目外,应比照一般企业现金流量表编制处理:

①收到原保险合同保费取得的现金,本项目反映保险公司本期收到的原保险合同保费取得的现金。包括本期收到的原保险保费收入、本期收到的前期应收原保险保费、本期预售的原保险保费和本期代其他企业收取的原保险保费,扣除本期保险合同提前解除以现金支付的退保费。本项目应根据"库存现金"、"银行存款"、"应收账款"、"预收账款"、"保费收入"等科目的记录分析填列。

②收到再保业务现金净额。本项目反映保险公司本期从事再保业务实际收支的现金净额。本项目可以根据"银行存款"、"应收分保账款"、"应付分保账款"等科目的记录分析填列。

③支付原保险合同赔付款项的现金,本项目反映保险公司本期实际支付原保险合同赔付的现金。本项目应根据"赔付支出"等科目的记录分析填列。

④保户储金净增加额本项目反映保险公司向投保人收取的以储金利息作为保费收入的储金,以及以投资收益作为保费收入的投资保障型保险业务的投资本金,减去保险公司向投保人返还的储金和投资本金后的净额。

本项目可以根据"现金"、"银行存款"、"保户储金"、"应收保户储金"等科目的记录分析填列。

⑤支付手续费及佣金的现金。本项目反映保险公司本期实际支付手续费及佣金等现金。本项目应根据"应付账款"、"手续费及佣金支出"等科目的记录分析填列。

⑥质押贷款净增加额。本项目反映保险公司本期发放保户质押贷款的现金净额。本项目可以根据"贷款"、"银行存款"等科目的记录分析填列。

保险公司可以单独设置"处置损余物资收到的现金净额"和"代位追偿款收到的现金"等项目,或者在"收到的其他与经营活动有关的现金"项目中反映。

第三节　所有者权益变动表

一、所有者权益变动表概述

所有者权益变动表是反映构成所有者权益的各组成部分当期的增减变动情况的报表。所有者权益变动表应当全面反映一定时期所有者权益增减变动的重要结构性信息，特别是要反映直接计入所有者权益的利得和损失，让报表使用者准确理解所有者权益增减变动的根源。

所有者权益变动表在一定程度上体现了企业综合收益。综合收益，是指企业在某一期间与所有者之外的其他方面进行交易或发生其他事项所引起的净资产变动。综合收益的构成包括两部分：净利润以及直接计入所有者权益的利得和损失。其中，前者是企业已实现并已确认的收益，后者是企业未实现但根据会计准则的规定已确认的收益。用公式表示如下：

综合收益 = 净利润 + 直接计入所有者权益的利得和损失

净利润 = 收入 - 费用 + 直接计入当期损益的利得和损失

在所有者权益变动表中，净利润以及直接计入所有者权益的利得和损失均单列项目反映，体现了企业综合收益的构成。

二、所有者权益变动表的格式及编制说明

以商业银行为例说明所有者权益变动表的格式及编制说明。

1. 商业银行所有者权益变动表的格式：

表 16 - 10　商业银行所有者权益变动表

编制单位：　　　　　　　　　年　月　日　　　　　　　　　单位：元

项目	本年金额						上年金额					
	实收资本或（股本）	资本公积	减：库存数	盈余公积	一般风险准备	未分配利润	所有者权益合计	实收资本或（股本）	资本公积	减：库存数	盈余公积	一般风险准备	未分配利润	所有者权益合计
一、上年年末余额												
加：会计证策变更												
前期差错更正												
二、本年年初余额												

项目	本年金额							上年金额						
	实收资本或(股本)	资本公积	减：库存数	盈余公积	一般风险准备	未分配利润	所有者权益合计	实收资本或(股本)	资本公积	减：库存数	盈余公积	一般风险准备	未分配利润	所有者权益合计
三、本年增减变动金额(减少以"一"号填列)														
(一)净利润														
(二)直接计入所有者权益的利得和损失														
1.可供出售金融资产公允价值变动净额														
(1)计入所有者权益的金额														
(2)转入当期损益的金额														
2.现金流量套期工具公允价值变动净额														
(1)计入所有者权益的金额														
(2)转入当期损益的金额														
(3)计入被套期项目初始确认金额中的金额														
3.权益法下被投资单位其他所有者权益变动的影响														
4.与计入所有者权益项目关联的所得税影响														
5.其他														
上述(一)(二)小计														
(三)所有者投入和减少资本														
1.所有者投入资本														
2.股份支付计入所有者权益的金额														
3.其他														
(四)利润分配														
1.提取盈余公积														
2.提取一般风险准备														
3.对所有者(或股东)的分配														
4.其他														
(五)所有者权益内部结转														
1.资本公积转增资本(或股本)														

项目	本年金额						上年金额					
	实收资本或（股本）	资本公积	减：库存数	盈余公积	一般风险准备	未分配利润	所有者权益合计	实收资本或（股本）	资本公积	减：库存数	盈余公积	一般风险准备	未分配利润	所有者权益合计
2.盈余公积转增资本(或股本)													
3.盈余公积弥补亏损													
4.一般风险准备弥补亏损													
5.其他													
四、本年年末余额													

2.商业银行所有者权益变动表的编制说明：

(1)"上年年末余额"。该项目反映商业银行上年资产负债表中实收资本（或股本）、资本公积、盈余公积、未分配利润的年末余额。

(2)"会计政策变更"和"前期差错更正"。这两个项目分别反映商业银行采用追溯调整法处理的会计政策变更的累积影响金额和采用追溯重述法处理的会计差错更正的累积影响金额。

(3)"本年增减变动额"。该项目分别反映如下内容：

①"净利润"：该项目反映商业银行当年实现的净利润（或净亏损）金额,并对应列在"未分配利润"栏。

②"直接计入所有者权益的利得和损失"：该项目反映商业银行当年直接计入所有者权益的利得和损失的金额。其中,"可供出售金融资产公允价值变动净额"项目反映商业银行持有的可供出售金融资产当年公允价值变动的金额,并对应列在"资本公积"栏。"权益法下被投资单位其他所有者权益变动的影响"项目反映商业银行对按照权益法核算的长期股权投资,在被投资单位除当年实现的净损益以外其他所有者权益当年变动中应享有的份额,并对应列在"资本公积"栏。"与计入所有者权益项目相关的所得税影响"项目反映商业银行根据规定应计入所有者权益项目的当年所得税影响金额,并对应列在"资本公积"栏。

③"净利润"和"直接计入所有者权益的利得和损失小计"项目反映商业银行当年实现的净利润（或净损失）金额和当年直接计入所有者权益的利得和损失金额的合计额。

④"所有者投入和减少资本"：该项目反映商业银行当年所有者投入的资本和减少的资本。其中,"所有者投入资本"项目反映商业银行接受投资者投入形成的

实收资本(或股本)和资本溢价或股本溢价,并对应列在"实收资本"和"资本公积"栏。"股份支付计入所有者权益的金额"项目反映商业银行处于等待期中的权益结算的股份支付当年计入资本公积的金额,并对应列在"资本公积"栏。

⑤"利润分配":该项目反映商业银行当年对所有者(或股东)分配的利润(或股利)金额和按照规定提取的盈余公积金额,并对应列在"未分配利润"和"盈余公积"栏。其中,"提取盈余公积"项目反映商业银行按照规定提取的盈余公积。"对所有者(或股东)的分配"项目反映商业银行对所有者(或股东)分配的利润(或股利)金额。

⑥"所有者权益内部结转":该项目反映不影响当年所有者权益总额的所有者权益各组成部分之间当年的增减变动,包括资本公积转增资本(或股本)、盈余公积转增资本(或股本)、盈余公积弥补亏损等项金额。为了全面反映商业银行所有者权益各组成部分的增减变动情况,所有者权益内部结转也是所有者权益变动表的重要组成部分,主要指不影响所有者权益总额、所有者权益的各组成部分当期的增减部分。其中,"资本公移转增资本(或股本)"项目反映商业银行以资本公积转增资本或股本的金额。"盈余公积转增资本(或股本)"项目反映商业银行以盈余公积转增资本或股本的金额。"盈余公积弥补亏损"项目反映商业银行以盈余公积弥补亏损的金额。

企业的净利润及其分配情况作为所有者权益变动的组成部分,不需要单独设置利润分配表列示。

保险公司和证券公司的所有者权益变动表的格式和编制可以参照商业银行所有者权益变动表。

第四节　会计报表附注与财务情况说明书

一、会计报表附注

会计报表附注是对会计报表不能包括的内容或者披露不详尽的内容所作的进一步的解释说明。作为会计表的补充,它有助于会计报表使用者理解和使用会计信息。按照金融企业会计制度规定,金融企业会计报表附注至少包括以下内容:

(一)财务报告编制基准不符合会计核算基本前提的说明

财务报告的编制是以一定的基本前提为基础的,符合公认基本前提编制的财务报告一般不需加以说明,但如果编制的财务报告未符合公认的基本前提,则应予以披露。主要包括:

1. 会计报表不符合会计核算基本前提的事项。

2. 对编制合并会计报表的金融企业,应说明纳入合并范围的子公司名称、业务性质、注册地、注册资本、实际投资额、母公司所持有的权益性资本的比例及合并期间。报告期纳入合并范围的子公司有增减变动的,还应说明增减变动的情况以及合并范围变动的基准日。对纳入合并范围而母公司持股未达到50%以上的子公司,应说明纳入合并范围的原因。

(二)重要会计政策和会计估计的说明

会计政策是指金融企业在会计核算时所遵循的具体原则以及金融企业所采用的具体会计处理方法。会计估计是指金融企业对其结果不能确定的交易或事项以最近可利用的信息为基础所作的判断。对重要会计政策和会计估计主要应说明以下事项:

1. 说明贷款的种类和范围。具体说明划分短期贷款和中长期贷款的标准、确认逾期贷款、呆滞贷款和呆账贷款的方法,并说明如何按照行业和地区划分贷款的具体组成。

2. 说明计提贷款损失准备的范围和方法。根据个别贷款实际情况认定的准备,应说明认定的依据,如根据对借款人还款能力、财务状况、抵押担保充分性等的评价等。

3. 说明回售证券的计价方法、收益确认方法。

4. 收入确认原则。

5. 对于外汇交易合约、利率期货、远期汇率合约、货币和利率套期、货币和利率期权等衍生金融工具,应说明计价方法。

6. 会计年度、记账本位币、记账基础和计价原则、外币业务折算方法、外币报表折算方法、现金等价物的确定标准、合并会计报表编制方法、短期投资核算方法、坏账核算方法、存货核算方法、长期投资核算方法、固定资产计价及折旧方法、在建工程核算方法、委托贷款计价及委托贷款减值的确认标准和计提方法、无形资产计价及摊销政策、长期待摊费用的摊销政策、借款费用的会计处理方法、应付债券的核算方法、收入确认的方法、所得税的会计处理方法等。

(三)重要会计政策和会计估计变更的说明,以及重大会计差错更正的说明

为保证会计信息的可比性和一贯性,会计政策和会计估计发生变更,以及重大会计差错更正时,应披露以下内容:

1. 政策变更的内容和理由,包括对会计政策变更的简要阐述、变更日期、变更前采用的会计政策和变更后所采用的新会计政策及会计政策变更的原因。

2. 会计政策变更的影响数,包括采用追溯调整法,计算出的会计政策变更的积

累影响数;会计政策变更对本期以及比较会计报表所列各期净损益的影响金额;比较会计报表最早期间期初留存收益的调整金额。

3. 累积影响数不能合理确定的理由,包括在会计报表附注中披露累积影响数不能合理确定的理由以及由于会计政策变更对当期经营成果的影响金额。

4. 会计估计变更的内容和理由,包括会计估计变更对当期损益的影响金额,以及对其他各项目的影响金额。

5. 会计估计变更影响数不能合理确定的理由。

6. 重大会计差错的内容,包括重大会计差错事项概述和原因,以及更正方法。

7. 重大会计差错的更正金额,包括重大会计差错对净损益的影响金额以及对其他项目的影响金额。

(四)或有事项的说明

或有事项是指由过去的交易或事项形成的一种状态,其结果须通过未来不确定事项的发生或不发生予以证实。有些或有事项虽然不符合有关确认条件,不能在资产负债中予以确认,但从一定程度上它可能意味着金融企业在未来期间将要发生的经济利益流出的潜在义务。

1. 为防范金融风险,金融企业需要披露或有负债的类型及其影响:

(1)已贴现商业承兑汇票形成的或有负债。

(2)未决诉讼、仲裁形成的或有负债。

(3)为其他单位提供债务担保形成的或有负债(如银行为企业开立信用证、开立保函、签发银行承兑汇票等业务过程中承担的担保责任等)。

(4)其他或有负债(不包括极小可能导致经济利益流出金融企业的或有负债)。

2. 金融企业对或有负债应披露的内容:

(1)或有负债形成的原因。

(2)或有负债预计产生的财务影响(如无法预计,应说明理由)。

(3)或有负债获得补偿的可能性。

如金融企业或有资产可能会给企业带来经济利益时,则应说明其形成的原因和其产生的财务影响。

(五)资产负债表日后事项的说明

资产负债表日后事项是指自年度资产负债表日至财务报告批准报出日之间发生的需要调整或说明的事项,可分为调整事项和非调整事项两类。虽然非调整事项是资产负债表日后才发生的事项,不涉及资产负债表日存在状况,但为了对外提供更有用的会计信息,金融企业必须以适当方式披露这部分信息。例如金融企业应说明股票和债券的发行、对一个企业的巨额投资、自然灾害导致的资产损失以及外汇汇率发生较大变动等非调整事项的内容,并估计对财务状况和经营成果的影响;如无法做出估计,应说明其原因。

已经作为调整事项调整会计表有关项目数字的,除法律、法规以及其他会计制度另有规定外,不需要在会计表附注中进行披露。

(六)关联方关系及其交易说明

在财务和经济决策中,如果一方有能力控制另一方或对另一方施加重大影响,它们则被视为存在关联关系。

1.在存在控制关系的情况下,关联方如为企业,不论它们之间有无交易,都应说明如下事项:企业经济性质或类型、名称、法定代表人、注册地、注册资本及其变化(包括年初数和本年增加数、本年减少数和年末数);企业的营业业务;所持股份或权益及其变化。

2.在金融企业与关联方发生交易的情况下,金融企业应说明关联关系的性质、披露关联方交易的总量及重大关联方交易的情况。关联方交易的性质是指关联方与本企业的关系,即关联方为本企业的子公司、合营企业、联营企业、主要投资者个人、关键管理人员、主要投资者个人或关键管理人员关系密切的家庭成员等。重大关联方交易是指交易金额在 3 000 万元以上或占有金融企业净资产总额 1% 以上的关联方交易。关联方交易应说明交易类型及交易要素,包括交易的金额或相应的比例、为结算项目的金额或相应比例、定价政策(包括没有金额或只象征性金额的交易)。

3.关联方交易一般分为关联方以及交易类型予以说明,类别相同的关联方交易,在不影响会计报表使用和正确理解的情况下可以合并说明。

4.对于关联方交易价格的确定如果高于或低于一般交易价格的,应说明其价格的公允性。

(七)重要资产的转让及其出售的说明

资产是金融企业从事经营活动的物质基础,如果金融企业转让、出售重要资产,势必会影响金融企业今后的发展及盈利能力,为使投资者、债权人及时了解金融企业资产的变动情况,金融企业应披露重要资产的转让及出售情况的信息。如金融企业本期转让子公司的情况,以及转让价格、所得收益等。

(八)企业合并、分立的说明

企业合并是指两家以上的企业依法定程序变为一个企业的行为,其实质是控制,而不是法律主体的解散。合并的形式主要有三种:一是吸收合并,即一家企业接受一家或一家以上的企业加入,加入后解散并取消法人资格,本企业继续存在下去;二是新设合并,即企业与一家或一家以上的企业合并成立一家新的企业;三是控股合并,即一家企业购买另一家企业有投票表决权的股份达到控股比例,原企业保留法人资格。企业分立是指一家企业依法分为两家以上的企业,分立的形式主要有两种:一是企业以其部分财产和业务另设一个新的企业,原企业保留;二是企业以全部财产分别归入两家以上的新设企业,原企业解散。由于金融企业合并、分立是其经营中的重大事项,必须在会计报表附注中予以披露,通常需要揭示的信息主要有:合并或分立企业的名称和简况;企业合并或分立所运用的会计方法;合并或分立协议中规定的可能发生的付款、期权或承诺事项以及可能的会计处理方法等。

(九)会计报表中重要项目的明细资料

它主要包括以下内容:

1.分类列示存放中央银行款项、披露计算依据。

2.按存放境内、境外同业披露存放同业款项。

3.按拆放境内、境外同业披露拆放同业款项。

4.按贷款性质(如信用、保证、抵押、质押等)披露短期贷款。

5.按性质(如国债、金融债券回购)披露回购证券。

6.按信用贷款、保证贷款、抵押贷款、质押贷款分别披露不同期限的中长期贷款。

7.按信用贷款、保证贷款、抵押贷款、质押贷款分别披露贷款的期初数、期末数。

8.贷款风险分类的结果披露贷款期初数、期末数。

9.披露贷款损失准备的期初数、本期计提、本期转回、本期核销、期末数、一般准备、专项准备和特种准备应分别披露。

10.境内、境外披露同业拆入期初数、期末数。

11.承兑汇票保证金、信用证开证保证金、外汇买卖交易保证金等短期保证金期初数、期末数。

12.披露发行的短期债券的名称、面值、发行日期、到期日、发行金额。

13.披露银行承兑汇票、融资保函、非融资保函、贷款承诺、开出即期信用证、开出远期信用证、金融期货、金融期权等表外项目,包括它们的年末余额及其他具体情况。

14.披露委托交易的期初数、期末数。

15.披露金融工具的风险头寸,如信贷风险、货币风险、利率风险、流动性风险等。

16.准备金估计的基础、未到期责任准备金的计提方法、对采用贴现方法提取准备金的计提方法、寿险责任准备金和长期健康险责任准备金的精算方法及采用的主要精算假设。

17.连结产品,应披露保单持有人账户财务状况、经营成果、净资产变动状况及保单持有人账户资产估值方法、单位净资产、单位卖出价、买人价等情况。

18.关于万能寿险产品,应披露保单持有人利益等情况。

19.分红保险产品,应披露可供分配分红产品收益、公司留存的分红产品收益、分红率。

20.投资型财产险,应披露保证收益率等情况。

21.披露自营证券分类、计价依据以及自营证券成本结转方法。

22.分类披露代买卖证券款的期初数、期末数。

23.按承销方式披露代发行证券款的期初数、本期承购数、本期支付发行人数和期末数。

24.按债券种类披露代兑付债券的期初数、本期收到兑付资金、本期已兑付债券、本期抵扣手续费收入和期末数。

25.从事信托投资业务的金融企业因自身责任导致的信托资产损失等。

二、财务情况说明书

财务情况说明书是对金融企业一定会计期间内经营状况、利润实现和分配、资金增减和周转情况的综合性说明。作为说明财务状况应带有总结性的情况报告,财务情况说明书是财务会计报告的重要组成部分。它全面扼要地提供了金融企业的财务活动情况,分析总结了经营业绩和不足之处,是财务会计报告使用者了解和考核金融企业经营业务活动开展情况的重要资料。

按照金融企业会计制度规定,财务情况说明书至少应对下列情况做出说明:

（一）金融企业经营的基本情况

1.金融企业所处的行业及其在本行业中的地位。

2.金融企业员工的数量及其专业素质情况。

3.经营中出现的问题或困难及其解决方案和对策。

4.对金融企业业务有影响的知识产权的有关情况。

5.经营环境的变化、新年度的业务发展计划,如经营的总目标和拟采取的措施。

6.开发、在建项目的预期进度、配套资金的筹措计划。

7.需要披露的其他业务情况与事项等。

（二）利润实现和分配情况

金融企业利润的实现和分配情况,对于判断企业的未来发展前景至关重要,是企业的经营者和投资者都非常关心的问题。虽然每期会计报表均提供一定的信息,但难以满足决策者的需要,仍有必要对本年实现的净利润及其分配情况加以说明。如本年度实现的净利润是多少;加上年初未分配利润后可供本年度分配的利润是多少;在利润分配中提取的法定盈余公积金、法定公益金以及从净利润中提取的各项准备金各有多少;采用何种形式向投资人分配利润(或股利),各分配多少;是否有动用盈余公积转增资本(或股本)、分派股利的情况等,如有应加以详细说明。

（三）资金增减和周转情况

资金周转和增减情况对金融企业财务报告使用者了解企业的资金变动情况具有重要的意义,应着重说明本年度内各项资产、负债、所有者权益、利润构成项目的增减变动情况并分析其产生原因,从其周转速度快慢数据和综合效益指标方面加以集中表述。

复习思考题

1. 金融企业财务报告分哪几类?
2. 商业银行的财务报告有哪些,如何编制?
3. 保险公司的财务报告有哪些,如何编制?
4. 证券公司的财务报告有哪些,如何编制?

参考文献

[1]关新红,李晓梅.金融企业会计[M].北京:中国人民大学出版社,2012.

[2]孟艳琼.金融企业会计[M].北京:中国人民大学出版社,2012.

[3]王允平.金融企业会计[M].北京:经济科学出版社,2011.

[4]崔刚,汪要文,侯立新.金融企业会计[M].北京:机械工业出版社,2011.

[5]李光,陈新宁.金融企业会计[M].北京:清华大学出版社,2010.

[6]肖虹.金融企业会计[M].辽宁:东北财经大学出版社,2010.

[7]杨荣华,楼雪婕.金融企业会计[M].北京:化学工业出版社,2009.

[8]张凤卫.金融企业会计[M].北京:清华大学出版社,北京交通大学出版社,2008.

[9]唐宴春.金融企业会计[M].北京:中国人民大学出版社,2008.

[10]章颖薇.金融企业会计[M].四川:西南财经大学出版社,2008.

[11]关新红.新会计准则下金融企业会计实务[M].北京:电子工业出版社,2008.

[12]刘学华.金融企业会计[M].上海:立信会计出版社,2008.

[13]王晓枫.金融企业会计[M].辽宁:东北财经大学出版社,2008.

[14]唐丽华.金融企业会计[M].辽宁:东北财经大学出版社,2008.